国家出版基金项目
NATIONAL PUBLICATION FOUNDATION

Dangdai Zhongguo Jiedu Chuangxin Yanjiu

当代中国戒毒创新研究

齐延安　主编

文疗和心疗戒毒研究

赵莉　主编

Wenliao he Xinliao Jiedu Yanjiu

山东大学出版社

图书在版编目(CIP)数据

文疗和心疗戒毒研究/赵莉主编. —济南:山东大学出版社,2019.12
(当代中国戒毒创新研究/齐延安主编)
ISBN 978-7-5607-6550-1

Ⅰ. ①文… Ⅱ. ①赵… Ⅲ. ①戒毒—工作—研究—中国
Ⅳ. ①D669.8

中国版本图书馆 CIP 数据核字(2019)第 292843 号

策划编辑 尹凤桐
责任编辑 陈 珊
封面设计 牛 钧

出版发行 山东大学出版社
社　　址 山东省济南市山大南路 20 号
邮政编码 250100
发行热线 (0531)88363008
经　　销 新华书店
印　　刷 山东新华印务有限公司
规　　格 720 毫米×1000 毫米 1/16
24.25 印张 387 千字
版　　次 2019 年 12 月第 1 版
印　　次 2019 年 12 月第 1 次印刷
定　　价 78.00 元

《文疗和心疗戒毒研究》
编 委 会

主　编　赵　莉

副主编　汤洪源　乔　刚

撰稿人　（以参编章节为序）

蔡淑香　李秀芸　徐　伟　刘勇刚
郝庆福　陈　磊　吴　广　张　涛
侯宗山　王新江　李　英　卢　康
张　倩　汤洪源　艾　青　梁东波

参编者　（按姓氏笔画排序）

王绍蕊　曲　影　李驰宇　杨鸣宵
沈　琪　周婉丽　徐钦政

序　一

法治无处不在。由劳教所转为戒毒所——一个特别空间的角色转换，构成新时代一个重大的法治事件。戒毒法治研究也由此成为一个越来越受关注的特殊领域。

近些年来，经过打基础、练内功，山东司法行政戒毒工作“一四六”工作思路落地生根、开花结果。以帮助戒毒人员戒除毒瘾、顺利回归社会为工作目标，戒毒执法协作机制规范运行，将具有山东特色的“三六三”戒毒模式全面推开，逐步确立了全省统一的戒毒执法规范、工作流程和标准体系，山东戒毒工作“四梁八柱”的制度框架搭建成型。“三四五”戒毒理念深入人心，“四个工程”强力推进，“六个体系”不断健全，“三大平台”汇聚合力，戒毒科研成果丰硕，应用效果实在。山东省司法行政戒毒工作在服务大局中不断提升境界，在创新发展中不断提档升级，亮点纷呈，特色鲜明，走在了全国前列。

我与本丛书主编齐延安君非常熟识，经常聚谈一线法治，从司法审判到律师管理，从司法行政戒毒工作到政府立法实践创新。两年多前，在延安君分管司法行政戒毒工作不久后的一次交流中，我了解到山东司法行政戒毒工作的创新与成就，建议其立足于《禁毒法》《戒毒条例》实施及山东戒毒执法实践，梳理一下我国现行戒毒制度，分析戒毒及强制隔离戒毒在中国禁毒战略中的地位，按照全面推进依法治国战略部署要求，分析研究中国戒毒法治的具体问题和对策，为推进我国戒毒工作规范化、法治化提供参考。实际上，“干一行，想一行”的延安君已经在思考这一课题，当然他所思考的不仅是戒毒法治体制、机制建设等方面的内容，还包括立足于国内外戒毒工作实践，围绕我国戒毒法制建设、专业戒毒工作等重点领域，系统梳理以往研究成果，面向戒毒工作存在的问题，提出有价值、可操作的对策举措，并重点研究有效的戒毒工作方法，为破解戒毒难题提供可行可靠方案。这次交流后不久，就有了组织编撰“当代中国戒毒创新研究”丛书的计划。

即将出版的“当代中国戒毒创新研究”丛书，远远超出了我和延安君商谈的戒毒法治的范围。丛书包括了《戒毒法治创新研究》《戒毒实践创新研究》《医疗和食疗戒毒研究》《文疗和心疗戒毒研究》《体疗和工疗戒毒研究》等多项成果，能够写好这几本书的作者只能是来自从事一线戒毒工作的基层领导和业务骨干。无论分管律协还是分管戒毒、立法，延安君都非常重视队伍建设，倡导学习型队伍建设和研究式开展工作。丛书作者都是戒毒工作一线上的佼佼者，不仅精益求精于戒毒实务，而且善于思考，包括经验总结和理论概括。尽管他们不太擅长言辞和文字，但凭着朴素的情感和孜孜以求的精神，克服了相当大的困难，创作了一套不可多得的戒毒丛书。丛书中的每一本书都针对戒毒工作的某一方面或领域给出了深入浅出的介绍，其中不乏深刻洞见。总体说来，该丛书有三个重要特征：

一是观点掷地有声。丛书并非是其他著述的简单汇总和述评，更不是抱着宏大概念悬而无音，而是在系统梳理古今中外戒毒实践、戒毒制度以及戒毒工作专业研究的基础上，进行归纳、提炼和分析，进而提出作者的独到见解。特别是《医疗和食疗戒毒研究》《文疗和心疗戒毒研究》《体疗和工疗戒毒研究》立足于当前我国戒毒实践的探索，不断深化对戒毒工作的规律性认识，并对代表性戒毒方法进行创新研究，既有成果成效的展示，也有改进改善的探讨。即使有的读者对戒毒工作不甚了解，对有些内容不容易理解，但其中的一些鲜明的见解也会给人留下深刻印象。

二是论述系统翔实。丛书中有很多实例和经验，包括历史沿革中萃取出普适性的论述，而不仅仅是适用于几个特定情况的案例分析。《戒毒实践创新研究》从实践层面切入，通过文献研究和实地调研，对当前正在开展的戒毒工作进行梳理和阐释；《医疗和食疗戒毒研究》《文疗和心疗戒毒研究》《体疗和工疗戒毒研究》运用文献调查、概念剖析、问卷调查、深度访谈、实验研究、比较分析等方法，系统研究医疗戒毒、食疗戒毒、文疗戒毒、心疗戒毒、体疗戒毒、工疗戒毒的内涵、操作规程和评价指标等；《戒毒法治创新研究》则是我国第一部专注于戒毒法治研究的著作，在禁毒法治中开辟出一片戒毒法治的新天地，使戒毒法治自成体系，戒毒研究更加完整系统。

三是内容丰富实用。丛书立足当前现实，面向长远未来，坚持理论与实践相结合，以戒毒工作常识为基础，强调知识更新；着力于戒毒工作专业探讨，强调理论创新；形成戒毒工作知识体系，强调可读性；注重实践操作方法，强调可用性。这样既可满足社会各界尤其是禁毒、戒毒工作者和社会工作者获得相关知识的需求，也可对戒毒工作的科学决策提供理论支撑，对戒毒一线工作具有指南意义，又有助于普及戒毒常识，推动全社会关注和关心戒毒工作。

戒毒是一个世界性难题，是一个需要集文理工医知识和手段合力攻克的社会难题，我国戒毒工作的挑战性可想而知。基于社会核心价值观的友善，基于人道主义的关爱，基于对人与人之间关系的终极关怀，山东司法行政戒毒工作者竭尽所能，攻坚克难；他们对戒毒工作的精神专注和情感倾注，他们对这套丛书所赋予的温度，让人感动。社会的文明水平有很多观测点，比如，一个国家和社会对待老年人、未成年人、残疾者、贫困者的态度等等；对吸毒人群的态度也是一个特别的角度。为破解世界性社会难题而不懈努力的一线戒毒工作者对社会文明有着深刻的理解。

在阅读完这套丛书的书稿后，我对延安君说：戒毒战线的人们，包括你，值得我们敬重！

是为序。

肖金明

2019 年 10 月

序　二

毒品问题与艾滋病、恐怖活动并称为当今社会三大公害。当前，全球毒品滥用问题突出，毒品危害日益严重。联合国毒品与犯罪办公室发布的《2019 年世界毒品问题报告》显示，2017 年全球约有 2.71 亿人在前一年使用过毒品，3500 万人患有药物滥用障碍，其中仅 1/7 的人获得治疗。毒品治理形势严峻，迫在眉睫。

戒毒工作是帮助吸毒人员戒除毒瘾、减少毒品滥用的必要手段，是禁毒工作的重要组成部分。针对毒品滥用问题，世界各国普遍采取适合国情的干预措施。我国《禁毒法》《戒毒条例》对戒毒工作作出了法律规定和总体制度设计。自 2008 年 6 月《禁毒法》颁布实施，特别是自 2014 年司法行政承担强制隔离戒毒工作以来，我国戒毒工作进入快速发展时期，从收治工作陆续启动，到戒毒模式逐步探索定型，再到戒毒体制机制不断完善，戒毒工作在禁毒人民战争中发挥的作用越来越重要。但与此不相对应的是，戒毒工作理论研究相对零散，全面系统的研究成果比较少见。

攻克戒毒这一世界性难题，要向科学要答案、要方法。山东司法行政戒毒系统坚持以习近平新时代中国特色社会主义思想为指导，增强“四个意识”，坚定“四个自信”，坚决做到“两个维护”。坚持把戒毒科研作为一项重要工作来谋划和推进，联合山东社会科学院、山东农业大学、山东大学、山东师范大学、山东中医药大学、山东体育学院，组建山东省戒毒研究中心和医疗戒毒、心理戒毒、康复戒毒、文化戒毒四个实验室，定期发布戒毒课题、研究成果，健全完善戒毒科研平台和工作机制，形成了具有山东特色的戒毒科研工作格局。坚持实践探索与理论研究、系统谋划与基层创新、立足自身与借智借力相结合，在戒毒执法、戒毒管理，特别是以戒毒医疗、体疗、心疗、食疗、文(化)疗、工疗为核心的戒治工作中进行了积极探索。

2018年4月，为进一步加强戒毒研究工作，在有关科研院所、专家学者的大力支持下，山东司法行政戒毒系统立足于戒毒工作实践，组织编写“当代中国戒毒创新研究”丛书，系统梳理戒毒历史变迁、我国戒毒工作等情况，从国内外戒毒工作对比，医疗、食疗、文疗、心疗、体疗、工疗、法治等方面深化戒毒研究，为推动戒毒工作科学化、专业化发展，逐步走出一条中国特色戒毒工作之路进行了有益探索尝试。山东司法行政戒毒系统共有50余名一线警察参与丛书编写，他们大都是实践经验丰富的戒毒工作人员。经过一年多的辛勤努力，几易其稿，丛书才编写完成。之后，我们又邀请专家学者对丛书进行审核，进一步修改完善。丛书共分《戒毒实践创新研究》《医疗和食疗戒毒研究》《文疗和心疗戒毒研究》《体疗和工疗戒毒研究》《戒毒法治创新研究》五册。

《戒毒实践创新研究》是本套丛书中具有统揽性的一本，对丛书涉及的内容进行总体介绍。具体内容包括：毒品的基本知识，毒品形势及毒品治理；我国禁毒工作任务，禁毒政策及禁毒工作的主要措施；我国不同的戒毒措施；依托山东司法行政戒毒工作开展情况研究分析，探索我国戒毒理念、思路、管理、方法、模式方面的创新；我国戒毒工作开展的有益探索，取得的戒毒工作科研成果；围绕全面落实“治本安全观”、向社会输送“合格产品”目标，探讨完善强制隔离戒毒与社区戒毒、社区康复的衔接机制，梳理戒毒工作方式方法，从整体上描绘戒毒工作图景。

《医疗和食疗戒毒研究》主要是从医学、中医药和营养学角度探索研究戒毒工作。主要介绍国内外医疗戒毒的现状、模式、遵循的原则、治疗目标以及主要措施和有益临床经验；探讨中医中药戒毒方法，对吸毒成瘾症状、病因、病机进行辨证分析，在传统经方的基础上，创新发展形成针对精神类毒品急性脱毒期症状治疗的中药制剂；通过对毒品的起源、性、味、归经以及吸毒成瘾的病因病机研究，以中医辨证论治和食疗基础理论为基础，结合现代营养学，通过分析毒品对人体各脏器尤其是消化系统功能的影响，研究辨证施治食疗戒毒方法。

《文疗和心疗戒毒研究》主要是从以文化人和心理学的角度探索研究戒毒工作。主要介绍文化戒毒和心理戒毒的理论基础、起源发展、必要性和实践价值、相互之间的紧密联系，我国吸收借鉴国外先进经验开展文化与心理戒毒的情况；探讨社会主义先进文化、法治文化、齐鲁文化、民族文化、阳明心学的历史生成和文化内涵及其在戒毒工作中的应用，认知行为疗法、内观疗法、正念疗法、动机强化治疗、萨提亚家庭治疗模式和心理教练的概念、基本理论、适用范围、作用意义及其在戒毒中的应用实践。

《体疗和工疗戒毒研究》着重从运动科学以及生活态度重塑、健康习性养成的角度探索研究戒毒工作。主要介绍当前运动康复戒毒最新经验和成果，探索运动康复对戒毒人员脑功能认知、逻辑、思维、判断及其行为方面的影响；运用档案跟踪管理、VR 体感系统康复体验、康复数据采集等方法，分析探讨生理脱毒期、身心康复期、回归适应期身体机能康复方法；以“脱毒—康复—回归”三期为主线，探索研究心理功能康复方法；探索劳动技能康复的基本含义，建立劳动技能康复工作体系，体现劳动技能康复价值意义，创新劳动技能康复方法。

《戒毒法治创新研究》将戒毒法治从禁毒法治中抽出，构建戒毒法治知识体系。主要介绍中国戒毒法治史、世界范围内戒毒法治状况；立足《禁毒法》《戒毒条例》实施及戒毒执法实践，分析戒毒法治体制、机制等方面存在的问题；以强制隔离戒毒为重点，研究强制隔离戒毒决定权行使规范化、执行体制，戒毒人员人权保障，强制隔离戒毒与自愿戒毒、社区戒毒、社区康复衔接机制等问题；讨论完善强制隔离戒毒法定条件的设计以及执法规范化、执行体制一元化、戒毒工作一体化等制度性建设问题；结合世界戒毒工作发展趋势，为进一步强化我国戒毒法治建设特别是完善强制隔离戒毒制度进行展望、提出建议。

为编撰“当代中国戒毒创新研究”丛书，山东省司法行政戒毒系统各级领导和基层警察付出了辛勤劳动。山东省戒毒管理局政委齐晓光作为丛书编撰总牵头人，承担了统筹协调、人员调配、组织编撰等工作，部分曾任和在任山东省戒毒管理局领导齐延安、郝道方、齐晓光、潘治胜、岳文锦、范跃进及处室主要负责同志梁云龙、杜章、赵莉、戴小勇、张文汇，省属戒毒所的主要负责同志金兴会、李杰、孙娟、刘国立、蒋济昌，山东司法警官职业学院教授原永红，作为丛书分册负责人或协调人，在丛书的统筹协调、框架结构、调查研究、初稿审核等方面做了大量深入细致的工作，很多同志利用业余时间收集整理资料、研究探讨、撰写稿件、修改完善，付出了辛劳和汗水。

在本丛书编写过程中，山东大学（威海）法学院院长、教授肖金明，司法部预防犯罪研究所研究员、戒毒工作研究室主任苏利，中央司法警官学院矫正教育系主任、教授姜祖祯，浙江警官职业学院司法心理与行为研究所所长、教授马立骥，山东师范大学心理学院教授郭庆科，山东中医药大学发展规划处处长、副教授邓华亮，山东中医药大学教授张沁园，山东体育学院科技处副处长、教授董贵俊，济南大学副教授綦萃华，泰山管理学院新儒家管理模式研究中心主任白立新等专家给予了大力支持和指导，参与丛书框架研究、书稿审定等工作。书稿最后的修订工作得到了山东大学（威海）法学院院长肖金明教授、山东社会科学院法学所所长谢桂山教授、山东大学（威海）法学院博士生导师门中敬教授三位专家的倾情相助，他们主动参与书稿审核，利用业余时间对书稿进行了系统整理修订，提出许多指导性很强的意见建议。山东省司法行政戒毒系统各单位组织警察参与编写，为丛书编撰工作顺利开展创造了有利条件。在此一并表示感谢。

丛书作者以公益性立场编写本书，以宣传戒毒工作、推广戒毒工作方法和经验为目标，旨在为提升戒毒工作规范化、专业化、科学化水平提供有益借鉴，为破解戒毒这个世界难题作出积极探索。由于编写本书的作者大多工作在戒毒一线，虽然有一定的实践经验，但知识面和视野不够宽，科研能力也有限，难免有不准确、不恰当、不完善的地方，敬请批评指正。

编　者

2019 年 10 月

前　言

近20年来，吸食毒品现象在我国沉渣泛起且发展迅速，特别是以冰毒为代表的新型合成毒品呈泛滥之势。2019年6月，国家禁毒办发布的《2018年中国毒品形势报告》指出："全球毒品制造、贩运、滥用问题更加突出，毒品来源、种类和吸毒人数不断扩大，一些国家和地区毒品问题持续泛滥，毒品危害日益严重，吸毒致死人数连年攀升。"毒品问题仍是影响我国乃至世界的重要社会问题。

近些年，我们从医学、运动、精神、康复、文化、心理、饮食、成瘾问题的路径，进行多角度审视和研究，使戒毒工作获得了可喜的进展：毒瘾检测技术取得日新月异的发展，戒毒新技术、新方法不断涌现，戒毒评估逐步走向科学化、规范化、标准化。

《文疗和心疗戒毒研究》是"当代中国戒毒创新研究"丛书中的一本。"文疗"即文化治疗，是用中华优秀传统文化和现代先进文化，为戒毒者打通一条觉醒之路；"心疗"即心理治疗，是用现代心理学技术、方法，帮助戒毒人员消除心魔。本书将中华优秀传统文化与西方现代心理学有机结合，对创新戒毒模式、找寻祛除心瘾戒毒的方法，作出力所能及的探索。

本书共分三编十六章。第一章对文化、文化戒毒、心理学、心理戒毒等概念进行了阐释，对文化戒毒和心理戒毒的理论基础、起源发展、必要性和具体应用研究作了介绍。第二章分析了文化戒毒和心理戒毒之间的紧密联系，介绍了文化戒治和心理戒治在戒毒工作中的实践应用。第三章简要介绍了德国、英国、美国、新加坡等国家开展文化和心理戒毒的基本情况、主要方法，以及我国吸收借鉴国外先进经验开展文化与心理戒毒的情况。第四章介绍了齐鲁文化的概念、基本精神及齐鲁文化戒毒的内涵，对齐鲁文化在戒毒工作中的实践应用进行了概括总结。第五章介绍了民族文化的概念、民族文化戒毒的内涵及民族文化在戒毒中的实践应用。第六章主要介绍了法治文化与戒毒的内在联系、法治文化戒毒的核心价值以及其在戒毒工作中的应用研究。第七章主要介绍了社会主义先进文化的历史生成、文化内涵，社会主义先进文化戒毒的逻辑契合，以及社会主义先进文化在戒毒中的应用研究。第八章主要介绍阳明心学的发展历程和基本理论、阳明心学戒毒的原则，以及阳明心学在戒毒工作中的实践应用。第九章，对认知行为疗法的相关概念、理论基础和作用意义进行分析阐释。第十章对动机强化治疗的概念、原理、策略和意义进行说明，并对其实践应用进行介绍。第十一章介绍了内观疗法的概念、基本理论、适用范围、作用意义及在戒毒中的应用实践。第十二章介绍了正念疗法的产生、发展等相关理论，分析了正念疗法在戒毒中的意义，介绍了正念戒毒的具体操作方法。第十三章介绍团体心理咨询的概念和理论基础，分析团体心理咨询在戒毒工作中的重要意义和应用优势，介绍团体心理咨询在戒毒工作中的方案设计和应用研究。第十四章介绍了萨提亚家庭治疗模式的产生、发展和理论基础，重点介绍将萨提亚理论运用于戒毒实践的具体方法和典型案例。第十五章介绍了心理教练技术的由来、心理教练戒毒的有关理论，阐述了心理教练戒毒的重要意义及心理教练激发戒毒潜能、实现心理戒毒的方法。第十六章主要介绍表达性艺术治疗中有关绘画、舞动、音乐及箱庭治疗的概念、方法，重点介绍表达性艺术治疗在戒毒工作中如何应用，论述表达性艺术治疗在戒毒工作中的应用前景及展望。

文化是人创造的，又反过来影响人、熏陶人、塑造人。本书以中华传统文化为基础，以民族文化为切入点，充分发挥优秀传统文化、法治文化和社会主义先进文化综合集成效应，帮助吸毒人员洗涤心灵污垢，重构健康人格。

心理戒毒首先改变的是戒毒人员的错误认知，唤起戒毒人员成功戒毒的动机，利用内观、正念、团体、家庭、心理教练、表达性艺术等多种心理治疗方法，聚焦戒毒人员的“心瘾”，促成内在“心”的改变。心对了，人就对了。人对了，世界就对了。本书将文化和心理通过“心”有机结合，重塑戒毒人员健康人格，实现成功戒毒的目的。

本书是一本关于文化与心理戒毒方法的专业书籍，立足戒毒工作实际，有理论、有实践、有具体案例，希望能够对当前戒毒工作有所帮助。

本书在编写过程中参考了众多报刊、书籍和有关网站的资料，在具体的章节中作了最大程度的注释。由于编写本书的作者大多工作在戒毒一线，经验和能力有限，敬请专家学者和读者批评指正。

编　者

2019 年 10 月

目　录

第一编　文化戒毒与心理戒毒概论

第二编　文化戒毒研究

第一编 文化戒毒与心理戒毒概论

戒毒工作是一项世界性难题。帮助戒毒人员戒断毒瘾、顺利回归社会是一项复杂的系统工程，需要综合运用多种方法，找准靶点，多措并举，综合矫治。

文化戒毒和心理戒毒都是经过戒毒实践检验的十分有效的戒毒方法。文化戒毒就是契合戒毒人员的吸毒心路历程和戒毒康复需要，发挥好文化在立德、修身、为人、处事等方面的教化作用，真正做好“以文化人”。心理戒毒就是遵循现代心理学原理和戒毒基本规律，综合运用多种心理矫治方法，着力解决心瘾诱惑这一制约戒毒工作成效的难题。文化戒毒和心理戒毒都是从“心”上着力，帮助戒毒人员彻底戒除毒瘾，两者存在着密不可分、协同推进的关系。

山东省司法行政戒毒系统在实际工作中总结了包括医疗、体疗、心疗、食疗、文疗、工疗在内的“六疗”戒毒方法，其中“文疗”指的就是文化戒毒，“心疗”指的是心理戒毒。为避免歧义，并且考虑到行文的规范性，本书中还是用文化戒毒和心理戒毒代替“文疗”和“心疗”来作表述。

第一章　文化戒毒与心理戒毒的渊源

戒毒难，难在戒除心瘾。对于吸毒人员来说，在专业人员指导下实现生理脱毒并不困难，但要长期保持戒毒操守，回归正常社会生活，确实十分困难。得益于中华优秀传统文化的独特作用和心理戒毒技术的不断发展，我国文化戒毒和心理戒毒实现了融合发展，戒毒效果愈加显著。

文化是民族的血脉，是人民的精神源泉。中国优秀传统文化更是根植于中国人的内心，潜移默化地影响着中国人的思想和行为方式。心理学理论指出，人有趋同性和从众性，环境和周围人群的导向对个体的影响很大，因此，戒毒人员的意志也会受到来自环境和周围人群的影响。我们要根据戒毒场所和戒毒人员特点，运用文化戒毒和心理戒毒方法，营造积极正向的戒毒文化氛围；综合应用心理矫治技术，帮助戒毒人员摆脱心理和行为障碍，使他们走出毒瘾困境并正常适应社会生活，使戒毒切实达到疗心的效果。

第一节　文化及文化戒毒的由来

中华传统文化源远流长，对人文精神的塑造和人文教育的施行有重要作用，在民族传承中具有伟大意义。文化与戒毒相融合，能够帮助戒毒人员自我觉醒、自我修复、自我重构。我们要系统把握好文化戒毒的内涵、功能、方法，做好以文化人的工作，以文化重铸戒毒人员的内心品质，从博大精深的文化传统中汲取知识，为彻底戒除吸毒人员毒瘾增加精神动力。

我们认为，人格的后天形成是有结构层级的：大力弘扬优秀传统文化、民族文化和地域文化（齐鲁文化），有利于构建基础人格体系；大力弘扬法治文化和社会主义先进文化，有利于构建现代人格体系；大力弘扬阳明心学，有利于有针对性、定制化地高效重构人格体系。正是基于这种人格体系的架构分析，我们应充分发挥优秀传统文化、民族文化、齐鲁文化、法治文化、社会主义先进文化的综合集成效应，帮助吸毒人员洗涤心灵尘垢，重构健康人格体系。

一、文化与文化戒毒的内涵

（一）文化的由来①

“文”与“化”并联使用，较早见于《易・贲卦・彖传》：“刚柔交错，天文也；文明以止，人文也。观乎天文，以察时变；观乎人文，以化成天下。”②这段话的意思是，治国者须观察天文，以明了时序之变化，又须观察人文，使天下之人均能遵从文明礼仪，行为止其所当止。这里的“文”，即从“纹理”之义演化而来。日月往来交错文饰于天，即“天文”，亦即天道、自然规律；同样，“人文”指人伦社会规律，即社会生活中人与人之间纵横交织的关系，如君臣、父子、夫妇、兄弟、朋友。这些关系构成复杂网络，具有纹理表象。在这里，“人文”与“化成天下”紧密联系，“以文教化”的思想已十分明确。

西汉以后，“文”与“化”方合成为一个词，这时的“文化”，或与天造地设的“自然”对举，或与无教化的“质朴”“野蛮”对举。归根结底，“文化”的作用是陶冶人的性情，培育人的品德，属于精神范畴。

（二）文化的概念③

随着时间的流变和空间的转移，现在的“文化”已成为一个内涵丰富、外延宽广的多维概念，成为众多学科探究、阐发、争鸣的对象。在中国，传统的人文观念认为：文化是人类在社会历史发展过程中所创造的物质财富和精神财富的总和，主要包括物质文化、制度文化和心理文化

---

① 参见张应杭：《中国传统文化概论》，浙江大学出版社 2005 年版，第 112～132 页。

② 转引自林存光：《“文明以止”：中华文明的一大精华》，《北京日报》2016 年 1 月 7 日。

③ 参见殷海光：《中国文化的展望》，中华书局 2016 年版，第 157～186 页。

三个方面。物质文化是指人类创造的物质文明，如交通工具、服饰、日常用品等，是一种可见的显性文化；制度文化和心理文化分别指生活制度、家庭制度、社会制度以及思维方式、宗教信仰、审美情趣，属于不可见的隐性文化，如文学、哲学、政治等方面的内容。综上所述，文化的定义可以简要归纳为：文化是人类社会特有的一种现象，是由人类创造的，为人类既有、传承、发展的，包括世界观、人生观、价值观等，又包括自然科学和技术、语言和文字等，是人类的全部精神活动及其产品。从量子思维而言，文化是人类追求和获得精神能量的源泉，是人类行为的最高主宰，是人类后天自我圆满、自我超越的孵化器、转化器和推进器。

（三）文化戒毒的内涵

1988 年，74 名诺贝尔奖获得者在巴黎召开会议，探讨和平、发展、环境、民族、宗教、信仰等一系列国际问题。诺贝尔物理学奖得主、瑞典学者汉内斯·阿尔文教授在发言中说："人类要想在 21 世纪生存下去，就必须回到 2000 年前，从孔子那里寻找智慧。"[①]但是，受多种因素影响，中华传统文化在近百年的发展中并没有得到充分的重视和传承，很多人不重视中华传统美德，甚至出现了道德危机、信仰危机、文明危机。在这种情况下，戒毒人员就成为最典型的受害者。

调查发现，戒毒人员之所以走上吸毒的道路，一是法律意识淡薄，二是道德文化知识严重匮乏。以山东省戒毒系统收治情况为例，69%以上的戒毒人员为初中以下文化程度。文化修养的不足往往导致他们缺乏是非判断能力。这些人普遍存在着家庭观念淡薄、叛逆情绪严重、社会责任缺失、以自我为中心、重物质享受、价值评价扭曲等思想问题。而且，戒毒人员复吸问题比较普遍，戒毒两次及以上的人员占比达 70%以上。因此，要想从根本上矫正戒毒人员存在的恶习，防止他们出现"易戒难断、断而复吸"的现象，除了要依靠法律的威慑和惩戒规范其行为以外，还要改变他们内心深处错误的认识和不良思想，重塑他们的世界观、人生观和价值观。

戒毒场所宣传推广中华优秀传统文化的重要使命是"文化戒毒"，简称"文疗"，台湾、香港地区称作"宗教戒毒"，海南省戒毒系统称作"精神

---

① 汤恩佳：《孔学论集》，文津出版社 1996 年版，第 812 页。

戒毒”，不管哪种叫法，其本质并没有太大差别，都是利用中华优秀传统文化对戒毒人员进行教育熏陶与人格感化，都是“以文化人”的本意。“国民之魂，文以化之。”文化可以潜移默化地影响着人们的思想观念、价值取向和行为方式，是引导人、塑造人、鼓舞人的重要手段。强制隔离戒毒所作为教育戒治戒毒人员的特殊场所，将优秀文化引入戒毒人员的戒治生活中，帮助他们分享社会主义精神文明的成果，使他们知荣辱、辨是非，帮助其重塑正确的人生观、价值观和健康人格。通过文化的熏陶和渗透，提高戒毒人员的文化素质和道德修养，使戒毒人员从学习中了解文化、学会思考，用学到的做人标准来衡量行为、要求自己，在潜移默化中实现思想认知的改变，最终实现远离毒品、走向新生的目的，是党和人民赋予全体戒毒人民警察的崇高使命和义不容辞的责任。

文化戒毒立足于中华优秀传统文化的价值主张与毒品危害的价值对立，利用中华优秀传统文化对人的深刻影响，注重提高戒毒人员的认知能力培养，不断强化其家庭观念和社会责任感，发挥文化的教化作用，强化戒毒人员戒除毒瘾的内生动力。山东省司法行政戒毒系统充分利用齐鲁文化资源优势，针对戒毒人员在文化、情感、道德、责任等各方面普遍缺失的特点，充分发挥文化的引领、熏陶、激励、塑造作用，帮助戒毒人员祛除心瘾、重塑精神、提升道德、矫正行为。

二、吸毒亚文化的危害与对策

（一）吸毒人员的人格障碍缺陷分析

“吸毒”是汉语的合成语，是中国的习惯性说法，国际上通用的术语为药物滥用，在社会学、法学等领域，又被称为药物依赖或者物质依赖。吸毒行为是指某个人或者群体主动或被动地使用国家严格禁止的被列入毒品名单中的物质，并使生理、心理方面产生畸形反应的一种成瘾性行为。

据山东戒毒系统多年的收治情况统计，戒毒人员普遍文化程度较低，学习成绩较差，高中以下学历的占80%以上；对配偶、对朋友不忠实，无爱心，有性乱交和婚外性行为的占80%以上；普遍有不良习惯，无明确的生活目的和社会责任感，经常出入歌厅、舞厅、酒吧及赌博场所的占80%以上；一般判断力较差，因坏人引诱、交友不慎、上当受骗或空虚无聊而吸毒的占80%以上。除上述原因外，思维混乱、好虚荣、爱幻想、好奇心强、寻求刺激等也是他们吸毒的主要原因。通过对戒毒人员进行的心理测试发现，他们当中大多数人存在心理障碍，这既是他们吸毒的原因，也是复吸的原因。

从变态心理学的角度分析，吸毒成瘾者大多存在人格障碍。人格障碍即介于精神疾病与正常人格之间的一种行为特征，表现为人格发展过程的不成熟或畸形，在结构上明显偏离正常参数，从而导致个体以不良的行为方式持久地对待周围事物，甚至做出极度的情感反应。这些行为倾向对自己、他人、社会都造成了破坏性和危害性后果。

美国的嬉皮士颓废派运动时期，出现了大量的吸毒者特别是青少年吸毒者。随之，这一现象在整个西方国家出现，于是形成了一种与主流文化相对立又并存的亚文化形态，即“吸毒亚文化”，也叫“毒品亚文化”。① 这种亚文化包括一定的社会风尚，是一种视吸毒为荣、崇尚吸毒的不良道德风尚。受此影响，当时许多人想方设法地获取和滥用毒品。他们不仅自己吸毒，而且拉拢与他们有联系的人一起吸毒，甚至“免费”为新人提供毒品。因此，很多吸毒人员到了后期往往变成一边吸毒、一边贩毒，即“以贩养吸”。

有的年轻人将吸毒视为有气派的标志，将其当作时髦风尚去追求。他们认为，有钱才消费得起毒品。特别是一些涉世未深的青少年，竟把吸毒当成一种“亚文化”，不仅不把吸毒当作害人害己的坏事，反而将其当作一种“时髦”公开炫耀。如有的宣扬毒品能使人兴奋，可以充分发挥人的各种潜能：作家可以借其写出好作品；学生用后会更聪明，可以提高学习成绩；青年人可以借毒品得到发泄和满足；唱歌跳舞者更有灵感和激情，能提高表演艺术水平；司机能把好方向盘；甚至还说可以减肥；等等。正因为如此，社会上出现了一系列以冰毒、“快乐丸”为代表的新型毒品。

毒品使人人格扭曲，丧失伦理道德，无视礼义廉耻；毒品使人泯灭人性，丧失自我。吸毒者毒瘾发作时六亲不认，更有甚者会杀死自己的亲人。有些女性吸毒者毒瘾发作时为了得到毒品，不惜出卖肉体，甚至光天化日之下，在寻求开心者面前，丑态百出。更有一些吸毒者为追求刺

---

① 参见丁昌权等：《戒毒学基础教程》，北京师范大学出版社 2016 年版，第 67～127 页。

激，吸毒后男女群居群宿，淫秽不堪。毒品像一只毒蜘蛛，把千万根毒线无声无息地伸向各个阴暗角落，使染上它的男男女女，无一例外地脸色苍白、行为颓废、精神委靡不振、性情暴戾恣睢，丧失了人的起码尊严。所以有人认为，毒品是犯罪、暴力、死亡、社会道德沦落、卖淫暴富、匪帮的同义词。毒品使人变成非人，使人反人性、反社会，变成禽兽，甚至比禽兽更加凶恶无耻。毒品从根本意义上摧毁着人之所以为人的存在基础和现实依据。毒品使人的精神全面崩溃，走向毁灭。在吸毒“亚文化”的影响下，吸毒人员思想日益空虚、精神日益颓废，不求进取、贪图享乐，最终堕落自毁。总之，毒品败坏社会风气突出表现为玩毒丧志毁自己，泯灭责任害他人，道德丧尽伤社会，使社会主义精神文明建设和物质文明建设受到影响，国家声誉受到损害，也直接影响到我国改革开放的进程。特别是吸毒在青少年中蔓延，将直接影响到社会主义事业的前途和中华民族的未来。

（二）吸毒亚文化对策分析

在中国的吸毒圈内，新型毒品的“亚文化”正在以各种新的话语和引人入胜的方法，不断适应毒品种类的变化，对抗禁毒宣传。而强制其与戒毒场所隔离必须以主动的姿态解决吸毒“亚文化”，帮助吸毒人员弥补文化道德缺陷，用社会主义先进文化影响、熏陶他们。只有这样，才能帮助他们从根本上抵制毒品。为此，政府需要采取以下措施。

1.弘扬主流文化，对抗反击吸毒“亚文化”

在政府主导下，创造足够强大的主流文化来对抗吸毒“亚文化”，以平等的态度进行教育挽救，给其灌输正确的思想教育；在主流文化面对“亚文化”威胁时，实施足够力度的反击。

2.创造正面典型，消除负面因素的影响

在当前明星、名人吸毒的不利影响下，尽可能多地争取社会各界的支持，聘任有一定影响力的明星、名人从事禁毒宣传，呼吁社会公众珍爱生命，远离毒品，抛弃不良习惯，重拾道德信誉。

3.严厉打击“亚文化”现象，提高震慑力

建议公安机关严厉打击演艺圈这个传播毒品的“重灾区”，对其予以重点盯防，重拳打击。对于吸毒明星，除了实施必要的法律惩戒之外，还要附加处罚措施，如：对于初犯者，限期禁止其参加演出活动；对于屡教不改者，则终身禁演，以此提高打击明星吸毒的影响力和震慑力。

三、文化戒毒的功能及其发展

（一）文化戒毒的功能

文化是人创造的，反过来又影响人、塑造人。在长期的文化戒毒实践中，可以归纳出文化对戒毒人员的影响，主要有三个方面，如图 1-1：

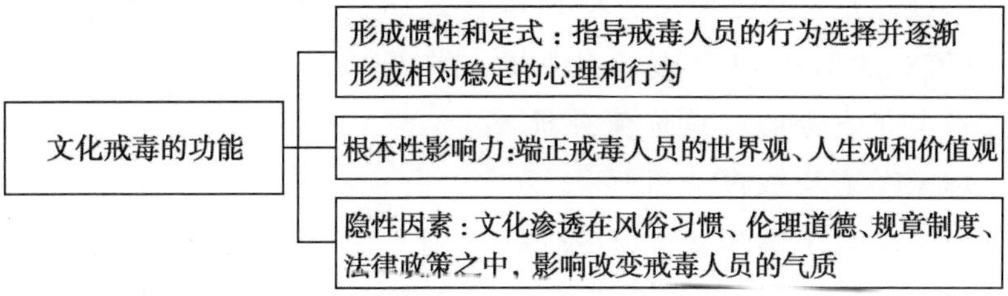

图 1-1　文化戒毒的功能

1. 文化对戒毒人员的影响具有持久性

文化对戒毒人员的影响是较为缓慢、长期的过程，但一旦内化为戒毒人员的态度和信念，就会形成惯性和定式，指导戒毒人员的行为选择并帮助其逐渐形成相对稳定的心理和行为。文化转化为戒毒人员的思想观念、心理素质、行为方式、生活习惯、思维方式之后，就具有相对的稳定性和持久性。在各种影响戒毒人员的因素中，最深刻、最持久的是文化。

2. 文化对戒毒人员的影响具有根本性

戒毒人员的世界观、人生观和价值观，既是各种文化因素交互作用的产物，又是戒毒人员文化素养的核心和标志，对他们的实践和认识活动具有根本性的影响。戒毒人员的世界观、人生观和价值观，往往以极强的辐射力影响他们的动机和行为全过程。

3. 文化对戒毒人员的影响具有潜移默化性

人类创造了文化，享受着文化带来的乐趣，同时，文化又反过来熏陶人、塑造人。文化渗透在风俗习惯、伦理道德、规章制度、法律政策之中，常常表现为某种“隐形”的因素。因为祖祖辈辈代代相传，家家户户耳濡目染，即使一个不识字的人，也自然浸润其中，受其影响而改变气质。可见，文化对人的影响是个“润物细无声”的过程。文化对戒毒人员的影响具有潜移默化的特点。

文化对戒毒人员的影响，既来自特定的文化环境，也和戒毒人员参与的各种文化活动有关。戒毒人员的再社会化过程就是不断接受文化影响、由生物人变成文化人的过程。先辈的引导和教诲、社会的褒扬和惩戒，无不在自觉或不自觉地传播一种文化观念。戒毒人员接受各种教育，参与各种各样的文化活动，都是在接受教化。文化最主要的功能在于教育、熏陶、塑造，戒毒人员小到饮食起居、待人接物，大到世界观、人生观、价值观的形成，无不是文化影响的结果。

（二）文化戒毒的实践价值分析

1.儒家孝道与戒毒动机强化

儒家文化对中国历史影响较深，特别是孝、悌、忠、信思想对于社会稳定、家庭和谐具有积极的意义。强制隔离戒毒人员大多数是社会功能不够完善的生命体，如果能够系统学习传统儒家思想、孝道文化，必然会给他们在家庭、社会关系的处理方面带来一些积极影响。《弟子规》《论语》《孝经》等经典中的孝文化，都可以作为戒毒人员的教育内容，以培养戒毒人员敬畏、善待父母的孝养之道和感恩之心。

2.儒家礼仪文化与行为养成

自古以来，中国就是“礼仪之邦”。注重礼仪，把礼仪、礼义作为国家政治制度、纲常伦理、习俗民情的本色，是中国传统文化的特点。注重礼仪和礼义教育，主张“克己复礼”“居仁由义”，则是中国传统文化教育和社会风俗教化的特色。以孔子为代表的儒家不仅将《礼》《乐》《诗》《书》《易》《春秋》列为教学内容，而且把这种以“礼”为核心的教育作为国家政治制度、人伦道德秩序建设的基础。戒毒场所一般的行为养成是由制度强制规范的，这种行为是由外而外，但是礼仪的养成可以内外兼修，让戒毒人员认识到礼仪不只是一种礼节，更是一种心灵品质的自然呈现。戒毒场所礼仪文化可从入所戒毒宣誓、成人礼仪、感恩礼仪文化、发放结业证书、出所戒毒宣誓等方面入手。

3.佛家正念文化与心理健康①

两汉时期，佛教传入中国，给中国文化造成深远的影响。佛家正念

① 参见张应杭：《中国传统文化概论》，浙江大学出版社2005年版，第286～301页。

思想不仅能帮人解脱思想烦恼，而且能够给个人带来心灵的宁静。美国苹果公司原总裁乔布斯每天都会进行禅修，苹果产品中很多的创意都是他在禅修过程中得到的。佛家的正念思想为西方心理学和医学界所借鉴并广泛推广到临床中。正念疗法包括正念减压疗法、正念认知疗法以及辩证行为疗法等。英国牛津大学教授威廉姆斯在其所著《改善情绪的正念疗法》一书中，明确指出正念对心理调适、预防心理疾病等有非常明显的效果。

4. 因果文化与价值观重建

中国传统文化特别是因果文化对“善有善报，恶有恶报”非常重视。释迦牟尼在《佛说业报差别经》中论述了业报的种种差别及造成业报种种差别的原因。《易经》云：“积善之家，必有余庆；积不善之家；必有余殃。”敬畏因果能让人对不道德行为产生畏惧心理，从而远离危害社会和他人的行为。戒毒人员中相当一部分人员的社会功能不健全或者是价值观错位，因果文化的推广，能让戒毒人员弃恶从善，改掉错误的价值观，减少反社会行为。

（三）文化戒毒的路径分析

1. 深入开展国学文化教育，唤醒戒毒人员社会角色意识

广泛开展国学文化教育，组织戒毒人员学习背诵《论语》《弟子规》《三字经》等国学经典，通过中国传统文化唤醒他们的社会角色意识，培育其道德良知，明确责任担当，重建伦理观念。

2. 以“感恩”主题为切入点，积极创造条件让戒毒人员和亲属共同参与文化体验活动

开展“打一个亲情电话”“开展一次亲情帮教”“写一封家书”等系列活动。充分利用母亲节、“6·26”国际禁毒日等关键节点，举办“感恩母爱、携手戒毒”“戒毒从这里开始、禁毒从你我做起”等联合帮教活动，让戒毒人员感受来自家庭和社会的关心与温暖，帮助他们消除心理障碍，找回新生的信心。

3. 开展丰富多彩的文化活动，帮助戒毒人员融入健康的文娱活动

坚持“节日搭台、文化唱戏”，每逢传统节日，举办各种形式的“传统文化专题讲座”“主题漫画展”“演讲比赛”“文艺汇演”等文娱活动和才艺展示活动，帮助戒毒人员积极融入健康的文体活动中，逐渐感化戒毒人

员被毒品侵蚀的心灵,帮助他们燃起新的生活希望。

4.加大所区文化建设,用浓厚的文化氛围影响人

精心打造所区文化建设,突出环境育人、文化育人的功能,营造浓厚的戒毒文化氛围。设立禁毒警示宣传展室,形象直观地宣传禁毒工作、戒毒模式和日常工作开展情况,发挥禁毒宣传阵地作用。利用戒毒管理区的墙面,悬挂张贴文化内容,展示"大墙文化",在设计上注重突出禁毒戒毒理念,在内容上通俗易懂、简单明了,在形式上灵活多样、便于戒毒人员接受和学习。突出回归指导区"缓冲区"和"中途岛"作用,使回归指导区具有一种"家"的氛围。宿舍内配备健身设备和图书角,戒毒人员可合理调配时间,在自由活动时间内申请使用。

第二节　心理学起源及心理戒毒的发展

目前,吸毒问题已经成为严重的国际性社会问题。吸毒者的戒毒成效如何,直接影响到对毒品犯罪的打击力度。吸毒是一个复杂的社会问题,个体吸毒的原因和生理、心理反应包含了多方面的复杂要素。同样,戒毒也是一个涉及众多复杂因素的问题,并非单纯地指从医学上进行生理脱毒,而是需要生理脱毒和医学治疗、心理治疗和心理康复、后续帮扶和回归社会三个过程的有机结合。在这样一个综合的运作体系中,对戒毒人员进行心理方面的帮助与治疗是至关重要的。在通过药物帮助其戒除生理毒瘾后,吸毒人员何去何从,是在心瘾的驱使下重新走上吸毒的道路,还是在心理治疗和康复过程中坚定信心,远离毒品,重塑人生观念,走上新生之路,在很大程度上取决于心理治疗和社会干预的成效。

一、心理学的概念

什么是心理学?"心理学"的英文为Psychology,据1590年的心理学资料记载,Psychology一词是由希腊文中Psyche与logos两个单词组合而成,前者意指"灵魂",后者意指"讲述"。从字义上来讲,心理学即"阐释灵魂的学问"。从其语源上来看,心理学是研究人的心理或精神的一门学问。简而言之,心理学是研究心理现象发生、发展和活动规律的科

学。从哲学中分离成单独的学科以后，其又产生了许多分支学科与不同的心理学流派。

很多人认为心理学有着相当漫长的一段历史，但严格来说，正如德国著名心理学家艾宾浩斯所说，心理学其实“只有一部简短的历史”。19世纪中叶以前，心理学只是被包裹在哲学的母体之内，仅用思辨的方法来描述人的心理现象，所以它的发展是极其有限的。19世纪末叶，自然科学蓬勃发展，科学实验方法被广泛运用。在前人工作的基础上，德国生理学家、哲学家冯特于1879年在联邦德国的莱比锡大学建立了世界上第一所真正的心理学实验室，心理学由此开始从哲学中分离出来，逐渐发展成为一门独立的学科。

二、心理学的起源

早期的心理学研究属于哲学的范畴，称为“哲学心理学”。哲学心理学的研究可以追溯到古代的中国、埃及、希腊和印度。中国古代认为人的性情思想由一定的器官承担，且其活动会在器官上反映出来。在古希腊语中，心理学由“灵魂”和“研究”组成。柏拉图提出“二元并存”的理念。有人认为，亚里士多德的《论灵魂》是西方最早的一部论述心理学思想的著作，后来经过长久的演变，慢慢地衍生出各式各样的学科，包括现在人们所熟知的心理学。

中华文化对西方心理学发展有着重要的影响，主要表现在两个方面：一是为西方提供东方智慧。“东-西方心理学”又称“智慧心理学”，是西方心理学家们将东方文化和西方心理学融为一体的一种价值追求。可以说，“东-西方心理学”是当代心理学的一种新的发展，正在逐渐形成一个独立的研究领域或分支。二是为西方智者提供灵感。荣格、马斯洛等心理学家，无不与中国文化有着密切的接触，也都直言不讳从中获得灵感。

三、心理戒毒应用的主要流派

现代心理学发展速度非常快，出现了很多交叉学科，其中有两条主线最为突出：一是神经科学的发展，二是文化心理学的发展。在这两条主线的基础上，心理学学科也出现了更细的分支。先进的研究方法（从脑成像到统计学)越来越得到心理学家的青睐,跨文化的联合研究成为心理学的一道风景。

(一)精神分析理论

精神分析理论也称“精神分析心理学”,是西方心理学的主要流派之一。19 世纪末,由奥地利精神病学家弗洛伊德创立。它既是一种治疗神经症的理论和方法,也是一种潜意识的心理体系。到 20 世纪 20 年代,精神分析理论扩展到社会科学领域,成为无所不包的人生哲学,被称为“弗洛伊德主义”,分为古典精神分析和新精神分析。前者是弗洛伊德精神分析及其扩展的社会文化理论,包括社会文化观、宗教观、道德观、犯罪观、战争观、妇女观、美学观、哲学观等;后者是在古典精神分析基础上分化和发展而来的一种新理论体系。

因为吸毒人员有很多相似的特征,如每个吸毒人员在成长过程中或者在某个阶段都或多或少地受到过损害,同时吸毒者的吸毒行为也是一种压抑的行为表现,因此,把弗洛伊德精神分析理论学说运用到戒毒研究中,以探索吸毒者戒毒与吸毒的规律,帮助其修复健康人格,从而指导戒毒工作,具有较大的可行性。

(二)行为主义心理学

行为主义心理学由美国心理学家华生 1913 年创立,影响世界达半个世纪之久,是西方心理学的主要流派之一。行为主义心理学以行为作为研究对象,华生的名言是:“给我一打健全的儿童,我可以用特殊的方法任意地将他们加以改变,或者使他们成为医生、律师、艺术家和富商,或者使他们成为乞丐和强盗。”

行为主义学派认为,人类行为是通过学习而来的,行为不端是由于生活经验而改变的,可以认为,吸毒并非人生来俱有的,也是通过学习模仿而来的。因此,在强制隔离戒毒所内,运用行为治疗的方法矫正戒毒人员的吸毒行为既有理论基础,又有实践经验的总结。

(三)人本主义心理学

人本主义心理学亦称“现象心理学”,其创建者为马斯洛和罗杰斯,是 20 世纪 50～60 年代产生于美国的一种心理思潮和革新运动。它反对行为主义环境决定论和精神分析生物还原论思想,主张研究人的本性、潜能、经验价值、创新力及自我实现等,被称为“心理学的第三势力”。人本主义心理学要求尊重人的价值和自我选择，否定传统非人性化的心理学思想，是对人道主义传统思想的继承，也是对人类潜能运动的发展。

人本主义治疗的目标是人性的实现和人格的改变。要实现这一目标必须具备三个条件，即设身处地的理解、坦诚交流和无条件积极关注。尽管人本主义心理学对吸毒的问题没有进行专门的研究与论述，但是其在戒毒矫治实践中运用人本主义的心理学及人本主义的治疗方法帮助戒毒人员重塑信心、彻底戒除毒瘾，具有非常重要的实践意义。

（四）认知心理学

认知心理学是现代西方心理学的一个新流派，它开始于20世纪50年代中期，60年代之后迅速发展。随着工业社会科技革命的迅速发展，对于人的认知因素的研究课题日益受到重视，这使得认知心理学不断兴起、壮大。20世纪70年代以后，认知心理学成为美国和整个西方心理学的主流，在心理研究中占据核心地位。在认知心理学的几个分支中，皮亚杰的道德和认知发展理论与犯罪学的联系最紧密。该理论通过研究吸毒人员，发现吸毒是由其道德发展水平低造成的。由于道德发展水平低，吸毒人员对社会道德规范的理解有偏差，对个人认为的道德控制较弱，因而会产生违反道德准则或吸毒等违法犯罪行为。认知治疗与传统治疗的区别在于强调认知的首要作用。错误的认知既是吸毒的重要原因，也是吸毒心理中需要矫治的重要内容。认知心理学关于心理矫治的理论及认知疗法的具体方法对戒毒心理矫治具有很强的借鉴意义。

（五）积极心理学

作为心理学的一个新领域，积极心理学是揭示人类的优势和促进其积极机能的应用科学，致力于识别和理解人类的优势和美德，帮助人们提升幸福感，使生活更有意义。积极心理学研究的主要内容有主观层面上的积极情绪与体验、个人层面上积极的人格特质和群体层面上积极的社会组织关系。戒毒虽然是世界性难题，但不论在理论上还是实践中都可以得出结论：毒可戒，毒瘾可除。戒毒的成功与否取决于吸毒人员的意志力、戒毒的科学方法和戒除毒瘾后的社会管控三大要素。在三要素中，吸毒人员的意志力是关键，意志力的关键是自信心，自信心就是来源于戒毒人员的积极心理。

四、心理学在戒毒工作中的应用

(一)心理戒毒的必要性分析

戒毒的成功率之所以低,是因为吸毒人员在吸食后会产生严重的依赖性和戒断症状,并导致严重的生理和心理损害。吸毒者对毒品的依赖包括生理依赖和心理依赖。生理依赖可以在短时间内得以解决,但吸毒者要在很长一段时间内受心理依赖的驱使,这种心理上的依赖又会使吸毒人员在生理上产生焦虑不安甚至疼痛的感觉。这种症状即所谓的"心瘾"。"心瘾"实际上是某种心理变态,也是一种慢性病态,是吸食者难以摆脱毒品的最主要原因之一。因此,吸毒者的心理治疗应该引起高度的重视。

导致吸毒者产生心理依赖的原因是多方面的。心理学的"习得理论"认为:人或动物的心理活动与行为可通过经常学习而获得,学习后经过一系列的强化,使其学习所得的行为固定,从而构成不同模式的新行为。吸毒者正是通过这种习得的觅药行为,不断得到毒品"闪电般地缓解戒断症状效应和欣快感"。而其偶然或有意不断吸毒所产生的疼痛体验和药物强烈渴求感等构成正性或负性的强化因素,日积月累这些因素不断作正性强化,使毒品依赖成为牢不可破的行为模式,从而使吸毒者无法摆脱这种"心瘾"。吸毒者除生理上的正性强化以外,还要受到精神、心理方面的负性强化。相对于生理上的强化,其心理强化更不容易摆脱,吸毒者在吸毒之后往往被家庭厌弃,或婚姻破裂,或朋友分手,或就业无望等等。由于这些事件造成吸毒者明显的负性情绪,使他们对自己的人生不抱有任何希望,缺乏重新生活的勇气,从而导致其情绪低落、逃避现实、对自己评价过低、感觉无能等。这些负性情绪对于戒毒无疑是非常不利的,可能会导致吸毒者失去戒毒的动力,而将依赖毒品作为他们的生活目标。因此对戒毒者加以关心和鼓励,帮助他们树立回归社会的信心、重塑人生的勇气无疑是至关重要的,而这些都是单纯的药物治疗所无法解决的。因此,戒毒还需从吸毒者的人格和个性入手,逐步训练,培养其坚定的信心;而这种训练必须借助科学的心理治疗和心理咨询才能达到目的。

(二)心理戒毒遵循的原则

1. 非强制性原则

戒毒可以采取强制的形式,但在戒毒过程中所用的心理治疗是不能强制进行的。如果强迫戒毒者进行心理治疗，非但达不到预定的效果，反而会使戒毒者更加反感，从而更难达到帮助戒毒者戒除毒瘾的目的。因此，在对戒毒人员进行心理治疗时，双方关系的建立、维持和发展是以双方的共同意愿为基础的，既不能迫使治疗者自愿帮助戒毒者，也不可能迫使戒毒者自愿接受治疗者的帮助。这种非强制性的治疗原则会在前来寻求帮助的戒毒者心里诱发两个反应：一是会强化其“我很难戒除毒瘾”的认知，二是使其认识到“我有心理问题”。这能够进一步强化其求助动机。根据自我知觉理论，个人越是有选择行动的自由，就越会把选择的行动看作是发自内心需求的行为。于是在非强制性治疗原则下，戒毒者就会产生这样的心理活动：我是自愿来求助的，所以我一定有需要帮助的问题；其次是能够强化戒毒者的自我感，使他们感受到他们是一个能够支配自己的人，这种自我感觉正是有效心理治疗的要素之 。

2. 目的明确性原则

在治疗者与求助者之间，双方对于结成这种关系的目的是什么都应该非常明确。双方都应该认识到：求助治疗的戒毒者因存在心理问题，无法克服毒品所产生的心理依赖而来求助。治疗者是能够并且愿意提供帮助，以解除来访者的心理问题是达成这种关系的唯一目的。由于目的明确，使得治疗者事先就处于一种易于被来访者接受的地位。这对于进一步发展情感联系，保证关系的明确性和纯洁性是一个有利的条件。

3. 系统完整性原则

要取得良好的戒毒效果，采用系统、完整的心理治疗方法尤为重要。目前，国内外对吸毒成瘾者的心理治疗有多种方法，其中应用比较广泛的是美国心理学家威廉·格拉塞所开创的现实疗法。从现实疗法的基本倾向来看，它属于认识行为的治疗，强调人的自主自立、对自己负责的品质，由于其重视治疗者与来访者之间的关系这样一个特点，它被广泛地应用于学校、监狱、戒毒场所及其他社会服务机构，并取得了良好的效果。现实疗法已取得的成功说明：在对戒毒者的心理依赖进行心理治疗的时候，不能单从某一方面入手，如不能仅就戒毒者的行为、思维、认知、情感、人格等某一个单独的方面进行治疗，因为这样往往难以取得很好的疗效。正确的方法应是把戒毒者的行为分成行动、思维、情感体验等几个方面，然后从行为控制开始各个击破，最终达到治愈的目的。吸毒行为以及由此产生的心理依赖，其本身并不是单纯的某一思想或某一行动上发生偏差，而是从行为到认知甚至人格结构都发生了整体变化。如果片面地从某一方面进行治疗，则无法达到预期效果。切实有效的戒毒方法应是在医学—心理学—社会学这个整体系统的基础上，建立一个行为—认知—人格的心理治疗系统，按照吸毒者心理障碍所涉及的所有方面及内在联系进行多元化的干预——由吸毒行为本身到吸毒者的认知结构、人格特征进行全方位的矫正治疗，形成心理治疗内部的综合矫正体系。

（三）心理戒毒的目的及实践

1.强化戒毒动机

常用的方法有集体活动法和个别谈话法，或者将两种方法有机结合，有效寻找和激发吸毒人员的戒毒动机，达到更好的戒毒效果。如通过集体活动的讲解、示范、画“树形图”、找“问题树”、组织游戏等方法调动戒毒人员的积极性和表现欲望，使他们充分展示自我，从中发现他们改变环境的欲望；然后通过个别谈话掌握最佳时机，激发和强化他们的改变动机；再通过集体活动和个别谈话的强化和激励，最终激发他们戒毒的主动性和自觉性，降低他们复吸的可能性。

2.锤炼戒毒意志

戒毒是一个长期、艰难的过程，戒毒人员必须具有顽强的意志力。戒毒所要经常性地组织戒毒人员写“意志锤炼日记”，开展“意志锤炼主题班会”，让戒毒人员有意识地培养、锤炼意志，使他们通过参与这些活动不断提升戒毒意志。

3.提升正视自我、改变自我的能力

谈个人清单、寻求他人帮助法：首先是让戒毒人员学会自我展示，即自我暴露，让他们列出与吸毒（复吸）关联的因素并引发出其吸毒的根本问题，如与朋友、家人或同事之间关系的问题，个人情绪的问题，个性缺陷问题或不良习惯问题，等等。教育他们勇于面对自己的过去，找出自己的缺点，从而帮助他们找到超越自我、帮助自我戒毒的方式。其次是让戒毒人员学会求助，有意识地鼓励戒毒者大胆向自己信赖的人谈论个人的缺点，并学会寻求帮助，以利于坚定自己克服缺点和坚定戒毒的信心，争取自我戒毒的援助力量。

忏悔道歉、伤害他人补偿法：吸毒的人一旦上瘾后，就以毒品和自己为中心，不顾及家人、同事、亲友等的感受，更不会去想帮助别人。因此在戒毒康复中要特别注意让戒毒人员重新学习帮助别人，组织他们进行“我为亲人、好友、同事等做件好事、出个点子”等活动，学会在帮助别人的同时体会快乐，同时也学会帮助自己。

制订计划、改变生活方式法：①加强锻炼，增强体质。通过队列训练、晨练健身等措施加强体质锻炼，缓解他们的心理压力，加速他们的生理康复。②组织戒毒人员有选择性地参加习艺劳动和职业技能培训，使他们掌握一技之长，回归社会后能够自食其力。③组织他们参加文体娱乐，培养高雅情趣。组织棋类、球类等多种形式的文体娱乐活动，充分展示戒毒人员个性才能，以增强他们的荣誉感、成就感，激发他们的生活情趣和戒毒积极性。④引导戒毒人员培养良好的情趣和爱好，建立、架构新的生活圈，结交健康的新朋友。⑤学会总结归纳每天对自我戒毒有利的言行。⑥给自己设计未来、规划工作，确保自己的生活来源及具备为家庭尽责的能力。

4.促进积极行动

着重开展个别教育和团体活动，引导戒毒人员以乐观态度面对挫折。讨论“意识与行为”的关系，学习做有行为改变的决定，引导其用遵规守纪、参与社会公益活动等实际行动逐步改变。

5.培育正确的世界观、人生观、价值观

马斯洛指出：“病态的人是被病态的文化造就的，健康的人能够以健康的文化造就成功。”戒毒文化是提高戒治成效不可缺少的组成部分，通过发挥戒毒康复场所文化的引导、凝聚、约束、激励作用，可以矫治塑造戒毒人员的人格品质、理想信念和行为准则。为了达成此类目标，组织戒毒人员开展兴趣小组、社团等活动，营造浓厚的戒治文化氛围，让戒毒人员主动参与到习练太极拳、学习琴棋书画等高雅文化活动中，营造良好、和谐、文明的环境，帮助其建立紧张有序、生动活泼、健康向上、热心向善的生活环境。要使戒毒人员得到文化熏陶，平时还要加强对戒毒人员的行为养成、文明礼仪教育，以开展的诸多文化活动来造就其良好的文化形象，不断提高戒毒人员的职业道德素养，并对戒毒人员的世界观、人生观、价值观进行培养、塑造。

6.塑造健康心理

综合利用普及性心理健康教育、个别心理咨询、团体心理拓展训练等多种心理学技术和手段，开展心理服务和心理危机干预，培育戒毒人员良好的心理素质。

(1)箱庭疗法。箱庭疗法是戒毒人员在心理咨询师的陪伴下，从玩具架上自由挑选玩具，在盛有细沙的特制箱子里进行自我表现的一种心理疗法。戒毒人员使用所提供的沙箱和各种玩具在沙箱里制作箱庭，通过这种方式，使戒毒人员的内心压力得到充分的释放，达到心理治疗的目的。

(2)音乐治疗。音乐治疗是以音乐来达到恢复、改善心灵与身体健康的治疗方法。具体来说指通过音乐感受、音乐活动甚至音乐的物理电流形式，借助音乐的旋律、节奏对人的心灵产生巨大冲击作用，对人的某些疾病特别是精神方面的疾病进行治疗的过程。音乐治疗的效应源于它的音倾、力度、音色等音乐成分对人的生理和心理的作用，因为人反复接受这些音乐的刺激就会引起强烈的生理反应和心理反应。如音乐有助于人增强自我意识，帮助人释放和控制不良情绪，有助于人际情感的交流；音乐还能满足人丰富的想象力和创造力的需要，从而达到心理调整和生理调整的治疗作用。在音乐治疗中，主要是对主动申请心理咨询的戒毒人员进行心理测试，根据戒毒人员的心理状况进行训练，以取得较好的效果。

(3)团体心理辅导。在团体心理辅导中，应根据戒毒人员的思想动态确定活动导内容，如通过“寻找迷失的自己，探索积极的自我”等心理情景剧，让戒毒人员在活动中重新认识自我，树立对未来生活的信心。通过“齐心协力，学会沟通”为主题的辅导活动，促进戒毒人员建立和谐的人际关系，增加他们的团体凝聚力。

7.提高社会适应能力

提高社会适应能力包括开展职业技术培训和就业创业等服务，帮助其学习就业谋生技术，了解就业信息，树立创业意识；开展人际交往技能训练，培育其拒绝伙伴诱惑的能力，引导其与不良伙伴断交、参与群体活动、避免攻击性交流等具体能力；帮助其学习应对压力和控制愤怒的技术，掌握解决问题和在艰难选择面前做出决定的技能，培育其创造性思维和批判性思维等。

(四)心理戒毒的主要途径

戒毒是心理和生理的完整治疗矫正,是一种强制的医疗行为。因此仅有药物对生理的治疗是不够的,必须加强心理治疗。心理治疗才是使吸毒者彻底脱瘾,减少复吸的关键。现在多数戒毒所都非常重视心理治疗工作,配备了大量的心理咨询师,购置了专业的心理设备,摸索出了一些好的做法。

1. 心理治疗

心理治疗分为三个环节,这三个环节贯穿在戒毒的全过程。

(1)医治心理疾病,包括人格障碍。这是指对吸毒人员进行个案的心理诊治,找到其吸毒的心理原因。人的健康包括躯体健康、心理健康和良好的社会适应能力三个方面。心理健康与一个人的个性(即人格)关系最为密切。吸毒者的人格多数都存在问题,其并非是在瞬间形成的一种心理或行为倾向,也不是被动的静态结构,相反,是在社会化过程中逐渐形成的一种动态结构。一般来讲,这种具有反社会性的人格结构的形成包括遗传、体质和社会三个因素。从目前来看,导致吸毒人员的个体原因一般包括个人素质不高、文化程度低、好奇心强、寻求刺激、自控能力差、价值观问题、精神空虚、追求虚荣和不良习惯等。所以,在医治吸毒者的时候,必须分析他们的人格缺陷以及这种人格缺陷的社会和个体原因,找出他们患心理疾病的关键点。通过有针对性的治疗,医好他们的心病,使他们有一个健康的心理和健全的人格。这种治疗是心理上的治疗,要按照心理治疗的规矩去做。心理咨询师应该把吸毒者作为心理病人对待,通过交谈、测试、检查等多种手段确定不同个体的心理病因,并让治疗者充分参与进来,使其乐于接受治疗,双方建立相互信赖的关系。治疗还应包括咨询、指引、授以社会技巧和强化适当的行为等。

(2)针对心瘾进行心理强化治疗。这是从心理医学的角度对戒毒人员施以心理治疗,治疗的重点集中在如何帮助戒毒人员建立必要的条件反射上,以使不良诱因的改变得到强化。目前,国际上心理医学最常用的有两种治疗方法,一是厌恶疗法,二是催眠疗法。华南师范大学和深圳宝安戒毒所联合,按照这两种方法对30例吸毒人员进行了心理依赖的戒治。他们准备了两组幻灯片,一组为风景内容,另一组为与毒品有关的图片,每组20张,随机排列,用幻灯机放映。第一阶段,让戒毒者先看,当呈现风景照时，辅以放松的指导语，让戒毒者体验轻松自由的感觉；当出现与毒品有关的图片时，即对戒毒者施以电击，辅以紧张、害怕和令人不舒服的指导语，让戒毒者一见到与毒品有关的幻灯片，就处于一种紧张和害怕的情绪中。第二阶段，呈现风景图片时，辅以轻松指导语不变，呈现与毒品有关图片时也施以电击，但允许戒毒者在分辨出是毒品后，自己克服一定的困难，按住电钮切断电源避免电击。经过一个疗程的治疗，条件反射初步形成，即戒毒人员看到有关毒品的图片时首先想到的不是吸毒的快感，而是紧张害怕。紧张感代替了欣快感，从而使吸毒人员对毒品产生了厌恶，教育矫治效果不断得到强化。

无论生理戒毒还是心理戒毒，只注重生理反应和条件反射的消除或建立是不够的，更重要的是增强戒毒者的自我意志力以及动机、价值观和人格等因素。因此，帮助戒毒人员树立正确的价值观，增强意志，重塑人格是十分重要的。著名心理学家霍桑指出，对个人施加压力以说服他去做某件事最有效的方法是使他愉快，向他显示出我们是真心关心他，非常希望他去做好这件事。因此，在对戒毒人员进行心理治疗时必须坚持这一原则。华南师范大学和深圳宝安戒毒所用的催眠疗法很有效果。他们在把戒毒人员进行催眠后，心理咨询师以朋友的身份、亲切的话语向戒毒人员讲清毒品的危害，反复暗示，使这些话语深刻地印在戒毒人员的潜意识中。在催眠状态下，他们还通过引导戒毒者回忆儿时的生活，使他们的记忆退回到童年和少年时期，体验当年的情景，寻找无忧无虑、天真活泼的自我。同时在催眠的情况下，心理咨询师对他们施以正反对比教育，使他们通过潜意识将自己吸毒前健康、快乐、幸福的生活和吸毒后的悲惨境遇进行对比，有利于让他们重新认识人生、重塑人格。催眠疗法还可以暗示戒毒者，让他们出现错觉，在潜意识中厌恶毒品，形成对毒品的厌恶体验。比如，让他们在催眠的情况下认为毒品不好，彻底放弃毒品。经过反复治疗，可以从潜意识上加强戒毒人员厌恶毒品的条件反射的建立和巩固。他们的实验是成功的，经过两年的跟踪调查，进行心理治疗的 30 名戒毒者只有 6 名复吸，占总数的 20%；而没有进行心理治疗的对照组，半年之内 100%全部复吸。

(3)心理康复。这是心理治疗的最后环节，也是一个十分重要的环节。按照心理学的观点，使人最大依从的方法是把个人放在一个控制很好的环境中。那里的一切都使人很难不依从。个人要求某人去做某事，他可能拒绝；然而当每个人都希望他去做的时候，拒绝是很困难的。要使戒毒人员的戒断得到巩固，必须有一个好的环境。因此，在戒毒所的心理治疗后，还应继续进行戒毒者与外界相对隔离的管理，让戒毒人员在丰富的生活和良好的环境中继续保持心理戒断的巩固。这个巩固要有一定的时间保证，如果戒毒时间过短，戒毒者心理戒断的成果还没有巩固就回到社会，往往抵御不了毒品的再次诱惑。

心理康复更重要的是在戒毒者回归社会以后的持续帮扶，即把家庭、社会、戒毒组织有机结合起来，对吸毒人员进行帮助、管护，帮助其创造一个良好的心理康复环境。第一，戒毒人员出所时，应通知其家属，户口所在地派出所，所在单位和居住的社区、街道、村，将其作为重点人口进行管理，防止其接触吸毒人员和毒源。第二，改善吸毒人员的生活环境。吸毒人员原来的生活环境、家庭环境与吸毒的发生密切相关，甚至是吸毒滋生的土壤，因此改变其生活环境，割断其与原来环境的联系特别重要。第三，由社会各界配合家庭制定落实帮助措施，经常对吸毒人员进行教育，帮助其巩固心理康复效果，树立正确的人生方向。第四，事实证明，一味采取歧视、强迫、惩罚等负性措施不利于吸毒人员的顺利回归。对康复进程顺利的个体，在其回归社会后要多鼓励支持，而不应该歧视他们。第五，积极帮助戒毒人员解决就业安置问题，使其自食其力、劳动致富、安分守法，避免其无所事事、精神空虚。第六，加强社区管理，有组织地在社区范围内开展健康有益的活动，取缔不良文化场所，促使吸毒人员参加积极向上、身心愉快的社会生活。第七，帮助个体渡过危机。有的吸毒人员在接受系统的治疗康复后，往往还会遇到很多困难，有的甚至遭遇很多危机，此时不少人会试图再次吸毒。为防止这种情况的出现，社会应建立健全各种相应的机构，给他们提供帮助与指导，使他们顺利渡过危机。

第二章　文化戒毒与心理戒毒概述

十九大报告指出："文化兴国运兴，文化强民族强。没有高度的文化自信，没有文化的繁荣兴盛，就没有中华民族伟大复兴。"①"文化戒毒"是为戒毒人员幸福人生奠基铺路的基础性、矫正性工作，也是践行治本安全观的有效举措。引入包括中华传统文化在内的一切进步文化和理念帮助戒毒人员重塑心灵，是推动戒毒工作科学发展、创新发展的动力源泉。

毒瘾难戒关键在于"心瘾"难除。若能破除戒毒人员"心瘾"难题，就会为吸毒人员成功戒除毒瘾创造无限可能，因此，推动心理戒毒势在必行。心理戒毒可以运用多种心理学方法和技术，重塑戒毒人员的知、情、意，真正实现戒毒人员由"要我戒毒"向"我要戒毒"的心理转变，有效防止戒毒人员再陷复吸泥潭。实施文化戒毒与心理戒毒，是实现"帮助戒毒人员戒除毒瘾，顺利回归社会"的重要保障。

第一节　文化层面的"心"

中国文化以"心"作为思想渊源，可以说是"心的文化"。心文化，是指"修心"的文化。它不仅蕴含着东方心理学思想，而且浓缩了东方哲学、生命科学以及宗教精神的精髓，潜藏着儒释道各家追求人格完善和精神超越的所有奥秘。

---

① 习近平：《决胜全面建成小康社会　夺取新时代中国特色社会主义伟大胜利——在中国共产党第十九次代表大会上的报告》，人民出版社 2017 年版，第 40～41 页。

一、心与中国文化心理学

（一）“心”的探析

首先，心作为器官而言是指心脏，但其并非只是生理学术语，还往往包含了个体的生成和发展过程乃至人之为人的道理。其次，虽然在心理层面上心被用来表示个人的思想、情感、意识、态度、性格和意志等等，但孔子的“从心所欲，不逾矩”、孟子的“尽心知性知天”、老子的“心善渊”、庄子的“无听之以耳而听之以心”等，皆超越了生理“心”的内涵。最后，超越个体的心被称之为“道之本原”、被作为“天地之心”。在心性学的寓意上，心可包含或表示一种天下的至理，以及人对世事和宇宙的认识和理解。

由此可见，心的概念是中国文化心理学的精华所在，蕴含着儒释道三家的思想精髓。中国文化在关注人的“身”或“形”的基础上，更重视人的“心”和“神”，即精神属性和心性的超越。在几千年的中国社会发展中，儒释道三家的思想深深影响着中国的文化建构。这些观念对中国人的人生态度、生活理念、心理调节都有着重要的指导作用。

（二）“心”的发源①

如果把中国传统文化比作一棵大树，那么生生不息的天人合一之道就是这棵大树的根，这也是“心文化”的发源处。在这棵大树上有三个重要的分枝，它们分别是儒家、佛家和道家。

中国文化由“心”开始探讨人和宇宙的问题。儒家讲修身养性、尽心知性知天，佛家讲明心见性、平常心是道，道家讲顺其自然、即心即道，都把“心”作为探讨人性问题的源头和核心。“中国传统文化的‘心’论，起源于十六字心传——人心惟危，道心惟微，惟精惟一，允执厥中。孔子、老子、孟子、庄子和慧能在各个时期都对此展开过论述，儒释道三家各自建立起相互区别又内在相通的‘心’文化的思想体系。到了宋明的陆九渊、王阳明那里，更是融合儒释道三家心论之精髓，形成陆王心学。可见

---

① 参见朱春鹰、程伟：《中国传统文化“心”之思想解读——身心灵全人健康模式文化探源》，中华中医药学会第十六次医史文献分会学术年会暨新安医学论坛论文汇编，2014 年。

中国文化是真正的以心为本。”①

(三)“心”的流派

儒释道是中国文化三大传统思想,这三大思想传统各具特色,但也有着共同的思想渊源,即“心”。中国古人所用的“心”有着极其深刻的内涵。儒家文化强调做人要光明磊落、坦坦荡荡,并应努力自省。孔子强调“仁爱”“爱人”,将“仁”作为其核心理念,这是正心;只有先正了心,修好身,而后才能齐家、治国、平天下。儒家经典《大学》说道:“古之欲明明德于天下者,先治其国;欲治其国者,先齐其家;欲齐其家者,先修其身;欲修其身者,先正其心……心正而后身修,身修而后家齐,家齐而后国治,国治而后天下平。”孔子也在总结自己的一生时说,他一生所要达到的最高境界就是“七十而从心所欲,不逾矩”。对于儒家思想而言,达到人性所能达到的圆满境界,实现自我的人生价值,是实现人生最终目标的体现。

佛教发源于古印度,自汉朝传入中国。禅宗是佛教中国化、本土化最鲜明的代表。与原始佛教不同,其最有标志性的经典是《六祖坛经》。佛教强调“明心”,即识得常住真心,本性清静。这个“心”就是菩提心。佛教认为人人皆可彻悟因妄念而迷失了的本心佛性。通过明心见性,恢复对自我本性的认识、理解和体验,以求达到心性合一的境界,这也是佛教的参悟方式。

道家思想倡导清心寡欲,虚怀若谷,使心灵保持在静的状态。道家创始人老子提倡“道生万物”。老子观察到芸芸万物生长发展循环往复之道,而提醒世人要保持人与人、人与社会、人与自然之间安静和谐的关系,回归本初,这才意味着万物与人类新的起点,这就是“清心”的深层含义。正如《道德经》第十六章讲的致虚守静:“致虚极,守静笃。万物并作,吾以观复。夫物芸芸各复归其根。归根曰静,静曰复命。”庄子则崇尚自由之心,关注心与身形、神的关系,以虚心、静心、忘心进而实现心灵的自由。道家认为心主宰着人的精神状态与精神生活。

近年来,东方文化所包含的修养方式逐渐为西方文化所接受,如冥想、瑜伽、灵修、内观、禅定、气功、潜能开发等等许多心理治疗的理论体

---

① 徐公喜:《十六字心传思想发展轨迹》,《朱子学刊》2000 年第 11 辑。

系、方式方法，如荣格的分析心理学、人本主义学派、超个人治疗、森田疗法等等，都和东方文化密切相关。因此，一些心理学家认为心理学的第一个故乡在中国。

三、中国“心”文化对心理健康的启示（见图2-1）

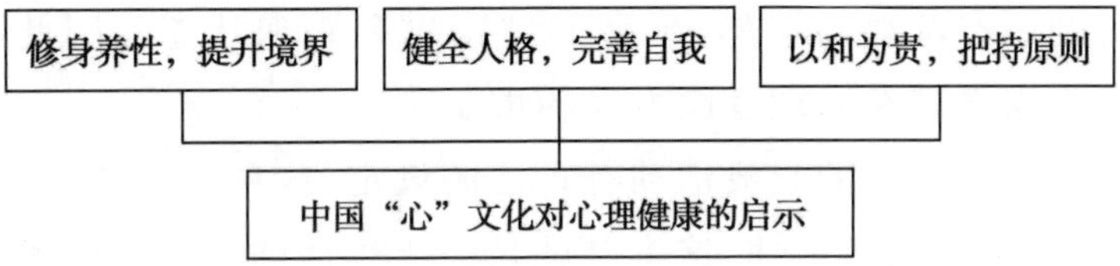

图2-1　中国“心”文化对心理健康的启示

（一）修身养性，提升境界

中国的文化关注的是心灵的自我超越，注重通过心性的修养，体认自身更高的存在，实现人的意义和价值，提升心灵境界。儒家提倡“尽心知性、求其放心、寡欲养心、诚意正心”①，道家提倡“无为、致虚、守静、心斋、坐忘、吾丧我”②，禅宗提倡“明心见性、顿悟、三无、禅定、不离世间觉”③。儒释道三家皆通过这些修心的方式，来实现自己的内在自我超越，提升心灵境界。这些思想对人的身心健康起到了重要的作用。

（二）健全人格，完善自我

儒释道三家各有其人格的修养方法。《大学》中提出了实现“内圣外王”修养的步骤：“格物、致知、诚意、正心、修身、齐家、治国、平天下”；道家提出“涤除玄览”。这些修身方法论对于现代人的心灵重构有着十分重要的现实意义。

（三）以和为贵，把持原则

《中庸》：“喜怒哀乐之未发，谓之中；发而皆中节，谓之和，中也者，天下之大本也；和也者，天下之达道也。”④“中庸”一词在今天常被误解为“模棱两可”“苟且偷安”“庸碌”等，但实际上“中庸”是指一种在日常生活

---

① 夏燕：《儒家修身思想的现代价值》，《黑河学刊》2012年第1期。

② 包佳道：《道家修身思想及现代价值》，《河南社会科学》2015年第2期。

③ 王旭：《佛教修身思想及其现实意义》，西安电子科技大学硕士学位论文，2010年。

④ 刘兆伟：《〈大学〉〈中庸〉全译》，中国社会科学出版社2013年版，第79页。

中既能把持原则（正道），又能恰如其分地应变生活的态度。这种不偏不倚的态度对于人们保持心理平衡起着不容忽视的作用。在现代社会中，来自方方面面的竞争日趋激烈，人的压力越来越大，一些人不堪重负，往往会出现心理问题或心理障碍。“中庸”对于调节人的生活方式、规范人的道德行为寻求事业的成功和幸福的婚姻，有着重要的影响，在生活中要将自己的心态调整到坦然、平和的健康生存心理状态。因此，“中庸”之道日益显露出其在心理健康方面的重要性。

中国的文化对人的心灵活动有自己的设定，这种“心”文化不仅在于其思想性，更在于其实践性，这本身就是关于生活的哲学，在传统文化的发展中被传承。而文化本身的定义就是指共享的、习得性的行为方式。这种行为方式被代代相传，以满足个体和社会成长、调整和适应之目的。而文化内在表现为人的价值观、信念、态度、认识论、意识和生物性功能。我们从中国传统文化中传承了思维方式和方法；传承了行为规范和道德伦理；传承了健身修心养生方式，用它们来保持身心平衡，探寻生命的本质和意义，进而实现身、心、灵三者的平衡健康发展。

第二节　心理学层面的“心”

在现代学科体系中，心理学承担着研究“心”的主要使命。从辞源学的角度来看，“心理学”一词的希腊文原意是研究“心灵”或“灵魂”的学问，其含义比现代主流心理学要宽泛得多，与中国文化之“心”的含义比较接近。为了符合科学的标准，作为心理学研究对象的“心”的内涵不断发生变化，从灵魂、意识、心理、行为乃至人性，众说纷纭，概括起来，可简单地分为五个层次①。

一、层次一：肉体之心

心位于胸腔之内，隔膜之上，两肺之间，形似倒垂未开之莲蕊，外有

① 参见彭鹏：《心是什么：心文化与心理学的视角——兼谈心理学的流变与中国文化心理学的可能》，《心理学探新》2010 年第 5 期。

心包护卫。心为神之舍、血之主、脉之宗，五行属火，为阳中之阳，主宰着人体的生命活动。心是脏腑中重要的器官，负责协调各脏腑的活动。各脏腑在心的领导下互相联系，分工合作，构成一个有机的整体。

二、层次二：意识之心

心理学界对意识的理解分广义和狭义两种。广义的意识是指大脑对客观世界的反应，这表现了心理学脱胎于哲学的一种特殊的学术现象。而狭义的意识则是指人们对外界和自身的感知与关注程度。原来我们都认为想法和念头是大脑的功能，其实不然。人的大脑就像是电脑的一个大的内存，而电脑的程序却在心中，这些想法和念头产生于心中，只是储存在大脑之中而已。

三、层次三：感觉之心

感觉是人脑对事物的个别属性的认识，是由刺激物直接作用于某种感官引起的；视觉是指物体的影像刺激视网膜所产生的感觉，是人和动物最重要的感觉；听觉是声音通过听觉系统的感受和分析引起的感觉。人的感觉、视觉、听觉都是心的次感元。看到的具体的画面、听到的具体的声音、心中的具体感觉，都是心的次感元。心明眼亮、心主神明、心主沉浮都是心主宰脑的体现。

四、层次四：信念之心

信念是对事实或者必将成为事实的事物的判断、观点或看法。这是心的第四层面，是根植于潜意识中的信念、价值观和心智模式，却往往被我们的显意识忽略了，甚至完全意识不到它的存在。而事实上它却一直存在着，且不是一般地存在着，而是以理性活动背后的指挥者和决定者的身份存在着。这个隐藏着的心的潜意识层面属于心灵智慧层面。

五、层次五：能量之心

我们都有着这样的经验：有时候感觉自己朝气勃勃、精力充沛、神清气爽、心智敏锐、创意无限，下起笔来思如泉涌、如有神助，干起事来意气风发、事事顺心，自己都觉得不可思议！而有时候又情绪低落、无精打采，每天都觉得生活乏味，充满无力、无奈、无能的感觉，即便是平时做起来易如反掌的事，也感到难以摆平，甚至犯一些低级错误！此时生活似乎是陷入了人生泥潭，整个人倒霉透顶！

这到底是怎么回事？为什么连一流的运动员都会有连续多日投不进一个像样的球、打不好一场像样的比赛的情形？是什么样的心理、生理机制导致人们不但激发不出潜能，连已有的水平都发挥不出来？根本原因在于心具有一个具体的系统和能量。

当人的能量在中心状态时，整个人脑身心和谐、宁静、专注、自信、坚强、快乐、兴奋，人的能量源源涌出，这是一个人的天才状态。当人的能量不在中心状态时，整个人会松松垮垮的，身体、生理不听头脑指挥，心中时而冒出这种声音，时而冒出那种声音，多疑、沮丧、恐惧、焦虑、悲伤、受挫，浑身无力，这是一个人能量被卡住的状态。

我们每个人在这两种状态之间进进出出。有的人大部分时间都在天才状态之中，这样的人就成了成就很大、很成功的人；有的人大部分时间都在卡住状态之中，这样的人就成了低能力、无所作为，甚至是怨天尤人、被痛苦折磨的人。

第三节　心理学层面意识能量层级对戒毒的影响

美国著名心理学家大卫·霍金斯花了30多年的时间，研究证实了人和人之间有不同的级别。这是一个非常伟大的发现：揭开了人们生命与社会活动的一切关联，人们的能量层级和振频决定着我们的一生和命运。

一、人的意识能量层级①

人类各种不同的意识层次都有其相对应的能量指数，人的身体状况也会随着精神状况的变化有一定起伏。人们活在各自的能量层级里，并且也吸引着相应层级频率的事物与人。如果我们一直处在一个较低的

① 参见[美]大卫·R.霍金斯：《意念力·激发你潜在力量》，李楠译，光明日报出版社2014年版，第31～52页。

能量层级之中，我们就会吸引很多不好的人和事物。而一旦突破到新的级别，整个人生就会完全不同。

所以，很多人虽然在不断学习、扩充知识，却很难真正的成长，生活也没有明显的改善。原因就在于，虽然人的知识量增多了，可是能量级别没有改变。如同自行车与汽车，自行车即使安装再多的加速工具，也仍然赶不上汽车的功率。

霍金斯博士运用现代科学研究方法，发现了存在于我们这个世界的隐藏的人类意识变化等级。他将人类的意识映射到 1～1000 的频率范围，划分为 17 个能量层级。频率越高，能量越高。

(1)羞愧自责：20 及以下

(2)内疚报复：30

(3)冷漠绝望：50

(4)忧伤无助：75

(5)恐惧焦虑：100

(6)欲望渴求：125

(7)愤怒仇恨：150

(8)骄傲刻薄：175

(9)勇气肯定：200

(10)信任淡定：250

(11)主动乐观：310

(12)宽容接纳：350

(13)开明智慧：400

(14)仁爱无私：500

(15)喜悦平静：540

(16)平和极乐：600

(17)开悟正觉：700～1000

能量等级从 0～1000。200 以下为负面，200 以上为正面。能量级在 200 时，是一个人所处正负能量状态的分界点。意识能级高于 200 的人是正能量的人，意识能级低于 200 的人是负能量的人。简而言之，分数越高、频率越高越好；反之，分数越低、频率越低，能量层级也就越低。

二、吸毒人员意识能量层级明显降低

毒品泛滥是当今中国乃至世界的一个难题。毒品是全人类的公害，它影响着世界经济的发展与进步，给人类生存带来严重的威胁。毒品不仅损害人的身体健康，更会给人造成严重精神创伤。在强制隔离戒毒工作实践中，通过接触大量戒毒人员发现，吸毒人员在吸毒后负能量特征特别明显，具体表现如下：

（一）能量级在125以下

对应的意识特征主要有羞愧、懊恼、自责、冷淡、失望等。吸毒人员在身心受到毒品伤害后造成无法挽救局面时往往极度失望。大部分吸毒人员主观上也想远离毒品，尽快终止这些不良行为，但因成瘾较深，戒毒在客观上比较艰难，从而产生难以摆脱毒品的绝望心理，对身边的亲人怀有极大的羞愧心理，对生活和前途完全失去信心，极度厌恶自己，甚至想以自杀来结束自己的生命，寻求解脱，并因此导致抑郁以及各种身心障碍。山东省鲁中强制隔离戒毒所对部分强制隔离戒毒人员进行意识能量分级，能量级在125以下的占调查人数的31%。

（二）能量级在125～175之间

对应的意识特征主要有悲伤、恐惧、猜疑、憎恨、自我膨胀等。吸毒绝不是一件光彩的事，吸毒人员往往承受着巨大的心理压力，处于严重的应激状态中，生怕被最亲密的人发现。吸毒是违法行为，一旦被公安机关查获，不仅存在被强制隔离戒毒的风险，其个人信息还将录入公安部动态管控系统，被录入人员不论在全国什么地方使用本人身份证件，该系统都会自动预警，辖区内的警务机构会在第一时间内赶到现场，对当事人进行动态跟踪管理盘查。这样一来，吸毒人员的“自由度”便得不到保障。另外，吸毒成瘾人员往往患有迫害妄想等精神症状，时刻担心“别人要害自己”。在妄想支配下，极易发生逃跑、自伤自残或伤及他人等行为。山东省鲁中强制隔离戒毒所对部分强制隔离戒毒人员进行意识能量分级，能量级在125～175的人占调查人数的41%。

（三）能量级在175～200之间

对应的意识特征主要有欲望、愤怒、骄傲等。好奇心、追求刺激享乐、受他人引诱是吸毒人员初次吸毒的重要因素。与正常人相比，吸毒人员普遍缺乏同情心和社会责任感,感觉迟钝;对他人怀有敌意,即使对亲友也如此;好进攻,即使是喜爱的人;喜欢一些古怪的不平常的事情;情绪不稳定,遇事容易激动、紧张,易怒;往往有抑郁倾向,睡眠不好,患有各种身心障碍;对各种刺激的反应过于强烈且难以平静;目空一切,自我膨胀,看不惯、瞧不起身边的人和事。山东省鲁中强制隔离戒毒所对部分强制隔离戒毒人员进行意识能量分级,能量级在175～200的占调查人数的22%。在200以上的人员较少。据山东省鲁中强制隔离戒毒所戒毒人员能量层级调查,意识能量层级在200以上的仅占调查人数的8%。

(四)能量级在200以上

实践中,并非所有吸毒人员的意识能量层级都在200以下。吸毒人员在生理脱毒期戒断症状彻底消除后,经过一段时间的恢复、调养,身心状况会得到普遍改善,认知、情感会逐步趋于正常。此时,吸毒人员的亲属朋友、社会戒毒康复部门、强制隔离戒毒所应积极加以正面引导和教育,帮助其重燃信心和希望,使其每天生活在正能量的环境中,远离毒品的诱惑和伤害,其自身能量层级也会逐步提升。当能量层级稳步达到300以上时,吸毒人员成功戒除毒瘾的几率会得到大幅提高。山东省鲁中强制隔离戒毒所对强制隔离戒毒人员进行了一年戒毒矫治康复后,意识能量分级达到200以上的人员达到调查人数的39%。

三、提升戒毒人员的意识能量层级的实践

无论是自愿戒毒,还是被强制隔离戒毒,戒毒人员要想戒毒取得实效,都同样要提高意识能量层级。戒毒意志能量既有正能量,也有负能量。当戒毒人员的戒毒意志正能量处于主导地位时,戒毒就会取得实效;戒毒意志正能量越强,戒毒成效就越明显。相反,戒毒意志负能量处于主导地位时,戒毒就无法取得实效,导致戒毒人员重新吸毒。

戒毒工作中,戒毒人员戒毒意愿的强烈程度、意识能级的高低水平,已成为其戒毒工作能否取得实效的关键因素。为此,山东省戒毒系统认真贯彻《禁毒法》和《戒毒条例》,坚持“以人为本、科学戒毒、综合矫治、关怀救助”的工作方针,按照全国统一的司法戒毒工作模式要求,以帮助戒毒人员戒断毒瘾、顺利回归社会为目标,大力实施国学·齐鲁文化入心、中医中药戒毒、戒毒专业人才培育、戒毒工作机制创新四大工程,不断完

善戒毒执法、戒毒管理、教育矫治、医疗康复、场所保障、社会支持六大体系，坚持科学戒毒、综合矫治，实施医疗、体疗、心疗、食疗、文疗、工疗“六疗”戒毒方法，着力打造山东特色戒毒品牌，提高了戒毒工作的专业化、科学化、社会化水平。

以山东省济东强制隔离戒毒所为例，该戒毒所聚焦提高教育戒治质量，强化戒毒人员戒毒意愿，始终坚持以人为本、攻心治本、做优做强济东“善”文化“绿色戒毒”特色品牌的理念，取得了良好的戒治成效。精心实施“百脉文疗”，聚力“日行一善，善行一生”善文化理念，构建警察、戒毒人员和戒毒人员亲属三位一体的精神家园；突出抓好“一队一品”建设，升级场所文化建设，丰富戒毒人员精神文化生活；牵线搭桥，帮助多名戒毒人员所内复婚、办理结婚，帮助戒毒人员重建社会支持系统，实现戒治效益、法律效益、社会效益最大化；培养戒毒人员的法治信仰，设立5月18日为全国戒毒系统首个“立志戒毒日”。精心实施“幸福心疗”，效法“枫桥经验”，成立戒毒人员“朋辈心理互助联盟”，健全社会、所部、大队三级“心疗”戒毒工作组织网络；细化阳明心学戒毒教练技术“四期八训”实施流程，推进心理训练室、心理文化和矫治模式品牌化建设；举办心理健康主题月活动，倡树积极乐戒新理念，激发戒毒新动能。精心实施“精准医疗”，围绕生理脱毒，实施西医脱毒、中医扶正、仪器辅助、营养支持“四位一体”的“绿色健康”整体疗法，与驻地社会医疗机构深化建立突发公共卫生事件联合防控工作机制、中医医疗合作机制和“绿色通道”就医诊治工作机制。引入“阳光运动”理念，精心实施“阳光体疗”，全面推行“绿色健体”康复方法；利用互联网＋VR交互技术，建成全省戒毒系统首台网络式体质测试系统，引入色彩手环，推行色彩管理法，科学掌握戒毒人员身心动态。精心实施“五彩食疗”，深化食疗工作，借用中医“食药同源、寓戒于膳”食疗理论，科学膳食，保证营养，调理戒毒人员身体机能；餐饮食品安全等级被驻地食品药品监督局评定为A级。精心实施“快乐工疗”，突出量化职业技能培训，建成先进的规范化技能培训中心，建立外出培训适应训练基地，近300人取得职业资格证书；组织戒毒人员创立就业推介会，数百名戒毒人员与社会企业签订《就业协议书》，打通回归社会“最后一公里”。

大量戒毒实践证明，戒毒人员要想方设法地提升自我意识能级，要让自己处于一个正能量的环境中。

那么戒毒人员如何才能够提升自己的意识能级呢？这要求他们放弃和远离低能级的东西，和高能级的东西待在一起。这包括具有更高能级的人，高能级的书籍、音乐、电影、录像带、画像、工艺品与温和的动物等。引导戒毒人员努力去过一种高雅、平淡、宁静的生活，使这个世界的美好的东西环绕在他们的左右。

要选择生活在最美好的事物中。阅读并传播一篇充满正能量的文章，吟诵一首优美的诗，欣赏一幅古代名家的绘画，播放一张古典唱片，听一场激动人心的演讲，与一个奋发向上、充满个人魅力的人会面，观看日出和日落的壮景，去静静地欣赏虫鸣、鸟叫和盛开的鲜花……努力把自己从生活中那些毫无价值的思想、行动和关系中挣脱出来。

在日常生活中我们不难发现：当我们与层级较高的人相处时，我们往往感觉到舒适、平静，更容易感觉到快乐与和谐的氛围；当我们与层级较低的人在一起时，即使彼此之间并无冲突，却仍会感觉心烦意乱、暴躁焦虑，不想再与之相处。当我们处在低层级的状态时，我们也更容易吸引外部低层级的人事物。

如果我们想要提高自身的能量层级，我们需要尽量避免低频率的情绪出现，将自己保持在一个较高的频率状态上，不断向更高频率提升。

这里有几项提高生命层级的原则：

(1)放弃低层级的东西。

(2)接受高层级。

(3)由内而外地做出改变，不断地提升内在。

(4)改变自己的人生际遇，创造高层级可能性。

这一切也是在营造一个高频率振动的能量场。让那些高层级的东西萦绕在你周围，自然就会引起你的高层级振动。当你喜悦的时候，当你处于那些高能级的心境的时候，你的能量和吸引力会得到不断增强！

第四节　文化在戒毒工作中的应用

文化是一个国家和民族的灵魂。优秀传统文化对于丰富人的精神生活，提高人的综合素质，促进人的全面发展，形成良好的社会风尚，具有不可替代的作用。在新的历史条件下,继承和弘扬中华优秀传统文化,是建设中国特色社会主义文化的重要内容,也是树立社会主义核心价值观的客观要求。实施传统文化戒毒既是顺应时代发展趋势的明智选择,也是帮助吸毒人员重塑健康人格、顺利回归社会的重要途径,对于创新戒毒模式、提升矫治质量具有十分重要的意义。

一、文化戒毒基本情况

山东是孔孟之乡、礼仪之邦,也是儒家文化的发祥地。以山东戒毒系统为例,近几年来,山东戒毒系统以习近平总书记关于中华优秀传统文化系列重要讲话精神和中共中央办公厅、国务院办公厅印发的《关于实施中华优秀传统文化传承发展工程的意见》为引领,注重加强对戒毒工作规律的探索和研究,将中华优秀传统文化作为教育戒治的重要手段,以"沐齐鲁风,圆戒毒梦"为总体构想,连续三年实施"国学·齐鲁文化入心工程",分别以"礼""善""智""德""和""信""孝""仁"为主题,打造了8个文化戒毒品牌,在全国戒毒场所率先建立了覆盖全系统的"孔子学堂",组织编写了"八本八册"国学教育系列读本,创办了8本戒毒文化刊物,组建了国学经典讲师团并进行了全系统优秀传统文化巡讲,组建了以山东快书、烛光乐队为代表的文艺团队,通过传统文化的灌输和熏陶,帮助戒毒人员祛除心瘾、重塑精神、提升道德、矫正行为,形成了"一所一品牌、一队一特色、一室一主题"的戒治格局,成为山东戒毒工作的一张靓丽"名片",从精神层面探索出一条帮助戒毒人员祛除心瘾的戒毒新路子。文化戒毒经验做法被司法部推广,人民网、大众网、省政府"山东发布"等多家网站、微博、微信公众号进行了深入报道,引起强烈社会反响。

二、实施文化戒毒的工作模式及流程

从传统文化戒毒内容和形式入手,构建了物质文化、精神文化、矫治文化、帮教文化四个层面的工作模式和流程(如图2-3)。

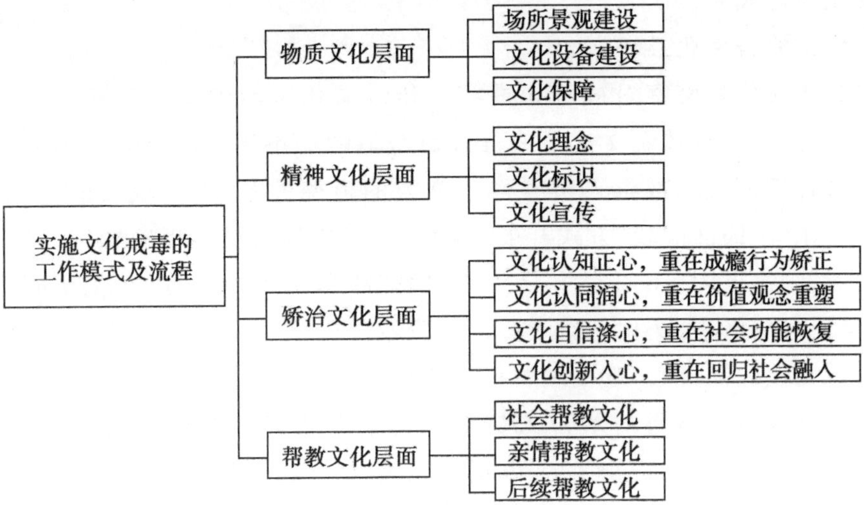

图 2-3　实施文化戒毒的工作模式及流程

（一）物质文化层面

物质文化是传统文化戒毒存在的前提和基础，是戒毒场所各种物质文化设施与场所硬环境体现出来的文化价值，它以直观的形象为戒毒人员所感知，是看得见、摸得着的文化。物质文化主要由场所景观建设、文化设备建设、文化保障三部分构成：一是标志性的文化主题建筑，场所内的绿化、雕塑等要带有文化元素，整体环境要做到干净整洁、赏心悦目、文化气息浓厚。二是文化教学设施完备，文化科研设施先进，教研场所设备人均占有量超过基本标准且使用率较高。三是场所文化建设组织、机构、人员、经费保障满足文化戒毒工作需要和戒毒人员文化戒治需求。

（二）精神文化层面

精神文化是戒毒场所在长期发展过程中形成的独特的价值规范体系，具有凝聚、激励、导向的作用，对于突显场所文化特色十分重要。主要由文化理念、文化标识、文化宣传三部分构成：一是具有核心的文化价值理念，文化主题特色鲜明，总结凝练出文化理念与主题目标定位切合，得到警察和戒毒人员的高度认可。二是场所有反映所训、所徽、所风及队训、队徽、队风等的形象标识。三是创办反映文化主题的文化刊物和文化读本，组建由警察和戒毒人员组成的禁毒戒毒宣传队，全方位地展示文化戒毒成果。

(三)矫治文化层面

矫治文化是警察对戒毒人员实行传统文化矫治中所包含和体现出来的文化内涵,是传统文化在戒毒人员身上的动态体现和具体折射。根据四区管理模式和戒毒人员有悖于常人的道德失范、人格缺失的表现,矫治文化以“四区四段”方式开展。“四区”即戒毒人员生理脱毒区、教育适应区、康复巩固区、回归指导区,“四段”即文化认知正心、文化认同润心、文化自信涤心、文化创新入心四个阶段。

1. 文化认知正心,重在成瘾行为矫正

在生理脱毒区针对戒毒人员入所初期对戒毒持有排斥、抵触态度和认知水平缺失的实际情况,以提高戒毒人员对中华优秀传统文化的感受力为重点,开展传统文化认知阶段教育,用优秀传统文化端正戒毒人员戒除毒瘾之心,引导戒毒人员明辨是非、遵纪守法,重塑戒毒人员的思想认知和道德观念。具体教育内容:通过开展传统文化礼仪教育,从仪容上端正戒毒人员日常行为养成,逐渐纠正他们长期在外养成的各种不良习气;通过开展《孝经》《弟子规》等孝亲文化的学习,组织戒毒人员开展写忏悔家书、亲情帮教、给父母捶背洗脚等践行活动,让戒毒人员充分认识到毒品危害并理解家人期盼,从伦理上打开治疗毒瘾的入口,帮助戒毒人员树立戒毒决心、信心和恒心,为戒除毒瘾迈出坚实的第一步。

2. 文化认同润心,重在价值观念重塑

在教育适应区针对戒毒人员精神信仰缺失和价值观念扭曲状况,以增强戒毒人员对中华优秀传统文化的理解力为重点,开展传统文化认同教育,引导戒毒人员认识我国文化传统和基本国情,培养其作为中华民族一员的归属感和自豪感,帮助其塑造理想信念和价值观念。主要采用启蒙式教育方式从两个方面着力:一方面是“请进来”,用优秀传统文化所倡导的“仁者爱人”的思想、“自强不息”的精神、“改过自新”的宽容、“止于至善”的追求、“天人合一”的境界等,通过系统的国学知识授课,开展经典诵读、讲国学故事、知识竞赛、国学情景剧比赛、国学微课堂等活动,通过听、写、读、诵、讲、演等形式,使戒毒人员从中感悟到传统文化的魅力,以此警醒戒毒人员错误、腐朽、堕落的思想,重塑戒毒人员思想认知和价值观念，达到润物细无声式的教育效果。另一方面是“走出去”，将传统文化教育和法治教育相融合，通过开展“戒毒之星”评选、“重塑人生”主题演讲等活动，使戒毒人员对照查摆自身不足，找准努力方向；组织戒毒人员进学校、进社区、进企业进行戒毒禁毒宣讲，以自己的亲身经历警醒他人，确立“我的过去我警醒”信念，从而坚定自己的戒毒信心。

3. 文化自信涤心，重在社会功能恢复

在康复巩固区针对戒毒人员社会责任感缺失、自我约束能力差和心理失衡、心理变异特点，以增强戒毒人员对中华优秀传统文化的理性认识为重点，开展传统文化自信教育。目的是引导戒毒人员感悟中华优秀传统文化的精神内涵，从内心排斥毒品及各种腐化堕落文化诱惑。还可以运用阳明心学等优秀传统文化触动戒毒人员灵魂，使其戒除吸毒心瘾、增强社会适应能力。通过对戒毒人员开展心理疏导，帮助他们调整心态，让其本心回归，重新回到正确人生道路上来；通过开展戒毒人员职业技能培训和创业就业培训，帮助戒毒人员掌握一技之长；还可以与社会专业国学机构共建国学教育基地，深入开展书法、绘画、插花、茶艺培训等文化戒毒共建活动，引导戒毒人员以积极的行动改变自己，重塑新生。

4. 文化创新入心，重在回归社会融入

在回归指导区针对戒毒人员意志力和自控力缺乏的情况，以提高戒毒人员对中华优秀传统文化的自主学习和探究能力为重点，开展传统文化创新教育，引导戒毒人员完善人格修养，培养文化创新意识，增强戒毒人员传承弘扬中华优秀传统文化的责任感和使命感，提高其抵御毒品诱惑能力。戒毒人员在经历传统文化正心、润心、涤心之后，要重点进行抗吸毒训练和回归前适应教育。教育要引导戒毒人员学会“吾日三省吾身”，时时警醒自己远离毒品诱惑；针对戒毒人员回到社会可能遇到的吸毒诱惑，从择友、择事、择言等方面，教其应对方法，提高其自觉抵御毒品诱惑能力和回归社会自我控制能力，以增强其对未来美好生活的向往和追求，从根本上树立不敢吸、不想吸、绝不吸的信念。

（四）帮教文化层面

帮教文化是社会关系网络中可以为戒毒人员所利用的重要文化资

源服务支持和文化力量。设置帮教文化模式的目的是为了构建传统文化教育的多元支撑，以激发戒毒人员的戒毒动机，巩固戒毒效果，延长操守保持。帮教文化主要由社会帮教文化、亲情帮教文化、后续帮教文化三部分构成：社会帮教文化以建立社会叠加支持平台为重点，着重与民政、教育、文体等政府部门建立协调管理教育机制，把戒毒人员文化戒治纳入他们职责范围和工作视野内，最大限度地争取政策支持；整合中国孔子基金会以及大中专院校、图书馆、文化馆等社会专业机构和专业力量，共同支持帮扶戒毒人员文化戒治；利用好公共电子阅览室、数字图书馆等数字文化共享资源，依托网络拓宽适合戒毒人员学习的线上教育平台，深入开展中华优秀传统文化传承活动。亲情帮教文化以建立家庭协同支持平台为重点，着重发挥家庭助戒作用，通过开办亲属学校、家属帮戒训练营、QQ 亲情帮教群等方式，组织开展戒毒人员和亲属共同参与的传统文化体验、主题教育实践活动、志愿者服务和公益性活动，践行中华优秀传统美德，不断提升家庭戒治能力和戒毒的科学性。后续帮教文化以建立社区综合支持平台为重点，借助后续照管工作指导站这一桥梁，与地方司法行政部门、社区、企业、学校对接，将传统文化教育纳入后续照管协议中，帮助解除戒毒人员建立试工、试学、技能培训基地，为其提供心理咨询、法律援助、就业指导等方面的多项服务，实现真正意义上的“无缝对接”。

三、文化戒毒的戒治效果

以山东省为例，从 3 个戒毒所中随机选取 300 名（其中男 200 名，女 100 名）入所一年以上的戒毒人员，以其为调查对象，通过电话、微信、实地走访等方式联系强制隔离戒毒期满解除操守保持较好的典型人员，综合分析传统文化戒毒对戒毒人员身心的影响与修复作用，如图 2-4。

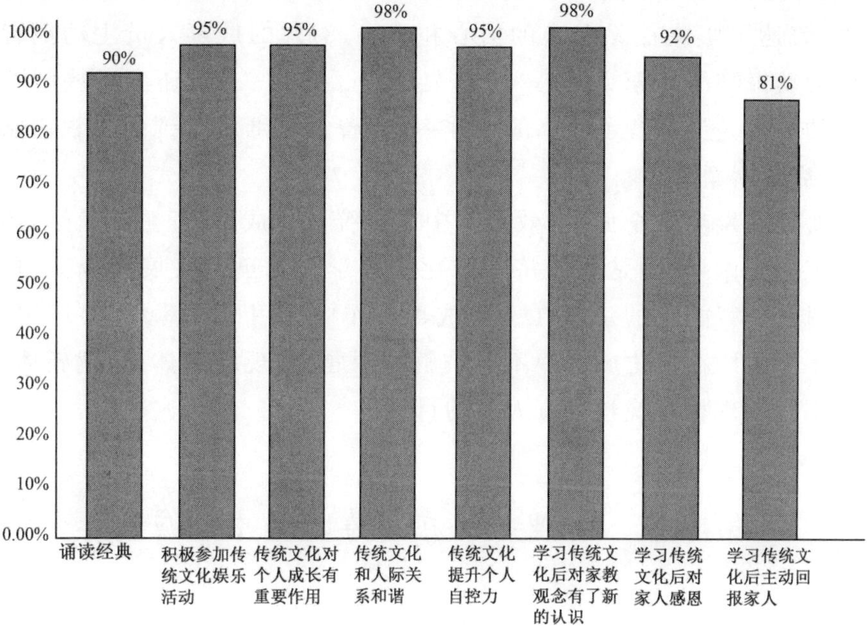

图 2-4　传统文化对戒毒人员身心的影响和修复作用

通过调查,可知文化戒毒治疗效果如下:

一是戒毒场所教育戒治水平显著提升。通过警察在国学教育中的“先学先做”,使警察教育戒治理念由过去千篇一律的“课堂化”灌输式教育,向形式多样的“综合性”人性化矫治转变,专业化的教育戒治能力不断加强。戒毒人员 90%以上能够背诵国学经典、传统诗词等,95%以上能够主动参加各种文化娱乐活动,90%以上养成了健康向上的兴趣爱好,场所文化氛围越来越浓厚。

二是戒毒场所戒治秩序更加和谐。95%以上戒毒人员认为接受传统文化教育对个人成长有比较重要的作用,98%的认为应与人为善、真诚相待、处理好自己的人际关系,95%的戒毒人员认为自控能力得到了改善。在戒治生活中出现了“三多三少”转变:反躬自省的多了,怨天尤人的少了;文明礼貌的多了,污言秽语的少了;看书学习的多了,无事生非的少了。场所秩序呈现出和谐文明、积极向上的新气象。

三是戒毒人员戒治效果进一步增强。经过传统文化教育,98%的戒毒人员对仁、孝、忠等传统道德观念有了新的认识,以讲述戒毒故事的形式，反思过去、立志戒毒；92%的戒毒人员以传递家书的形式感恩父母和家人，表达了坚决祛除毒瘾的信心和决心；81%的戒毒人员主动把省下来的劳动报酬汇给家人，进一步修复融洽了家庭关系；还有一些解除离所后的戒毒人员保持了较高的操守率，凭着在戒毒所学到的本领成家立业，开启了崭新人生。

要在戒毒场所全面、有效推行中华传统文化戒毒，任重而道远，还有许多工作要做，特别是在经济全球化和科学技术迅猛发展的今天，科技化、数据化、智能化的手段在文化戒毒工作中运用比较薄弱，要运用"互联网+"思维，在文化戒毒中不断破解新课题、发现新载体、构建新体系，从根本上实现教育挽救戒毒人员的目标。

第五节　心理疗法在戒毒工作中的应用

大量临床实践表明，毒瘾难戒关键在于心瘾难除。对毒品的渴求心理及强迫性的觅药行为成为促使戒毒人员复吸的重要原因。要想帮助戒毒人员彻底戒除毒瘾，使其顺利回归社会，单凭生理脱毒是远远不够的，更重要的是要对戒毒人员的不良行为和畸形心理进行矫治，因此在强制隔离戒毒所开展心理矫治工作是非常必要和极其重要的。

一、戒毒心理矫治的含义

心理矫治又称"心理治疗"或"心理咨询"，是同躯体治疗相对应的一种治疗方法。心理矫治是以心理学的理论体系为指导，以建立良好的医患关系为桥梁，应用心理学的技术和方法解决患者的心理问题，促进患者人格向健康、协调方向发展的过程。

戒毒心理矫治又称"心理戒毒"，是指吸毒成瘾者在成功生理戒毒的基础上，在专业人员的帮助下，通过专业的治疗方法，使吸毒人员正确认识自己的吸毒行为及其成因和危害，利用各种戒毒的有利条件进行戒毒的一种方法。在心理戒毒的过程中，戒毒者应发挥自身的主观能动作用，坚定戒毒成功的信心，积极接受包括心理治疗在内的各种治疗，改变原有的恶习和心理偏差，从生理上和心理上摆脱毒瘾，从而杜绝对自己、他人、家庭和社会的危害，真心诚意地做到终身不再吸毒，最终使自己成为一名正常的社会成员。

二、戒毒人员心理行为特征

（一）心理依赖性顽固

戒毒人员对于毒品的依赖包括生理依赖和心理依赖。吸毒人员从进入强制隔离戒毒场所那一刻起，就已经隔绝了与毒品的接触，生理依赖可以在短时间内得到解决。但是，戒毒人员受内心深处心理依赖的驱使，又会在生理上产生焦虑不安甚至痛苦、冲动等感觉，这种症状即所谓的“心瘾”。心瘾实际上除了对大脑有损害外，还是某种程度的心理变态，是一种慢性的病态，是戒毒人员难以摆脱毒品的主要原因之一。

戒毒人员入所后，通过一段时间的生理脱瘾及康复治疗，其急性戒断症状或迁延性症状会逐渐减轻甚至基本消失，从而在生理上控制了毒瘾，心理上也获得某种程度的恢复。但由于吸食毒品能够给人带来莫名的快感，戒毒者对此情感体验非常深刻。因此，虽然他们在特定的环境中难以获得毒品，但一些特定因素可以唤起他们吸食毒品的情感记忆。

（二）人格和心理变异明显

研究发现，毒品严重影响了戒毒人员的思维、行为和情绪，对于吸毒的意志力、注意力、记忆力、耐受力、持久力等都具有明显的破坏作用。对毒品的依赖性使戒毒人员丧失了效率、兴趣、责任感、羞耻感等，表现为反社会性、情绪不稳定、易冲动、缺乏有效的防御机制、追求瞬间的满足、缺乏羞耻感、伦理道德扭曲等。也有少数戒毒人员有精神抑郁、自卑感、无能感、性心理和性行为异常、喜好刺激、逃避现实、自恋等病态心理特征。因此戒毒人员的一个突出特点就是精神系统出现了问题。

在吸毒成瘾期间，戒毒人员为满足毒瘾需要不断地加大毒品的摄入量和次数，毒品副作用对于其生理、心理的影响也随之加剧，以致其出现一些典型的症状。在心理结构方面，毒品导致戒毒人员产生一系列失调、紊乱和变异现象。多数或大多数吸毒者的兴趣感、注意力、记忆力下降，精神处于高度或明显的紧张、恐惧、焦虑、烦躁、孤独、空虚状态，思维混乱、疑心重、易于发怒，敌对性和攻击性增强；在行为方面，其能力和效率严重下降，甚至无法坚持进行正常的学习和工作。

据戒毒研究相关理论证明，大部分戒毒人员在吸毒前就已经存在一定的人格缺陷与人格障碍，表现为行为消极、缺乏激情、缺乏社会交往和逃避现实。戒毒人员吸毒后，又因社会、家庭对吸毒人员负面评价的影响，在社会生活各方面面临巨大的阻力，进而引发和加剧吸毒人员的情绪、人格等方面的不良状况，刺激他们对毒品的渴求，并导致其借助毒品麻醉自己以暂时摆脱眼前的困境。当他们承受社会、家庭及周围环境的负性评价累积到一定程度时，其情绪、性格就有可能从无奈、自卑、逃避、封闭的心理转化为对社会的不满、仇视、报复等心理，逐渐发展成为反社会型人格障碍。吸毒人员被收容强戒后，他们遇事通常缺乏理智，易走极端，很难接受民警的教育和管理，有时甚至强烈抵制。

三、戒毒人员心理行为矫治对策

（一）建立矫正体系

调查显示，心理状况由正常变为不正常是戒毒人员最为常见的变化过程。其心理状态逐渐转变为不健康状况主要表现为四个方面：一是认知方面，表现为病理性的消极态度，主观意志色彩浓厚，是非善恶不分，道德沦丧。二是情感方面，常以悲观、抑郁、焦虑、紧张等情绪为主。三是意志特征方面，吸毒者在寻找毒品时表现出病态的意志亢进、坚韧不拔；但在戒断毒品时表现出病理性的意志缺乏、自制力差，无法用自己的力量戒断毒瘾。四是个性方面，表现为脾气暴躁、敏感、多疑、优柔寡断、耐受性差、自信心不足、心理康复能力减弱、贪图享受、消极怠惰、适应环境能力差、社会交往不良，丧失事业心责任感，伦理感和道德感水平低下，甚至存在反社会人格等。这些心理异常和人格变化，阻止了他们戒除毒瘾的决心和信心。

同时，他们对警察的管理教育也存在抵触情绪，甚至存在对抗行为，不能与其他戒毒人员建立良好的人际关系，影响到社会秩序的和谐和稳定。因此，需要用心理学的理论对戒毒人员的吸毒行为进行分析，得出相应的心理障碍的诊断，并对每个戒毒人员的具体诊断给予心理辅导和心理治疗。在医学-心理学-社会学这个大系统的基础上，建立一个行为-认知-人格的心理治疗系统，按照戒毒人员心理障碍所涉及的方面及相互间的联系，进行多元化干预。从吸毒行为本身到吸毒者的认知结构、人格特征进行全方位的矫正治疗，形成心理治疗的综合矫正体系。同时，在心理治疗过程中，应采用从易到难、循序渐进的方法，分别逐次进行矫正治疗。首先对吸毒行为本身进行矫正，然后根据不同求助者的特点进行有针对性的治疗。

（二）纠正错误认知

改变吸毒习惯、戒除毒瘾的关键之一就是改变环境条件，根除环境因素。而行为治疗方法既强调以行为为中心，又强调环境等外在变量的作用。行为治疗的结果最终能够改变治疗者的行为，吸毒行为也不例外。但是吸毒行为本身暂时消失并不是吸毒者戒毒成功的目标，终身不再吸毒才是他们的最终目标。我们着眼于从认知上纠正他们的错误理念，帮助他们克服非理性的自损观念和行为，帮助他们去追求长久的、真实的幸福，而不是短暂、虚幻的快乐。吸毒者大多数感到空虚、无聊或因为生活和工作上的失败而认为自己无能、生活没有意义。在这种错误认知的引导下，他们渐渐走上吸毒道路。理性情绪疗法具有积极、直接的特点，它以问题而不是关系为中心。所以，应先矫正那些非理性的观点，以理性的思维方式帮助他们树立积极的、能带来生存快乐的价值取向，并使他们学会用科学、理性、求实、灵活的思维方式来思考问题。同时还可运用大量的实用书籍、讲座、录音、录像、讨论会、示范等团体活动形式，教会他们运用理性的思考方式去思考问题。

（三）矫正人格偏差

吸毒者染上毒瘾和复吸的原因很多，但其中最核心的问题是吸毒者的人格问题。吸毒与社会环境、家庭环境有着密切的关系，但为什么在相同的环境下，有些人吸毒有些人不吸毒呢？同样，在沾染毒品后，为什么有些人能彻底戒掉而有些人则不能呢？主要因为吸毒者或复吸者普遍具有一种反社会人格，他们情绪低落，逃避现实，对自己评价过低，感觉无能，缺乏重新生活的勇气。尤其是那些反复吸食者，他们的身体和心理都与正常人不同，精神上已经发生了严重的偏差，有突出而明显的人格障碍。他们和亲人情感淡漠，易怒、狂躁无礼、自私说谎、不负责任、忍受不了任何挫折，情感脆弱、自卑、焦虑、多疑、抑郁，对任何人和事物都失去信心和信任。针对吸毒者的人格状况，可以通过控制情绪、改变生活习惯等方式来改变其性格，从而达到矫正人格的目的，但同时要配合科学的训练。

一些观点认为复吸的主要原因是吸毒者缺乏决心和毅力。但笔者认为：光有决心和毅力是不够的，吸毒者一定要配合科学的治疗，消除毒品对其神经、精神的损害。同时从戒毒人员的人格和个性入手，逐步训练，培养其毅力，开发戒毒人员性格中坚定的一面。而这种训练必须借助科学的心理治疗和心理咨询才能达到目的，并不是许多临床医生和社会工作者所谓"聊天和教育"。要从根本上去陋布新、纠正恶习，最终还得由戒毒人员自己来完成。帮助吸毒人员彻底戒除毒瘾，应该从吸毒人员心理行为入手，助其重新构建健康、积极的心理行为模式，恢复心理健康，从而达到彻底摆脱毒品的目的。

四、戒毒人员心理康复训练

根据戒毒人员在所戒治生活不同阶段的心理行为特征，科学解析，对症施策，按照四区管理、教育、戒治架构，设计心理康复技能训练方案。心理康复训练涵盖了认识和完善自我、应对应激、人际交往、情绪控制和自我管理等切实有效的训练，不但内容庞杂，而且贯穿整个戒毒康复的过程。为了便于操作，对应四区将心理康复训练分为四个阶段进行。

（一）第一阶段：生理脱毒区

戒毒人员被收治入所后，由于角色身份和生活环境突变，会产生巨大的现实落差和稽延性症状，这导致戒毒人员出现心理应激状态和涉及感知觉、思维、情感和行为等多方面的障碍以及精神活动的不协调。

1.训练目标

帮助戒毒人员重新认识自我，合理归因，培育其积极心态。

2.训练内容与方法

（1）组织新入所的戒毒人员参观戒治生活的场所，学习戒治场所日常生活知识。

（2）通过面谈，对戒毒人员进行标准化心理问卷测试，对重点人员、有心理障碍的人员进行个别测试。

（3）在心理测试和诊断基础上，建立戒毒人员心理健康档案，填写《建档登记》，建档率100％。

(二)第二阶段:教育适应区

在这一阶段,戒毒人员会出现紧张、心慌、烦躁、多疑、焦虑、乏力、迟钝、记忆力减退、环境适应能力差等症状,部分戒毒人员还会出现神经衰弱、抑郁幻听等现象。逃避、抵触、对抗、易激惹、攻击等,这些都是这一时期的典型心理和行为特征。

1.训练目标

帮助戒毒人员调适心理,消除不良情绪和不良行为,接受现实,适应环境。

2.训练内容与方法

对吸毒问题进行正确归因。调查结果显示:大部分戒毒人员不能对自己的吸毒问题进行正确归因,总是将吸毒的原因归结于外界。因此,为了配合动机强化治疗,唤起戒毒人员的戒毒动机,可以从归因训练开始。归因训练包括三个部分:

(1)感知训练场所适应性训练。

(2)压力与情绪管理团体心理工作坊。

(3)团体音乐减压音乐放松疗法(利用智能心理云平台进行团体训练)。

(三)第三阶段:康复巩固区

戒毒人员度过生理脱毒期后,心理和行为日趋稳定,思想也开始活跃起来。这一阶段戒毒人员思想活跃,各种需求增多,涉及家庭、婚姻、工作、生活思考等问题,随之而来的心理问题和心理压力也增多,其心理呈多样性状态。根据生理脱毒期戒治效果和存在的问题,应重新调整目标,开展新的心理戒毒戒治。

1.训练目标

(1)帮助戒毒人员更好适应环境,快速融入强戒场所生活。

(2)帮助戒毒人员完善认知体系,修复受损人格。

重构行为模式,培养健康行为教育习惯,提升综合能力,为开展戒毒戒治提供主体健康保障。

2.训练内容与方法

主要围绕情绪调节训练、人际交往训练、成长性训练进行。研究结果显示:毒品成瘾者普遍存在诸如焦虑、抑郁等情绪问题,但又没有良好的解决方式，导致情绪型复吸的比例也比较大，因此在康复期进行情绪调节训练有利于下一步预防复吸训练工作的开展。

(1)协作能力培养

警察与戒毒学员互动成长训练；重点人员(民管班组长)协作成长训练；特殊场所人际关系不良和人际冲突咨询和干预；人际交往能力训练。

(2)自控能力培养

身心机能协调训练；专注力训练疗法；压力与情绪管理。

(3)成长性训练

行为教养模式重构；婚姻家庭心理咨询；家庭重大变故或生活事件个体干预；抱怨和对抗心理干预；群体冲突心理干预；突发事件和应激心理干预。

方法主要是具有专业资质的心理咨询师采用团体心理工作坊、拓展训练、箱庭疗法、心理情景剧的方式进行。

(四)第四阶段：回归指导区

回归适应期是戒毒人员在所戒毒戒治的最后一个阶段。距离到期离所的日子越来越近，他们对未来、对社会不知所措，由于对前途的迷茫、对家人的态度转变、对能否戒毒的疑虑而产生焦虑、冲突，是典型的回归心理综合征。

1. 训练目标

提高戒毒人员戒毒信心，为其回归社会做好心理准备。

2. 训练内容与方法

(1)预防复吸训练

通过预防复吸训练帮助戒毒人员降低对高危情景的敏感性，提高戒毒人员抵御毒品诱惑的能力。训练内容主要包括拒绝毒品训练、意志力训练和线索暴露训练。

(2)心理康复训练

开展对应激训练，通过训练让学员对回归后可能会遇到的各种应激采取合理正确的应对。

五、戒毒人员心理矫治评估

评估是对戒毒人员心理康复训练效果的验证考察。评估可采用量表评估、戒毒人员自我评估、戒治导师评估。

1. 量表评估

选用心理健康自评量表(SCL-90)、焦虑自评量表(SAS)、抑郁自评量表(SDS)等量表,对戒毒人员在四个阶段心理康复训练的结果进行量表评估,并将多次结果进行比对。

2. 戒毒人员自我评估

戒毒人员根据自己在不同戒治期内的学习生活情况,对自己作出阶段性书面自我剖析、自我评价,规划出自我戒毒戒治阶段性目标,自评认知、戒毒动机及信心。

3. 戒治导师评估

戒治导师根据戒毒人员的现实日常表现,给出一个不同矫治阶段的综合评估。

评估节点主要是在戒毒人员四区流转前后进行。评估结果可以作为戒毒人员阶段性戒治效果评估结论,为戒毒人员的戒毒戒治提供依据。

第三章　国外文化戒毒与心理戒毒概述

近 30 年来，药物滥用在全球范围内呈持续蔓延之势，不但遍及发达国家，而且波及越来越多的发展中国家。根据联合国国际禁毒与犯罪办公室 2013 年发布的世界禁毒报告，阿片类滥用者 60％以上在亚洲，20％在欧洲；可卡因滥用者 70％在美洲，16％在欧洲；大麻滥用者 30％以上在亚洲，25％以上在美洲，20％以上在非洲；苯丙胺类滥用者亚洲占 50％，美洲和欧洲约占 30％。在欧洲，2007～2011 年新发海洛因成瘾者呈下降趋势，大多数阿片成瘾者有多药滥用行为，城市人口边缘化的群体使用率高于其他人群。

从以上数据看，不同毒品在各个国家流行泛滥的程度不尽相同，这与当地的文化、环境、生活习俗及社会发展情况等因素有密切关系。如土耳其人忌讳吸鸦片，但不反对输出鸦片，因而没有严重的鸦片成瘾问题；中国把幻觉等同于精神病，所以麦角酰二乙胺（LSD）、麦司卡林在中国不流行；欧洲人发现美洲之所以较少使用致幻剂是因为他们把致幻植物视为魔鬼的工具，认为这些都是阻碍土著人皈依基督教的坏东西。[①]

正是由于各国对毒品的认识程度不同、文化习俗不同、社会发展情况不同，各国对毒品所采取的相关政策和法律也不尽相同，对毒品成瘾治疗的态度、理念与措施也不一致。有的国家以卫生系统的医学-心理-社会综合干预模式为主，有的国家以司法系统的强制矫治为主，有的国家禁止使用美沙酮[②]维持治疗，有的国家对此药品的管制相对宽松。

---

① 参见郝伟、赵敏、李锦：《成瘾医学理论与实践》，人民卫生出版社 2016 年版，第 63～78 页。

② 参见杜新忠：《实用戒毒医学》，人民卫生出版社 2007 年版，第 101～134 页。

第一节 部分国家文化戒毒与心理戒毒情况

本节就部分国家及地区文化戒毒与心理戒毒情况和先进的方法经验进行简要介绍，以便为今后我们戒毒矫治工作的具体运行提供一些借鉴。

一、日本文化戒毒与心理戒毒①

日本民族又称“大和民族”，“集体本位主义”是日本民族精神的核心，是立国之本之魂，其根源在于日本民族文化及心理上的同质性。在禁毒戒毒策略中，日本政府将其特有的文化精神和心理戒毒措施纳入相应的法律法规之中，通过文化渗透和心理救助帮助戒毒人员戒除毒瘾。

2013 年 8 月，日本药物滥用防治推进会议制定了“第四次药物滥用防治五年战略”，将强化毒品对青少年、家庭危害的启蒙教育，加强对吸毒人员的人文关怀和心理救助，加大对吸毒人员戒毒、回归社会的帮助支持力度，增强对吸毒人员家庭的支援等措施，作为日本禁毒的纲领性行动计划加以实施。

1991 年，《麻醉药品和精神药品控制取缔法》中明确规定，缉毒工作人员、警察、检察官、矫正机构人员对吸毒嫌疑人具有报告地方政府的职责，并有权将其送往指定的精神卫生机构接受治疗。日本的精神卫生机构对吸毒者主要以药物治疗为主，并辅以心理辅导。通常吸毒者住院时间为两个月，同时卫生机构会开展以预防复吸为目的的随访工作。原则上，吸毒者在医疗机构完成脱毒治疗后会被移送至司法部门继续服刑，但为使戒毒者在精神卫生机构安心戒毒，由机构的医生根据戒毒者的戒毒情况决定是否上报。因此，只要患者在治疗期间能够很好地与医生配合，出院后可以不接受服刑；但倘若患者在住院治疗期间不与医生合作，则会被上报至司法系统，接受服刑。在日本监狱中也配有专职心理咨询人员。日本医生普遍赞成这种强制性戒毒治疗模式，认为强制机制可以

---

① 参见冀勇：《日本多环节加大打击毒品犯罪》，《法制日报》2015 年 6 月 23 日。

保证治疗的顺利进行，因为随时服刑的压力对患者来说是保持操守的一种动力。

日本还将对戒毒人员的心理救助运用到社区治疗。社区治疗的地域网络模式整合了大量的社会资源，主要由厚生劳动省和一些医院、社区诊所来指导帮助戒毒。除政府外，戒毒工作还有社区和志愿者的参与，他们参与的工作主要是给戒毒者提供辅导、开展毒品滥用危害教育、更新资讯等，及时给予戒毒人员生活和心理上的帮助，使戒毒人员建立自信，坚定戒毒信心，回归正常生活，更好地适应社会。

二、新加坡文化戒毒与心理戒毒①

新加坡人多为华裔，受儒家思想文化影响很深。人民行动党执政以后，将儒家文化资源充分运用到自己的执政理念和实践中，在社会上推行儒家伦理道德观念，努力使全民形成爱国、顾家、重视集体、有社会责任感、守法、讲礼、诚信等价值理念，收效明显。

自20世纪70年代末至80年代初以来，新加坡逐步迈入了消费社会。同时，由于西方文化和价值理念的不断渗入，导致新加坡年轻一代的传统价值观念逐渐淡化，拜金主义、消费主义、享乐主义、个人主义日益盛行。为此，新加坡政府于1979年出台《道德教育报告书》，建议新加坡学校调整德育课程，在原来的《好公民》等课程的基础上增加儒家伦理课和6种宗教课。同时，编写了《儒家伦理》教材，供全国各华校教学使用。这是世界上第一部有关儒家伦理的德育教材，取得了良好的教育效果。

新加坡将本国特色文化与现代科学技术运用到禁毒戒毒工作中，禁毒戒毒策略主要是通过执法、医疗和教育三方面来实现。执法方面，由中央肃毒局和各肃毒单位联合警察缉捕毒贩，将犯罪者告上法庭，把吸毒者送入戒毒所；医疗方面，通过戒毒康复等手段改造吸毒者，对其进行脱毒治疗；教育方面，新加坡注重禁毒预防教育，通过课堂、讲座等形式教育民众，使民众特别是青少年懂得做人的道理，了解毒品的危害，切实远离毒品。

新加坡对吸毒犯罪人员进行6个月至3年不等的戒毒治疗，主要是

① 参见王锐园：《新加坡禁毒工作的有益经验》，《公安教育》2015年第11期。

通过各种学习，包括控制心瘾、体能康复、行为约束、技能训练、工作安排等，帮助患者戒毒。

新加坡注重对戒毒人员心理方面的关怀救助，以帮助戒毒者更好地适应社会、戒除毒瘾。在全社会倡导消除歧视、帮助关爱的氛围，大部分民众认为戒毒者是受害者、病人，以关心救助的心态来对待戒毒人员，帮助解决其生活中的困难。戒毒者在平等、尊重、包容的环境中，心理压力得以缓解和释放，能够更加迅速和自愿地回归正常生活。新加坡还成立了“半途之家协会”，协助吸毒者回归社会，改过自新，通过支持创业、帮助就业等方式使其远离毒品，成为有用公民。

三、德国文化戒毒与心理戒毒①

从17世纪的欧洲“巴洛克时代”起，德国就开始了全面的文化繁荣，成为无可争议的音乐大国、哲学大国、文化大国乃至美学大国。这些丰厚的文化遗产在凝聚德国人的民族认同感方面起着至关重要的作用。

正是基于深厚的历史文化底蕴，德国在对待毒品问题上也是立足于文化对人的影响，以预防和宣传教育为主，利用各种大众媒介广泛开展打击毒品的警示教育。通过典型案例，使人们充分认识到毒品的危害性，自觉抵制毒品交易，使吸毒者逐步降低对毒品的需求和依赖。同时将其认真严谨、精益求精、自强不息的德意志精神，融入禁毒戒毒工作中，创造了具有本国特色的戒毒方法。

德国的戒毒治疗也是基于心理学的接纳、包容、理解原则，将治疗划分为三个阶段：接触和激励、戒毒与康复、继续治疗和后续照顾阶段，使戒毒人员在积极的戒毒环境中戒除毒瘾。

1. 接触和激励

在咨询中心、戒毒中心或戒毒医院，由多种专业人员组成的团队对处于停止服药阶段的治疗者进行接触，并开展激励工作。根据病例的具体情况，时间持续2～6周不等。

2. 戒毒与康复

从长远来看，戒毒后进行一段时间的康复能够使接受治疗者控制、

① 参见曲玉珠：《德国禁毒立法与戒毒方法概述》，《德国研究》1998年第3期。

稳定和克服毒瘾。因此无论是门诊患者还是住院患者均可以参加康复治疗。对戒毒者来说，康复期平均需要6个月，随后还需要几个月的调整阶段。住院患者的康复通常在专门诊所、治疗组织、精神病治疗医院的专门部门里进行。

3. 继续治疗和后续照顾

德国重视通过工作和有偿雇佣来帮助那些有物质依赖的人融入社会。继续治疗、辅导和后续照顾通常始于调整阶段之后，主要是让患者走出医疗机构，融入工作和社会当中去。

从1995年开始，德国实施了戒毒个案管理方案，这是由联邦卫生部资助的社会工作合作试点项目。该项目的成果和工具已经被用于实施和评估海洛因试行项目中。个案管理方案以患者为导向，对门诊患者实施护理，和那些因长期喝酒和吸毒而变得难以接近的人保持联系；它的目标是与患者共同制定综合性的个性化的治疗方案，并且通过可利用的服务，协调各种医疗和社会援助。该项目的目的也在于加强地区合作和服务的网络化。动机访谈是成功个案管理的一个重要措施，有利于提高患者治疗的依从性。

四、英国文化戒毒与心理戒毒[①]

英国曾以“日不落帝国”而著称于世，其文化源远流长，对世界文化做出了重要贡献。求实创新精神、民主公平的竞争意识、崇尚个人自由等文化特色构成了英国文化的主要组成部分。

但自20世纪60年代以来，由于英国青年中享乐主义风气反叛文化流行，以及英国公众特别是青年人对吸毒持宽容的姿态，英国的吸毒问题越来越严重，毒品的消费量和吸毒人数都迅速增加，以致英国登上了欧洲第一吸毒大国的“宝座”。

英国的禁毒戒毒政策[②]正是基于英国求实创新、崇尚自由的文化特点，经历了一个从关注个人健康到强调公共卫生的演变过程。20世纪60年代以前，英国政府把毒瘾作为一种个人疾病来看待，关注的是他们自

---

① 参见王磊、胡梅生：《当代英国吸毒问题探析》，《德州学院学报》2010年第5期。

② 参见李一黎等：《英国禁毒戒毒法律制度及启示》，《中国司法》2012年第9期。

身的身体健康;60 年代以后则将它作为一种社会性疾病来看待。特别是 80 年代艾滋病出现以后,吸毒成为社会健康的一种威胁,英国禁毒政策的重点转向发展公共卫生体系。

英国政府通过奖惩措施对吸毒人员进行心理施压,引导吸毒人员主动放弃吸毒。一方面,英国并不强制违法滥用药物人员接受戒毒,而是给其选择的机会,患者可以选择到戒毒机构接受戒毒治疗,但如果戒毒者不配合治疗或复吸,将被送往监狱。大多数吸毒者为了不被拘禁而选择到戒毒机构接受治疗。另一方面,对戒毒成功者给予一定的"物质"奖励,包括"代替毒品"、英镑、购物券等。此外,还对戒毒人员的戒毒行为进行心理上的正强化,提高戒毒人员的戒毒积极性。

同时,英国成立多种由戒毒者组成的以心理自助互助为基础的戒毒互助组织,小组成员互相鼓励、互相督促,及时分享戒毒体会,不断坚定戒毒信念。采用这种戒毒模式的有英国成瘾康复基金会、英国匿名戒毒集团等非政府组织,有基于宗教信仰和精神力量的"十二步法",有以心理学理论为基础的"自我管理与康复训练"法,还有的通过组织户外活动等亲近大自然、回归质朴生活的方式,唤起戒毒者正向的心灵力量。①

五、美国文化戒毒与心理戒毒

美国文化是欧洲文化的继承和发展,具有多元文化的优势。美国文化以个体为本位,个人主义发展到极致;美国文化富于创新精神,因此美国不仅在资本主义世界后来居上,而且它在发明创造、科学技术上长期雄踞世界第一;美国文化也是一种充满矛盾的文化,鼓励争辩、容忍争辩,各种文化在此比肩而立、争奇斗艳,并能相安无事、共存共荣。同时,在"个人权利文化""消费、享乐文化""自我孤独文化"等文化影响下,毒品在美国泛滥成灾。

正是由于美国文化的特殊性,也使美国的戒毒方法更具有多样性、普遍性和科学性等特点。从 20 世纪 70 年代至今,美国已开发了多种多样的戒毒模式,其中有 4 种模式影响最大,分别是门诊美沙酮维持治疗、长期居住式治疗、门诊心理社会治疗和短期住院治疗。

---

① 参见王磊、胡梅生:《当代英国吸毒问题探析》,《德州学院学报》2010 年第 5 期。

在美国以个体为本位的文化背景下，毒瘾被认为是一种慢性复发性的脑疾病，对药物依赖的预防与治疗主要采用医疗防治模式，由司法、法院、专业机构、社区、学校等共同参与，进行综合治理。美国对吸毒者的治疗主要采用医疗康复模式。治疗形式包括脱毒治疗、院内咨询、门诊咨询、半住院治疗、住院治疗、治疗社区、自助集体、后续服务、监狱和其他改造场所内戒毒治疗等。戒毒者来到戒毒治疗机构后，由医师、心理学家、社会工作者、护士等一起讨论分析其情况，制定个体化的治疗计划，对吸毒及与吸毒相关的医学、心理、社会、职业和法律问题进行综合干预。治疗是多维度和多方面的，涉及医学、心理学、社会学等各个方面，治疗过程中会定期评估患者的进展并根据情况调整干预方案。

在美国，心理咨询、心理治疗和其他行为治疗是药物依赖治疗中的一个重要环节，目前比较流行的戒毒心理治疗模式有集体心理治疗、认知行为治疗、预防复吸、家庭治疗、奖惩性处置、动机强化治疗、心理分析治疗等。戒毒治疗机构有专门的心理学家对吸毒者进行各种心理行为治疗，其目的是帮助吸毒者加强治疗动机、学习拒绝毒品的技能、发展其他建设性替代吸毒的活动和兴趣爱好、提高解决问题的能力、学习保持稳定的情绪状态和应付外在压力的方法等，大多数住院戒毒治疗采用等级记分管理来矫正戒毒者的行为问题。除了心理治疗和心理咨询，有的戒毒者还需要接受药物治疗，如海洛因依赖者的脱毒治疗、戒毒者的抑郁等精神疾病的治疗以及躯体疾病的治疗等。

美国建立了以心理自助互助为核心的治疗社区（TC），为戒毒者提供一种居住性治疗环境。主要通过吸毒者自助和互助来矫正自己的人格问题，改善人际关系，树立对自己行为负责任的观念。戒毒者在 TC 中住半年到两年的时间。在这期间，他们将接受各种辅导（如心理辅导、教育辅导和职业辅导等），学习各种知识，接受技能训练，在 TC 中实现重新社会化。其中，最有名、成效最好的有匿名戒毒会（NA）、戴托普（DAYTOP）等集体治疗组织。研究显示，完成 TC 治疗程序者 70% 可脱离毒品。[①]

① 参见高英东：《美国文化与毒品泛滥》，《社会》2001 年第 2 期。

第二节 部分国家文化戒毒与心理戒毒主要方法

国外部分国家及地区在长期的戒毒实践之中,形成了一些行之有效的文化戒毒与心理戒毒的方法。本节主要介绍几种应用较为广泛的戒毒模式(见图 3-1),以期对我们的强制隔离戒毒工作提供参照和借鉴。

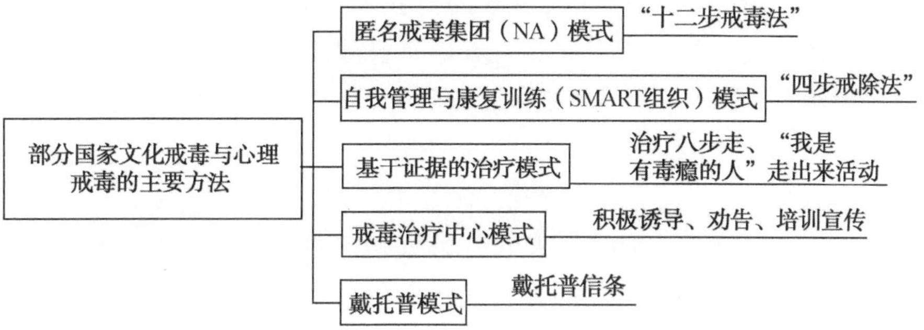

图 3-1 部分国家文化戒毒与心理戒毒主要方法

一、匿名戒毒集团模式

在美国、英国、加拿大等 60 多个国家,建有由一些有志于彻底摆脱毒品或正在康复的吸毒者组成的匿名戒毒联合会(NA)。NA 组织的成员人人平等,相互之间并无等级差别。NA 康复程序的核心是一系列按照所谓的"十二步戒毒法"进行的活动。NA 在美国、英国和加拿大具有很高的知名度,有些人称其为"药物依赖者的救星""戒毒史上的一大奇迹"。

他们的戒毒方法是,定期举行会议,一般是一周一次到两次,由一个受过训练的会议主持人主持会议,参加会议的人是有着各种"瘾癖"并且有戒除愿望的人,如毒瘾、酒瘾、网瘾等。每次聚会都由主持人引导聊天,戒毒者可以讲述自己的戒毒心得,包括复吸想法或生活体会,没有单一的主题限定。但围绕"十二步法",每次都要有自查和反省,从而唤起戒毒者心灵的力量,通过改变日常行为去彻底改变自己,克服"瘾癖"。

“十二步法”指以下内容：

第一步：承认自己有毒瘾，并且已经无力自己克服毒瘾，无法管理自己的生活，生活已经陷入困境，现在想改变这一切。第二步：坚信如果我想改变就一定可以改变。通过一个过程相信有一个比我们自己更强的力量(可以理解为自我未察觉的力量，或是“上苍”，或其他宗教信仰)能够使我们恢复正常心态。第三步：开始行动，决定将我们的愿望和生活托付给我们各自所理解的“上苍”来照管，并相信这些行动可以帮助自己改变。第四步：做一个彻底的、勇敢的自我反省，从思想上先控制自己。第五步：对“上苍”、对自己、对他人承认自己错误的实质，把个人经历诚实地提供给帮助者(一般是自愿者或同辈帮助者)。第六步：通过交流，发现自己确实错了，心甘情愿地让“上苍”消除性格上的所有缺陷。第七步：谦虚地请求“上苍”除掉我们的短处，接受别人的帮助与指导。第八步：列出一个曾经受到我们伤害的所有人的名单，并心甘情愿地去向他们每一个人弥补过失。第九步：在不伤害任何人的前提下，尽可能直接向他们弥补过失。第十步：不断反省自己，只要犯了错，就立即承认(重复第八步和第九步)。第十一步：通过祈祷和沉思来增强与自己所理解的“上苍”的交流，祈求得到他的知识并获得力量，去实行他的意志。第十二步：通过这些步骤，获得精神上的觉醒，同时向其他成瘾者传送这些经验，并在一切日常事务中贯彻这些原则。“十二步法”传递的一个概念是：有人帮助你比你一个人对抗强。每个人的“上苍”各有不同，“上苍”是一种精神力量，因文化的不同而不同，有的是外部的，有的是内部的，总的说来就像给电池充电一样。戒毒者认为吸毒时有一种力量在和他斗争，本人不想吸毒，但另一种力量让他吸毒，那是一种坏的力量。在治疗和参加 NA 活动时，会不断唤醒好的力量。NA 活动不排斥复吸的人，复吸者又回来参加活动，表示他还愿意戒毒。[①]

此种戒毒方法在世界上应用广泛，很多戒毒组织的模式和方法都是在此种方法上加以补充和完善而形成的。

---

① 参见贾东明：《毒品：成瘾与康复》，浙江大学出版社 2013 年版，第 112～157 页。

二、自我管理与康复训练模式[1]

自我管理与康复训练(Self-Management and Recovery Training, SMART)是一种非营利性组织,是基于朋辈的领导与帮助,以戒除成瘾行为为导向的康复组织。其使用的治疗工具和方法来自于心理学理论,如合理情绪疗法(REBT)中的 ABC 理论、无条件自我接纳、头脑风暴、动机对话疗法、角色扮演、放松训练等。它并非宗教性组织,没有宗教和精神信仰的限制,是基于科学原理、不同于 NA 的另一种选择。此种方法中认知心理学提供了很好的工具,其一方面邀请戒毒成功人士现身说法,帮助新的戒毒者;一方面邀请心理学家,应用心理学原理帮助戒毒。其工作方法主要是着力改变人们对吸毒的看法,通过改变吸毒人员的思想认识,进而改变其行为,使其忘掉过去的生活方式,重新融入社会生活。朋辈领导小组会议是 SMART 的核心形式,同时还有同伴间帮助的形式。其工作对象针对各种成瘾行为,不只是毒瘾,还有酗酒、赌博、网络、性行为、食物等成瘾的行为。在同一个会议中可以同时解决任何形式的成瘾性行为,因为他们认为,各种成瘾行为都有共同的心理学基础。

SMART 的"四步戒除法"包括以下内容。第一步:建立和保持戒除成瘾行为的动机;第二步:学会控制冲动;第三步:学会理性地管理自己的情绪和思绪;第四步:学会平衡短期满足和长期满足,获得满意的生活。对新加入组织的成员,重点工作是第一步。该模式不给成员贴标签,比如不说成员是酒鬼、赌徒等。他们认为成瘾行为更多的是一种坏习惯,而不是一种病态行为,以尽力减少成员的孤立感和羞愧感,旨在增强其改变的信心而不是责备他们。

三、基于证据的治疗模式

基于证据的治疗模式主要是英国成瘾康复基金会采用的方法,而且该基金会的雇员全部是成功戒毒的吸毒者。"基于证据的疗法"主要包括以下内容:一是从动机上鼓励,让戒毒者主观上想要改变,这样才能事半功倍。二是运用十二步法,改变认知结构。三是团队的多方向、全方

① 参见贾东明:《毒品:成瘾与康复》,浙江大学出版社 2013 年版,第 135～157 页。

位的治疗和服务。四是治疗过程中始终给予激励和鼓舞，给他们信心和前景。五是制定每天 7:30～21:30 的详细的时间表。六是时间要排得很满，以分散关注毒品的注意力。七是在特殊的日子里举办各种活动，机构主要开展以下活动：①教育；②职业培训；③联系人才市场；④户外活动，如游泳等；⑤各种兴趣小组，如为让他们适应社会组织球类运动、汽车队等，为其回归社会做准备。八是对已经回归社会的人进行后续帮助，前五周要求他们每周回所两次。该组织还开展了"'我是有毒瘾的人'走出来"的活动，让大家拉着横幅走上街头，勇敢面对自己的吸毒问题，增强戒毒信心。

四、戒毒治疗中心模式

德国的戒毒中心主要采用积极诱导、劝告、培训宣传的方式，使戒毒者顺利融入戒毒环境中，在潜移默化中戒除毒瘾，开始新的生活。

（一）戒毒治疗中心的戒毒对象

凡是吸毒成瘾者或属于此范畴的人均可到戒毒中心接受治疗。它接收 18～35 岁的男、女单身患者或已婚者。前提条件是戒毒者能身体力行，经心理学分析愿意和能够按照戒毒中心规定及疗程方案去治疗。报名者必须预约、登记并交纳一定费用。

（二）治疗的步骤与要求

第一阶段的治疗：刚入院的第一周，先让患者熟悉环境，以消除患者的不安因素，如胆怯和怀疑。接着由戒毒中心领导、专家顾问进行小组座谈，介绍治疗的效果和经验，从思想上打消患者的恐惧心理和对抗心理。开始劳动时可让患者承担一些简单的工作和劳动，工作 4～6 周后就要更换工作范围。经过 6～8 个月的治疗，使患者思想稳定，明确生活的目的，并以自身说教影响新入院的戒毒者。

第二阶段的治疗：经过 9～12 个月的治疗，患者的自信心和责任心增强，对未来工作和生活充满信心，有了目标，不再吸毒。患者开始考虑他的职业范围并要求参加教育培训或职业培训班。此外，还参加小组的集体治疗（主要指分题目召开小型讨论会，喝咖啡或参加迪斯科晚会）和业余娱乐活动。经过 18 个月的治疗措施，戒毒者面目一新，开始新的生活。

（三）各种培训班为戒毒者提供一条就业谋生之道

职业培训班主要有家庭主妇培训班、细木工培训班、工业和设计机械加工职业培训班。培训时间半年,结业期满后给学员发职业培训结业证书。

(四)劳动改造内容及小组谈心

1. 劳动改造内容

①打扫卫生;②帮厨做饭;③烘烤和制作面包和点心;④种植瓜果蔬菜;⑤饲养猪、羊、家禽及家兔;⑥基建、维修工作;⑦洗涤工作;⑧在儿童乐园照顾和教育儿童。

2. 小组谈心

每三天举行一次,解决冲突和矛盾,消除烦恼和不安,开展批评。还有专门的妇女小组谈心会:主要讨论男女平等权利,培养女性独立思考、改变现状的自信心,倡导自尊、自爱。

(五)工作人员组成

工作人员由领导、专门医生、心理学家、教育学家、社会学工作人员、培训教师组成。此外,还有经济和管理专业力量及民用服务设施、财会部门。

比如,坐落在施魏茵富尔特和巴姆贝尔格两城市之间的拜登堡宫里有著名的德国戒毒治疗中心。该治疗中心工作人员素质高、责任心强,中心医疗设备、环境设施优良,吸毒患者自愿报名参加,治疗期为两年半。

五、戴托普模式

戴托普模式是被证实的世界上最成功的戒毒模式之一。戴托普模式有别于普通形式的戒毒方式,它强调该戒毒模式不仅仅要脱毒,而且要对吸毒者进行心理和行为矫正。该模式注重对戒毒者社会功能的恢复、职业培训,以有助于其重返社会,使他们的思想能融合到主流社会中,明白有所付出才能有所得,学到生存的技巧,能在社会上立足。

戴托普的具体做法是:将自愿来戒毒的人集中在这个像大家庭一样的社区里,不管其原来身份的高低贵贱,一律从扫地、刷马桶等活干起,然后根据表现对其进行新的分工,如被提拔成为社区的管理者。

在戴托普,治疗分为戒断和康复两个阶段,包括咨询、接诊、脱毒治疗、康复治疗、重返社会和善后照顾等六个步骤,整个治疗期为8～18个月。戒毒治疗分为生理治疗和心理治疗两个阶段,设有固定的课程:早会、各种小组形式等。经过几个月或者更长的时间,重新恢复戒毒者的自尊、责任感和正常的生活习惯,使其敢于正视并面对现实。

戴托普信条

我来到这里,是因为我失去了最后的庇护地,失去了做人的尊严。我不敢面对自己,不敢正视现实,我内心忍受着巨大的痛苦而无人可以倾诉,我正在堕落。除非有一天,我能将自己内心的痛苦和秘密告诉别人,并忍受由此带来的伤痛。否则,我的心灵没有寄托,也没有安全感,害怕被别人知道,又对自己和他人缺乏了解,我则会永远生活在孤独中。

除了这里之外,我还能在哪里找到这样一个环境?它像一面镜子,让我能清楚地看清自己的真实面目,既不是自己想象中的巨人,也不是心怀恐惧的懦夫,而是作为一个人,全体成员中的一员,为着共同的目的,与大家分享着痛苦和欢乐。在这个环境里,我们能生根,并且成长,再不会像过去一样的孤独,而是一个为自己和为别人活着的有意义的人。

戴托普于1963年由美国国立精神卫生研究所拨款创建,它是美国成立最早和最大的非政府药物依赖社区治疗机构。1965年,戴托普倡导成立滥用者"父母协会",让家庭在治疗康复过程中发挥作用。此举不仅使千万父母增长了有关药物滥用的知识,而且大大地促进了滥用者的康复。1967年,戴托普在纽约州首先创建流动康复中心,主要接纳老年滥用者。戴托普现在全美国共建有近30个中心,并在世界40余个国家和地区建立了分支机构,且规模日益壮大。我国云南省药物依赖防治研究所也与该机构合作,探索适合中国国情的社区治疗模式。

第三节　国外文化戒毒与心理戒毒方法的学习借鉴

回顾世界戒毒的成功经验,美国戴托普戒毒模式向人们展示了一个吸毒者、小偷、流氓如何变成具有责任感、诚实的公民的事实。它打破了"一日吸毒,终身戒毒"的偏见,并成为可供全世界戒毒机构效仿的典范。1991年,我国卫生部和美国戴托普国际公司签署协议,在昆明成立一所吸毒成瘾康复治疗中心——戴托普康复村。1998年9月28日,云南中美戴托普吸毒成瘾治疗康复中心(即云南戴托普治疗社区,YNTC)成立。这是中国首家以治疗社区(Therapeutic Community,TC)模式,从社会学、心理学、行为学、临床医学、预防医学等多学科结合的角度对药物成瘾者进行治疗及善后服务的专业机构。

云南戴托普治疗社区在借鉴国际先进经验的同时,紧密结合我国的民俗、民情、社会文化和经济状况,将在国外行之有效的康复模式进行本土化拓展,形成了一套符合中国国情的治疗程序,取得了一定成效。

一、运作理念

(一)对吸毒成瘾者的定位

在一般人群中,吸毒成瘾者往往因为被认为是违法者而受到鄙夷和歧视。YNTC 认为吸毒成瘾是各种功能和能力的紊乱,而吸毒只是这种功能紊乱的一个表现,并且吸毒又加重了他们业已存在的紊乱问题。YNTC 认为吸毒成瘾者也是毒品的受害者,他们都有着强烈的戒毒愿望,希望摆脱毒品并回归主流社会。正是基于吸毒成瘾者有摆脱毒品的强烈愿望,YNTC 希望通过对他们的治疗、支持和帮助,使他们康复并回归主流社会。在 YNTC 中,他们被称为“居住者”,被视为 YNTC 中的家庭成员,彼此以兄弟姐妹相称。

在 YNTC 这个类似大家庭的氛围下,戒毒者会因成为居住者而获得知识和动力,并在相似于社会要求的社会性期望下学习和体验,并通过自己不懈的努力找回丢失已久的自尊,重新树立人生新的价值体系,摆脱吸毒者的亚文化群体,恢复主流社会的生活态度,从根本上改变自我,从而戒除毒品,保持操守。

(二)戒毒治疗理念

YNTC 认为吸毒成瘾者在吸毒过程中人格和心理发育受阻、停滞甚至倒退,若要成功戒除毒品,保持操守,必须让他们成熟起来。YNTC 采取自愿戒毒方式,注重对吸毒成瘾者的重塑,即在注重他们生理恢复的同时,更注重对他们进行行为矫治、心理康复和社会技能的培养;主张给予他们“有责任的关心和爱”,相信“人是可以改变的”。

YNTC 有以下几种理念:①“改变”是核心。相信通过治疗,居住者的行为、思想、情感等会发生改变。②“个人经历”被视为居住者发生改变的重要资源。在YNTC中，个人经历是一个囊括性更大的概念，不仅包括居住者的个人成长经历，还包括居住者的各种生理心理体验等。YNTC注重个人经历，注重对这种资源的开发，同时把它视为居住者改变的源泉所在。③“成就”和“成就感”是居住者改变的动力。吸毒成瘾者需要成就和成就感来作为他们重要的人生体验。YNTC治疗通过激发居住者成就和成就感的方式来激励居住者不断发生改变。④“成功个案”的昭示作用。成功个案也可称为角色模范或榜样，YNTC用康复成员的成功经验来鼓励居住者，帮助他们树立戒毒信心，坚定他们的戒毒信念，从而使更多的居住者得到康复、保持操守。

二、机构介绍

YNTC由六大部门构成，分别是社区服务站、居住社区、重返社区、善后照顾、项目办公室和康复基地。它们的职能分别是：社区服务站负责对戒毒者及其家属进行吸毒相关问题的咨询，对海洛因成瘾者进行美沙酮替代递减治疗和收治入院患者；居住社区是整个治疗社区的核心机构，对入住社区的居住者进行2～3周的生理脱毒和1～1.5年的行为矫正、心理治疗等康复治疗；重返社区是居住者在回归主流社会前的过渡社区，采取非封闭式管理，通过劳动锻炼让居住者逐渐融入主流社会，并解决部分操守者的就业问题；善后照顾组织是指通过组织各种小组和活动，对完成康复治疗者或社区外其他有戒毒愿望者提供帮助与支持，提供操守者与治疗社区之间的联系与交流；项目办公室主要开展培训、科研，与国内、国际政府、非政府组织开展合作项目；康复基地综合了居住社区和重返社区的部分职能，为入住的居住者提供更加舒适的治疗环境。

三、运作特色

YNTC的核心和它在禁吸戒毒工作中的特别之处，在于它所采取的TC模式。TC模式自被引进以来就在扬弃和本土化过程中不断完善和发展。经历了10多年的实践，这套治疗程序日臻完善，并在实践工作中证明其在降低复吸率和提高戒断率上具有显著成效。与以往戒毒模式相比较，它的优越性体现在以下几个方面。

（一）治疗的阶段性和程序性

云南戴托普治疗社区把治疗分成戒断和康复两个阶段，整个治疗期需8～18个月。治疗社区把治疗分为咨询、接诊、脱毒治疗、康复治疗、回归社会和善后照顾六个步骤。整个治疗过程的重点是对居住者的行为矫治、心理康复治疗和社会适应能力的恢复治疗，其根本目的在于使居住者摆脱毒品和恢复其社会功能。

每个治疗程序都有不同的功能目的，接诊程序可让入住者明白自己身上存在非常严重的问题需要解决，使其对自己以往的生活进行反省，明确入院是为寻求帮助。康复程序采取封闭式管理，进行行为矫正、心理治疗及人格重塑等（8～18个月）。回归社会程序采取非封闭式管理，通过洗车厂、汽车修理厂、太阳能安装与维修公司等地的职业技能培训、劳动锻炼，让居住者逐渐融入主流社会（1～2年），并可解决部分操守者的就业。善后照顾程序对完成康复治疗并离开治疗集体的操守者提供帮助和鼓励，保持治疗集体与操守者之间的联系与交流。

（二）吸收成功康复人员为工作人员

康复人员具有巨大的榜样作用和昭示作用。一方面，康复人员可以充分利用自己的个人经历和经验帮助居住者；另一方面，吸收康复人员为工作人员可以极大地缓解以往医师与戒毒者之间不信任或紧张对立的关系。

（三）治疗工具多样化

针对不同人群存在的不同问题，采用不同的治疗工具，如早会、对质会、发泄会、男女小组、艺术情感、职能工作、个案辅导等方法，利用集体和小组的力量帮助居住者改变和完善自己，使居住者的人格成熟起来。

（四）等级管理制度的采用

在YNTC中人人平等，但工作分工不同。根据主流社会对一般人群的要求，TC采用上到治疗社区主任、下到新入住治疗社区居住者的金字塔形的等级结构，对居住者进行社会化管理，增强居住者的责任感。居住者入住这个治疗集体后，必须按照治疗集体的等级结构，从低级居住者做起，通过自己的努力，逐渐升迁，成为高级居住者、领班、副组长、组长、协调员，直至从治疗集体中毕业，成为社区的工作人员。但如果做得不好，违反了规则或犯了错误，就必须承担责任，接受降级处分。这种等级结构可让居住者知道，不论在治疗集体还是现实社会中，“没有免费的午餐”“欲有所取，必有所予”，需要不断地去学习和努力，才能进步、成长、获得社会承认。居住者在这种等级结构中，可逐渐学会等待、忍耐和延缓满足，改变自己的人格缺陷。

（五）对日常生活的民主管理

YNTC 倡导居住者自己管理自己，并在管理制度的制定和完善上也体现这种民主性。为了更好地管理居住者，YNTC 的管理制度是由居住者自己根据治疗中出现的问题而提议制定的，随后工作人员、医师、护士对制度的可行性提出各项参考意见，在修订和补充后，最终被定为社区管理的一项制度。因此 YNTC 各项管理制度在实际操作中更具可行性和约束力。

（六）将重返社区整合到治疗中

YNTC 对以往禁吸戒毒模式的一个重点突破，就是把重返社区整合到康复治疗中。这种方式不仅可以使居住者在回归前有一个良好过渡，而且可以让居住者在重返社区这一阶段学会大量职业、生存技能，明确回归主流社会后的生活、工作方向，并且可为部分操守者提供就业机会。

（七）持续支持和善后照顾

YNTC 采用中途宿舍和戒毒者互助小组（NA）等方式，对毕业人员和需要帮助的吸毒成瘾者提供心理、技术支持和援助。

（八）家庭介入到居住者的康复治疗

戒毒并不是吸毒成瘾者一个人的事情，要让他们摆脱毒品、保持操守，就要在治疗的同时，帮助他们建立支持系统。在支持系统中，家庭占重要地位，所以 YNTC 主张让家庭介入居住者的康复治疗中来。目前 YNTC 主要采用戒毒者“家庭联谊会”和“探访”等形式。

（九）开放的戒毒方式

YNTC 不仅希望把自己的成功经验分享出去，而且注重对其他先进戒毒方法的兼收并蓄，允许各种社会资源、信息进入治疗程序中，以支持和帮助居住者。

YNTC 所采用的戒毒方法是被实践证明了的有效戒毒方法。但应看到，目前 TC 的覆盖面还不是很广，我国戒毒人员更为集中、支持力度更大的仍是传统的强制隔离戒毒场所。因此，在强制隔离戒毒所推广TC模式，具有实际的可行性，因为TC就其本质来说是一种针对药物滥用者进行治疗的思路与方法，强制隔离戒毒所应该借鉴TC对居住者在行为、心理及人格等各方面进行培养的成功之处，为戒毒人员铺就一条成功的戒毒之路。

第二编　文化戒毒研究

文化的发展，除了满足人民群众日益增长的精神文化需求之外，还发挥着引导社会、教育人民、推动发展的功能。当今世界，文化正深刻影响着人民群众的生存和生活方式，深刻影响着经济社会发展的走向。

社会主义先进文化、法治文化、齐鲁文化、阳明心学和民族文化均是我国优秀文化的重要组成部分，是我们国家宝贵的精神财富，在提升民众素质、推动经济发展、促进社会和谐等方面发挥了积极作用。山东司法行政戒毒系统在戒毒工作实践中发现，以上优秀文化在帮助戒毒人员提升认识、改善心智、磨砺意志、端正品行等方面具有积极作用和显著效果，总结了多个成功的典型案例，形成了系列系统有效的方法。本篇将予以重点介绍。

第四章　齐鲁文化戒毒

党的十八大以来，习近平总书记在不同场合对继承和弘扬中华优秀传统文化作出一系列重要指示。2017 年 1 月，中共中央办公厅、国务院办公厅印发了《关于实施中华优秀传统文化传承发展工程的意见》，从研究阐发、教育普及、保护传承、创新发展、传播交流等方面，对中华优秀传统文化传承发展作出了全面部署。针对吸毒人员这个特殊群体，运用中华优秀传统文化分析探讨毒品成瘾者吸毒的内在原因，从而对其道德、人格进行修复和矫正，增强其社会适应能力，促进其再社会化，对于探索一条祛除心瘾的戒毒新路有着十分重要的意义。

第一节　齐鲁文化戒毒概述

山东古为“齐鲁之邦”，地杰人灵，文脉浩荡。中华民族的母亲河——黄河从这里入海，中华民族的精神象征——泰山在这里崛起，伟大的思想家、政治家、教育家——孔子在这里诞生。在这样一块土地上，产生了灿烂的经久不衰的齐鲁文化。齐鲁文化作为中华优秀传统文化中具有独特魅力的重要组成部分，有着丰富的思想内涵，对于帮助戒毒人员成功戒毒具有积极的意义和作用。

一、齐鲁文化的形成和发展

“齐鲁”二字在这里有双重概念。一是空间概念。从西周初年到东周末年，今天山东的所在地有两个最强大的诸侯国：齐国和鲁国，所以

“齐鲁”就成了“山东”的代名词。二是时间概念。齐国从公元前 11 世纪(约前 1046)至公元前 221 年,历时 800 多年;鲁国从公元前 11 世纪(约前 1046)至公元前 256 年,历时近 800 年。在这期间及其以后的历史岁月中在齐鲁大地上产生、传承、创新的一切文明成果,一般概称为“齐鲁文化”。

齐鲁文化是一个庞大而完整的文化体系。春秋时期,鲁国产生了以孔子为代表的儒家文化,齐国则吸收了当地的土著文化(东夷文化)并加以发展。由于两国的地理环境、社会环境及治国方针不同,齐、鲁文化的发展呈现出不同的特点:齐文化以东夷文化为主,崇尚自由开放、尊贤尚功、革新包容;鲁文化以周文化为主,讲求尊重传统、崇仁重礼、尚德贵和。经过不同阶段的沉淀与发展,两种文化相互交流融合,最终形成了具有统一文化特点的地域文化概念——齐鲁文化。到了汉代,在儒学被定为一尊成为官方意识形态后,齐鲁文化也由地域文化上升为中国主流文化。

在齐鲁文化发展进程中,齐鲁大地涌现出了一批又一批的齐鲁英杰,如姜太公、周公、管仲、齐桓公、晏子、孔子、孙子、颜子、曾子、子思、墨子、孙膑、孟子、邹衍、荀子等等。他们以自身的人格风范、功业建树、思想学说,为齐鲁文化的繁荣发展乃至中华文明的进步,作出了独特而伟大的贡献。被后世称为“四书”“五经”的《大学》《中庸》《论语》《孟子》及《诗》《书》《礼》《易》《春秋》等儒家文献,更是成为齐鲁文化浩瀚典籍中的璀璨明珠。齐鲁文化所包含的自强不息的进取精神、刚健有为的创造精神、厚德仁民的民本精神、和而不同的和合精神以及大公无私的群体精神,通过不同历史阶段的沉淀和发扬,成为凝聚民族力量、推动社会前进的巨大精神力量。

相对于其他区域文化来讲,齐鲁文化是有着特殊地位的区域文化。很早就上升为主流文化的独特机遇,使得齐鲁文化的主体精神与我们整个民族的民族精神相通相融。就本质而言,民族精神是一个深刻的民族文化心理问题。它立足于民族文化的基础之上,是在民族文化长期熏陶、渲染、培育中形成的内在心理习惯、思维方式、行为规范;它深藏于民族文化之中并经由民族文化的种种形式层面体现出来,表现为民族的凝聚力和向心力,是民族的精神支柱。齐鲁文化的主要内涵和基本精神对民族精神的浸润和制约是显而易见的,对这一问题的探讨不仅有着深刻的理论意义,而且对于中华现代精神文化的建构与民族精神的塑造,也有着重要的现实意义。

二、齐鲁文化的基本精神

齐鲁文化的生命力来自于其基本精神。齐鲁文化的基本精神博大精深,可概括为以下几个方面:自强不息的刚健精神,崇尚气节的爱国精神,厚德载物的仁道精神,内圣外王的人格精神,中庸和谐的和合精神,德行天下的义礼精神等(见图 4-1)。

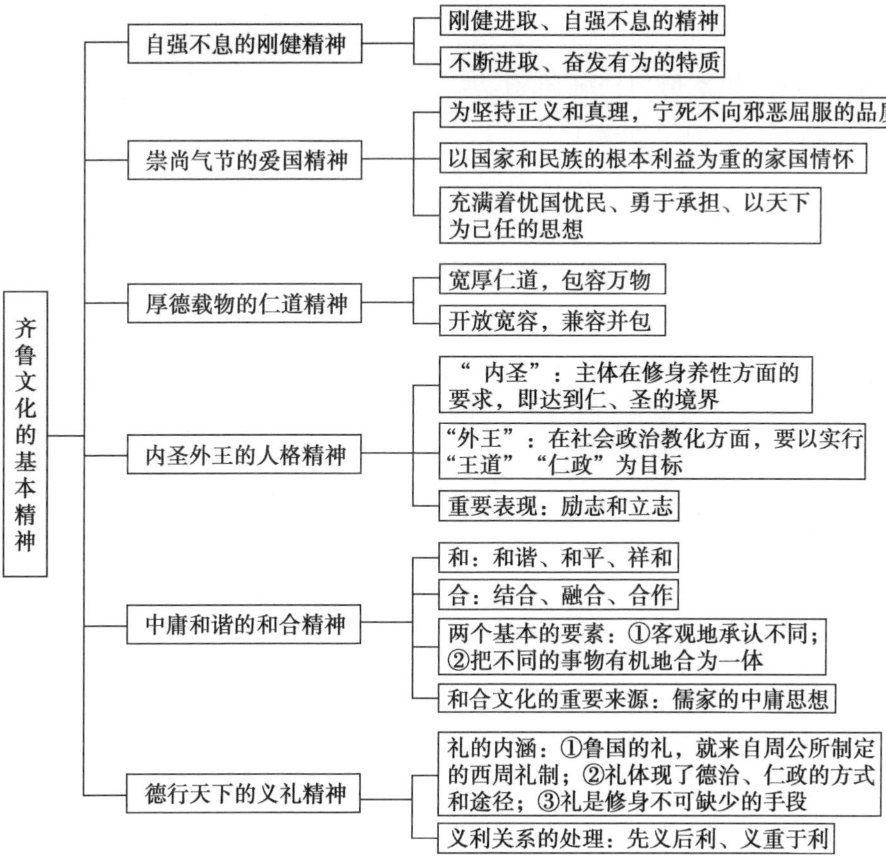

图 4-1 齐鲁文化的基本精神

(一)自强不息的刚健精神

刚健自强、奋斗不息是齐鲁文化的基本精神之一,也是齐鲁文化精神的深层次内容。《周易》乾卦中有一句话,能较好地彰显出齐鲁文化的这种精神:“天行健,君子以自强不息。”它以大自然生生不息的运行特点比喻人们顽强奋进、刚健自强的精神。这种自强精神从齐鲁文化诞生起,就与齐鲁文化融合在一起,表现在齐鲁文化的方方面面。

齐鲁文化的代表人物有姜太公、管仲、晏婴、孔子、孙子、墨子、孟子等,以他们为代表的儒家、墨家、法家、兵家等学派,都表现出刚健进取、自强不息的精神,这种精神在齐鲁文化形成初期就已经深深地融入齐鲁文化之中。管仲不苟私名,以国家大业为重,奋发图强,辅佐齐桓公成就霸业。据《管子·大匡》记载,齐桓公即位伊始,向管仲咨询国家长治久安的方略。管仲根据当时王室衰微、戎狄侵陵、天下大乱的形势,向齐桓公指出,齐国如不努力图强争霸,就不可能自立,更谈不上安定,只会处于被动挨打的境地甚至被异族灭亡。齐桓公对图强争霸信心不足,欲稍安即止。管仲再三力谏,并以辞职来敦促激励齐桓公,终于使其接受了争霸战略方针:内修政务,锐意改革,外结诸侯,取信于民等。正是在这种奋发图强精神的鼓舞下,齐国国富兵强,最终建立霸业。

鲁文化虽然趋向于内敛,但也呈现出一种不断进取、奋发有为的特质。孔子积极倡导入世,认为对社会要具有强烈的责任感和使命感。他急切地想将自己所学的知识用于治理国家,为社稷作出贡献。为了实现这一目标,他四处游走,到处宣传自己的学说。仕途受挫,遭遇冷眼和奚落,狼狈的样子被人讥为“丧家之犬”,但他从不灰心失意。孔子之所以不辞辛苦地周游列国,就是因为天下混乱,他试图改变世道,实现天下太平。孔子胸怀天下,积极谋求出世,这正是他积极向上的表现。他50多岁的时候担任了鲁国的中都宰,只干一年就颇有成绩,其他各国都想到鲁国来取经,学习孔子的治理方法。于是,孔子由中都宰升为司空,由司空升为大司寇,主管司法。但这样的机会对孔子来说不是很多,因为当时的统治者急功近利,好大喜功,追求的是立竿见影的效果。相对而言,孔子的仁政学说追求长远的利益,在统治者眼里就显得迂腐而不实用。他们欣赏孔子的人品学问但不想真正重用他,所以孔子经常处于一种寻寻觅觅、凄凄惶惶的状态,并发出怀才不遇之感慨。然而,他并不因此就颓废消沉，一蹶不振。政治行不通，他便转而开办学校教授学生。孔子门下有一大批出色的人才，弟子三千，贤者七十二。他晚年投入大量精力整理古籍，为中华民族文化留下了宝贵的精神财富。孔子重“刚”，把“刚”作为仁的德目之一，积极进取，“为之不厌”，“好古敏求”，“发愤忘食，乐以忘忧，不知老之将至”。孔子的这些思想，在《易传》中有所发展。《彖传》提出“刚健”观念，对刚健精神赞扬有加，如“刚健而文明”“刚健笃实辉光”。孔子的这种精神对儒家文化产生了重要影响，而齐鲁文化又以儒家文化为基础，因而其对齐鲁文化的影响也就不言而喻了。

（二）崇尚气节的爱国精神

爱国主义是中华民族精神之魂，也是齐鲁文化精神的精髓。这种精神是中华民族绵延不衰的力量之源，也是凝聚海内外华人、华侨的精神力量之所在。齐鲁文化作为中华传统文化的基础，其爱国主义精神表现得更加突出。

齐鲁文化中爱国精神的第一个表现是崇尚气节。气节指的是志气和节操，说的是为坚持正义和真理宁死不向邪恶屈服的品质。所有气节之中，最为重要的气节是民族气节。民族气节是爱国主义的道德基础，它以维护民族、国家利益为最高原则，表现出不屈不挠的奋斗精神和强烈的忧国忧民意识。齐鲁文化形成之初，齐国、鲁国的仁人志士都有这样一个共同特点。他们的思想和行为铸就了齐鲁文化崇尚气节的爱国主义精神。儒家崇尚气节的精神尤为突出。孔子周游列国，到处碰壁，穷于宋、困于郑、厄于陈蔡之间，但他面对困境而不畏难，继续弹琴唱歌，表现出大无畏的精神。

齐鲁文化中爱国精神的第二个表现是以国家和民族的根本利益为重。以孔子为代表的鲁文化是一种伦理本位的文化，重宗法、重血缘、重亲情，同时又将这种家族之情扩展到他人、君主、国家，以孝悌之心爱人、忠君、报国。孝忠一致，孝是忠的基础，忠是孝的扩大。孝敬父母、尊敬兄弟的人对于国家也会尽忠。家国同构，家是小国，国是大家。以国为家，爱国如家，舍小家为大家，以国家利益为最高利益，个人利益必须服从国家利益。以天下为己任，以一己之私利为耻。在孔子看来，管子有宏伟的抱负，是为了国家民族利益着想，而不是为了成就一己的名声。管子对齐国乃至中原经济繁荣、政治稳定作出了巨大贡献。管子的爱国主义是深层次的，他成就的是民族国家的大节，因而这种精神受到赞扬并被融入齐鲁文化之中。

爱国精神还体现为能在危难之际不畏强暴、以维护国家尊严与安全为崇高使命。齐相晏子出使楚国时，面对不尊敬的言辞与行为，机智灵活，反唇相讥，不辱君命，维护了自我与国家的尊严，赢得了对方的尊重。鲁国的小民曹刿，在强敌压境、国家危亡的关头，毛遂自荐，挺身而出，沉着应战，战胜敌人。齐国军事家孙膑出奇制胜，败魏于桂陵、马陵，保卫了齐国。墨子日夜奔走，宣传他的“兼爱”“非攻”的主张，消弭战争，体现了爱国爱民的情怀。

齐鲁文化中爱国精神的第三个表现是具有忧国忧民、勇于承担、以天下为己任的精神。春秋战国时期的许多学者、政治家时刻将国家、民族放在心上，为了国家的强大、民族的振兴而殚精竭虑、无私奉献，这可以说是更高层次的爱国主义精神的表现。孟子将爱民与爱国联系起来，认为得天下在于得民心，失天下由于失民心，即如果想拥有国家，必须获得民众的支持；而要得到民众的支持，就要关心他们、爱护他们，要“与百姓同乐”。

总之，齐鲁文化精神中的爱国主义形式是多样的，尤其是那种崇尚气节、“养浩然之气”“宁为玉碎，不为瓦全”“杀身成仁”“舍生取义”的精神，使这种爱国主义又增添了几分大义色彩。齐鲁文化的这一爱国主义精神，对于中华民族精神中的爱国主义思想的形成，对中国的统一、民族的团结，起了积极作用。

（三）厚德载物的仁道精神

在齐鲁文化精神中，包含着丰富的厚德载物的仁道精神。这种精神后来也成为中华民族精神重要内容，几千年来影响着中华民族的性格结构。

厚德载物的基本内涵是宽厚仁道，包容万物。儒家思想中包含着丰富的厚德载物思想，它表现为君子的一种美德。孔子思想学说的核心是仁，而仁的本质是爱人。爱人也是他的仁爱思想的要求和集中表现。这反映出由孔子开创的儒家文化从根本上说是一种人道文化。这种人道文化关心人，把人放在第一位，关注人与人之间的关系，强调人际关系的和谐美好。孔子对人性充满希望，相信人心中潜在的求善求美的本能，只要对这种本能的东西加以引导，即可使它发扬光大。换句话说，孔子将人看得很高，将人放在一个高贵的位置上看待。既然如此，他主张统治阶级要施仁政，要求统治者治国以礼、以德，加强自身的修养，以身作则，起到表率、榜样的作用。统治者以下的人也要修身养性，各安其分，依礼而行。这样，就可以做到上贤下良，人人都养成自觉遵守道德规范的良好习惯。这样就不用光靠硬性的法律来约束，就可以不用残酷的杀戮来维护统治了，就能做到"四海之内皆兄弟也"，整个社会便会成为一个其乐融融的大家庭：君仁臣直、父慈子孝、夫妇和顺、兄弟和睦、朋友有信。孔子理想中的社会就是这样的一幅画面。

进而，孔子在政治实践中推崇为政以德。他继承和发展了周公的"皇天无亲，惟德是辅"的德政思想，这不仅是他执政的重要指导思想，也是他衡量执政的实际效果的重要标准。他的这一指导思想由孟子等人进一步继承和完善，成为鲁国一以贯之的传统思想。这一重要思想也成为鲁文化区别于其他文化的显著标志。为政以德的内涵有两个方面：第一，统治者对老百姓要实施德政、仁政，而不是严刑峻法。统治者要爱民，关心民生疾苦，重视人民的力量。统治者与老百姓的关系是一种舟水关系。荀子认为，统治者要爱护人民，注意改善与人民的关系。如果反其道而行之，那就像水把船打翻一样，后果不堪设想。孟子在这方面进一步发展了孔子的思想。他认为得天下之道在于得民。孟子认为，统治者要首先保证让人民吃饱穿暖，使他们有基本的生活保障。在此基础上，还要从精神上、人格上尊重他们，将他们视为具有独立意志与尊严的人，平等对待他们。"君行仁政"，则"民亲其上"。第二，统治者自身要有高尚的道德，率先垂范，身体力行，严于律己，宽以待人，公正无私，一身正气。孔子认为，自己身正是为政的前提，否则政令就难以畅通。同时，作为统治者，要心胸豁达，宽容大度，磊落坦荡，有君子之风。孔子认为，要尊重他人，体谅他人，设身处地地为他人着想；自己不愿意做的，也不要强迫别人去做。对统治者来说，就是要考虑百姓的感受与需要，体谅他们，而不是一味地居高临下，发号施令。

厚德载物的另一内涵是开放宽容、兼容并包。"天下之水莫大于海，万川纳之。"人的胸怀应该像大海一样，以宽厚之德包容万物。这种宽厚、包容的精神是事物生生不息、不断发展壮大的基础。这就是齐鲁文化精神特点的显著表现。齐国学术思想中开放性的特点就突出地说明了这一点。齐国的学术思想在发展中广泛地吸收了当时社会上各派的思想，不仅有道、法、墨、阴阳、儒家，还有纵横家、农家、兵家等思想，呈现出兼收并蓄、开放宽容的繁盛的局面。当时在齐国的首都临淄建立的稷下学宫，体现了齐文化开放、宽容的品格。稷下学宫的建立和发展，表现出几大特点：一是流派众多、百家汇聚。其中既有来自三晋文化圈的法家，又有来自楚文化圈的道家、鲁文化圈的儒家、燕齐文化圈的阴阳家和宋国一带的墨家，就连农家、小说家等影响较小的学派也都在学宫内占有一席之地。二是名家荟萃、群星闪烁。在稷下学宫里，有作为齐文化代表的邹衍、淳于髡、田骈、尹文、接子、鲁仲连等，也有作为邹鲁文化代表的孟轲、作为楚文化代表的环渊，还有融齐、鲁、荆楚、晋文化于一家的集大成者荀子。这些大家汇聚稷下，标志着稷下学宫达到了鼎盛时期。三是思想多元，自由争鸣。据史书记载，在稷下学宫定期举行的集会上，持各种不同学术观点的人畅所欲言，各抒己见，围绕着一些重大的问题展开争辩。在这样的争辩中，许多宝贵的学术理论应运而生。也正是这种学术思想的开放兼容，形成了春秋战国时期的“百家争鸣”，使春秋战国成为中国学术史上令人称道的黄金时期。齐文化的兼容性、开放性，不仅促进了齐国的政治、经济、军事、思想、文化的巨变，而且也成为齐鲁文化精神乃至中华民族精神的宝贵资源。

（四）“内圣外王”的人格精神

“内圣外王”是儒家修身养性的人格学说。所谓“内圣”，是对主体在修身养性方面的要求，即要求主体达到仁、圣的境界；所谓“外王”，是指在社会政治教化方面，要以实行“王道”“仁政”为目标。儒家这种把内在的修身养性与外在的政治实践融为一体、有机统一的倡导和做法，形成了儒家独特的“内圣外王”的人格思想。由于这种思想的倡导者和践行者大都是齐国和鲁国的学者或官员，因而它对齐鲁文化精神的影响是巨大的，从而也成为齐鲁文化精神的重要内容。

春秋时期就已经提出“内圣外王”的思想。《左传》中有所谓“三不朽”的说法，即立德、立功、立言，说明了人在发展中次序是由内向外的。孔子提出“修己”以“安人”，孟子提出“修身”“立命”“养浩然之气”，实行王道仁政，都对“内圣外王”的思想作了论述，从而逐渐形成了儒家的“修身、齐家、治国、平天下”的人格追求目标。

可以看出，儒家的这种“内圣外王”的人格精神的主要特点是：以圣贤的人格为价值取向，以个体的道德自觉为修身原则，进而治理好家庭、国家，担当起国家和民族的重任。内圣就是要以“仁”为道德的最高追求，努力向善。道德修养的主要内容就是做到仁、义、礼、智、信，使自己成为一个君子、圣人。而达到这一境界，就需要道德上的自觉，“克己复礼为仁”。因此，在儒家的思想中，明伦理、主自律是“内圣”的必要条件。达到了“内圣”，才可以进一步实现自己的政治理想，治国平天下，以求“外王”。

儒家的人格精神还有一个重要表现，即励志和立志。儒家倡导人要积极地思考人生，建立人生的理想目标，为社会作出贡献。在他们看来，人生的价值建树和实现，是立足于“明明德”“亲民”“止于至善”之上的，是通过“立功”来展现人生价值的。儒学思想十分明确地要求人们在实现自己的人生价值目标的过程中，要“为天地立心，为生民立命”，即为改造社会、改造自然而建功立业。因此，励志和立志是儒家实现人生价值的重要条件。《论语》中记载了孔子与他的学生谈论志向的故事。有一次，孔子与他的学生谈起人生的志向问题。他问他的学生颜渊、季路：“你们谈谈你们的志向吧？”子路回答：“我的志向就是愿意让我的朋友与我分享我的车马、衣服，即使用坏了也不会在意。”颜渊说：“我的志向就是从不夸耀自己的好处，从不表白自己的功劳。”子路这时问孔子：“想听听老师您的志向是什么？”孔子回答道：“我的志向是：使天下的老人们都有所归、有所养，过着安定舒适的生活；使社会中的人们都互相信任、互相忠诚；使青少年们都有远大的抱负和宽阔的胸怀。”孔子的志向高远，充分表现了儒家“立德立功”“内圣外王”的人生价值追求，为学生们树立了榜样。

齐鲁文化精神中这种“内圣外王”的学说，在后来的历史发展中，一方面演化为人们注重道德修养、加强道德自律的重要原则，另一方面发展为勇于担当社会责任、树立远大政治抱负的精神。因此，在儒家思想十分活跃的鲁国和齐国，齐鲁人民千百年来非常注重道德品质的修养，以修身养性，善“养浩然之气”为道德价值实现的条件，从而涌现出了一大批道德的楷模。古代有管子、孔子、孟子，社会主义时期有焦裕禄、孔繁森，对于社会的稳定和发展起到积极作用。

（五）中庸和谐的和合精神

“和合”文化是中国传统文化的精华与核心，也是齐鲁文化的精华之所在。它深深地植根于中华民族精神和齐鲁文化精神之中，从而对人们处理人的心灵世界、人与人、人与自然、人与社会及各种文明间的诸多关系提出了非常可贵的价值原则和价值选择。

中国人民大学张立文教授多年来从事中华“和合”文化的研究，在海内外演讲中介绍中华“和合”文化，在世界上引起了很大反响。根据他的研究，中华“和合”文化源远流长，“和”“合”二字都见之于甲骨文和金文。“和”的初义是声音相应和谐。“合”的本义是上下唇的合拢。殷周之时，和与合是单一概念，尚未连用；《易经》中“和”字凡两见，有和谐、和善之意，而合字则无见；《尚书》中的和是指对社会、人际关系诸多冲突的处理，合指相合、符合；春秋时期，和合二字连用并举，构成和合范畴。中华和合文化的内涵非常丰富、深刻。所谓和合的和，指和谐、和平、祥和；合指结合、融合、合作。和合连起来讲，指在承认“不同”事物之矛盾、差异的前提下，把彼此不同的事物统一于一个相互依存的和合体中，并在不同事物和合的过程中，吸取各个事物的优长而克其短，使之达到最佳组合，由此促进新事物的产生，推动事物的发展。在此和合精神的指导下，中华文化不断创新，同时也推动了中国社会的不断发展。由此可见，和合文化并不否认矛盾、差异和必要的斗争，而是把矛盾、差异和斗争限定在相互依存的和合体中，防止因过度的矛盾斗争而破坏了不同事物共同存在的基础，使得事物的发展停滞不前。这表明，和合文化有两个基本的要素，一是客观地承认不同，比如阴阳、天人、男女、父子、上下等等，相互不同；二是把不同的事物有机地合为一体，如阴阳和合、天人合一、五教和合、五行和合等等。中国古代先哲们通过对天地自然界、人类社会普遍存在的和合现象的大量观察和探索，从而提出了和合的概念，对和合现象作本质的概括，由此促进了事物的发展和新事物的产生。

齐鲁文化是和合文化的主要源头之一。和合是齐鲁诸子、各家学派的又一共同主导精神。管仲及管仲学派对合群、团结、同心同德是十分重视的。他们认为合群、团结、万众一心是力量的源泉，是克敌制胜的根本。“人和”“同心”等成为他们思想中的重要原则。在管子那里，和合的思想已经有了较高的境界。他认为，只有人事与天道相互协调，天地间美好的事物才会产生出来。人也是天地精华和谐产生的新生命，他充分地论述了“和乃自生”的思想。这也可以看作是天人和谐的思想萌芽。

他创造性提出的“人与天调”“人君天地”的命题，论述了人与自然和谐的道理。同时，他还进一步论述了经济发展中的和谐思想，提出了一系列合理的经济发展的政策和方针，采取各种优惠措施调动人民群众生产的积极性。管子的社会和谐思想也非常突出，他强调为政者首要的是“始于爱民”，提出了“九惠之教”的社会发展模式，对“老、幼、孤、疾、独、病、穷、困、绝”这九种需要社会救助的人员提出了救助的方案，为促进社会和谐出谋划策。

儒家的中庸思想也是和合文化的重要来源之一。崇尚中庸是儒家的重要思想。“极高明而道中庸”“执其两端，而用其中于民”，是一种达到和合的很好的方式，因而也可以称为“中庸之道”。这种“中庸之道”用于政治，是裁抑豪强、均平田产、中和权力的重要方式，通过这种方式扩大农业宗法社会的基础。这种“中庸之道”用之于文化，则是多种文化在融合交汇中异中求同，兼容并包。用之于人际关系和道德法则上，则是做事不能偏颇，应执两用中，温良谦和，把握住度。用之于处理人与自然的关系，则是要求顺从自然的规律，按照自然的规律去耕种农作物。中庸思想无疑对于和合文化的形成具有重要的贡献。

齐鲁文化中的中庸和谐的和合思想，千百年来对于社会的和谐发展，对于正确处理人与自然、人与社会、人与人、人的身心等方面和谐发展起到了重要作用，在中华传统文化中占有重要的地位，也是我们今天构建社会主义和谐社会的重要思想资源。

（六）德行天下的义礼精神

齐鲁文化继承和发展了儒家的“德治”思想和“教化”思想，重“义”讲“礼”，形成了厚重的义礼思想。这种思想一代一代地传递着，使得齐鲁大地有着浓厚的道德氛围，重义轻利，礼让谦恭，为世人所称道。

春秋战国时期，圣贤教化人民，是要让老百姓懂得礼、遵守礼。在儒家看来，太古时代，人与禽兽为伍，人与禽兽没有什么区别，但随着人类文明的进步，人们懂得了礼，人与禽兽就区别开来。礼使人自觉地区别于禽兽，从而使人走向了文明。圣人的历史功绩正是在于“为礼”和“教人”。

在《论语》里，孔子在很多地方都谈到礼，而由于礼是一个内涵非常丰富的概念，所以在不同的场合，孔子所讲的礼，都有不同的含义且有不同的侧重。孔子的礼大体上有以下内涵：

第一,是指周朝时期的礼,就是由周公所制定的西周礼制。孔子特别推崇周公,他感叹自己年龄大了,居然很久都没有梦见周公了。孔子之所以崇拜周公,是因为周公所创立的那套礼乐制度非常完美,周礼是在借鉴了夏、商两代为政得失的基础上制定的,典制完备,足以为万世龟鉴。西周开国之初,周公创制的礼乐制度,奠定了中国传统文化的基调。这套制度之所以为孔子和后世所称道,是因为它是以道德为核心而建立起来的,由此确立了道德在治国理念中的主导地位。这套礼乐制度对于中国历史的发展方向和中国道德的发展都产生了极为深远的影响。到了春秋时期,由于种种原因,这套制度瓦解了,这就是孔子所说的"礼崩乐坏"。孔子向往周公之礼,提出"克己复礼",既是他对春秋乱世的不满,也是他对西周道德礼制的推崇。

第二,礼体现了德治、仁政的方式和途径。周公最早提出了"德治"的理念。孔子为了实现"德治",又提出了"仁"的思想。但是,德和仁都是非常抽象的,而礼恰恰是可以把德和仁具体化的制度或行为方式。先秦时期,儒家和法家争论的焦点之一是实行礼治还是法治。法家认为,政令的推行要依靠法,凡是不从令者,就用刑罚加以惩处。这样一来,老百姓就不敢犯上作乱了。而儒家则主张治理国家要以道德教育为主,通过礼来规范和约束民众的行为。孔子对这两种不同的治国理念进行评价。他认为,法家的那套治国之道,最后会导致老百姓因为畏惧刑罚而不去触犯法律,但他们的羞耻之心也不存在了;而儒家的那种以德治国是用礼来保证道德目标的实现,结果是老百姓因为有了羞耻之心,不仅不会去做坏事,而且会在内心建立起道德准则。儒家还认为,礼是体现德和仁的具体形式,如果离开了德和仁,礼就不成其为礼。如果一个人内心缺少仁爱之心,礼和乐就名存而实亡。由此充分说明了礼、乐与德、仁是互为依存、相辅相成的。

第三,礼是修身不可缺少的手段。在人类社会中,如果人可以放纵自己的行为,就和禽兽没有了区别,社会也就无秩序可言,从而也就无法维持下去。所以,儒家和法家虽然政见不同,但它们都认为人的行为是需要约束的。这两派的分歧在于:究竟用什么来约束人。孔子的主张很明确,就是用内在的道德力量来约束人。他认为,君子"博学于文"是很有必要的,但同时要"约之以礼",即用礼来约束人的言行,因为礼是根据道德原则制定出来的。孔子特别重视礼，认为无论是哪种性格的人，如果不借助于礼，都达不到人生理想的境界。也就是说，恭敬而不懂得礼的人，就会劳顿；谨慎而不懂得礼的人，就会胆小、畏惧；勇敢而不懂得礼的人，就会胡来；直率而不懂得礼的人，就会说出让人伤心的话。恭、慎、勇、直这四种性格如果缺少了礼的引导，都不会有什么好的结果。再如，《论语·宪问》中记载，子路问孔子，什么样的人才是完美的人？孔子回答时，提到了臧武仲、公绰、卞庄子这三位鲁国的大夫，也提到了自己的学生冉求。臧武仲的智慧、公绰的无私、卞庄子的勇敢和冉求的学问，都是杰出的、一流的。但是，孔子认为，要成为完美的人，仅仅把这四个人的优点都集中在一人身上还是不够的，还要"文之以礼乐"，即把礼乐与恭、慎、勇、直这四种优点结合起来。可见，礼乐是人身修养的最重要的科目，缺少了礼乐，人身修养就无法真正进行下去。

在义利关系的处理上，儒家认为先义后利、义重于利。孔子提出了"君子义以为上"的主张。他继承了春秋中期晋国大夫丕郑、里克的观点，即"义以生利"，但也强调行义要符合礼的规定。他也认识到，利益是使老百姓安定的重要因素，治国安民不能忽视百姓利益。他并不否认功利是其发展的重要基础。在义利关系上，孔子又明显地表现出以义制利、先义后利的思想，他提出要"见利思义"。即在看到利的时候，要想到义；利符合义，就可以取之，这叫作"义然后取"。孔子对义利关系的认识和主张，对于儒家的后继者产生了重要影响。孔子的继承者孟子的义利观是典型的重义轻利观，他主张义、反对利，甚至将二者对立起来。他把义提升到人生的高度上来认识，喻之为"人路"，以为它如正确的大道一样，是人们一切行为的必由之途，把其看作为人生应遵循的依仁而行的基本道德规范。他要求人们以"义"为先，追求社会正义，遵循社会道德规范、政治原则，反对见利忘义、放弃仁义而去追求物质利益。

总之，齐鲁文化从儒家那里吸收了许多讲究礼义、重义轻利的道德规范，使齐鲁大地成为人们称道的礼仪之邦、道德之乡。

三、齐鲁文化戒毒的重要意义

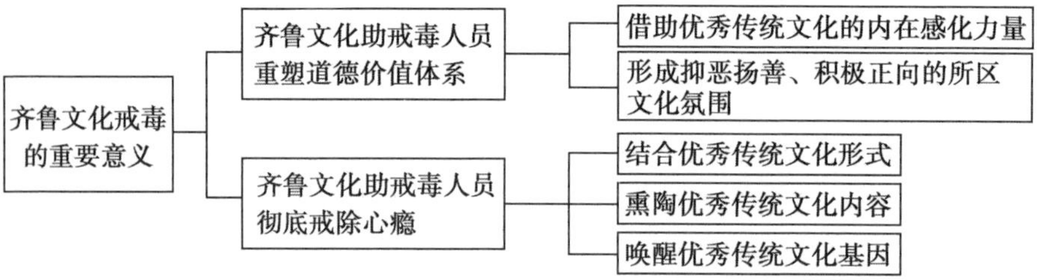

图 4-2　齐鲁文化戒毒的重要意义

中国优秀传统文化是经过数千年来不断丰富发展起来的民族文化和民族精神，既蕴含着丰富的人生哲理，又反映出高尚的道德修养和人生价值，系统、规范、严谨的道德体系和行为规范是中华优秀文化在中国人身上打下的深刻烙印。齐鲁文化是中国传统文化的重要组成部分。齐鲁文化戒毒就是运用优秀齐鲁文化的精华，教育转化戒毒人员，帮其提高认知、重塑思想，建立正确的思想观念，增强戒毒意志力，回归正常生活，彻底远离毒品。

(一)齐鲁文化助戒毒人员重塑道德价值体系

只有充分吸收齐鲁文化等优秀传统文化特别是中华传统美德的营养，才能凝聚共识、汇聚力量，推动戒毒工作科学创新发展。对于毒品成瘾者而言，要想从根本上矫正恶习，不能仅靠法律的威慑和惩戒，必须借助于齐鲁文化等优秀传统文化“润物细无声”的内在感化力量，发挥道德约束的自觉性与感召性，主动地趋善避恶、崇德尚法。戒毒人员只有置身于一种抑恶扬善、积极正向的所区文化氛围中，才能更好地改掉恶习，重新确立道德价值观念。因此，在戒毒工作中引入齐鲁文化等优秀传统文化，是顺应时代发展要求、推动戒毒场所文化建设的迫切需要，是建设平安和谐戒毒场所、构建戒毒人员道德价值体系的基本要求，更是提高戒毒教育矫治质量、降低复吸率的现实举措。

(二)齐鲁文化助戒毒人员彻底戒除心瘾

要从根本上帮助戒毒人员戒除心瘾，“心”结还需“心”药解。要使戒毒教育发挥最大功效，齐鲁文化等中华优秀传统文化无疑是最佳良方。与其他教育戒治手段相比，齐鲁文化等优秀传统文化无论从教育目标和教育方法上，还是从教育形式与教育内容上，均契合中华民族特色的规范体系，更贴近戒毒人员的思想母体，使他们更易于认可和接受。

优秀传统文化形式多姿多彩易入眼。优秀传统文化包括琴棋书画、诗词歌赋等多种表现形式，以各种喜闻乐见的形态存在。戒毒人员很多都没有受过系统的优秀传统文化教育，未养成良好的学习习惯。而优秀传统文化多样的表现形式，可以与他们自身的优势和兴趣爱好结合起来，激发他们的求知热情。传统文化经典文字表现形式简单，韵律感极强，易于背诵。戏曲、民乐、书法、国画等优秀传统文化艺术形式，上手简单，可以让人在审美过程中获得愉悦、感受魅力、提升品位。

优秀传统文化内容雅俗共赏易入耳。优秀传统文化的内容为历代传承下来的种种物质的、制度的和精神的文化实体和文化意识，集中表现为中华优秀传统文化核心价值理念、中华传统美德、中华人文精神。诸多传统国学经典富含人生哲理，短小精悍，老少皆宜；历代流传下来的家喻户晓的经典故事，如尧舜禅让代表仁、千里走单骑代表义、孔融让梨代表礼、曾子杀彘代表信、曹冲称象代表智等。小故事蕴含大智慧，不论文化程度高低、生活阅历多少，戒毒人员都乐意听、听得懂、印象深刻，而且明白其中的道理，久而久之，就会使戒毒人员在优秀传统文化的熏陶下改变过去的错误认知，培养内在人格，重树理想信念，走向新生。

优秀传统文化基因传承久远易入心。优秀传统文化基因已经深入每个中国人内心深处，只要坚持不懈地进行优秀传统文化教育，唤醒这个基因，就能促使戒毒人员完善人格，坚定戒毒信心，为他们今后的漫漫人生路打下坚实的思想基础。优秀传统文化是古人立言立行之作，真实感人，可以让戒毒人员产生代入感。通过优秀传统文化的力量，使戒毒人员在面对人生各种境遇时有应对措施，在面对毒品诱惑时能够不忘初心、坚定信念，真正实现知行合一。

第二节　齐鲁文化戒毒内涵

齐鲁文化以儒家文化为主体和核心，兼容并蓄，博大精深，具有极其丰富的思想内涵。山东省戒毒系统在深入挖掘和整合齐鲁文化丰富资源的基础上，确立了“仁”“孝”“智”“信”“德”“善”“礼”“和”八个教育主题（如图 4-3），帮助戒毒人员祛除心瘾、重塑精神、提升道德、矫正行为。这一做法已成为山东戒毒工作的一张亮丽名片，取得了戒治成效和社会效益的双丰收。

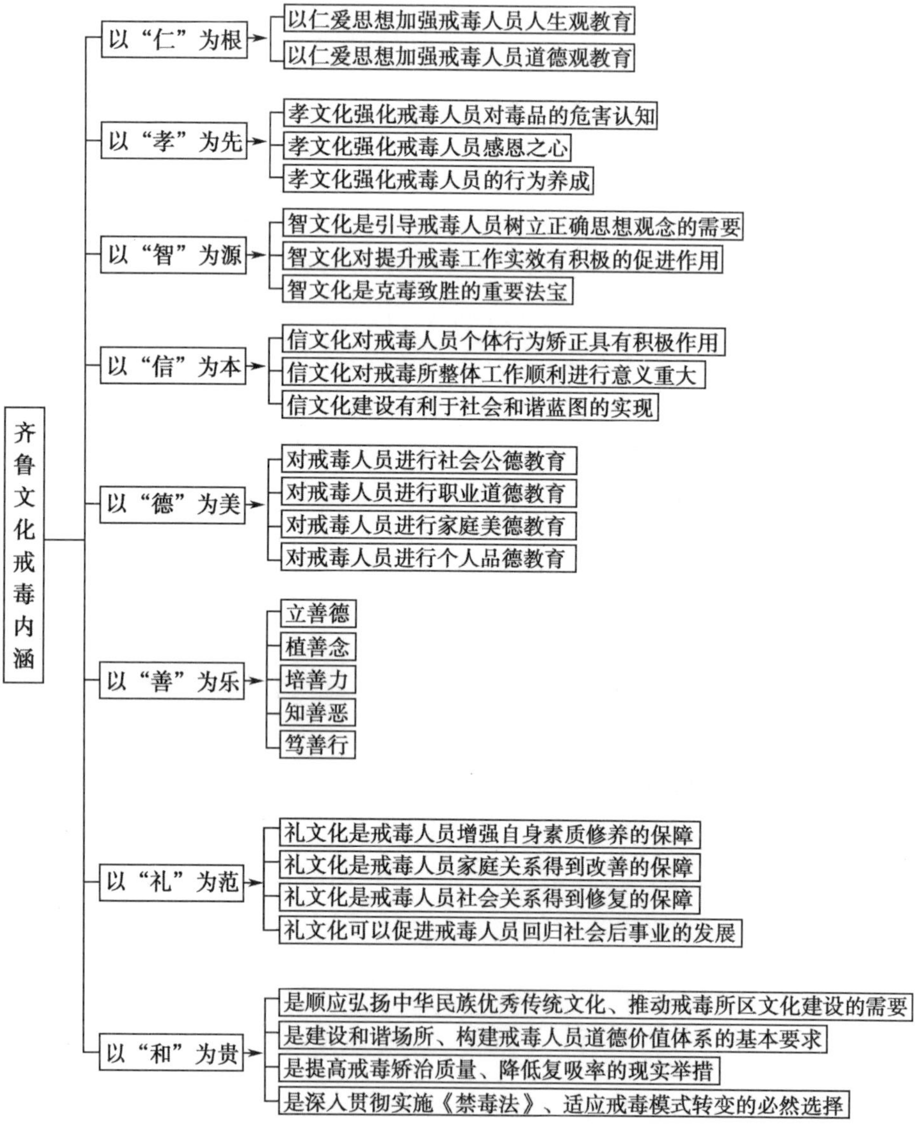

图 4-3　齐鲁文化戒毒内涵

一、以"仁"为根

齐鲁文化是一个庞大而完整的思想体系,博大精深的儒家文化构成了这个思想体系的主干,而"仁"学思想则是儒家思想的灵魂和核心。在通行本《论语》的20篇中,有16篇出现了"仁",共出现109次。所以,理解儒家思想的理念,践行儒家思想的教义,传承儒家思想的精华,一定要首先弄懂"仁"到底是什么。"仁"可以说是我们理解儒家思想的一把关键钥匙。

"仁"是中国古代一种含义极广的道德范畴。古文献中仁、人二字可通假,仁是由人字发展而来,即人旁加二,意思是人与人之间互助互爱、友好亲善。孔子把"仁"定义为"爱人",并解释说:"夫仁者,己欲立而立人,己欲达而达人""己所不欲,勿施于人。"

在戒毒具体实践中,力行以"仁"为本,主要体现为以下几个方面。

(一)以仁爱思想加强戒毒人员人生观教育

孔孟"仁"学对人格、人品提出了极高要求。他们从道德立言出发,肯定人人都有自己的独立人格,强调人都应该有自己的独立意志,不要做辱没人格之事。一个人要有为实现自己的理想、抱负而心甘情愿献身的精神,不能因为过分追求物欲而失去独立的意志。孔子常勉励学生要有远大志向,在志向确定之后,一定要坚持不懈,像松柏那样经得起严寒的考验。孟子认为,一个人的志向、理想,要靠在困难、灾患和逆境中去坚守。"天行健,君子以自强不息。"这要求戒毒人员要继承和发扬求真务实、自强不息、开拓进取的精神品质和思想观念。用传统的仁学观念来锤炼戒毒人员思想,可以帮助其自觉抵制享乐主义、拜金主义等错误思想,建立健康的理想人格,树立正确的人生观。

(二)以仁爱思想加强戒毒人员道德观教育

在孔子看来,人生追求的最高价值目标是仁义道德,是崇高的精神生活。人的一生应当把追求仁义道德作为最高的目标,并终生为之努力。孟子更明确提出,提高人的道德觉悟,是每一个人的价值所在。因此,人生于世,应过着一种有道德的生活,使用道德规范来协调自己与他人的关系,各自依据自己在社会中的角色,尽到对社会、对他人的仁德和义务。现代社会中人有着更丰富的精神生活,这为人的全面发展展现了广阔的前景，然而也导致一些人出现了物欲膨胀、道德滑坡的现象，很多戒毒人员便在其中。因此，我们要经常教育戒毒人员，从孔孟倡导的重精神生活的道德价值取向中吸取精华，不断提升自身的道德修养，养成无私奉献和自我牺牲的精神。在个人对他人、对社会、对群体的关系上，强调“舍己从人”“先人而后己”；在义、利关系上，强调“义以为上”“先义后利”。

二、以“孝”为先

“孝”字最早见于距今三千多年的殷墟甲骨文中，字形从“耂”，表示长者老人；从子，在老之下。因此，顺从侍奉老者长辈当为孝的本义。

“孝”是中华民族的传统美德，是人伦道德的基石，是中华文化的瑰宝，在人类历史的长河中，始终闪耀着不灭的光芒。孔子弘扬华夏先民的优良传统，将孝提高到人文关怀的理论高度，并身体力行，使孝成为一种永恒的人文精神、普遍的伦理道德，将其熔铸于儒家伦理道德思想体系之中，对两千多年来中国传统思想文化产生了广泛而深刻的影响。

孝文化在对戒毒人员教育中具有重要激励和导向作用。对父母恨铁不成钢、用人单位不愿接纳、群众躲着走的吸毒人员来说，孝文化是净化他们心灵的一剂良方。

（一）孝文化强化戒毒人员对毒品的危害认知

部分戒毒人员有这种疑问：“我花自己的钱在家吸毒，一没有扰乱社会，二没偷没抢，三没影响他人，为什么叫我强制隔离戒毒？”正是因为这种思想，这些人在入所后难以认错服管，干扰了正常的戒治秩序。我们要通过“孝”文化教育，让戒毒人员从思想根源上认识到毒品对自己、家庭和社会造成的严重伤害，产生对家庭、亲人和社会的愧疚感，增强其悔改意识，为日后更好的戒治奠定基础。要让戒毒人员认识到，不认清毒品危害、不感悟父母的操劳、不体会家人的用心、不正视社会的关爱就是最大的不孝。很多吸毒人员深受毒品之害，变得冷漠无情、六亲不认，甚至为毒资伤害亲人，一切以自我为中心，以毒品为中心。学习孝文化可以引导他们树立正确的道德观念，反思自己，激活情感心理，使麻木的心灵感知痛苦，蒙昧的良知得以警醒，激发其主动接受教育戒治的意愿。将孝德教育纳入课堂教学中，如唱诵《母亲》《父亲》《烛光里的妈妈》《感恩的心》等孝德歌曲，可以起到“随风潜入夜，润物细无声”的效果。让戒毒人员感受到音乐不仅是一种听觉上的享受，还能带给心灵上的震撼和情感上的启迪，从而唤起良知，促其从心灵深处去忏悔，用心感悟人生，懂得珍惜父母的爱，报答父母的养育恩。此外，“亲情回忆的方法”也可以让戒毒人员看到人间的亲情，唤醒其对真情美好的向往和对父母养育之恩的回忆，从而唤醒良知、修复亲情、积极戒治。

（二）孝文化强化戒毒人员感恩之心

要求戒毒人员三餐前诵读感恩词：“感恩国家培养护佑，感恩父母养育之恩，感恩警察辛勤教导，感恩同学关心帮助，感恩大众信任支持，感恩所有关怀救助。”朗朗上口的感恩词句，字字表达出戒毒人员对国家、社会的教育和父母养育之恩的感激之情。孝德教育在教育戒治中不仅是基石，更是戒毒人员与警察、亲人的“连心桥”。社会歧视、亲人抛弃，可把戒毒人员推向死亡的边缘；而社会挽救、亲人关爱，加上有规律的康复治疗，可使戒毒人员萌生孝德情愫，激发他们生活下去的信心与勇气。亲属探访、亲情电话、亲情供餐、爱心慰问等活动，可以使戒毒人员感受到亲人的关心、社会的温暖。教育戒毒人员回报亲人、社会最好的方式就是彻底戒断毒瘾，成功回归社会，要用良好的戒治成果报答家人、亲戚、朋友等所有帮助过自己的人。

（三）孝文化强化戒毒人员的行为养成

戒毒人员大多认知偏差、行为失常、灵魂扭曲、尊严丧失、不思回报、缺乏自信。但孝文化教育会帮助戒毒人员重新唤起责任意识，助其重塑正确的世界观、人生观、价值观。通过对戒毒人员进行治心、扶志，使其自觉抵制不良风气的影响，彻底纠正不良习惯。因此，在教育戒治工作中，打造孝德文化工程，营造孝德教育的文化氛围，丰富孝德教育的活动载体，深化孝德教育的社会影响，通过孝德教育的影响力、渗透力、辐射力，让学员们重新树立信心，点燃自我戒治的激情，最终走上自律戒治之路。

三、以“智”为源

“智”是儒家核心思想的基本概念。在儒家思想体系里面，“智”由孔子提出，被列为“三达德”之首，后经孟子发展完善，成为“仁、义、礼、智”——“四德”中的一种，并确立了“智”在道德体系中不可或缺的位置。汉代儒学大家董仲舒又加上“信”字，并将“仁、义、礼、智、信”诠释成与天地长久的经常法则——“常道”，五者合称为“五常”。经过两千多年的发展和完善，最终形成了一套“五常”一体、相依互补的完整的道德理念系统，构建成了人道的全部内涵。

在古代，“知”与“智”是通假字，“知者”就是智者，即有智慧的人。如《荀子·天伦》中“大知在所不虑”的“大知”，指的就是大智者、有大智慧的人。

开展智文化戒毒，主要鉴于以下几个方面的思考和需要。

(一)智文化是引导戒毒人员树立正确思想观念的需要

人的一切行为都是由思想支配的，染毒也是由不健康的思想所致。帮助戒毒人员戒除毒瘾，必须从矫正其思想入手。对于戒毒人员来说，当前的戒毒，实质上已经形成了一场正能量智慧与负能量智慧互相碰撞较量的“恶战”。智文化戒毒是以健康的国学理念帮助吸毒人员戒除心瘾的文化入心的艰巨工程，用齐鲁文化等优秀传统文化思想精华彻底改变戒毒人员的思想认知，帮助其实现彻底戒断毒瘾，是从根本上帮助戒毒人员戒毒的重要方法，功在当代，利在千秋。

(二)智文化对提升戒毒工作实效有积极的促进作用

智文化戒毒从国学传统文化教育入手，以智慧为切入点，强化戒毒人员的内省，使戒毒人员通过心瘾置换实现“要我戒”到“我要戒”的转变，最终达到彻底戒除毒瘾的目的。这样的戒治是戒毒人员积极主动的戒治，也是警察和戒毒人员密切配合的戒治。智文化戒毒秉承“以文化人”的理念，具有教育引导、规范约束、激励协调、恢复养成等多重功能，对于促进场所和谐稳定、提高教育戒治质量具有良好作用和积极功效。

(三)智文化是克毒制胜的重要法宝

当前戒毒形势严峻，有的国家和地区制毒贩毒相当猖狂，甚至到了肆无忌惮的程度。联合国将吸毒与环境污染、青少年犯罪列为人类健康的三大危害之一。我国坚持中国特色社会主义道路，坚持改革开放，极大地增强了国力，增强了在国际舞台的话语权，但吸毒、贩毒等困扰国际社会许久的毒品问题等也卷土重来。智文化戒毒就是要通过教育手段提升国民尤其青少年文化素质，提高戒毒人员的认知水平，从思想深处筑牢禁毒拒毒意识，这是从根本上解决吸毒问题的重要法宝。

四、以“信”为本

信文化的本质，是对自己的生命品质负责任，对净化社会环境有担当。“守信重诺”是中华民族优秀道德文化传统，是当代社会诚信建设不能割断的精神命脉。诚信作为儒家为人之道的中心思想，不仅仅是五常之本，更是为人处世之本。

在我国古代第一部字典——东汉许慎所著《说文解字》中，“诚”与“信”是“互训”（即许慎所谓“转注字”）。所谓“诚，信也”和“信，诚也”。“信”和说话有关，古人拆字为解，将“信”字拆为“人”和“言”，有“人言不欺”之说。用现代汉语来说，就是说话要算话，这是作为社会人所应具有的一种道德品格。

在戒毒所开展诚信文化教育，对于戒毒人员来说是矫治其心理、约束其行为、完善其人格、重塑其信心的一剂文化良药，对戒毒人员个人改造、戒毒所工作和社会和谐具有重要意义。

（一）信文化对戒毒人员个体行为矫正具有积极作用

通过诚信文化建设，可以潜移默化地影响戒毒人员的思想，引导其改变不良行为，养成良好习惯；教育其纠正错误观念，领悟做人道理，让其明白个人生存发展必须服从社会共同要求，遵守社会发展规律；使其明确自己在社会中的定位，讲守诚信，以信为本。通过培养戒毒人员的诚信意识、规则意识和守法意识，可以使其建立正确的人生观、价值观以及诚信立身的观念，真诚做人，妥善处事，改恶从善。

（二）信文化对戒毒所整体工作顺利进行意义重大

诚信文化是戒毒所的物质文化、行为文化、制度文化等在漫长的建设和发展过程中，受一定社会文化影响，经过积淀、提纯、升华、凝聚而成的戒毒所核心文化。诚信文化建构的精神实质是通过不断深入的戒毒所文化建设，来营造诚信、和谐、稳定的戒毒管理安全环境和氛围，从而为落实戒毒所工作“首要标准”服务，为戒毒所的监管安全大局服务，为戒毒所工作创新发展提供良好的智力支持和动力保障，是戒毒所实现各项目标的重要保障。

（三）信文化建设有利于社会和谐蓝图的实现

党的十九大指出，要将我国建设成为富强、民主、文明、和谐、美丽的社会主义现代化强国，实现社会和谐是其中的重要内容。戒毒场所的和谐是实现社会和谐的重要组成部分。在戒毒场所开展诚信文化教育，与当代社会文化价值取向相吻合，与构建和谐社会的目标相一致，体现了以人为本的人文精神，是从治本上解决吸毒问题的重要探索，对社会稳定和谐有重要意义。

五、以“德”为美

齐文化与鲁文化尽管存在差异，但对“德”及其价值观的看法却近乎相同。它们常常把“德”与“美”联系起来，以有德之人为最美，并认为有修养、有美德的人才是人人追求和羡慕的圣贤君子，而没有修养、没有美德的人就是人人唾弃的小人。

“德”字在现代汉语中多表示“道德”之义，引申义有“心意”（如“离心离德”）、“恩惠”（如“感恩戴德”）等。从甲骨文形体来看，它的左边是“彳”（chì），在古文字中多表示“行走”之义；右边是一只眼睛，眼睛上面有一条直线，表示眼睛要看正；二者相合就是“行得要正，看得要直”之义。

（一）对戒毒人员进行社会公德教育

社会公德是全体公民在社会交往和公共生活中应该遵循的行为准则，是人们用以维护社会公共生活秩序，调整人与人之间的关系，为社会成员所公认并共同遵循的最起码的道德准则和行为规范。对戒毒人员来说，戒除毒瘾、回归社会是最终目标。深入挖掘和利用齐鲁文化中的道德文化精髓，弘扬中华民族优秀传统美德，培养戒毒人员良好的社会公德，对每一个戒毒人员来说都具有十分重要的作用。

（二）对戒毒人员进行职业道德教育

职业道德具有协调社会关系、促进社会风气向文明方向发展的作用。特定的职业不但要求人们必须具备特定的知识和技能，而且必须具备特定的道德品质。戒毒人员回归社会后，势必面临就业、生存等问题。要吸收齐鲁文化等优秀传统文化精华，大力倡导以“爱岗敬业、诚实守信、办事公道、服务群众、奉献社会”为主要内容的职业道德，鼓励其回归社会后为国家和社会贡献力量。

(三)对戒毒人员进行家庭美德教育

家庭美德亦称"家庭伦理道德",是与家庭生活密切相关的人际交往关系的行为规范,是关于家庭成员之间关系的道德规范的总和,是家庭生活美满幸福的道德基础。在戒毒人员中要大力倡导尊老爱幼、男女平等、夫妻和睦、勤俭持家、邻里团结的家庭美德,这既是帮助戒毒人员建设美满家庭、培育家庭美德的需要,也是促进国家、社会和谐稳定的现实需要。

(四)对戒毒人员进行个人品德教育

个人品德,是指在一定社会生活中起一定社会作用的个人为自我实现、自我完善而具备的并适应一定社会利益关系客观要求的道德素质和指导自身行为选择的内心道德准则的总和。每一个人都是社会中单独的个体,只有每个人都养成良好的道德习惯、个人修养,整个社会的道德水平才得以进一步提高。对戒毒人员来说,良好的个人品德是帮助其彻底戒除毒瘾、顺利融入社会的必要支持,对其今后的生活和发展都会起到重要作用。

六、以"善"为乐

善的本义是"吉祥",做形容词用有"吉、美好、善良、慈善、应诺、慎重、高明、熟悉"之义,做动词用有"擅长、修治、羡慕、认为好、赞许、友好"等义,做名词用有"好人"义。还有"好好地、多、常、易"等义。

在戒毒人员中开展"善"文化主题教育,通过"立善愿、植善念、培善力、知善恶、笃善行"五项渐进性的教育内容,为戒毒人员指明了个人修身、培育良知、心性改变的阶段性实现过程。

(一)立善愿

古人认为,"志一而动气"。就是说,如果一个人的志向意念集中到一个地方,他的能量也会随之向这个方向流动。其实世上每件事的完成,都伴随着一个立志的过程。志向坚定,念兹在兹,不断朝这个方向努力,就有可能实现自己的理想。戒毒人员要戒治成功,也必须从立志起步。

(二)植善念

王阳明认为,良知一旦被遮蔽,所发出的意(念头)就有了善恶,而有了善恶之后，又不肯为善去恶，所以人生观就有了善恶。既然人人皆有良知，为何有人会流芳千古，有人则遗臭万年？为何有人出类拔萃，有人却碌碌无为？为何有人是善人，而有人却成了恶人？是他们的人生观出了问题。戒毒人员在吸毒时期，就是“心失去本体”的表现，其良知被遮蔽。一朝吸毒，终身戒毒，表明了戒毒之路非常艰辛。究其原因，主要是因为吸毒者的性格发生了很大变化，与正常人性格迥异。所以，我们在对待吸毒人群时绝不能以正常人的标准要求他们。我们用齐鲁文化等优秀传统文化精华，帮助戒毒人员擦净被遮蔽的良知，帮其找回本心。

（三）培善力

人们因为“敬”而有礼，因为“畏”而守规。人要有敬畏之心，不懂敬畏的人是可怕的，不知道应该敬畏什么的人是可悲的。戒毒人员正因为缺乏敬畏之心而丧失了做人的基本尊严，走向了违法吸毒的道路。培养戒毒人员的敬畏之心，就是让其心中有方向、行为有标准、做人有规矩。

（四）知善恶

王阳明认为，人都有犯错的时候，但能亡羊补牢，及时改正，就能回头是岸，走向新生。在对戒毒人员进行教育时，强调内因是主要原因，外因只是次要原因，要引导戒毒人员内省、知过、改过，将道德要求内化为自己的道德准则，自觉提升思想境界。

（五）笃善行

《礼记·中庸》载：“诚之者，择善而固执之者也。”告诉我们认定目标不放弃，坚持不懈，这是圣人修养的最高境界，也是真知睿智的勇气。无论是来自于天性还是来自于教化，行善都是我们的处世原则，也是我们人生的最终选择。戒毒人员由于毒品的戕害，无法辨别是非，善心被遮蔽。为了挽回一个个失足的浪子，让他们重拾善心，我们从“择善”开始，通过弘扬“善”文化，让戒毒人员具有正确的人生观、处事观，诚于他人，忠于自己，发自内心地将善践行传递，最终形成“行善积德、回馈社会”的价值取向。

七、以“礼”为范

礼，是我国自古流传下来并逐步走向完善的传统道德思想，是我国的一种精神文化象征，更是中国人为人处世之本。

礼的本意为敬神，后引申为表示敬意的通称。礼的含义比较丰富，它既可以指表示敬意和隆重而举行的仪式，也可泛指社会交往中的礼貌礼节，是人们在长期的生活实践中约定俗成、共同认可的行为规范。在《中国礼仪大辞典》中，礼定义为特定的民族、人群或国家基于客观历史传统而形成的价值观念、道德规范以及与之相适应的典章制度和行为方式。礼的本质是“诚”，有敬重、友好、谦恭、关心、体贴之意。礼是人际乃至国际交往中，相互表示尊重、亲善和友好的行为。

（一）礼文化是戒毒人员增强自身素质修养的保障

礼仪是个人美好形象的标志，是一个人内在素质和外在形象的具体体现，它可以规范、约束人们的行为。学习礼文化可以使戒毒人员建立良好的仪表仪态和正确的行为方式。当戒毒人员抱着与人为善的动机为人处世、以文明做人的准则约束自己时，就会体验到心底坦荡、身心愉悦的心情，达到心理安宁、心灵净化的效果。

（二）礼文化是戒毒人员家庭关系得到改善的保障

戒毒人员普遍与家庭关系紧张。一方面，因为自己长期吸食毒品，给家人带来经济、情感上的伤害，使家人伤透了心。另一方面，自己因沾染毒品，埋怨家人对自己的帮助支持理解不够，不能给自己提供想要得到的帮助，同样因此对家人心生怨恨。学习夫妻和睦、父慈子孝等家庭礼仪，可以使戒毒人员懂得如何建立良好的家庭关系，懂得为人父母、做人子女应尽的责任，是家庭美满和睦幸福的根基。

（三）礼文化是戒毒人员社会关系得到修复的保障

戒毒人员为了得到毒品和躲避家人的跟踪追问，常讲谎话。有的吸毒者不仅吸毒，而且制毒、贩毒，长期处于高度的心理戒备状态之下，形成了偏执多疑的性格。这都使戒毒人员成为一个不可信、不可交的人，被亲戚朋友远离、被社会孤立。学习礼文化，可以教育戒毒人员忠诚正直、言行一致、表里如一，形成正确的伦理道德观和价值观，建立正确的做人做事准则，从而善待亲人、善待朋友，不断改善社会关系，促使其社会交往功能得到修复。此外，礼仪是社会交往的润滑剂和黏合剂，学习礼文化，可以使戒毒人员在与不同群体交往中学会相互敬重、相互理解、求同存异、和谐相处，自觉地执行礼仪规范。

（四）礼文化可以促进戒毒人员回归社会后事业的发展

职业是人们在社会上谋生、立足的一种手段，讲究礼仪可以帮助戒毒人员更好地适应职场。一方面，讲究礼仪方便交往应酬，一个举止大方、着装得体的人肯定会比举止粗俗、衣着不整的人更受欢迎，也就更方便交往与应酬。另一方面，一个讲究礼仪的集体更容易促进员工团结互助、敬业爱岗、诚实守信，从而推动各项事业的发展。学习礼文化，讲究礼仪，可以促使戒毒人员回归社会后获得事业上的成功。

八、以“和”为贵

儒家思想形成两千多年以来，和文化逐渐成为我国传统文化的重要范畴。时至今日，“和为贵”“和生万物”“和气生财”“家和万事兴”等饱含传统“和”文化意蕴的用语，仍经常出现在人们的日常生活中。构建和谐社会需要建设和谐文化，其中一个重要命题，是正确认识、科学运用传统的“和”文化。不论是“和”为己用，“和”为家用，还是“和”为国用，都同样适用。

“和”，左“禾”右“口”，“禾”指粮食，“口”指说话，也就是要有饭能吃，有话能说。有此二者，即已达到和谐，体现了文明法治、以人为本的理念。

在戒毒人员中开展“和”文化教育，主要基于以下四个方面的考虑。

（一）顺应弘扬中华民族优秀传统文化、推动戒毒所区文化建设的需要

在积极弘扬中华优秀传统文化、大力建设社会主义核心价值体系的时代背景下，只有充分吸收优秀传统文化特别是“和”文化营养，不断推进场所文化建设，才能确保戒毒矫治工作的持续创新发展。实践证明，构建以中华传统美德教育为核心的育人体系，通过弘扬美德，营造正气，鞭笞丑行，谴责邪恶，使戒毒人员长期置身于一种抑恶扬善的所、区文化氛围中，就会帮助其树立正确的人生观与价值观，自觉、不自觉地祛除和抵制不良意识及言行，养成积极向上、向善的良好道德习惯。

（二）建设和谐场所、构建戒毒人员道德价值体系的基本要求

和谐社会建设的成效，很大程度上取决于全体社会成员的思想道德素质。失去了普遍遵循的行为准则，就无法有效提升人们的精神境界以及协调不同利益群体的相互关系，也就无法真正营造和谐的社会氛围。

作为“教育人、感化人、挽救人”的强制隔离戒毒执行机关，理应充分重视“和”文化在教育矫治戒毒人员中的作用。积极进行“和”文化教育实践，重塑戒毒人员灵魂，使其重新确立良好的道德价值体系。

（三）提高戒毒矫治质量、降低复吸率的现实举措

吸毒人员之所以走上吸毒的道路，既有法律意识淡薄的原因，同时必然存在道德缺失的原因。戒毒人员中的部分人员之所以复吸，在很大程度上也是因为其在戒毒矫治期间的道德标准和价值观念并没有得到根本性转变。要想从根本上矫正恶习，提高戒治质量，不能仅靠法律的威慑和惩戒，必须借助于戒毒人员自身的道德与良心的内在感化力量，发挥道德约束的自觉性与感召性，使其从被动地接受教育转变为主动地趋善避恶与崇德尚助。

（四）深入贯彻实施《禁毒法》、适应戒毒模式转变的必然选择

“预防为主、综合治理、禁种禁制禁贩禁吸并举”的禁毒工作方针，更加强调综合运用法律、行政、经济、文化、教育、医疗等多种手段治理毒品问题，立足吸毒者具有病人、违法者、受害者三重属性，对吸毒人员进行惩罚、教育和救治。给予戒毒人员更多关心体恤，使其病有所医、困有所帮、有学可上、有业可就，而这正是“和”文化所倡导达至的最终目标。

第三节　齐鲁文化戒毒应用研究

山东戒毒场所很早就探索用齐鲁文化等优秀传统文化戒毒，从2015年开始实施了系统的“国学·齐鲁文化入心工程”建设。全省戒毒场所按照“整合资源、总体布局、打造品牌、争创一流”的工作思路，精心组织，强力推进，为齐鲁文化戒毒工作稳步推进做出了积极探索，并取得了良好成效，积累了丰富经验。

一、齐鲁文化戒毒的实践形式(见图4-4)

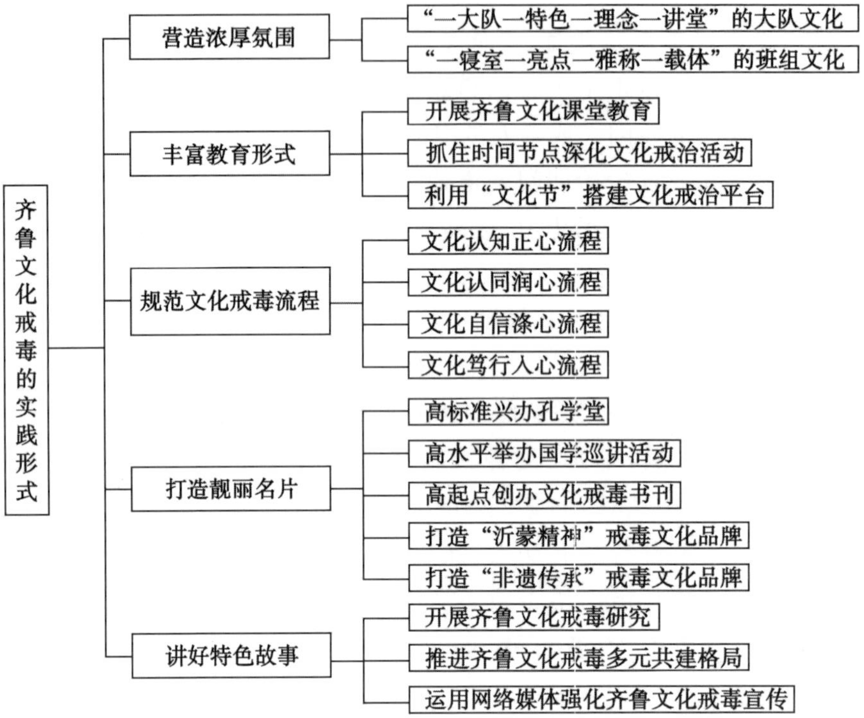

图4-4　齐鲁文化戒毒的实践形式

(一)营造浓厚氛围

树立“环境育人”意识,将齐鲁文化等优秀传统文化融入场所建设风格和人文环境中,打造具有文化语言的戒毒场所。一是打造文化标识。结合戒毒实际,各戒毒所设计制作主题雕塑、主题灯箱、标牌、路牌、门牌等,编写所(队)歌、所(队)训、戒毒誓词等,健全彰显齐鲁文化色彩的视觉形象识别符号,使戒毒人员一进戒毒所就感受到齐鲁文化的浓厚气氛。深入打造“一大队一特色一理念一讲堂”的大队文化和“一寝室一亮点一雅称一载体”的班组文化,形成所、大队、班组三级文化品牌链。二是丰富文化载体。通过改造办公、教学、习艺、宿舍、餐厅以及礼堂、多媒体教室、多功能厅等硬件设施,打造主题文化广场、励志走廊、图书室、阅览室等文化场所,将美化、绿化、文化三者有机融合,使戒毒人员时刻接受齐鲁文化的熏陶，达到“润物细无声”的效果。三是提升人生品味。通过组建书法、绘画、装裱、茶艺、围棋、刺绣、舞蹈、古琴、太极拳等兴趣小组和文艺团队，设立专门才艺展室和书法、绘画教育基地，以文化涵养品行，使戒毒人员在潜移默化中改变生活品位，重塑人生追求。

（二）丰富教育形式

一是开展齐鲁文化课堂教育。山东省戒毒管理局组织编写了《国学·齐鲁文化入心工程国学读本》系列丛书和《学习手册》，指导各戒毒所开展《国学读本》课堂化教学。同时，邀请知名国学专家举办传统文化专题讲座，开设警察国学经典课堂观摩课，设立戒毒人员“文化共享微课”，教育引导戒毒人员感受中华优秀传统文化的魅力。二是抓住时间节点深化文化戒治活动。利用“五四”“七一”“八一”“十一”等政治性节日，“三八”“五一”“六一”等国际性节日，学雷锋日、禁毒法实施日、国际禁毒日、世界艾滋病日等重要纪念日，端午、中秋、春节等民族传统节日，因势利导开展文化教育、文化娱乐、运动竞技、主题帮教等。如枣庄所联合市中区曙光志愿者协会开展“爱在中秋”社会帮戒活动，烟台所邀请戒毒人员亲属开展“感恩行孝”系列专题教育，使戒毒人员在参与中启迪思想、涵养身心。三是利用“文化节”搭建文化戒治平台。每年第三季度举办戒毒人员“文化节”系列活动，组织各戒毒所成立国学经典讲师团，在全系统开展国学公开课、国学情景剧比赛；举办“《论语》中我最喜爱的一句话”戒毒人员征文比赛；举办戒毒人员文化作品展，将国学经典融入日常戒治生活中，化无形为有形，延伸了文化戒治成效。四是培养同伴文化。通过组织所内戒毒人员现身说法、邀请解除后保持操守人员和社会其他成功戒毒人士来所帮戒等活动，建立同伴互助小组，发现和培养戒毒典型，带动戒毒人员共同成长。

（三）规范文化戒毒流程

针对戒毒人员四区管理特点，分别开展不同的教育内容。一是文化认知正心流程。在脱毒治疗区，以提高戒毒人员对齐鲁文化等优秀传统文化的感受力为重点，开展传统文化认知教育，引导戒毒人员明辨是非、遵纪守法，重塑戒毒人员思想认知和道德观念。二是文化认同润心流程。在教育适应区，以增强戒毒人员对齐鲁文化等优秀传统文化的理解力为重点，开展传统文化认同教育，引导戒毒人员认识我国文化传统和基本国情，培养民族归属感和自豪感，塑造戒毒人员理想信念和价值观念。三是文化自信涤心流程。在康复巩固区，以增强戒毒人员对齐鲁文化等优秀传统文化的理性认识为重点，开展传统文化自信教育，引导戒毒人员感悟中华优秀传统文化的精神内涵，运用阳明心学等优秀传统文化触动戒毒人员灵魂，增强戒断毒瘾的动力。四是文化笃行入心流程。在回归指导区，以提高戒毒人员对齐鲁文化等优秀传统文化的自主学习和探究能力为重点，开展传统文化笃行教育，引导戒毒人员完善自身修养，增强戒毒人员传承弘扬中华优秀传统文化的责任感和使命感，提高抵御毒品诱惑的自觉性。

(四)打造亮丽名片

山东省戒毒系统立足本省实际，借助优秀的齐鲁文化资源，注意在提升文化戒毒的层次和水平上下功夫。一是高标准兴办孔子学堂。与中国孔子基金会密切合作，在全省戒毒场所全部设立“孔子学堂”，围绕“写好字、读好书、做好人”的办堂宗旨，开展学堂教育活动。通过举办国学经典诵读比赛，开设国学大讲堂，举办国学特色培训班等活动，使齐鲁文化在戒毒场所得到发扬光大，使戒毒人员的灵魂得到净化和升华，使文化戒毒的品牌集成效应在戒毒场所得到最大程度的释放。如济宁市戒毒所举办的独具特色的“孔子学堂特别家书”活动，引起社会强烈反响，在山东省第二届青年志愿者服务项目大赛中荣获铜奖。山东省戒毒局被中国孔子基金会评为“全国孔子学堂推广先进集体”，在加强文化戒毒方面走在了全国戒毒系统前列。二是高水平举办国学巡讲活动。以“孔子学堂”为平台，组织开展全系统国学公开课比赛。根据比赛成绩，挑选优秀国学讲师成立国学巡讲团，在全省戒毒场所进行全面巡讲，引导戒毒人员汲取优秀齐鲁文化的价值观念、道德理想和伦理品质，培育和践行社会主义核心价值观，使戒毒人员在互动和分享中学会为人处世之道，凝聚戒毒正能量，坚定祛除毒瘾、告别过去、重新做人的信心和决心。巡讲活动先后被司法部官网、人民网、中华网、大众网、新浪网、中国山东网、中国孔子网、人民法治网、山东法治网·齐鲁普法网、山东司法行政官网等多家网站和山东省人民政府“山东发布”官方微博、“今日山东”官方微博以及中国孔子基金会、山东司法、山东戒毒等微信公众号报道，扩大了山东戒毒的影响力。三是高起点创办文化戒毒书刊。组织编写《国学·齐鲁文化入心工程国学读本》系列丛书和《学习手册》，简称“八本八册”，累计200余万字，为全省戒毒人员提供了完整的国学教材和宝贵的精神食粮。2017年以来，将各戒毒所小报全部提档升级为独具本所特色的戒毒文化季刊，极大地提高了戒毒场所的文化软实力。四是打造“沂蒙精神”戒毒文化品牌。挖掘以“爱党爱军、开拓奋进、艰苦创业、无私奉献”的沂蒙精神为代表的山东红色革命文化，开展以“学先烈、找差距、促戒治”为主题的系列教育活动，弘扬先烈精神，传承红色基因，汇聚戒毒正能量。将齐鲁优秀文化传统与新时代山东精神相结合，开展以“中国梦、戒治情、感恩心”为主题的爱国主义教育，激发戒毒人员戒除毒瘾的动力，形成爱国爱党、健康向上的文明风尚和人文氛围。五是打造“非遗传承”戒毒文化品牌。挖掘非物质文化遗产的时代价值，让独具地域特色的优秀传统文化在戒毒场所落地生根、开花结果。推进以山东快书、山东快板为代表的表演艺术类非物质文化遗产走入戒毒场所，挖掘、培养有演艺特长的戒毒人员，推出一批上得台、表演好、说得精、有影响的精品艺术作品。推进以烙画、陶艺、刻瓷为代表的传统手工艺技能类非物质文化遗产走入戒毒场所，指导戒毒人员参与手工艺制作，锤炼工匠精神。加强少数民族经典文献和非遗文化的传承学习，唤起戒毒人员对国家和民族的文化认同，增强文化自觉。

（五）讲好特色故事

一是开展齐鲁文化戒毒研究。秉承创新理念，成立理论调研课题组，并与专业院校开展联合攻关，积极开展齐鲁文化戒毒理论研究，有力指导文化戒治工作实践。论文《力行传统文化创新戒毒理念》作者在“全国第四届弘扬传统文化经验交流大会”上进行交流发言，“国学·齐鲁文化入心工程”赢得了与会人员的认可和赞誉。二是推进齐鲁文化戒毒多元共建格局。秉承开放理念，联合文化专业机构和专业人员，开展齐鲁文化戒毒共建活动。与中国孔子基金会联合举办“沐齐鲁风、圆戒毒梦”联合帮教文艺会演，聘请济南电视台著名节目主持人付荣（蓉儿）、刘鹏（小啰啰）为“山东戒毒公益大使”；组织即将期满戒毒人员及其亲属到青州国程大福地传统文化教育中心进行回归适应训练，与大专院校共建“孔子学堂联谊课堂”，与共青团济南市委、市图书馆、市书法家协会等建立长期合作机制，场所内“处处挂经典，满园溢书香”，实现了齐鲁文化帮教“多元化”。三是运用网络媒体强化齐鲁文化戒毒宣传。树立“互联网+”思维，各戒毒所通过微博、微信、微电影、亲情帮戒 QQ 群等新兴媒体大力宣传文化戒治成效，开办网上孔子学堂和“传统文化改变命运”QQ 群，开通网络视频远程探访，召开网络戒毒人员家长会，全系统 2017 年全年累计有 30 余场次帮戒活动被《法制日报》、山东电视台、大众网等媒体报道，开辟了文化戒治的新渠道，扩大了戒毒工作影响。

二、齐鲁文化戒毒的积极作用(见图 4-5)

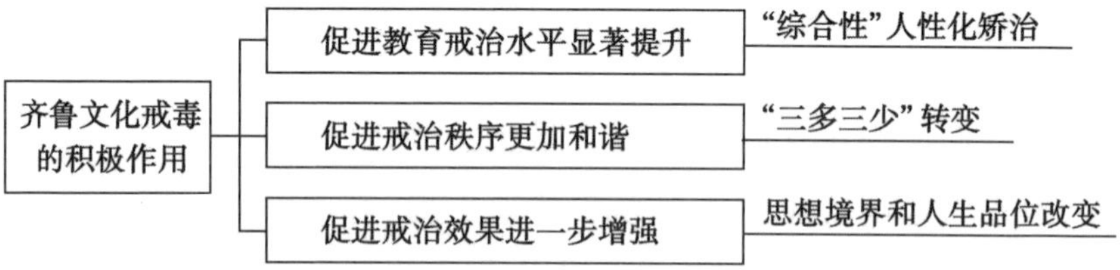

图 4-5　齐鲁文化戒毒的积极作用

(一)促进教育戒治水平显著提升

通过警察在齐鲁文化教育中的“先学先做”活动，整个警察队伍的学习氛围、精神面貌发生了深刻变化。警察教育戒治理念由过去千篇一律的“课堂化”灌输式教育，向形式多样的“综合性”人性化矫治转变，专业化的教育戒治能力不断加强。通过学习齐鲁文化等优秀传统文化，绝大部分戒毒人员能背诵国学经典、传统诗词等，培养了健康向上的兴趣爱好，主动参加各种文化娱乐活动，主动戒毒意愿和动机明显增强，场所文化氛围越来越浓厚。

(二)促进戒治秩序更加和谐

齐鲁文化等优秀传统文化的润物无声、潜移默化，不仅搭建起了警察与戒毒人员之间沟通的桥梁，使场所管理戒治关系更加融洽，而且规范了戒毒人员的言行举止和日常操守。经调查，绝大部分戒毒人员认为接受传统文化教育对个人成长有比较重要的作用，自我控制能力得到了改善，学会了与人为善、真诚相待，能妥善处理好自己的人际关系。在戒治生活中出现了“三多三少”转变：反躬自省的多了，怨天尤人的少了；文明礼貌的多了，污言秽语的少了；看书学习的多了，无事生非的少了。场所秩序呈现出和谐文明、积极向上的新气象。

(三)促进戒治效果进一步增强

经过齐鲁文化等优秀传统文化的教育和熏陶,戒毒人员的思想境界和人生品味有了明显改变。戒毒人员对仁、孝、忠等传统道德观念有了新的认识,以讲述戒毒故事的形式,反思沉痛的过去,立志戒断毒瘾;以传递家书的形式感恩父母和家人,表达坚决祛除毒瘾的信心和决心;还有很多戒毒人员主动把省下来的劳动报酬汇给家人,进一步修复融洽了家庭关系;一些解除离所后的戒毒人员保持了较高的操守率,凭着在戒毒所学到的本领成家立业开启了崭新人生。山东省鲁中戒毒所的一名戒毒人员和山东省女子戒毒所的一名戒毒人员由于在所内接受了中华优秀传统文化的熏陶,有了相同的价值观和共同语言,出所后不仅结为夫妻,而且双双成为戒毒志愿者,主动回所为戒毒人员进行现身说法,协助社会开展戒毒宣传活动,传递戒毒正能量,受到社会各界的广泛赞誉。

三、齐鲁文化戒毒实践中需要注意的问题

随着"国学·齐鲁文化入心工程"的强力推进和有力实施,戒毒工作也面临一些新的问题和挑战。要在新形势下运用齐鲁文化对毒品成瘾者进行影响修复和教育矫治,必须做一些前瞻性的构想,探索一些更加有效的方法和对策。

(一)既要注意传承更要注重创新

近年来,国内外"传统文化热""孔子学院热"等传统文化的热潮,使越来越多的专家学者借助大众传媒对传统文化进行通俗化的解读,群众性传统文化学习热潮如火如荼。在这一大背景下,存在着一种对传统文化不加辨别、全盘肯定的错误倾向。司法行政机关运用优秀传统文化进行戒毒,要把握好继承和创新的关系,应从毒品成瘾者群体特性出发,既要吸取中华优秀传统文化的精髓,又要注意优秀传统文化与革命文化、社会主义先进文化的有机融合,积极培育和践行社会主义核心价值观;还要注意做到法德结合,二者相辅相成、相互促进,结合戒毒工作实际,将传统文化戒治理念尤其是法文化理念融入戒毒工作理念创新、手段创新和工作创新中去,走出一条针对特定群体弘扬传统文化的新路子。

(二)必须紧密结合戒毒工作实际

运用齐鲁文化戒毒,目的是为了影响和修复毒品成瘾者的仁爱之

心、自强之志，解决道德失范、人格认知等问题，从根上改造戒毒人员。齐鲁文化戒毒应坚持以下几个原则：一是科学性原则。遵循戒毒重在戒除“心瘾”的内在规律和本质要求，符合毒品成瘾者的客观实际。二是辩证性原则。将毒品成瘾者个体的戒毒过程作为一个系统整体看待，以动态发展的眼光针对其戒治阶段施以有针对性的文化影响。三是实践性原则。注重将优秀传统文化与戒毒人员戒治实践紧密结合，努力强化吸毒成瘾者抵制毒品诱惑的意志和能力。四是时代性原则。戒毒是世界性难题，必须紧跟时代发展步伐，牢固树立治本安全观，在传承的基础上不断改进完善，最大限度地发挥优秀传统文化的治本作用。五是创新性原则。始终把握发展的观点，不复古泥古，真正实现齐鲁文化在戒毒场所的创造性转化和创新性发展。

（三）构建科学化系统化的应用机制

一是完善适应群体特色的系统化内容。针对毒品成瘾者文化缺位、道德失范的具体情况，运用齐鲁文化的核心思想理念、中华传统美德和中华人文精神，进一步完善学习教材的建设。二是完善适应戒毒分期的流程化形式。在生理脱毒期，强化其自悔自责等负罪感认识，强化齐鲁文化中“家”和“孝”的感恩教育，迈出以优秀传统文化戒除毒瘾的第一步。在康复期，强化健康人生追求教育，运用优秀传统文化改变毒品成瘾者思想中错误、腐朽、堕落的思想，增强对法律和道德良心的敬畏，增强自我控制、自我约束能力，以积极的行动改变自己。在回归适应期，强化“吾日三省吾身”的意识，坚定“我的幸福我筑造”信念，提高回归社会、适应社会的能力，巩固戒治效果。将齐鲁文化等优秀传统文化教育贯穿于整个戒毒过程，使其在三期模式中形成一个较为完备的整体教育体系。三是完善适应文化应用的科学化保障。在组织保障上，加强优秀传统文化戒毒顶层设计，完善工作推动机制；在人才保障上，建立以戒毒警察为主体的国学传统文化专业人才队伍，培养高精尖的国学专业人才；在体系保障上，努力将优秀传统文化戒毒纳入社会弘扬优秀传统文化的大体系中，加强同社会专业文化机构或高等院校的文化共建，加强同中国孔子基金会、高等院校及其他社会帮戒组织的联系，通过借智借力，共同攻关，不断提升工作效能。四是完善适应效果提升的规范化评估。毒瘾成瘾者彻底戒除毒瘾需要在较长一段时间内才能显现出效果。因此，在深化文化戒毒工作中，必须遵循毒品戒治规律，紧密结合毒品成瘾者的特点，构建科学、规范、长效的效果评估机制，不断改进完善，推陈出新，推动优秀传统文化戒毒上台阶、上水平。

（四）必须解决好社会延展的问题

毒品成瘾者心瘾难戒，可能需要一生的坚守。因此传统文化应发挥王阳明心学的强大作用，借助弗洛伊德心理学理论，使毒品成瘾者不断强大自己的内心，对“自我”进行控制，逐步达到彻底戒除毒瘾的完美境界。从这个角度讲，解决好优秀传统文化戒毒的社会延展问题至关重要。戒毒机关必须合理利用毒品成瘾者隔离戒治的“黄金两年”，针对毒品成瘾者进行系统科学的文化影响与修复，强化其内心的坚守。对毒品成瘾者进行优秀传统文化教育是一项系统工程，需要调动戒毒场所、城市街道办、社区、乡镇、文化团体以及毒品成瘾者家庭等综合力量，并建立互动开放、优势互补的良性工作机制，形成教育戒治的合力。首先，要得到毒品成瘾者家庭的理解，唤起家庭的有效参与。其次，可通过设立“家属学校”“场所开放日”“社会辅导站”等途径，利用互联网、微信公众号、微信群、QQ 群等推送优秀传统文化戒毒理念、方法以及成效，以此影响毒品成瘾者及其家庭，帮助其戒除毒瘾。最后，文化、教育等相关部门和群团组织也要发挥各自优势，主动探索实践优秀传统文化对毒品成瘾者的影响与修复机制，做到预防和教育相结合，实现优秀传统文化戒毒的长远效果。

第五章　民族文化戒毒

文化是民族的重要特征，是民族凝聚力、生命力、创造力的重要源泉。我国是一个多民族、文化多元的国度，每一个民族不论大小，都对中华文化的形成和发展作出了独特贡献，每一个民族的文化都是中华民族的共有财富。

第一节　民族文化概述

民族文化是指各民族在其历史发展过程中创造和发展起来的具有本民族特点的文化，包括饮食、衣着、住宅、生产工具等物质文化；还包括语言、文字、文学、科学、艺术、哲学、宗教、风俗、节日和传统等精神文化。民族文化反映着该民族的发展水平。

一、中华民族文化源远流长

中华民族文化源远流长，丰富多彩。历史典籍和考古资料证明，华夏民族是由生活在黄河流域的炎黄部族集团为主源、以周边不同部族为支源融合形成的民族共同体。大约在新石器时代，中华文化就在中国大地上呈现出多元区域性发展、相互渗透相互影响的趋势。黄河中游的仰韶文化、黄河下游的大汶口文化、山东龙山文化、长江中游的大溪文化、长江下游的河姆渡文化、东北的红山文化、西北的马家窑文化等，以黄河中下游为中心辐射、汇聚，共同点燃了中华文明之火。

中华各民族文化兼容并蓄，相互促进。在中华民族漫长的历史发展过程中，中原文化不断吸收借鉴外来文化，形成了以汉族文化为主体，少数民族文化为辉映，汉族文化与少数民族文化“你中有我，我中有你”相互影响、共同促进的发展格局。汉族文化给各少数民族的经济和社会发展带来活力，而少数民族的文化又给汉族文化不断输入新鲜血液，使之不断更新，保持活力。战国时代就有赵武灵王的“胡服骑射”，之后黄道婆向黎族人民学习织锦技术，再之后文成公主入藏，促进了民族交流和共同进步。中华汉族文化与少数民族文化之间，各少数民族文化之间，互相交流、相互影响、相互渗透、互相吸收，既深化了中华文化的内涵，增强了中华文化的一致性，又保持了中华文化的多样性、丰富性。

中华民族文化绵延坚韧，生命力强。中华民族文化是四大文明古国中唯一没有中断的文化。伴随着统一的多民族国家的形成，国家政权虽有更迭盛衰，但民族间的融合从未中断。在民族的迁徙、聚合和战争冲突中，出现了一次又一次的文化融合和文化交流高潮，形成了博大精深的中华文化。在一次次分合兴衰中，中华民族也形成了自强不息的民族品格。

二、中华汉族文化浓墨厚重

据史料记载，汉族人民旧称汉人是因中国的汉王朝而得名。汉朝以前，中国称“华夏”或“诸夏”。汉族的文化浓墨厚重，在其形成和发展的历史过程中兼收并蓄，形成了齐鲁、中原、燕赵、关中、巴蜀、荆楚、吴越、岭南、滇黔、闽台、松辽、徽赣等各具特色的区域文化，反映了汉族文化的多样性。

汉族文化是中华文化的主体。汉族在古代创造了灿烂的文化艺术，具有鲜明的特色。汉族有五千多年有文字可考的历史，文化典籍极其丰富。几千年间，无论是在政治、军事、哲学、文学、史学、艺术诸方面还是在自然科学领域中，汉族人民都创造了辉煌的业绩。

汉族人民历来以简朴、富于创造精神著称。汉族历史上的经济是以农业为主，兼营家庭副业，是一种典型的男耕女织的自然经济。汉族的农业生产在历史上素来发达，尤其以水利灌溉和精耕细作著称于世。汉族的手工业也有相当高的发展水平。

汉族有良好的习俗家风，有的家风传承数千年不绝，其中尊祖敬老是汉族比较重要的传统。尊祖即是对祖先的崇拜。商代时信上帝与祖先合一的一元神，周代信上帝与祖先分开的二元神，而崇拜祖先神是更为重要的传统。汉族的祖先崇拜主要是祭有功绩的远祖和血缘关系密切的近祖。崇祖习俗一直延续到近现代。近现代民间尊祖的祭祀活动仍十分隆重，有时祭、堂祭、节祭、岁祭、房祭、祠祭等。逢年过节有的还要瞻仰历代祖宗遗容面像，以表不忘祖宗，并与祖宗共享喜庆，或求祖宗赐福。

汉族节日丰富，带有浓厚的文化气息，主要有腊祭、春节、元宵、社日、清明、端午、中秋、重阳等等。在诸节日中，春节最为隆重。春节又称“过年”，是汉族人千百年来最重要的传统节日，也是一年中最隆重、最热闹的节日。

汉族舞蹈多种多样，主要是“南灯北歌”，即南方的花鼓花灯和北方的秧歌。汉族民间舞蹈种类繁多，主要有绸舞、龙舞、狮子舞、秧歌、鼓舞、花鼓灯、踩高跷、跑旱船、春牛舞、荷花舞、太平鼓等，代表性的有东北秧歌、胶州秧歌、海阳秧歌、鼓子秧歌、安徽花鼓灯、云南花灯。

三、中华少数民族文化多姿多彩

在漫长的历史岁月里，少数民族创造了大量优美动人的神话、传说、史诗以及音乐、舞蹈、绘画、有价值的科学典籍，创造了很多雄伟壮观、绚丽多彩、富有民族特色的建筑。这些优秀的文化艺术遗产是中华文化的重要组成部分，是中华民族共有的精神财富，是人类文明的重要成果。

少数民族艺术种类繁多，仅演唱艺术就有蒙古族的长调、哈萨克族的阿肯弹唱、回族的花儿、壮族的山歌等几十种。舞蹈艺术有维吾尔族的手鼓舞、蒙古族的安代舞，土家族的八宝铜铃舞，朝鲜族的长鼓舞等数百种。拉萨的布达拉宫、大昭寺和罗布林卡等，入选了《世界遗产名录》；蒙古族的长调、维吾尔族的大型音乐套曲“十二木卡姆”等被联合国列入世界非物质文化遗产名录。在我国目前公布的三批国家非物质文化遗产目录中，少数民族项目有515项，约占项目总数的42%。

少数民族风俗习惯各具特色，集中表现在服饰、居住、礼仪、节日及婚丧嫁娶等方面。各具特色的少数民族风俗习惯，或源于民族发展历史，或源于生产实践，或源于重大历史事件，或源于宗教信仰，或源于居住环境。以饮食为例，淮河以南从事稻作农耕的各民族及东北的朝鲜族以大米为主食；从事麦作农耕的维吾尔族、回族等民族则习惯于吃面食；东北平原、黄土高原及全国山地丘陵区从事杂谷栽培的各民族以玉米、高粱、谷子、薯类为主食。

少数民族节日种类繁多，包括宗教性节日，如回族、维吾尔族等信仰伊斯兰教民族的开斋节、古尔邦节，藏传佛教的传大召、传小召。瞻佛节在藏族、蒙古族和部分纳西族、门巴族群众中影响很大。农事节日，如彝族举行火把节、藏族举行望果节以庆祝丰收。纪念性节日，如满族的颁金节纪念民族名称的确立，苗族的“四月八”以纪念英勇就义的苗民首领。商贸性节日，如白族的三月节举行各种商品的交易。此外，还有一些文体娱乐节日，如蒙古族的那达慕大会，举行摔跤、骑马等比赛。

少数民族地区的居住建筑也多种多样，如西北部新疆维吾尔族住宅为平顶，土墙，住宅一至三层，外面围有院落；藏族典型民居则用石块砌筑外墙，内部为木结构平顶；蒙古族通常居住于可移动的蒙古包内；而西南各少数民族常依山面水建造木结构干栏式楼房，楼下空敞，楼上住人，其中云南傣族的竹楼最有特色。

第二节　民族文化戒毒内涵

中华各民族文化由于地域、历史、信仰等方面的差异，具有一些不同的特征，但在精神价值上相通相融、相互补充。我国各民族文化都具有团结统一的爱国传统，以和为贵、和而不同的“和合”思想，革故鼎新、因势而变的创新精神，忠君孝亲、讲信修睦、惩恶扬善的传统美德等。民族文化戒毒，是指在戒毒工作中利用信仰、习俗、习惯、节日、艺术等民族风俗，充分发挥民族文化的独特作用，增强戒毒人员的民族认同感、使命感和责任感，由内而外调动戒毒人员自我戒治的积极性，帮助戒毒人员克服毒瘾，走向新生（见图 5-1）。

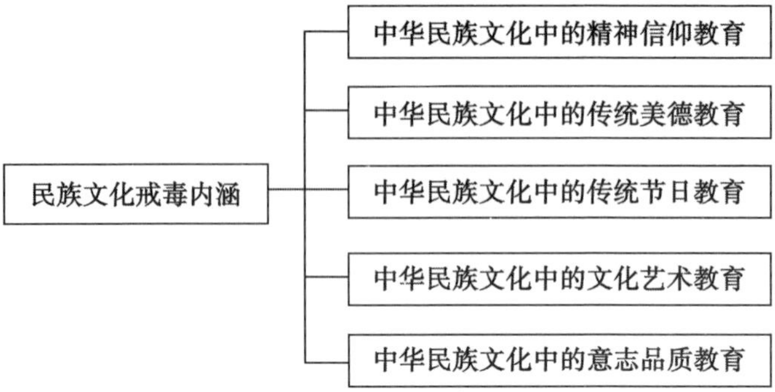

图 5-1　民族文化戒毒内涵

一、中华民族文化中的精神信仰教育

民族精神是民族文化的核心。习近平总书记在十三届全国人大一次会议闭幕讲话中将中国人民在长期奋斗中培育、继承、发展起来的伟大民族精神概括为创造精神、奋斗精神、团结精神、梦想精神。这些民族精神使得中华民族文化成为世界上唯一没有中断过的文化，这种连续性使中华文化有更具牢固的特质。

中国人是有信仰的。中华民族文化崇尚天人合一，尊重规律，效法自然，自古以来就有对自然、对祖先、对生命的崇拜，祭天祭祖祭神灵。戒毒人员走向吸毒的一个重要原因是信仰缺失。

民族精神是与时俱进的。当前中国特色社会主义进入新时代，全国人民在中国共产党的带领下凝心聚力，朝着中华民族伟大复兴的中国梦不懈奋斗。中国梦关乎民族振兴、国家福祉和人民幸福，每个中国人都是中国梦的参与者、创造者。戒毒人员也是中国人，也有追求梦想的权利，也有责任、有义务为实现中华民族伟大复兴的中国梦贡献自己的力量。因此，强制隔离戒毒所应将中国梦等时政教育和爱国主义教育纳入戒毒人员学习教育中，将戒毒人员团结到实现中华民族伟大复兴中国梦的征程上来。

戒毒人员要心中有信仰、生活有希望，戒治才能有力量。山东省济东强制隔离戒毒所非常重视戒毒人员的理想信念教育，入所教育必学的一首歌是《志成学子之歌》，帮助新收戒毒人员重燃新生的希望；每年清明、“七一”“十一”期间，开展形式多样的爱国主义教育活动；组织戒毒人员学习党的十九大精神，诵读十九大报告内容，开展以“中国梦·我的梦”为主体的演讲比赛，重塑戒毒人员的精神信仰。

二、中华民族文化中的传统美德教育

中华民族文化是一个讲“情”的文化，如乡土情、父子情、朋友情、师生情、夫妻情等，中华民族文化中随处可见对故土、对家庭的依恋的深厚情谊。乡土观念与自身的修养紧密结合在一起。

汉族文化是农耕文化，特别重视家庭伦理道德的建设，提倡仁、义、礼、智、信、忠、孝、悌、耻、勇的伦理道德观，祠堂、家谱都是中华民族家文化的明证。少数民族文化在长期的发展过程中，也形成了积极向上的伦理价值观，有的体现在万物有灵、人与自然和谐共生的生态伦理上；有的体现在男女平等、尊老爱幼、社会分工等家庭伦理方面；有的体现在如何处理家族、村寨等邻里关系方面；有的体现在讲诚信、知荣辱等社会伦理方面。无论是汉文化还是少数民族文化，都重视家庭伦理道德的建设，倡导孝亲持家、勤劳善良的优秀道德品质。

戒毒人员离婚率较高，普遍缺乏家庭责任感，吸毒成瘾后进取心下降，养成了贪图享受，好逸恶劳的恶习。这与中华民族文化中家庭伦理道德观念背道而驰。中国人一向重视“家庭”在个人成长过程中的作用。无论时代如何变化，经济社会如何发展，对于个体来说，家庭的生活依托、社会功能和教化作用都不可替代。在戒毒人员中大力开展家风、家庭、家教教育，提倡尊老爱幼、男女平等、夫妻和睦、勤俭持家、邻里团结的家庭美德，让戒毒人员重新回归家庭，建设好自己的小家。每个小家经营好了，整个国家社会的风气自然会好。如戒毒人员康复劳动奖金中都包括回馈家庭部分，端午期间的给家里寄月饼活动，春节期间的写一封家书活动，母亲节的“我对妈妈说”活动和场所开放日活动等，都旨在增强戒毒人员的家庭责任感，培养戒毒人员正确的家庭伦理道德观，提高戒毒人员的戒治信心。

三、中华民族文化中的传统节日教育

中华民族的传统节日形式多样，内容丰富，是中华民族悠久的历史文化的一个组成部分。中华民族的节日，大多数与原始信仰、天象、历法、数学以及节气有关。

汉族的传统节日有除夕、春节、元宵节、寒食节、清明节、上巳节、端午节、七夕节、中秋节、重阳节、寒衣节、腊八节、小年等。各少数民族也都有自己的传统节日，诸如傣族的泼水节、蒙古族的那达慕大会、彝族的火把节、瑶族的达努节、白族的三月街、壮族的歌圩、藏族的藏历年和望果节、苗族的跳花节等。各民族过节期间都会举行别具特色的庆祝活动。

强制隔离戒毒所每年中秋节，春节期间都会开展节日教育，中秋节分发月饼、拨打亲情电话，春节期间贴春联、包水饺，还有拔河、跳绳、踢毽子、猜灯谜等民俗活动。尊重少数民族的风俗习惯，餐厅专门设置清真窗口，少数民族戒毒人员可以单独用餐；组织暖心的活动庆祝彝族火把节、回族开斋节等少数民族节日，增强戒毒人员戒治的动力。

四、中华民族文化中的文化艺术教育

中华民族文化艺术既具有世界性，又具有民族性。山东快书是第一批国家级非物质文化遗产名录之一，起源于山东地方传统曲艺形式。山东快书以说唱为主，简单明快，节奏性强，贴近现实。山东省济东强制隔离戒毒所将山东快书等民族艺术引进戒毒所，取得了意想不到的良好效果。除此之外，还组建了书法、绘画、太极拳、太极扇、手工艺品等兴趣小组，成立了安塞腰鼓表演队、“善行”乐队、山东快书班等“一队一品”文艺团队，打造了济东“曲山艺海”。这其中最具山东地方文化特色的要数戒毒人员群口山东快书。戒毒人员在山东快书著名表演艺术家、山东快书高派第三代传人阴军老师的指导下，用曲艺说唱的形式讲述毒品危害和戒毒故事，绘声绘色讲“善”事、情理交融营“善”境，融会贯通扬“善”行，激发了戒毒人员行善戒治的积极性，形成了“行善积德、回馈社会”的价值取向，激励戒毒人员告别过去，重塑新生。

五、中华民族文化的意志品质教育

中华民族是一个自强不息的民族，从夸父逐日、精卫填海，到振兴中华、实现现代化，无不孕育着中华民族百折不挠、自强不息的民族精神。

中华民族文化教人待人宽容，为人谦卑。从做事的角度讲，这样的人更容易成功。中华民族文化让人内心平和。平和的人看得开、放得下，想得明白，过得洒脱。中华民族文化让人稳重保守。做事稳重、尽心尽力的人会成功，有收获；偷奸耍滑的人，无作为，惹人厌。中华民族文化让人真诚善良、有情有义，做一个重感情的人、善良的人、真诚的人。不管生活贫穷或富有，一个人的真诚和善良是最贵的。

戒毒人员吸毒成瘾后，整天昏昏沉沉，无所事事，沉迷于黄赌毒不能自拔，生活变得暗淡无光，加上自控力差，容易经受不住诱惑而复吸。因此，对戒毒人员有意识地加强意志品质教育显得尤为关键。当前中国每个人都向往更好的教育、医疗、生活、住宿等条件，每个人都在为实现全面建成小康社会而努力奋斗。戒毒人员以前的生活是不健康的，不仅损害身体，而且消磨意志，生活一片惨淡。戒毒人员应纠正以前的错误认知，学会感恩，学会经受挫折，学会自控，学会为人处世，学会用辛勤劳动创造属于自己的美好明天。

第三节　少数民族地区戒毒工作实践探索

我国是一个幅员辽阔的多民族的国家，少数民族与汉族呈现大杂居、小聚居的分布特点。少数民族多处于偏远地方，经济文化水平发展滞后。由于历史、地理及现实原因，少数民族地区成为毒品的重灾区。本书借鉴少数民族地区戒毒工作的经验，总结探索出戒毒工作中一些好的做法，发挥少数民族传统文化的作用，以很好地辅助戒毒工作。

一、少数民族地区毒品形势严峻

我国少数民族地区有种植鸦片的历史。我国与老挝、缅甸相接壤的地区是世界上最大的毒品生产地——金三角。境外毒品势力的不断渗透，加上少数民族地处偏远、交通不便，给毒品生产和泛滥造成一定的便利条件。

我国少数民族地区吸毒成瘾问题尤为严重，突出表现在：①吸毒人员文化层次低，屡戒屡吸，戒治工作难以取得实质性进展；②因地处偏远或交通不便，对少数民族吸毒人员收戒困难，戒毒工作难以展开；③解除隔离戒毒后，也难以跟踪管理，造成复吸率居高不下。

毒品严重的地方往往经济发展水平相对落后，其中有许多是国家级贫困县。受条件所限，这些地区戒毒所的人员配备、装备设施较为落后，戒毒工作难以取得好的效果。我国实行民族区域自治政策，少数民族具有独特的文化和宗教信仰习惯，由于语言不通、交流困难，影响戒毒工作取得质的效果。许多少数民族地区教育水平低下，对于毒品危害以及禁毒法律法规的认识不够，有些民族甚至认为吸毒并不违法。

二、少数民族人员戒治困难

当前各个省市戒毒所都有少数民族戒毒人员，相对于汉族人员来说，他们普遍比较封闭，给戒毒工作带来较大难度，主要体现在以下三个方面。

少数民族人员交流困难。少数民族吸毒人员许多不会讲汉语，戒毒所警察很难与他们交流。加上同一族群人在行动上经常有集体趋向，更加大了管理工作的难度和强度。

少数民族人员教育困难。大多少数民族吸毒人员没有上过几年学，甚至都不会写自己的名字。由于文化水平低，对毒品的认知、是非的判断和行为的违法性上都存在偏差，导致他们固执己见，常陷入吸毒的泥潭，不能自拔。

少数民族人员艾滋病感染情况严重。据医学资料统计，历年来艾滋病毒感染者报告最多的省份为云南、河南、新疆、广西、广东、四川等省、自治区。静脉注射吸毒感染是目前我国少数民族群体中艾滋病感染与传播的主要途径，增加了戒毒工作的难度。

三、构建多元化的少数民族文化戒毒体系

（一）尊重少数民族的风俗习惯

民族风俗习惯是一个民族在长期历史发展过程中，在一定的自然环境和社会环境中相沿积久而形成的生活方式。它表现在生产、禁忌、居住、饮食、服饰、婚姻、丧葬、生育、节日、庆典、娱乐、礼仪等许多方面，在不同程度上反映了一个民族的历史传统、心理感情以及道德准则。《宪

法》规定：各民族“都有保持或者改革自己的风俗习惯的自由”。对少数民族的风俗习惯，国家给予充分尊重和切实保障。风俗习惯在民族交往中十分敏感，一个民族往往会把其他民族对本民族风俗习惯的态度看作是对自己民族的态度。为了防止发生侵犯少数民族风俗习惯的问题，国家法律法规对新闻、出版、文艺、学术研究等有关单位和从业人员提出过明确要求。

戒毒所应根据戒毒人员的实际情况，不断拓展工作思路，充分发挥民族文化在戒毒矫治中的作用，增强少数民族戒毒人员的民族认同感。戒毒所十分尊重少数民族的风俗习惯，如安排专职厨师为回族戒毒人员提供清真餐饮。山东监测治疗所每逢“火把节”等彝族重大节日，都会积极创造条件，举办节日庆祝活动，精心为彝族学员改善伙食，根据其民俗传统和饮食习惯制作“坨坨肉”等彝族传统美食，举办篝火晚会等联欢活动；还购置了《彝族文化探微》《凉山彝文化艺术研究》等彝族文化读本，发挥其民族传统文化的积极作用。

（二）充分利用少数民族文化中的积极因素

我国是一个各民族共同缔造的统一的多民族国家，各民族都有独具特色、特点鲜明的社会公德文化、婚姻家庭道德文化、职业道德文化等民族传统道德文化。社会公德作为一般行为准则，是社会公共利益的反映，是社会文明程度的标志，也是一定社会生产方式下人们的道德价值、道德理想的某种共识性体现。职业道德包括百折不挠、艰苦奋斗、埋头苦干、勇往直前和吃苦耐劳的伟大精神和品质，有着惊人的克服种种艰难险阻的耐力和韧性，从而维系了民族的繁衍，同时也创造了举世瞩目的物质文明和精神文明。婚姻家庭道德是婚姻家庭关系的直接反映，它不仅规范了家庭成员的基本行为，提高了家庭生活质量，而且也使整个民族有着良好的道德风尚。

（三）构建多元的开放的戒毒体系

政府加大支持力度，还应开放戒毒体系，鼓励爱国宗教团体和民间组织加入戒毒运动，优化强制隔离戒毒的管理模式，改良社区戒毒以及创立新型戒毒模式，构建多元文化体系。如宗教团体可定期组织宗教人员到戒毒所和康复场所对信教戒毒人员进行帮教、感化。政府对宗教团体戒毒帮戒工作提供支持，要重视文化戒毒中礼俗社会的作用和力量。

(四)辩证认识少数民族文化

少数民族文化对社会现实具有双重性作用,辩证认识其积极因素和消极因素,坚持在法律法规规定内活动的原则,充分发挥少数民族文化的积极作用,不仅对戒毒工作有一定帮助,而且对促进民族团结、维护社会稳定具有非常重要的意义。

第六章　法治文化戒毒

2014年10月23日，中国共产党第十八届中央委员会第四次全体会议审议通过了《中共中央关于全面推进依法治国若干重大问题的决定》，明确提出了全面推进依法治国总目标是建设中国特色社会主义法治体系，建设社会主义法治国家。全会提出，法律的权威源自人民的内心拥护和真诚信仰，人民权益要靠法律保障，法律权威要靠人民维护；必须弘扬社会主义法治精神，建设社会主义法治文化，增强全社会厉行法治的积极性和主动性，形成守法光荣、违法可耻的社会氛围，使全体人民都成为社会主义法治的忠实崇尚者、自觉遵守者、坚定捍卫者。

吸毒会严重破坏社会公序良俗，其违法成本难以估量。在戒毒场所开展法治文化戒毒，是走中国特色的毒品问题治理之路的重要组成部分，也是从根本上唤醒戒毒人员自主戒毒的一次重要革命。推动法治文化戒毒正是帮助戒毒人员培育遵法守法意识，帮助其远离毒品的重要思想基础，是减少毒品对社会、家庭、个人危害的有效手段之一。

第一节　法治文化戒毒概述

进入新时代，建设社会主义法治文化对于法治中国建设具有基础性作用和持久性功效。要在全社会营造遵法、学法、守法、用法的浓厚氛围，自觉抵制和反对以言代法、以权压法、逐利违法、徇私枉法的行为，不断夯实法治中国建设的社会文化基础。要树立宪法法律至上、法律面前人人平等的法治理念，加大全民普法力度，建设社会主义法治文化。

一、法治文化概述

法治是一种贯彻法律至上、严格依法办事的治国原则，在不同的时期、不同国家具有不同意义。法治文化是法治的内在核心，与“礼治”“德治”相对立，春秋时期逐渐形成一定的规模，战国时期日趋成熟。中国法学历史源远流长，古代法学独成一家，涌现出一批闻名中外的法学家。古代法治思想尽管与西方和现代法律思维迥然不同，但对现代法治建设也产生了深远影响，例如管子主张的以法治国、执法公正，韩非子主张的依法治国、人人平等的原则，商鞅主持的变法思想等。法治在不同的社会制度下有不同的内涵，但中国自古以来一直都在强调依法治国。党的十八大召开后，形成了全社会学习法治文化的热潮，并在2014年把每一年的12月4日作为宪法宣传日，通过多种形式开展宪法宣传教育活动。

中国特色社会主义法治文化以追求民主、法治、自由、平等、公正为目标，表现为以法治理念和法治精神为内核的法治文化观念、法治文化氛围、公民法治素养等多方面，彰显着社会主义核心价值观的内在要求。新时代的法治文化建设需要一个长期的积淀、筛选、比较、淬炼的过程。法治文化建设应致力于让全体人民都认识到法治与自身根本利益和长远利益的一致性，让法治成为保障人民幸福的一种基本条件和途径；应努力营造形成一种办事依法、遇事找法、解决问题用法、化解矛盾靠法的良好法治环境和法治氛围，提升全社会的法治观念；应善于从法治建设的高度，法治的统一性、权威性的高度来思考和解决问题，让“法治”的目标明朗起来，让“法治”的权威性树立起来，让“法治”的形象鲜活起来，让“法治”的优越性和魅力展现出来，使法治为各个社会群体所普遍认同，逐步沉淀为一种深层次的社会心理和文化自觉。

法治文化是一个国家和民族对于法律生活所持有的以价值观为核心的思维方式和行为方式，是以文化为载体，以法律法规为内容，用人性化、艺术化和群众喜闻乐见的形式倡导和弘扬法治精神、普及法律知识而被大家认可和接受的一种文化，集宣传、教育、引导、激励等多种功能于一身，是法治社会建设的重要精神支柱和内在动力。

社会主义法治文化建设是一项春风化雨、润物无声的长期工程，离不开坚持不懈的努力、持之以恒的积累。要大力弘扬法治精神，加大全民普法力度，牢固树立宪法法律至上、法律面前人人平等的理念，努力形成全社会崇尚宪法、维护法律的良好风尚。应不断加强法治理论系统性研究，厘清法治精神的丰富内涵、生成机制和运行逻辑，厚植法治精神赖以生长的文化土壤，充分发掘我国传统法治文化中的优质资源，推动法治精神时代化、民族化。应不断强化民众法治思维，使广大群众养成学法守法、崇德向善、明理知耻的文明习惯，让法治精神牢牢扎根于心灵深处。全体社会成员都要不断坚定法治信仰，把宪法和法律视作神圣不可侵犯的诫条，把对宪法和法律的崇尚和敬畏作为修身理政、立言立行的标尺，将法治信仰融入精神世界、价值观念、生活方式，让法治成为规范社会行为的强大力量。

全民守法是中国特色法治文化建设的归宿。首先，人民群众的法治意识和理念是法治文化建设的基础。确立法治意识和理念，最重要的是要确立公民规则意识，即在对法律信仰、认同的基础上，积极主动、自觉地遵守和服从法律规则，包括权利正当行使的意识、权利的节制意识、自觉守法意识、社会公德意识等。其次，要让法治思维成为社会治理的主要思维模式。法治思维是一种整体性的思维，是一种国家治理的理念、视角和思路，它不仅是社会治理中的价值追求，还是一种治国方法、手段的选择。具体而言，化解各种社会矛盾，把法治思维模式作为创新社会管理的基本思维模式，就是要注重法律方法和手段的运用，全面落实依法治国方略，完善各种具体法律制度，确立公民和各级政府机关的规则意识和契约意识，引导公民正确对待各种涉及自身利益的纠纷，寻求理性的解决手段。

二、法治文化与戒毒工作的内在联系

文化具有潜移默化的功能，它在一定程度上能影响着人们的价值取向和思维与行为方式。法治文化就是法律和文化的有机融合，是实施法治不可或缺的文化基础和人文环境。

戒毒场所作为消除毒品危害、构建无毒社会的主要阵地，不仅要注重对吸毒人员的身心修复，更应重视培养吸毒人员的法治意识。在戒毒场所提高法治文化强度的同时，也要加强法治宣传的硬件设施的建设，通过各种途径进行法治文化的宣传，例如，在广场、寝室楼下设置法治文化栏，专门刊登近期国家关于法治文化建设的政策以及现实法律案例等；也可以组织法治文化建设相关的知识竞赛、讲座和主题班会、案例警示、辩论会等。用这些来感染、熏陶、影响、同化吸毒人员，多方位推动法治文化戒毒的传播，提高吸毒人员的法律意识，提高法治文化育人的强度。

每个人都生活在一定的社会关系中，是现实的人、具体的人、社会的人，是错综复杂的社会关系网上的节点。马克思说："人的本质不是单个人所固有的抽象物，在其现实性上，它是一切社会关系的总和。"[①]现代社会不是人治社会而是法治社会，法治具有最高权威，必须做到有法可依、有法必依、执法必严、违法必究，必须坚持法律面前人人平等，必须依法办事、依法做人。对国家、政府和公民个人而言，什么事情可以做，什么事情不能做，什么事情必须做都要于法有据。现代社会要求公民必须具备基本的法律知识、法律素养、法治精神和法治思维。从个人层面来说，人人都希望自己在社会中享有应有的尊严和地位，成为被尊重的人。那么，什么人最有尊严？什么人最幸福？有人认为答案很简单：是守法者。

当前，山东省大力提倡和推动国学齐鲁文化戒毒，通过国学传统文化中的有益因素提高戒毒人员自身道德修养水平，培养戒毒人员良好的责任意识，使其认清毒品对家庭、社会的危害，从内心根植起拒毒的"防火墙"。

通过上述表述我们不难看出，中华优秀传统文化和法治文化同为社会主义先进文化体系的不同层面，都会对人们产生潜移默化的影响，指导人们自觉遵守社会公序良俗，树立自律、自强的优秀品格。

大力推进法治文化建设，能够教育引导全体公民普遍确立社会主义法治意识，养成崇尚法治权威、严格依法办事的习惯，有助于充满活力、安定有序的社会秩序的建立。培育戒毒人员的法治意识同样重要。吸毒是一种严重危害个人、家庭、社会健康的违法行为，严重影响了社会安定、人民幸福。吸毒行为本身已构成违法行为。因此，对于戒毒人员开展法治文化教育是构筑拒毒、防毒的第一道"防火墙"。

---

① 《马克思恩格斯选集》第1卷，人民出版社1995年版，第60页。

三、法治文化戒毒的概念

良好的法治文化能够为国家法治建设起到指导和引领作用。在当下全面推进依法治国的关键时期，法治文化要始终为发展中国特色社会主义道路战略布局提供精神支撑。

法治文化戒毒是在良好法治文化建设的前提下培养戒毒人员良好戒毒意愿的重要构成要素，是培养戒毒人员树立良好的法治思维、法治信仰，通过法治文化这一有效载体帮助戒毒人员实现自我革命、自我救赎、自我戒毒的重要手段。

（一）树立戒毒人员对法治的信仰

培养戒毒人员法治素养，首先要培养戒毒人员对法及法律现象的感性认识，使其了解和学习相关法律知识；其次要以尊重权利、追求正义为核心，将法治观念内化于戒毒人员内心，培养戒毒人员积极主动地遵守、运用新法律、法规；最后，要培养戒毒人员对现代法治充分的信任感和依赖感，学会遵法、守法，使个人行为在法治轨道上运行。

通过加强戒毒工作法治文化建设，实现公平正义的法治戒毒环境，增强戒毒人员对法治的认同和信仰。把法治文化作为戒毒工作的重要载体之一，让戒毒人员在戒毒过程中处处感受到法律带来的公平正义，感受到守法获取的利益，把自觉守法根植内心，远离违法行为，这就是法治文化戒毒的应有之义。

戒毒矫治是戒毒人员再社会化的过程。通过加强对戒毒人员的法治教育，充分发挥戒毒法治文化的阵地作用，让戒毒人员正确认识和辨明是非，是戒毒工作成果的根本体现。

戒毒场所加强法治化建设，通过建立法治化、规范化、科学化的执法体系和科学的戒毒矫治手段，改变过去传统的“惩戒”思维，紧紧围绕戒毒人员“违法者、受害者、病人”三位一体身份属性，依法、科学地开展矫治工作，坚持以上率下，推动戒毒场所法治建设。营造浓厚的法治氛围，培育戒毒人员做事依法依规、遇事找法求规、心中存法存规，在心中划定“底线”，在是与非面前学会正确选择。

【案例】

真实庭审再现 重塑法律信仰

戒毒人员赵某，男，32岁，因吸食冰毒被强制隔离戒毒两年。强制隔离戒毒前，赵某曾有多次毒品贩卖“前科”，且依仗自己患有肺结核，多次逃避法律处理，在违法道路上越走越远，而自己一心梦想逃避法律的制裁。赵某对自己的违法犯罪行为不仅不思悔改，还有一套自己的“价值观”，蔑视法律。2018年初，随着肺结核的治愈，一纸指控其贩毒行为的起诉书也交到了赵某的手中。由于涉案毒品数量较大、情节较为严重，赵某深感悔罪，但为时已晚。赵某企图以法盲、“不张口”来逃避法律治裁，却已成“黄粱一梦”。

赵某既是吸毒者又是贩毒者，其身份的特殊性本身就是警示教育的典型案例。作为执法机关的戒毒场所，既要保证赵某认罪伏法，同样还要发挥此案的警示作用，通过模拟庭审现场，让赵某感受法律的尊严和公平正义。

庭审过程既是赵某的自我辩护，同时也是对自我犯罪行为的一次再审视。最终，赵某找到了自己走上犯罪道路的根源，被迫接受法律审判。法院依据赵某犯罪事实判处赵某有期徒刑九年，并对赵某的积极悔罪行为给予肯定，并在判决量刑过程中予以认定。赵某表示服从判决：“我服从判决。我的行为给社会带来了危害。以前我不理解，只知道犯法。通过这一次，我感受到了法律不只是对我进行打击，还会保护我的合法权益，让我看到了只要积极悔罪认错，希望就在眼前。学法、守法，不再犯法，我一定会积极改造。”

通过庭审，其他的戒毒人员也学到了很多法律知识，看到了持续违法所带来的严重后果，同时也感受到了遵法、守法的重要性以及法律更温情的另一面。

（二）培育戒毒人员的法治意识

在日常戒治生活中，应有针对性地对戒毒人员进行法治教育，合理安排法治教学，通过循序渐进的方式逐步改变戒毒人员以往的错误思维。还应注重培养其法治理念，针对戒毒人员过往确定法制教育重点，扭转戒毒人员错误的法治观；定期组织好戒毒人员法治教育研讨，确保对戒毒人员的法治教育更有针对性和实效性。

吸毒最根本的原因在于吸毒者自身对法律和道德的认知的背叛，他们存有的是逃脱法网的侥幸心理，缺乏的是法治意识及对法律的敬畏之心。因此，戒毒人员彻底戒除毒瘾的关键在于其内心建立对于法律的敬畏和信仰，自觉抵制外在的引诱。

法治文化育人不仅向戒毒人员宣传法律知识，更重要的是向其宣传法治理念，培育其法治意识和法治文化。同时，拓展法治宣传教育的形式和途径，使法治文化深入戒毒人员内心，让戒毒人员能够接近法律，切实地感受到法的存在，并使法律成为日常生活的一项重要内容。法治文化育人既是戒毒人员自身发展的需要，也是提升戒毒人员法治素养教育、全面推进戒毒人员素质教育的需要。戒毒场所可以组织戒毒人员参加模拟法庭、案例警示、自身涉法行为法律援助、制作普法宣传手抄报等活动。通过法律实践，使戒毒人员更深刻地理解我国政府机关严格执法，司法机关公正司法。树立法律的权威，充分发挥法律的正能量，营造良好的社会法治环境，使戒毒人员坚定法律信仰。

(三)全民普法背景下的特殊群体的法治教育

要提高全民法治意识和道德自觉。要加强法治宣传教育，引导全社会树立法治意识，使人们发自内心去信仰和崇敬宪法法律；同时要加强道德建设，弘扬中华民族传统美德，提升全社会思想道德素质。要深入实施公民道德建设工程，深化群众性精神文明创建活动，引导广大人民群众自觉践行社会主义核心价值观，树立良好道德风尚，争做社会主义道德的示范者、良好风尚的维护者。

在这一大背景下，深入推进法治文化戒毒建设，引导戒毒人员这一特殊群体学习法律知识、培养法治意识、树立法治信仰，引导戒毒人员自觉守法、遇事找法、解决问题靠法，使其远离毒品，违法行为。

我国《“七五”普法规划(2016～2020 年)》明确提出：“推进法治教育与道德教育相结合。坚持依法治国和以德治国相结合的基本原则，以法治体现道德理念，以道德滋养法治精神，促进实现法律和道德相辅相成、法治和德治相得益彰。大力弘扬社会主义核心价值观，弘扬中华传统美德，培育社会公德、职业道德、家庭美德、个人品德，提高全民族思想道德水平，为全面依法治国创造良好人文环境。强化规则意识，倡导契约精神，弘扬公序良俗，引导人们自觉履行法定义务、社会责任、家庭责任。

发挥法治在解决道德领域突出问题中的作用，健全公民和组织守法信用记录，完善守法诚信褒奖机制和违法失信行为惩戒机制。”

第二节　法治文化戒毒内涵

强制隔离戒毒工作是国家法治建设的重要组成部分，是实现国家治理能力和治理体系现代化的重要内容，是国家以强制力保证实施的重要执法活动。在强制隔离戒毒所推动法治文化建设也是落实“谁执法、谁普法”的重要举措。推行法治文化戒毒有助于通过培育戒毒人员的法治思维、法治信仰，减少毒品对社会的现实危害。

一、法治文化戒毒的现实意义

法治文化戒毒建设对于培育戒毒人员树立法治思维、法治信仰有很强的指引作用。通过在戒毒场所开展法治文化戒毒建设，可以帮助戒毒人员树立良好的法治观念，培育戒毒人员正确的义利观、价值观，增强戒毒意愿、坚定戒毒信念，如图 6-1。

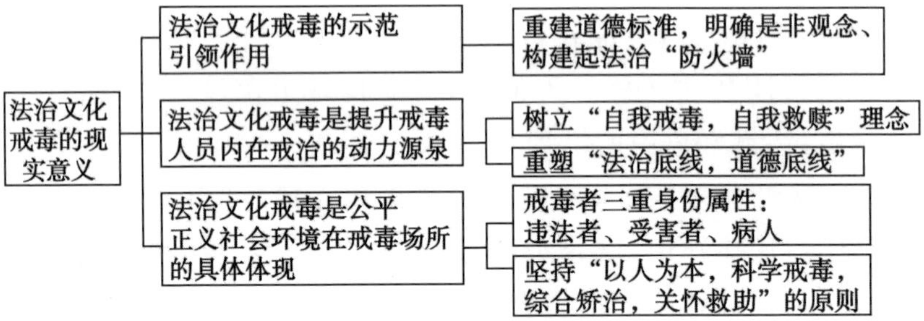

图 6-1　法治文化戒毒的现实意义

法律是成文的道德，道德是内心的法律。没有道德的支撑，法治文化就丧失了灵魂，法律实施就缺乏重要的精神基础，法治建设就缺失内在动力。法律遵守需要依赖道德。一个人的道德觉悟提高了，就会自觉遵守法律、维护法律；社会整体的道德水平提高了，法治建设才能拥有坚实的基础。法治文化建设必须发挥道德在法律和社会中的作用，提高公民的道德素质，推进社会文明进一步发展，为法治建设创造良好的人文和社会环境。相较于法律而言，道德对于社会的规范与约束作用更大，同时道德也是实现道德教化和纠正道德行为的一种工具。不同身份的社会成员，都必须遵守相同的道德准则。在这样的社会共识基础之上，产生了在中国传统道德基础之上的是非观念、平等观念，以此为基点进一步形成了中国传统意义上的“德治”，发展至今，就形成了坚持依法治国与以德治国相结合的中国特色社会主义法治观念。传统文化的核心精神之一是“以和为贵”。“以和为贵”也是传统治理理念中的重要一环，对于现今的中国社会而言，更加应该重视道德在法治建设中的重要作用，要将传统文化中“和”“仁”等德治的道德精神融入法治文化建设中去。

（一）法治文化戒毒的示范引领作用

戒毒人员普遍法律意识淡薄，缺乏最基本的道德约束，绝大多数戒毒人员在吸食毒品前从事打法律“擦边球”的谋生手段，诸如通过欺压手段获取工程、经营非法娱乐场所、混迹社会等。他们义利观、金钱观失衡，视法律如儿戏，对法治观念有较强的“免疫力”，同时在不正当获利的基础之上道德失衡、沾染恶习。因此，需要通过加强法治教育，使其重建道德标准，明确是非观念，构建起法治“防火墙”，远离违法行为。树立正确的法治观念、义利观，重建道德底线，有利于培育其良好的戒毒意愿。

（二）法治文化戒毒是提升戒毒人员内在戒治的动力源泉

戒毒人员成功戒除毒瘾的关键在于内心强烈的“自我戒毒、自我救赎”的坚定戒毒信念。戒毒所在日常戒治过程中，通过对戒毒人员开展吸毒危害教育，帮助戒毒人员认清毒品危害，为成功戒毒打下了良好基础。但戒毒人员内心“法治底线、道德底线”还非常脆弱。从戒毒人员跟踪回访来看，毒害教育还远不能促其自醒、自励，预防违法、重塑道德底线才是治本之道。法律是道德升华的产物，良好道德风气又需要法律的坚实保障，二者可以为戒毒人员戒除毒瘾催生出强大的内生动力。因此，加强法治文化建设，培育浓厚的法治文化戒毒氛围，是帮助戒毒人员成功戒毒的重要推动力。

（三）法治文化戒毒是公平正义社会环境在戒毒场所的具体体现

戒毒人员具有“违法者、受害者、病人”三重身份属性，戒毒场所正确履行强制隔离戒毒职能，就是在保障戒毒人员合法权益的基础上，针对戒毒人员的三重身份属性，坚持“以人为本，科学戒毒，综合矫治，关怀救助”的原则，充分运用科学的戒治手段和方法帮助戒毒人员成功戒除毒瘾，还戒毒人员健康的家庭、人生。因此，加强戒毒场所法治文化戒毒建设是落实全面依法治国的重要手段之一，是实现社会公平正义的具体体现。

【案例】

袁某某贩卖、运输毒品案

（一）基本案情

被告人袁某某，男，汉族，1974 年 9 月 10 日出生，无业。

2016 年 5 月至 6 月 10 日间，被告人袁某某在江苏省射阳县分 4 次向刘某某出售甲基苯丙胺（冰毒）共 20 克，收取毒资 8600 元。同年 6 月上旬，袁某某在江苏省盐城市亭湖区分 2 次向吴某某出售甲基苯丙胺共 1 克，收取毒资 400 元。同月 11 日，袁某某驾车至盐城市亭湖区一小区附近，欲向他人出售甲基苯丙胺时被抓获，公安人员当场从其车内查获甲基苯丙胺 2.6 克，并从车旁管道内查获其事先藏匿的甲基苯丙胺 243.7 克。

（二）裁判结果

本案由江苏省盐城经济技术开发区人民法院一审，江苏省盐城市中级人民法院二审。

法院认为，被告人袁某某明知是毒品而贩卖、运输，其行为已构成贩卖、运输毒品罪。袁某某贩卖、运输毒品数量大，应依法惩处。据此，依法对被告人袁某某判处有期徒刑 15 年，剥夺政治权利 5 年，并处没收个人财产人民币 10 万元。

上述裁判已于 2018 年 1 月 11 日发生法律效力。

（三）典型意义

毒品犯罪隐蔽性较强，一些犯罪分子为逃避打击，常将准备交易的毒品藏于隐蔽处，这种“人货分离”的方式给认定查获的毒品是否属于犯罪分子所持有、控制带来一定难度。本案就是一起较为典型的“人货分离”案件。涉案主要毒品系在被告人袁某某所驾驶汽车附近的管道内查获，袁某某在一审中辩称该批毒品非其所有。为准确查明案情，人民法院依法通知参与侦破本案的侦查人员周某某、曹某、鉴定人陈某某及有关证人出庭作证。通过庭审查明袁某某被抓获、毒品被查获的过程，确认从毒品外包装袋上检出的是袁某某的DNA。上述人员出庭作证体现了以审判为中心的刑事诉讼制度改革的要求，是落实庭审实质化的具体举措，对准确查明案件事实、确保司法公正具有重要现实意义。

（摘自最高人民法院公布《毒品犯罪及涉毒次生犯罪十大典型案例》）

二、法治文化戒毒的核心价值

法治文化戒毒的核心价值是消除毒品对公民和社会的危害，即通过认真贯彻“以人为本、科学戒毒、综合矫治、关怀救助”强制隔离戒毒工作方针原则的基础，细分戒毒人员“违法者、受害者、病人”三重身份属性，通过科学、专业化的戒毒，实现消除毒品危害，构建无毒社会的总目标（见图6-2）。

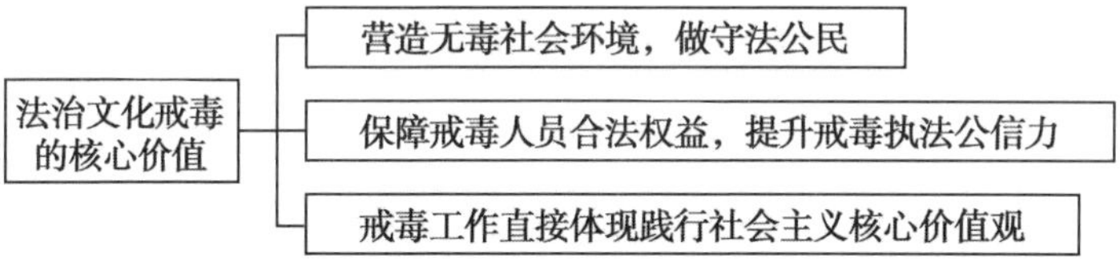

图6-2　法治文化戒毒的核心价值

（一）营造无毒社会环境，做守法公民

毒品扰乱社会秩序，吸毒破坏公民身心健康。通过推动法治文化戒毒建设，帮助吸毒人员以及社会公民从内心筑牢远离违法行为的“防火墙”，让全民守法、远离违法行为根植于全体公民心中；使公民学会衡量违法的利弊得失，在一时的贪欲、冲动面前理智对待自己的行为，远离毒品，做守法公民。

（二）保障戒毒人员合法权益，提升戒毒执法公信力

通过法治文化戒毒建设营造良好的戒毒执法公信力，让戒毒人员在远离毒品、安心戒治过程中，感受法律的尊严和价值；通过保障戒毒人员的合法权益，让戒毒人员感受到法律的温暖和公平正义，引导戒毒人员

学会遵守法律、维护法律，培育良好的法治思维和法治信仰，树立守法戒毒的坚定信念，增强戒毒意愿，实现成功戒除毒瘾。

（三）戒毒工作直接体现践行社会主义核心价值观

建设社会主义文化强国是一个复杂的系统工程，培育社会主义核心价值观是灵魂。文化的核心是价值观，人们据之以观世界、虑人生、辨善恶、别曲直、识美丑，也以之为向心凝聚、一体认同、创新创造的依据和向导。任何一种文化体系的性质都由其内含的价值观决定和表征，任何一种文化体系的魅力都由其内含的价值观蕴化、彰显，任何一种文化体系的发展也都由其内含的价值观规约、引导。价值观在文化体系中的这种独特地位与功用，决定了其在文化体系中的核心意义。

推动法治文化戒毒，重点在于突出文化在育人工程中的灵魂引领作用，使戒毒人员在法治文化的浸润下纠正内心偏差，培育精神信仰，远离堕落、低俗的"精神刺激"，在社会主义核心价值观的引导下，树立积极健康向上的责任担当、价值追求，做有责任、有担当，为自己、为家庭、为社会负责的守法公民。

第三节　法治文化在戒毒工作中的应用

法治文化戒毒作为文化戒毒工作的重要组成部分，有着其特殊的引领和示范作用。法治文化戒毒对于戒毒人员培养法律思维、底线意识、道德重塑、价值观纠偏具有较强的针对性。

我国《"七五"普法规划（2016～2020年）》明确指出："推进社会主义法治文化建设。以宣传法律知识、弘扬法治精神、推动法治实践为主旨，积极推进社会主义法治文化建设，充分发挥法治文化的引领、熏陶作用，使人民内心拥护和真诚信仰法律。把法治文化建设纳入现代公共文化服务体系，推动法治文化与地方文化、行业文化、企业文化融合发展。繁荣法治文化作品创作推广，把法治文化作品纳入各级文化作品评奖内容，纳入艺术、出版扶持和奖励基金内容，培育法治文化精品。利用重大纪念日、民族传统节日等契机开展法治文化活动，组织开展法治文艺展演展播、法治文艺演出下基层等活动，满足人民群众日益增长的法治文化需求。把法治元素纳入城乡建设规划设计，加强基层法治文化公共设施建设。”

一、法治文化戒毒实现的基础

法治文化戒毒是科学戒毒体系的重要组成部分，包含诸多因素，既需要良好的科学戒治环境，又需要科学完备的戒毒诊断评价体系，同时还需要建设以人为本的强制隔离戒毒考核、考评制度以及专业的执法队伍。

（一）良好的科学戒治环境

强制隔离戒毒转型以前，戒毒工作保有浓厚的劳教色彩，以罚代戒色彩浓厚，存在对戒毒人员三重身份认识不深刻等问题。为保障戒毒人员的合法权益，亟须建立科学的以人为本的戒治环境，帮助戒毒人员成功戒除毒瘾。当前全国统一司法行政戒毒工作基本模式，正是基于这样一种现实状况，认真贯彻《禁毒法》、国务院《戒毒条例》，推动戒毒工作更加科学、规范的重要举措，营造出以人为本、遵循戒毒规律的科学、规范的戒治环境。

（二）科学完备的戒毒成效诊断评价体系

科学完备的戒毒成效诊断评价体系是法治戒毒所建设的重要前提，是开展科学戒毒的重要依据。完善科学的戒毒成效诊断评价体系可以引领戒毒工作遵循科学、规范运行。对以往“劳教思维”下惩罚性戒毒措施予以纠正纠偏，是法治化戒毒的重要保障，也是法治文化戒毒的重要举措。

（三）以人为本的强制隔离戒毒考核、考评制度

以人为本是法治戒毒的重要体现，也是贯彻落实戒毒工作原则的最直接体现。以人为本的强制隔离戒毒考核、考评制度是保障科学戒治的重要手段，是戒毒人员安心戒治、自我戒治的“指挥棒”，也是戒毒人员合法权益保障的重要标尺。严格、公开、公正的考核考评制度为法治戒毒开展提供了重要保障。

（四）专业的执法队伍建设

近几年，全国司法行政强制隔离戒毒场所大力引进大批专业人才，涵盖了法学、社会学、医学、心理学等众多专业型人才，为强制隔离戒毒

工作科学开展提供了坚强的人才保障，推动了戒毒工作科学健康发展，真正实现了以专业建设促进科学戒毒。加强专业人才培育，打造专业执法队伍，是法治戒毒的重要保障，是去行政化、去劳教化的重要基础，是对戒毒人员三重身份属性的最好把握。

二、戒毒场所法治文化戒毒实现路径

法治文化戒毒建设是戒毒人员实现“自我戒毒、自我救赎”的重要前提和保障。从戒毒人员吸毒前的从业、就业经历分析不难得出，戒毒人员普遍缺乏法治思维和法治信仰。根据山东戒毒系统对戒毒人员就业情况的调查结果可知，92%的戒毒人员无固定职业或者从事法律边缘的“灰色职业”，其内心没有法治概念，认为吸毒只是“个人行为”，无关法律。这也就迫切需要我们不断加强法治文化建设，帮助戒毒人员从内心建起法治的“防火墙”(如图 6-3)。

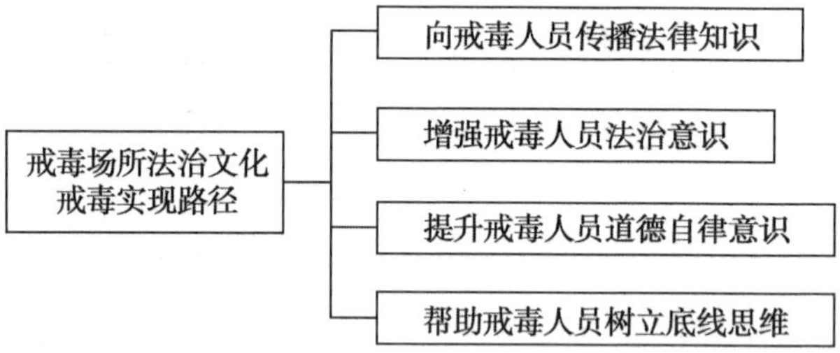

图 6-3　戒毒场所法治文化戒毒路径

(一)向戒毒人员传播法律知识

法治文化戒毒最重要的内容就是向戒毒人员传播法律知识，不仅仅是禁毒法律知识，还包括生活、工作方面的法律知识。通过引导戒毒人员学习法律知识，以扫除其内心的“法律盲区”，避免戒毒人员在刺激、利益的诱惑下，打破内心道德的束缚而以身试法。戒毒人员普遍法律知识贫瘠，与普法工作要求中的“学法、守法、懂法”任务相距甚远。向戒毒人员传播法律知识是弥补戒毒人员法治道德缺失的“第一课”。

(二)增强戒毒人员法治意识

通过对戒毒人员开展法治文化教育，使其知法、懂法、守法。不知道吸毒违法是很多吸毒人员被强制隔离戒毒后不安心戒治、不配合戒治的重要原因之一，这也导致吸毒人员单纯为了好奇、刺激而吸毒，置法律于不顾。

（三）提升戒毒人员道德自律意识

吸毒的背后往往是吸毒者道德自律出现严重偏差，世界观、价值观严重滑坡。吸毒行为也往往发生在价值观容易混淆的场合。通过对戒毒人员开展法治文化教育在某种程度上是对戒毒人员潜意识的道德自律的一种警醒。推动法治文化教育在戒毒场所的普及对提升戒毒人员道德自律有着事半功倍的效果，更能发挥标本兼治的作用。

（四）帮助戒毒人员树立底线思维

道德自律、法治意识、底线思维三者共同为戒毒人员筑牢“拒毒”阵地，三者紧密相连，互相渗透，底线思维又是这一阵地的重要基石。通过培养其法治意识、唤醒其道德自律意识，为戒毒人员树立起更高标准的底线思维，使其明确懂得应拒绝那些不良人、事、物。“千里之堤，毁于蚁穴。”底线丧失不是源于某一人、事、物的一次偶然冲击，而是在悄无声息中出现的大坍塌。因此，培育良好的底线思维是法治文化教育的重中之重。

三、践行“谁执法谁普法”，推动法治社会建设

全面贯彻落实“谁执法谁普法”，让每一位公民都能感受到法律的公平正义。这既是执法机关的责任又是执法机关的义务。每一名戒毒人员背后都牵连几个家庭，戒毒人员成功戒除毒瘾是这些家庭最大的期盼和渴望。

（一）法治文化戒毒推动戒毒执法从有力量向有温度转变

戒毒执法的目的是帮助戒毒人员成功戒除毒瘾，减少毒品对社会的危害，通过国家行政强制力量有效遏制毒品危害的蔓延，挽救吸毒人员及其家庭。戒毒执法在国家强制力的保证下实施，是宪法和法律赋予的重要责任和使命。同时为贯彻落实好“以人为本、科学戒毒、综合矫治、关怀救助”的戒毒方针政策，在戒毒执法工作保证强制力实施的基础上，更应重视标本兼治，让戒毒人员在成功戒毒的同时感受到法律的公平正义，知晓遵法守法才是回归正常生活的必由之路。推动执法有温度也要遵循戒毒工作的客观规律，从戒毒人员“违法者、受害者、病人”三重身份属性出发，实现强制隔离戒毒法治价值的最大化。

（二）法治文化戒毒推动戒毒执法在标本兼治的基础上向"治未病"提升

通过推动法治文化戒毒教育，在帮助戒毒人员成功戒除毒瘾的基础上，坚持普法向外延伸，充分利用戒毒场所专业资源优势和独特的戒毒法治文化，为全社会提供生动的毒品警示教育，不断利用新媒体、互联网，禁毒宣讲进社区、学校、机关、工厂等途径和方式，坚持毒品预防教育，为全社会构筑起拒毒、防毒的坚实壁垒。重点加强对易染毒人群的预防教育，通过案例警示、剖析、违法成本核算、毒害教育，让其从内心筑起"不愿染毒、不能染毒、不敢染毒"的心理防线。将戒毒法治文化力量形成社会外放的良好局面。通过戒毒执法和法治文化戒毒的有效结合，增强全民毒品预防意识，推动无毒社会的构建。

（三）法治文化戒毒推动戒毒执法在科学戒治的基础上向服务平安法治社会升华

法治文化戒毒建设是全面推进依法治国、全民普法的重要组成部分，具有对违法特殊群体系统普法的先天优势，吸毒人员在吸毒违法行为本身基础上往往附带大量诱发的次生犯罪，诸如性犯罪、故意伤害、财产犯罪、寻衅滋事罪、危害公共安全罪以及其他涉毒类犯罪，是犯罪行为的高发群体，严重危害社会经济安全。据最高人民法院 2018 年 9 月发布的《司法大数据专题报告之毒品犯罪》数据显示，2017 年新收毒品犯罪案件被告人数 12.73 万人，且重刑率较高；2016～2017 年，毒品犯罪案件中判处五年以上的重刑人数为 4.61 万人，占犯罪总人数的 21.48%，高于同期全部刑事案件重刑率 11.31 个百分点。通过加强法治文化戒毒建设，提升吸毒违法人员法治意识，普及法律知识，是遏制毒品犯罪蔓延发展的有效手段。通过严厉打击，以案释法，让戒毒人员认识到毒品违法行为的危害和毒品违法犯罪的严重后果，进而减少涉毒违法行为的发生，为社会经济发展提供无毒环境，尽可能多地为社会发展输出守法公民。

【案例】

张某某以危险方法危害公共安全案

（一）基本案情

被告人张某某，男，汉族，1979 年 8 月 31 日出生，农民。2014 年 9 月 30 日因犯非法持有枪支罪被判处有期徒刑一年三个月，2015 年 9 月 18 日刑满释放。

2016年2月2日12时许，被告人张某某吸毒后驾车在广东省广州市番禺区亚运大道超速行驶。其闯红灯直行时，与一辆马自达轿车发生碰撞。张某某驾车逃离现场，途中又接连与四辆汽车及一辆三轮摩托车相撞，造成乘坐三轮摩托车的吴某某、罗某某等六人受伤，多车损坏，其中吴某某、罗某某均受重伤。事发后张某某留在现场，后被到场的公安人员抓获。经交警部门认定，张某某承担连续发生的多起交通事故的全部责任。经鉴定，张某某血样中检出甲基苯丙胺、苯丙胺成分。

（二）裁判结果

本案由广东省广州市番禺区人民法院一审，广州市中级人民法院二审。

法院认为，被告人张某某吸毒后驾车违章行驶，肇事后逃离途中又与多车相撞，危及不特定多数人的人身、财产安全，其行为已构成以危险方法危害公共安全罪。张某某的行为致两人重伤、多车损坏，犯罪后果严重，应依法惩处。张某某曾因故意犯罪被判处有期徒刑，在刑罚执行完毕后五年内又犯罪，系累犯，应依法从重处罚。张某某作案后主动投案，如实供述罪行，有自首情节，依法可从轻处罚。据此，依法对被告人张某某判处有期徒刑十年，剥夺政治权利三年。

上述裁判已于2017年4月14日发生法律效力。

（三）典型意义

毒品多具有兴奋、致幻作用，吸食后会产生感知错位、注意力无法集中、幻视幻听等症状。因此，吸毒后驾驶机动车极易因上述症状而肇事肇祸，造成严重危害后果。本案就是一起吸毒后驾驶机动车危害公共安全，造成严重后果的典型案例。被告人张某某吸食毒品后驾车在市区超速行驶并闯红灯，说明吸毒已导致其驾驶能力异常。在与其他车辆发生碰撞后，张某某驾车逃离现场，途中又连续撞击多辆汽车和三轮摩托车，造成两人重伤、多车损坏的严重后果。人民法院根据张某某犯罪的事实、性质及其投案自首、又系累犯等具体情节，依法判处刑罚，较好地体现了罪刑相适应的刑法原则。

（摘自最高人民法院公布《毒品犯罪及涉毒次生犯罪十大典型案例》）

四、拓展戒毒教育视野，提高全民普法覆盖率

法治文化戒毒建设通过系统推进宣传、传播法律知识，让戒毒人员系统学习全面的法律知识，有利于戒毒人员形成全新的法律认知，知晓自己要承担因生活工作中的行为所导致的后果、责任。法治文化戒毒建设的推进也有助于戒毒工作在教育层面的拓展。针对戒毒人员个体差异性和不同涉法问题，运用法治文化教育，使其破解原先形成的错误认知，重建认知架构，把思想和行事准则拉回到法治轨道上来，是戒毒教育的本源所在，也是当前全面推进依法治国大背景下全民普法的重要突破口。同时，也可以利用戒毒人员家属学校、家属微课堂对戒毒人员家属进行普法教育，形成 1＋1＞2 的效果。

2017 年 9 月，司法部印发了《司法行政系统落实“谁执法谁普法”普法责任制实施意见》的通知，指出实行国家机关“谁执法谁普法”普法责任制，是以习近平同志为核心的党中央对深化全民普法工作作出的重要部署。各级司法行政机关要结合业务工作，把普法融入司法行政法律法规的起草制定、受理行政许可、办理行政处罚、答复和处理群众来信来访、监狱服刑人员教育改造、强制戒毒隔离、社区矫正、律师公证管理、法律援助、司法鉴定、人民调解、人民监督员管理、司法考试等司法行政执法、管理、服务的全过程。还强调要利用社会热点问题开展普法、加强典型案例收集发布，认真落实“谁服务谁普法”，充分发挥司法行政公共法律服务平台作用，引导公众依法理性表达利益诉求、解决矛盾纠纷，为戒毒所开展法治文化戒毒建设进一步指明了方向，为全民普法规划落实提供了制度保障。

（一）拓宽法治文化戒毒教育边界与全民普法无缝对接

戒毒人员法治教育具有内容丰富、形式多样的优点。通过法律原文学习、以案释法、模拟法庭、法律援助、案件亲历、法律角、法律文化广场、法治戒毒所、法治大队建设等方面熏陶教育，使戒毒人员做到学法、懂法、会用法，做到遇事找法、靠法，解决问题依法，并形成以点带面的示范引领效应，实现了与全民普法内容、形式、效果三统一的有机融合。法治文化戒毒同时更具有普法针对性、时效性的优势，可以使普法效果显现的更加直接。自司法部 2018 年部署了在全体戒毒人员中开展学习宪法、遵守宪法

活动以来，山东各戒毒所积极响应，均按照各所实际以“小班制”教学、微课堂、名家讲座、报告会、竞赛等形式积极开展宪法教学，通过系统跟进、个体辅导、手抄《宪法》、《宪法》背诵等活动让戒毒人员对《宪法》有了更深层次的认识。特别是在带动戒毒人员亲属学习《宪法》方面，更是效果显著。不少戒毒人员亲属得知戒毒人员在所内学习《宪法》，并且形式多样，深受感染和熏陶，自觉加入学习行列，起到了良好的普法宣传效果。

（二）健全法制文化戒毒教育机制确保长效运行

法治文化戒毒相对于毒品危害教育、行为养成教育、心理健康教育，其靶向作用更加明显。首先，吸毒行为是戒毒人员最外显的违法行为，也是戒毒人员更易接受的“违法惩戒”，是一切戒治活动的起始点。其次，戒毒人员入所后因吸毒涉法、违法行为急需寻求法律途径解决的渴求性增强，学法用法的基础较好。推行法治文化戒毒要贯穿戒毒人员戒治全过程，戒毒人员守法和遵纪是戒治过程中最基本的认知塑形，是正确认知的强化过程，是一切戒治教育活动的基础。

随着社会经济的不断发展，法律也在与时俱进，充当着社会发展“调节器”“润滑剂”的作用，不断纠正着人们错误的和偏离社会主义核心价值观的价值认知。建立法治文化戒毒长效机制的目的就在于针对特殊群体进行持续法治教育，纠正其错误认知，确保其不再违法犯罪，为经济社会持续健康发展输送守法公民。

（三）以法治文化戒毒推动法治教育与道德教育深度融合

深化社会主义核心价值观学习教育实践，组织开展培育和践行社会主义核心价值观主题宣传教育活动；贯彻落实《关于进一步把社会主义核心价值观融入法治建设的指导意见》，推进核心价值观融入法治建设，大力弘扬中华优秀传统文化，汲取中华法律文化精华，把法治精神融入戒毒人员日常教育戒治中，推进建立完善守法诚信褒奖机制和违法违纪行为惩戒机制。加强戒毒场所的社会主义法治文化建设，广泛开展多样性法治文化活动，把戒毒人员法治教育和道德教育深度融合，帮助戒毒人员建立起守法、向善的道德标准，并在此基础上重塑正确的价值观，进而构建起拒毒防毒的内心防线，开启健康人生。

第七章　社会主义先进文化戒毒

作为一个民族的精神和灵魂，文化始终是推动民族振兴、国家进步和社会发展的强大力量。纵览泱泱中华上下五千年的历史长卷，光辉灿烂的优秀传统文化在这里孕育，荡气回肠的革命文化在这里诞生，引领中华民族走向复兴的社会主义先进文化在这里兴起。新中国成立后，党和政府着力培育、倡导和发展社会主义先进文化，高度重视运用社会主义先进文化来引领社会前进方向。在社会主义现代化建设和改革开放持续推进的历史进程中，社会主义先进文化在促进经济社会发展、增强人民群众思想道德和科学文化素质、提升国家文化软实力、维护社会稳定等方面的作用日益凸显，越来越成为体现社会主义制度优越性、推动社会进步、促进社会和谐的持久动力。

第一节　社会主义先进文化戒毒概述

将社会主义先进文化运用于戒毒工作之中，在戒毒场所开展社会主义先进文化戒毒的探索、研究和实践，是丰富戒治方法、戒治手段、戒治形式的革命性创举，是推动戒毒工作上水平、上档次的创新性举措，是帮助戒毒人员戒除毒瘾、顺利回归社会的有力手段，必将在唤醒戒毒人员良知、重塑其文化信仰、坚定其戒毒信心等方面发挥不可替代的作用。

一、社会主义先进文化的历史生成

苏联无产阶级革命家、政治家列宁曾说过："无产阶级文化并不是从天上掉下来的，更不是那些自命为无产阶级文化专家的人杜撰出来的。”[①]社会主义先进文化作为无产阶级文化的一部分，是一种崭新的文化。从历史的生成逻辑来看，社会主义先进文化并不是无中生有、一蹴而就的，它是在汲取中华优秀传统文化和中国共产党革命文化营养和精髓的基础上，在中国革命、建设和改革的具体实践中，逐步形成和发展起来的一种适应社会发展内在要求的新文化范式，是人类文明进步的结晶。

(一)社会主义先进文化是对传统文化的继承和发展

习近平总书记指出："中华文化延续着我们国家和民族的精神血脉，既需要薪火相传、代代守护，也需要与时俱进、推陈出新。要加强对中华优秀传统文化的挖掘和阐发，使中华民族最基本的文化基因同当代中国文化相适应、同现代社会相协调。”[②]中华优秀传统文化历经几千年风雨的锤炼和熔铸，源远流长、底蕴深厚、历久弥新，是中华民族独特的精神标识，是社会主义先进文化不可隔断的根脉和魂魄，深刻影响着我国文化的发展方向。社会主义先进文化坚持古为今用、推陈出新，既包含着对传统文化的礼敬和坚持，又不忘对传统文化进行扬弃和批判，在继承中发展传统，在扬弃中创新传统，在批判中升华传统。它既传承和弘扬了传统文化，使其沿着优秀传统文化的价值取向、发展脉络、理念原则、秉性特色不断向前；又挖掘和提炼了传统文化的当代价值和当代精神，不断激发传统文化的新活力、提升传统文化的新境界，增强传统文化的内生动力，使传统文化的参天大树焕发新的生机，绽放突破藩篱束缚、超越时空国界、富有无穷魅力的熠熠华光，转化出推动经济社会前进发展的蓬勃力量。

(二)社会主义先进文化是对革命文化的传承和创新

革命文化本身就是在继承和创新传统文化的基础上形成和发展起来的，是新民主主义革命时期的文化样式，是党和人民在伟大革命斗争中孕育发展起来的宝贵精神财富，是中华民族精神在革命战争年代的主

---

① 《列宁选集》第4卷，人民出版社1995年版，第285页。

② 习近平：《在中国文联十大、中国作协九大开幕式上的讲话》，《人民日报》2016年12月1日。

要表现形式，体现了我们党在灾难深重的近代中国勇于担当的理想信念和价值追求。社会主义先进文化继承了中国革命文化的优质基因，萃取了五四精神、红船精神、井冈山精神、苏区精神、长征精神、西柏坡精神等革命精神的核心理念和独特价值，是在社会主义建设时期对革命文化的发展、升华和重构。

（三）社会主义先进文化是对社会主义事业能动的自觉反映

社会主义先进文化在现代化建设的蓬勃洪流中，在改革发展的伟大历程中，在推进中国特色社会主义事业、实现民族复兴梦想的伟大实践中，逐渐生成和发展起来。在几十年奋斗不息的建设和发展过程之中，社会主义文化的大发展、大繁荣，不仅推动了经济的迅速腾飞，创造了中国经济发展的奇迹，还取得了令人瞩目的精神文明成果，使中国社会的文化氛围和人民群众的精神面貌产生了巨大变化，崭新的文化形象和文化样式为中国特色社会主义事业的发展注入了源源不断的强大动力。

二、社会主义先进文化的内涵

先进文化既是人类顺应社会发展规律、揭示社会发展趋势、推动社会发展进步的过程中创造出来的文明成果，又是助推经济社会发展的强大精神动力。所以，社会主义先进文化不仅是适应先进生产力发展、自觉融入社会变革进程的文化，更是彰显时代精神、催生社会变革、促进人的自我完善和全面发展的文化。

1997 年，党的十五大首次系统地论述了党在社会主义初级阶段建设有中国特色社会主义的文化纲领，指出："建设有中国特色社会主义的文化，就是以马克思主义为指导，以培育有理想、有道德、有文化、有纪律的公民为目标，发展面向现代化、面向世界、面向未来的，民族的科学的大众的社会主义文化。"[①]2002 年，党的十六大报告中提出："在当代中国，发展先进文化，就是发展面向现代化、面向世界、面向未来的，民族的科学

① 江泽民：《高举邓小平理论伟大旗帜，把建设有中国特色社会主义事业全面推向二十一世纪——在中国共产党第十五次全国代表大会上的报告》，中共中央文献研究室编：《十五大以来重要文献选编》上，中央文献出版社 2011 年版，第 16 页。

的大众的社会主义文化。”[①]2017年，党的十九大报告指出：“发展中国特色社会主义文化就是以马克思主义为指导，坚守中华文化立场，立足当代中国现实，结合当今时代条件，发展面向现代化、面向世界、面向未来的，民族的科学的大众的社会主义文化，推动社会主义精神文明和物质文明协调发展。”[②]根据党的十五大、十六大、十九大报告等对中国特色社会主义文化的阐释，结合我国经济社会发展形势，把握时代发展脉搏和文化发展动向，我们可以将社会主义先进文化的基本内涵归纳为以下几个方面：社会主义先进文化的指导思想是马克思主义；社会主义先进文化必须坚持以社会主义核心价值观为统领，并将其作为自身的价值灵魂；社会主义先进文化的主要目标是培育“四有”公民、提高全民族思想道德和科学文化素质，激发文化创新创造活力，建设社会主义文化强国；社会主义先进文化的发展方向是面向现代化、面向世界、面向未来的，民族的科学的大众的文化。

（一）社会主义先进文化的指导思想

社会主义先进文化是中国共产党领导全国各族人民进行社会主义现代化建设、推进中国特色社会主义事业、实现中华民族伟大复兴的过程中逐步形成和发展起来的先进文化。“社会主义”的根本属性，决定了其必然坚持马克思主义的指导地位。当前，我国意识形态领域在主流和大方向上是积极向上、健康发展的，但仍然暗流涌动，并不平静。国外敌对势力通过各种舆论手段大肆鼓吹社会主义“终结论”、马克思主义“过时论”等等，妄图对我国进行“西化”“分化”。在这种形势下，更要突出社会主义先进文化的根本性质，始终坚持以马克思主义为指导思想，确保社会主义先进文化的正确方向。

（二）社会主义先进文化的价值灵魂

习近平指出：“在当代中国，我们的民族、我们的国家应该坚守什么样的核心价值观？这个问题，是一个理论问题，也是一个实践问题。经过反复征求意见，综合各方面认识，我们提出要倡导富强、民主、文明、和

---

① 江泽民：《全面建设小康社会，开创中国特色社会主义事业新局面——在中国共产党第十六次全国代表大会上的报告》，人民出版社2006年版，第558页。

② 习近平：《决胜全面建成小康社会，夺取新时代中国特色社会主义伟大胜利——在中国共产党第十九次全国代表大会上的报告》，人民出版社2017年版，第41页。

谐，倡导自由、平等、公正、法治，倡导爱国、敬业、诚信、友善，积极培育和践行社会主义核心价值观。”[①]一个国家的文化软实力，从根本上说取决于其核心价值观的生命力、凝聚力、感召力。社会主义核心价值观是当代中国精神的集中体现，是凝聚中国力量的思想道德基础，更是社会主义先进文化的灵魂，是决定社会主义先进文化性质和方向的最深层次要素，是我国推动社会主义先进文化建设、实现文化长远发展目标必须始终坚持的一个基本遵循。

（三）社会主义先进文化的发展目标

一方面，培育“四有”公民是建设社会主义先进文化的根本任务，是中国特色社会主义事业发展的需要，符合马克思主义基本原理。在新世纪，我们要全面建设小康社会，实现中华民族的伟大复兴，就必须大力开展社会主义先进文化建设，着力培育一批又一批有理想、有道德、有文化、有纪律的“四有”公民，为各项任务目标的实现提供坚实的人才保障。另一方面，要把提高全民族的思想道德素质和科学文化素质、激发文化创新创造活力、建设社会主义文化强国，作为社会主义先进文化建设的出发点和其落脚点。因为，建设社会主义现代化国家，推动社会主义社会的全面进步，归根到底是为了人的自由而全面的发展，这是社会主义和共产主义社会的最终目的。同时，在科学技术日新月异、各种文化激烈碰撞的今天，如果不从根本上提高人的思想道德素质和科学文化素质，推动我国从文化大国向文化强国迈进，“实现中华民族伟大复兴”就只能是一句空话。

（四）社会主义先进文化的发展方向

社会主义先进文化的发展既要与中国国情相结合、与时代发展同进步，又要求在与各国文化的交流中取其所长、弃其糟粕，不断创新融合，使之焕发出强大的生命力。面向现代化是社会主义先进文化时代性的重要体现。我国正处在社会主义初级阶段，现代化建设是最迫切的任务，社会主义先进文化植根于中国的改革建设的实践之中，必定有鲜明的中国时代印记。面向世界是社会主义先进文化开放性的重要体现。

---

① 习近平：《青年要自觉践行社会主义核心价值观——在北京大学师生座谈会上的讲话》，《人民日报》2014年5月5日。

建设中国的先进文化，需要不断吸收利用和充分借鉴一切国家、一切民族的优秀文化成果，真正在交融整合、吸收创新中，不断充实、丰富和发展当代中国的先进文化，并推动中华文化走向世界。面向未来是创新性的重要体现。建设中国的先进文化必须坚持用马克思主义发展的观点看问题，在实践中进行文化理论创新，从而不断把握文化发展规律、创新文化载体、提升文化内涵、开拓文化发展新路径。

三、社会主义先进文化中的"红色文化"

社会主义先进文化内涵丰富、含义隽永、形式多样、内容丰实。"红色文化"作为社会主义先进文化不可或缺的重要组成部分，具有自身的鲜明特质和独特功能。下面主要从含义、层次、功能等方面对"红色文化"加以分析。

(一)"红色文化"的含义

"红色文化"的概念主要脱胎于"革命文化"，与"革命文化"同源同祖。"红色文化"概念最初提出来时，主要是指由中国共产党领导人民创造的反映革命战争年代革命历史和风貌的文化。随着社会形势的不断变化和文化建设事业的快速发展，人们对"红色文化"的研究也日益深入，红色文化的含义逐步得到更加完整的诠释。有的专家认为从广义的角度讲，革命和建设时期所创造、积累、构建的一切优秀文化，都属于"红色文化"范畴；有的学者认为从狭义的角度讲，"红色文化"主要是指在新民主主义革命时期由中国共产党带领人民群众共同创造的先进文化；有的专家则认为"红色文化"是中国共产党建党前后至新中国成立之际的历史产物。借鉴前人对"红色文化"的理解，我们认为"红色文化"是指中国共产党领导广大人民群众为追求民族独立和国家富强，在革命战争年代逐步创造、形成并在社会主义建设和改革开放时期进一步加以整理、发展、升华的，以中国化的马克思主义为核心要义、以红色遗存和红色精神为主要内容的物质财富和精神财富的总和。

(二)"红色文化"的层次构成

按照"红色文化"的含义，我们可以将其分为器物文化、制度文化和精神文化三个层面。器物文化是红色文化的外在显性部分和物质载体，主要包括革命根据地、革命遗址、名人故居、烈士纪念馆、烈士陵园、革命纪念馆等遗址类和纪念场所类的革命遗留物。制度文化主要是指中国共产党在革命和建设时期制定和形成的纲领、路线、方针、政策等一系列规范体系和模式。精神文化是红色文化的灵魂和精髓，是对红色文化中所承载的主体精神状态和革命历史风貌的高度凝练，沂蒙精神、井冈山精神、西柏坡精神、延安精神、长征精神等在中国革命和建设过程中形成和发展起来的红色文化都是其典型代表。在红色文化的三大形态中，器物文化是基本元素和物质基础，制度文化是根本约束和制度保障，精神文化是发展源泉和精神动力，三者相互联系、相互依赖、相互渗透，共同形成一个层次分明却又环环相扣、水乳交融的有机整体。

(三)“红色文化”的功能分析

红色文化是在特定历史环境中形成和发展起来的，在一定程度上和一定范围内具有不可再生性和不可复制性，其相对于社会主义先进文化的其他内容，具有不可替代的独特功能。一是价值导向功能。红色文化以马克思主义为其思想基础，以中国特色社会主义共同理想为其发展动力，以共产主义为其终极目标。这就决定了红色文化始终坚持主流价值观，其使命就是将无产阶级意识形态和红色革命精神传导给人民群众，引导人民群众坚持主流价值体系，树立主流价值意识，把忠于党、忠于国家、忠于人民放在首要位置，把个人前途命运与国家命运联系在一起，自觉抵制西方个人主义、拜金主义、享乐主义的侵蚀。二是信念重塑功能。在中国共产党领导人民群众进行波澜壮阔的革命和建设历程中，战胜困难、勇往直前的精神和不忘初心、始终不渝的坚定信念早已在红色文化之中深深铭刻，并逐渐成为贯穿红色文化始终的宝贵基因。红色文化中所蕴藏的英勇牺牲、献身事业的革命精神，保家卫国、爱国爱民的革命情怀，艰苦奋斗、敢于胜利的革命作风，能使受教育对象受到极大的视觉冲击、精神震撼和思想洗礼，从而进一步坚定理想信念，树牢共产主义的远大理想和奋斗目标。三是道德示范功能。由于形成和发展于独特的历史环境和时代背景，红色文化之中凝结着中华民族的传统美德、蕴藏着各种先进的伦理观念，具有丰厚的道德内容。如为人民服务的执政理念，团结互助、诚实守信的为人处世方式，和睦友善、亲如一家的朴实观念，舍小家为大家的思想境界等等，都有助于提升人民群众的思想道德素质，净化社会环境、社会风气，营造和谐共处的良好社会氛围。

四、用社会主义先进文化戒毒的逻辑契合

（一）对吸毒人员走上吸毒之路的文化层面分析

从社会文化因素来看，全球一体化极大地加强了中国与世界的联系，促进了人们文化生活的多样化和利益需求的多元化，为毒品的泛滥传播提供了一定的文化土壤和社会条件。毒品文化已作为一种非主流文化对主流文化及价值体系发出了挑战，形成一种具有负面影响的文化行为。随着经济全球化时代的到来，生产生活节奏不断加快，社会竞争日益激烈，人们的心理紧张程度也随之增长。为寻求精神解脱、减轻心理压力、克服心理危机、宣泄压抑的情绪，吸毒便成为许多失意者和逃避现实者放纵自己、寻求刺激的一种选择。而吸毒又反过来使他们的精神更加空虚，与现实社会更加脱节，陷入更深的孤独和压抑中。这种恶性循环是导致许多人无法摆脱毒品的主要原因之一。

从亚文化因素来看，随着全球化的加速发展，西方国家的一些负面文化不断向我国输出和渗透，导致了与当代社会主流文化相伴而生却背道而驰的“毒品亚文化”暗流不断蔓延。它以一种与社会主流文化完全不同的观念和诱人的色彩吸引着越来越多的人接近或接受毒品。这种以实现本能自由享乐为基本价值取向和生活方式的“毒品亚文化”的存在和发展，不断冲破来自社会外部与人的内部世界的种种禁忌和压抑，在一定程度上助长了毒品的泛滥，使更多的人加入了吸毒大军。

（二）对社会主义先进文化戒毒的价值分析

从吸毒人员走上吸毒之路的社会文化因素来看，要想遏制毒品蔓延的势头，使更多的吸毒者从毒品的泥淖中摆脱出来，戒除毒瘾、重获新生，就要为吸毒者提供一种新的生活方式、思维方式和发展模式，归根结底是一种新的文化方式。要使这种文化潜移默化地逐步代替毒品亚文化，在吸毒人员心中生根发芽、开花结果，并逐渐升华为衡量是非、善恶的重要标准。社会主义先进文化戒毒之所以能作为一种戒毒教育方式，承担起为戒毒人员洗涤心灵、重树信仰的重要职责和任务，主要基于以下几点原因：

一是社会主义先进文化具有无比的优越性。社会主义先进文化是以马克思主义为指导，在吸取中华优秀传统文化和中国共产党革命文化

成果精华的基础上，在革命、建设和改革的伟大实践中逐渐建立、形成和发展起来的，是历经革命战火的熔铸和社会建设洗礼的优秀文化，具有无比的优越性。将社会主义先进文化融入戒毒工作之中，一方面能以更高的站位、更高的标准、更高的视角，科学规划文化戒毒整体工作，确保戒毒工作在正确的轨道上运行。另一方面，以社会主义先进文化统领文化戒毒工作，能在戒毒场所充分凝聚起科学戒毒、专业戒毒、规范戒毒的强大力量，推动戒毒工作创新发展、不断突破。同时，通过强化对戒毒人员的社会主义先进文化教育，形成浓厚文化教育氛围，使他们逐渐树立是非、善恶的标准，并自觉运用这些标准去指导自己的日常戒治生活，去除不良行为，形成良好习惯，强化坚定的戒毒信念，为戒除毒瘾打下坚实的基础。

二是社会主义先进文化具有极大的包容性。社会主义先进文化既是“面向现代化、面向世界、面向未来”的文化，也是“民族的、科学的、大众的”的文化；它既在与世界其他民族交流、交锋、交融中学习、借鉴、吸收世界文化的精华，又极具中华民族特色，是中国各民族文化的淬炼和凝聚，深深扎根于人民群众之中，成为人民群众自己的文化。因此，社会主义先进文化顺应时代潮流，把握时代脉搏，走在改革发展和文化进步的最前沿。开展社会主义先进文化戒毒，能迅速吸引戒毒人员的目光，引导他们主动参与社会主义先进文化教育，激发他们强烈的求知热情和学习兴趣，形成持久的学习动力。社会主义先进文化贴近中华民族特色、极具民族情怀、深入人民群众，能直达戒毒人员心灵，切切实实使戒毒人员感受到民族文化的博大精深和民族精神的无穷力量，不断激发其爱国热情和民族自豪感。

三是社会主义先进文化具有极强的针对性。发展社会主义先进文化，是以培养和造就有理想、有道德、有文化、有纪律的“四有”公民为目标，这与帮助戒毒人员戒除毒瘾、成为对社会有用之人的戒毒工作目标高度契合。开展经常性的社会主义先进文化教育，能使戒毒人员迅速定位自己当前的角色，找到未来前进的目标和方向，有利于戒毒人员少走弯路、歧路，以最小的成本和代价完成人生的华丽转身和精神升华。将社会主义先进文化引入戒毒工作之中，具有深厚的社会文化基础，是当前戒毒工作形势的迫切需要，是构建和谐社会、推动科学戒毒、促进场所规范化建设的必然要求。必须充分发挥社会主义先进文化的优越性、包容性、开放性、针对性，不断提高场所文化建设成效，推动戒毒工作整体提升。

第二节　社会主义先进文化戒毒内涵

社会主义先进文化作为一种在社会主义建设和改革开放过程中建立、形成和发展起来的文化形态，是一种区别于世界上任何一种文化形态的新型文化。社会主义先进文化戒毒作为文化戒毒工作的一种新尝试和新实践，同样具有不同于其他戒毒方式的丰富内涵、本质特征和鲜明特色。

一、社会主义先进文化戒毒的含义

单纯从对戒毒人员的教育戒治来看，社会主义先进文化戒毒是一种科学的戒治方式；而从文化戒毒甚至是戒毒工作的大格局来看，社会主义先进文化戒毒又不仅仅是一种戒治方式那么简单，它是一个涉及方方面面的系统工程。从这两个角度，可以把社会主义先进文化戒毒的含义分为广义和狭义两种。

（一）狭义的社会主义先进文化戒毒

作为一种戒治方式，社会主义先进文化戒毒是：根据戒毒人员的身心状况、受教育情况、吸食毒品种类、所处戒毒阶段、人际交往状况等基本特点，以马克思主义为思想基础，以社会主义核心价值观为总遵循，依托社会主义先进文化的深厚底蕴和丰富载体，综合运用社会主义先进文化的教育理念、教育方法、教育手段，广泛开展社会主义先进文化戒毒教育，帮助戒毒人员逐步树立正确的世界观、人生观和价值观，培育社会主义核心价值理念，形成正确的人生信仰，学会辩证思维方式，科学对待戒毒生活，坚定戒毒信心，推动戒毒人员为戒除毒瘾、完善自我、回归社会而不断努力的过程。

（二）广义的社会主义先进文化戒毒

从山东省文化戒毒的总体布局来看，社会主义先进文化戒毒作为一种正在探索发展中的新型文化戒毒方式，既要遵循文化戒毒的普遍规律，也要按照自身特点，形成独具特色、切合实际的工作理念和工作原则，用以指导社会主义先进文化戒毒工作的开展。同时，社会主义先进文化戒毒不是一次性戒毒教育，也不是一个个独立的教育片段。要确保其对戒毒人员持续发挥有效的教育戒治作用，就必须建立起完善的格局体系，将教育主体（主要是戒毒警察）、教育载体、教育手段、教育内容、教育受体（戒毒人员）等关键因素全部纳入体系之中，形成完整的循环回路。最后，必须加强组织领导、师资队伍、文化宣传、理论研究等方面的保障措施，营造实施先进文化戒毒的良好环境和氛围。只有这样，才能推动社会主义先进文化戒毒工作顺利有序开展。从这个意义上说，社会主义先进文化戒毒就是一个复杂的系统工程。这个工程是在马克思主义指导下，遵循文化戒毒工作规律，按照社会主义先进文化戒毒工作理念和工作原则，通过制定科学合理的教育戒治计划，构建体现先进文化戒毒特点、囊括教育过程诸因素的格局体系，实施一系列强化保障措施，将社会主义先进文化戒毒工作不断推向深入，稳步提升教育戒治效果的综合施策的过程。

二、社会主义先进文化戒毒的特征

社会主义先进文化戒毒作为一种新型戒毒教育方式，从总体来看，主要具有以下几个方面的特征：

（一）社会主义先进文化戒毒具有群众普适性

社会主义先进文化的本质决定了它比其他任何文化都具有广泛、深厚的群众基础。社会主义先进文化不是脱离人民群众的贵族文化，它坚持人民至上的价值立场，代表人民群众的利益，反映人民群众的愿望，满足人民群众对文化的需求，充分体现出人民群众对文化产品质量、品位、风格的期盼和向往。因此，社会主义先进文化是人民大众共建共享的文化，是以全体人民群众为服务对象的文化，也是真正民主的文化。人民群众既是社会主义先进文化的创造者、建设者，更是社会主义先进文化的享有者、消费者和受益者。戒毒人员作为人民大众的一分子，由于其特殊身份和所处的特殊环境，更需要通过社会主义先进文化教育，去除心灵的污浊，填充精神的空虚，重建正确的信仰。社会主义先进文化戒毒正是以其群众性、普适性特点，面向戒毒人员、教育戒毒人员、服务戒毒人员，通过诸多贴近戒毒人员需求、符合戒毒人员实际的各种先进的文化教育活动、教育手段、文艺成果等载体，充分发挥社会主义先进文化的渗透力、感染力，激发并满足戒毒人员对先进文化的内在需要和渴求，丰富戒毒人员的精神世界，提升戒毒人员的思想意识，重塑戒毒人员的价值理念和精神信仰。

（二）社会主义先进文化戒毒具有高度科学性

社会主义先进文化是以马克思主义为指导的先进文化。它在社会主义现代化建设的伟大实践中，始终遵循解放思想、实事求是、与时俱进的思想路线，始终反对唯心主义、形而上学的思维方式，始终用发展着的马克思主义指导实践，并不断将自己的思想认识和对文化的理解从不合时宜的观念、做法、体制的束缚和桎梏中解脱出来，这就为社会主义先进文化戒毒提供了科学的世界观和方法论，也奠定了社会主义先进文化戒毒的科学精神和科学品质。因此，社会主义先进文化戒毒通过将社会主义先进文化中的科学思想、科学精神、科学方法运用到对戒毒人员的教育戒治中，就能增强戒毒人员向善、向上、向好改变的意识和能力，不断提高戒毒人员的思想道德素质和科学文化素质，营造崇尚科学、破除愚昧、崇尚先进、鞭笞落后的良好戒治氛围。

（三）社会主义先进文化戒毒具有民族独特性

任何一个民族能够区别于其他民族，屹立于世界民族之林，依赖的就是深厚的优秀传统文化。社会主义先进文化是在继承五千多年的光辉灿烂的优秀传统文化的基础上创造出来的。它着眼于民族特点和社会实际，真实地反映了中华民族的民族心理和民族性格，能为戒毒人员提供喜闻乐见的文化内容和文化形式，最大限度地促进先进文化与戒毒人员思想意识的高度契合，用最通俗、最民族的文化形式陶冶戒毒人员情操、净化戒毒人员心灵。社会主义先进文化历经革命战火的淬炼和和平建设的磨砺，在维护民族尊严、增强民族凝聚力方面一直发挥着不可替代的作用。对戒毒人员实施社会主义先进文化戒毒教育，能逐渐培育戒毒人员的民族情怀，增强他们的民族自信心和自豪感，激发他们为国家富强、人民幸福做贡献的热情和积极性。同时，在当今全球化浪潮席卷世界各地的大背景下，西方文化凭借强大的经济、科技力量，不断从思想观念和意识形态上冲击中国人传统的文化思维，享乐主义、拜金主义、恐怖主义等流毒甚嚣尘上。许多人经受不住冲击和诱惑，走上了吸食毒品、暴力犯罪、沉溺色情等不归之路。因此，要在戒毒场所使戒毒人员从文化根源上彻底荡除西方腐朽思想的影响，就必须大力加强社会主义先进文化教育，用兼具民族性和先进性的社会主义先进文化抵制不良思想的侵蚀和蔓延，给戒毒人员开辟一块思想上的文化绿洲。

（四）社会主义先进文化戒毒具有时代前瞻性

创新是一个民族进步的灵魂，是一个国家兴旺发达的不竭动力。创新同样也是文化繁荣发展的力量之源。先进文化之所以先进是因为其从来不是一成不变的，而是随着时代的发展而发展的，始终处于变动生成当中。社会主义先进文化面向现代化、面向世界、面向未来的鲜明特质，使它能紧扣社会主义现代化建设的本质规律和发展方向，紧跟世界文明的发展步伐，紧把时代发展脉搏，不断吸取其他民族和国家创造的一切优秀文化成果，来发展壮大自己。社会主义先进文化本身具有的与时俱进的理论品格，使我们能始终站在时代前列和行业前沿开展文化戒毒工作，从世界格局和全球视野来谋划文化戒毒工作的未来发展方向。而一旦将始终处于发展革新中的社会主义先进文化应用于戒毒人员的教育，便能使戒毒人员不断接受新思想、新思维的熏陶，逐渐学会用发展变化的眼界和视角去看待自己，审视自己的人生之路、戒毒之路，从而有利于其坚守文化定力、保持文化清醒，追求文化进步，坚持正确的人生方向。

三、社会主义先进文化戒毒的重要意义

（一）对戒毒人员思想行为的引领作用

党的十九大报告提出要坚持中国特色社会主义文化发展道路，建设社会主义文化强国的奋斗目标，对我们加强场所文化建设，做好社会主义先进文化戒毒工作具有极强的指导意义。当前，我国正处于全面建设小康社会、深化改革开放、加快社会转型的关键时期和攻坚时期，社会主义先进文化越来越成为民族凝聚力和创造力的重要源泉，越来越成为引领人民群众奋发向上的不竭动力，越来越成为丰富国人文化生活的优秀精神食粮。多数戒毒人员在走上吸毒之路的过程中，都曾有混迹于娱乐色情场所的经历。受不良社会环境的影响，他们往往会沾染好逸恶劳、色情暴力等恶习。在吸毒过程中夹杂其他违法犯罪行为，也成为当前吸

毒人员中普遍存在的现象。法制观念淡漠、道德素质较低、日常行为失范、自律意识不足等特点,成为制约戒毒人员戒除毒瘾、摆脱毒魔的极大障碍。在这种情况下,单单依靠生理脱毒、医学治疗、毒品危害教育等一般手段,已经很难帮助戒毒人员从根本上涤除恶习。因此,积极开展社会主义先进文化戒毒,发挥先进文化引领戒毒风尚、树立规范标准、教育戒毒人员的独特作用,势在必行。从戒毒人员需要出发,借助社会主义先进文化既继承传统又不断革新的优势,开展一系列戒毒人员喜闻乐见的、集思想性艺术性观赏性为一体的文化教育活动,用社会主义先进文化占领思想文化阵地,武装戒毒人员头脑,通过"细水长流、润物细无声"的文化熏染力量,使戒毒人员逐步形成正确的规范和标准,最大限度地将其头脑中存在的各种错误理论、思想和观念挤压出去,并自觉抵制各种外在错误思潮的侵扰,形成抑恶扬善的自我防卫机制,在内心深处不断增添正观念、正觉悟、正能量,在行为表现方面逐渐向正常化方向转变。

(二)对戒毒人员价值追求的提升作用

随着改革开放的深入和社会主义市场经济的发展,在社会结构、利益格局和人们的思想观念发生深刻变化的情况下,人们的价值取向也变得日益多元化,甚至出现了与社会主义主流思想相违背的价值观念。戒毒人员在以前的吸毒过程中受不良社会环境尤其是毒品亚文化的影响,很容易沾染这样那样的陋习,普遍存在着一定程度的消费主义、享乐主义和拜金主义倾向。他们注重物质享受与感官刺激,忽视了对精神信仰和人生意义的追求,很多人甚至滑入精神空虚、信仰缺失、道德沦丧的深渊。通过实施社会主义文化戒毒,在戒毒人员中深入开展以爱国主义、集体主义、社会主义等为主要内容的理想信念教育,大力倡导社会主义核心价值观,丰富戒毒人员精神世界,增强戒毒人员向往美好、追求美好的精神力量,为戒毒人员提供一个可以自我救赎、自我革命、自我完善的良好平台,使社会主义的理想信念、共同目标、道德准则成为戒毒人员自觉遵循的行动指南和行为规范。

(三)对戒毒人员全面发展的促进作用

戒毒人员既是违法者、受害者又是脑病患者,这三重身份说明由于毒品的侵蚀和危害,戒毒人员在生理、心理、人格、思维方式、法律意识等方面都存在一定的缺陷和不足。尤其是吸毒成瘾人员,经历吸毒—戒毒—复吸—再戒毒—再复吸的恶性循环的过程,再加上社会不良环境的推波助澜,使其戒毒信心逐渐丧失,世界观、人生观和价值观在戒毒无望的现实中逐渐扭曲,身心健康受到极大危害。

西方功能主义文化学家马林诺夫斯基认为,文化的功能就在于满足人的基本需要。通过文化,人的需要才能得到满足,人才能得到发展。马克思主义也高度关注文化对于人的发展的重要意义,它认为文化的实质、意义、目的便在于人的发展,但并不是所有的文化发展道路都能促进人的全面自由发展。当前,只有中国特色社会主义文化发展道路才高度重视文化与人的发展之间的密切关系,认为文化是真正通往人的全面自由发展之路。因此,在戒毒场所加强对戒毒人员的社会主义先进文化教育,在文化建设中坚持以科学的理论武装人,以正确的舆论引导人,以高尚的精神塑造人,以优秀的作品鼓舞人,真正用以人为本、贴近实际、贴近生活、贴近群众的社会主义先进文化不断提高戒毒人员的思想道德素质和科学文化素养,促使其不断向有理想、有道德、有文化、有纪律的社会主义新人的方向迈进,就能逐步推动戒毒人员身心全面而自由发展,为戒除毒瘾打下坚实的基础。

第三节　社会主义先进文化在戒毒工作中的应用

自承担强制隔离戒毒工作职能以来,山东戒毒系统就开始社会主义先进文化戒毒方面的初步探索。2015 年以后,随着文化戒毒工作的持续深入,全省戒毒场所将社会主义先进文化戒毒工作纳入文化戒毒重点突破的方向之一。全系统积极整合资源,选派骨干力量,制定周密计划,采取果断措施,精心组织,全力推进,实现了社会主义先进文化戒毒的新突破,成为山东戒毒系统文化戒毒工作又一张亮丽名片。本节主要以山东戒毒场所开展相关工作取得的经验为参考依据,就如何进一步做好社会主义先进文化戒毒工作作如下探讨。

一、开展社会主义先进文化戒毒的基本理念

开展社会主义先进文化戒毒不仅仅是一种戒治方式的变革,也是

文化戒毒工作的一个新的突破,更是一个需长期坚持、深入推进的系统工程。要做好这项工作,就必须始终坚持胸怀全局、着眼长远,从戒毒工作的大局出发去谋篇布局,体现大视野、大思路、大气魄;必须始终坚持以人为本、人文关怀,把戒毒警察和戒毒人员作为社会主义先进文化戒毒工作的出发点和落脚点,注重发挥和调动戒毒警察和戒毒人员两方面的积极性和创造性,激励他们主动参与,促进他们自觉认同;必须始终坚持整体推进、互相融合,将社会主义先进文化融入警队建设、环境营造、戒治生活全过程之中,加强规范、引导和整合,始终体现文化戒毒工作的规律性和创造性;必须坚持突出特色、亮点纷呈,综合考虑戒毒场所的地域、城市、传统、历史、现实等因素,依托社会主义先进文化的丰厚载体,打造富有传统特色、人文特色、时代特色的社会主义先进文化戒毒体例和样式;必须坚持善始善终、善做善成,防止急于求成、半途而废,防止形式主义、政绩工程,防止本末倒置、脱离实际,必须持续推进、久久为功,真正把社会主义先进文化戒毒打造成戒毒工作的亮丽名片。

二、开展社会主义先进文化戒毒的基本原则

(一)坚持传统与现代的融合统一

只有不忘本来,才能迎接未来、创造未来。社会主义先进文化戒毒既要立足当代中国现实、立足戒毒工作实际,又要坚守中华文化立场。社会主义先进文化本身就是对中华传统文化的继承和发展,二者在精神气质和价值内涵上有着高度相通相容之处。同时,山东戒毒场所深入推进"国学·齐鲁文化入心工程",大力开展传统文化戒毒工作,为开展社会主义先进文化戒毒积累了经验、蹚出了道路。从先进文化与传统文化相结合的角度着手开展社会主义先进文化戒毒工作,既有利于新的戒毒方式快速打开局面、高效推进,又能从传统文化戒毒中汲取丰厚滋养,取长补短,提升教育戒治成效。

(二)坚持全面与重点的融合统一

在新的文化戒毒方式实施过程中,既要全面展现社会主义先进文化的历史演进、发展脉络、精神内核,使戒毒人员充分体悟和感受社会主义先进文化的丰富内涵;又要结合戒毒人员实际,重点突出以爱国主义为

核心的民族精神和以改革创新为核心的时代精神，使戒毒人员在革命传统、红色文化和时代精神的感召下，不断提升思想意识和道德觉悟。

（三）坚持普遍与特殊的融合统一

既要从戒毒人员群体特点出发，逐渐建立健全一整套适合社会主义先进文化戒毒的教育模式、体制机制和方法手段，促进文化戒毒工作的规范化、体系化、科学化；又要根据社会环境、工作形势及戒毒人员特征的发展变化，不断对原有的模式、机制和手段进行改革和完善。既要根据戒毒人员分期、分区、分类的不同施以不同形式、不同层次、不同重点的教育戒治，又要立足戒毒工作整体，加强社会主义文化教育在各环节、各阶段、各流程的有效运转和衔接，实现社会主义先进文化戒毒的全程覆盖和整体推进。

（四）坚持多元化渠道的融合统一

要高度重视课堂化教学的主渠道作用，充分发挥当前“小班制教学”的独特优势，通过专家讲堂、教师课堂、戒毒人员微课堂等教育形式，提高社会主义先进文化的教育效果；同时又要充分利用国际性、政治性、传统性节日和“戒毒文化节”等活动载体，打造社会主义先进文化戒毒教育平台，实现先进文化教育与戒毒人员戒治生活的紧密融合。

（五）坚持多元化阵地的融合统一

坚持所内教育、家庭教育、社会教育的衔接融合，既要发挥戒毒场所主阵地作用，又要实现社会主义先进文化戒毒向家庭、社会、机关、企业、社区的无限延伸。在开展好所内社会主义先进文化教育的基础上，通过戒毒场所与家庭及社会有关部门机构的资源整合、职能融合、共建共享、共融共通，构建开放式、统一化、参与性的社会主义先进文化戒毒教育平台。

三、开展社会主义先进文化戒毒的基本格局（见图 7-1）

戒毒警察和戒毒人员是戒毒场所的两大主体。日常教育、戒治活动主要围绕这两大主体来开展。戒毒警察是社会主义文化戒毒的主要承担者，绝大部分任务都需要戒毒警察主导和推动。只有首先将社会主义先进文化融入警队建设中去，加强对警察的社会主义先进文化教育，使其文化素养、综合素质达到社会主义先进文化戒毒的要求，提升队伍整体文化素质，才能保证其对戒毒人员施加有效的文化戒毒教育。在此基础上，再将社会主义先进文化融入戒毒人员场所环境文化和戒治文化建设之中，通过环境育人和教育戒治，使戒毒人员接受场所主流价值、主流思想、主流文化的熏陶和浸染，从灵魂深处逐渐改变自己的思想观念和价值取向，为戒除毒瘾、顺利回归社会打下坚实的基础。

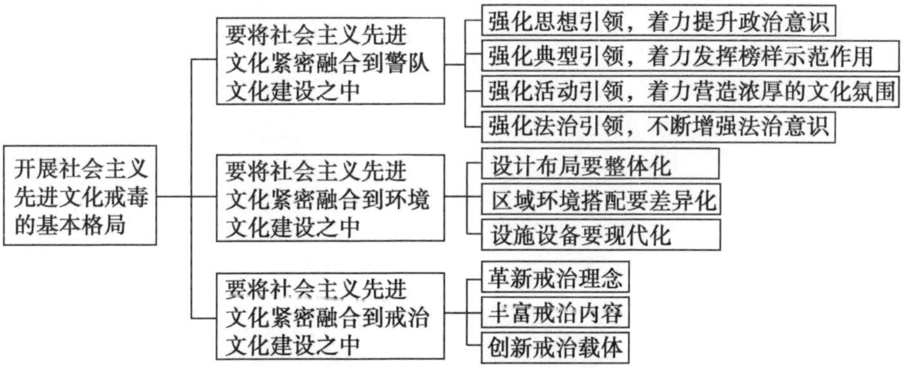

图 7-1　开展社会主义先进文化戒毒的基本格局

（一）要将社会主义先进文化紧密融合到警队文化建设之中

戒毒警察是社会主义先进文化戒毒的主导者和推动者。以社会主义先进文化推动警队文化建设，能够有力地激发戒毒警察的工作潜能和积极性，使其形成锐意进取、奋发有为的工作作风，磨砺团结拼搏、开拓创新的精神气质，铸就不畏艰险、甘洒热血的赤诚警魂。

一是强化思想引领，着力提升政治意识。高度重视思想政治建设，始终坚持"理论武装、舆论引导、精神塑造、文化鼓舞"的大方向，特别是强化对十九大精神和习近平新时代中国特色社会主义思想的学习贯彻，加强社会主义核心价值观教育，狠抓"两学一做"和"小事不小"等主题教育活动，强化警察队伍的政治意识、大局意识、核心意识、看齐意识，培养广大警察的职业认同、情感认同、价值认同，使戒毒警察自觉以先进理论为指导开展戒毒教育工作，发挥先进文化引领风尚、鼓舞士气、振奋精神、凝聚力量的作用，营造和谐、稳定、积极、向上的文化氛围，增强戒毒工作的文化底蕴，夯实戒毒工作发展的文化基础。

二是强化典型引领，着力发挥榜样示范作用。大力开展社会主义红色文化和先模人物教育，利用电视广播、报纸杂志、官方微博、微信公众号、局域网平台等多种媒介，大力宣传革命战争和社会主义现代化建设时期的先进模范人物及其典型事迹，引领广大警察学习先进、对标找差、提升自我，形成学先进、争先进、当先进的良好风气。

三是强化活动引领，着力营造浓厚的文化氛围。树立终生学习、持续学习的理念，大力开展“学习型、创新型”警察队伍创建活动，组织开展社会主义先进文化全员轮训，选派业务骨干、青年警察外出学习社会主义先进文化，定期组织以社会主义先进文化为主题的戒毒理论研讨、知识竞赛、演讲比赛、文艺演出及各类文体活动，丰富警察职工文化生活，提升文化层次，夯实文化基础。

四是强化法治引领，不断增强法治意识。要在戒毒警察中大力加强社会主义法治理念教育，深入开展《人民警察法》《禁毒法》《戒毒条例》《山东省戒毒条例》等社会主义法律法规的学习宣传，使戒毒警察明确执法要求、熟悉执法程序、了解执法标准，提升学法、懂法、用法水平，增强法治意识和法治精神，真正将法治文化内化于心、外化于形，变成推动规范执法的强大动力，使戒毒执法工作逐步纳入法制化轨道，营造廉洁从警、依法治所、文明执法的良好氛围，不断推进戒毒场所执法文化建设。

（二）要将社会主义先进文化紧密融合到环境文化建设之中

借鉴山东戒毒系统“国学·齐鲁文化入心工程”成功经验，将社会主义先进文化融入到场所建设和人文环境孕育的各个方面，加大人、财、物力投入，下大力气建设体现戒毒特色、富有教育意义、适合戒毒要求的环境文化，全面打造以社会主义先进文化为主题的特色文化品牌链，营造浓郁的先进文化戒毒氛围，使场所环境变成能说话的文化场景。当前，将社会主义先进文化融入环境文化建设中需要特别注意以下几个方面：

一是设计布局要整体化。尤其是对于一些正在扩建、迁建、改建的戒毒所来说，要抓住场所改造的有利时机，做好场所环境文化的整体设计、整体规划、整体布局。在做好场所功能规划、功能分区的同时，要做好环境文化规划和文化分区，使整个场所的环境文化设计新颖、布局合理、功能齐全、特色突出，充分发挥环境文化建设中的后发优势。

二是区域环境搭配要差异化。环境文化既要整体布局，体现整体思路，更要差异搭配，体现特色对比。一所、一队、一室的特色要鲜明、差异要清晰、对比要明显，既要有楼台亭榭，也要有假山水池；既要有琴棋书画，也要有藤萝绿植；既要有绿树成荫，也要有花团锦簇。防止出现同质化、单一化现象，才能形成独具本所特色、本队特色、本室特色的文化品牌。

三是设施设备要现代化。俗话说："工欲善其事，必先利其器。"要使社会主义先进文化与环境文化建设紧密融合，做好环境育人工作，提高文化戒毒效果，就必须借助先进的设施设备，如所内广播系统、电视直播系统、视频会见系统、教室多媒体系统等等。利用这些先进的设施设备，戒毒警察可以将先进文化的深厚内涵与环境文化的鲜明特色有效结合起来，并能立体、生动地呈现在戒毒人员面前，使戒毒人员更直观、更方便、更主动地接受先进文化的熏陶和浸染，从而不断提高教育戒治和环境育人效果。

（三）要将社会主义先进文化紧密融合到戒治文化建设之中

"以文化人"是戒治文化最突出的特点，是文化戒毒工作社会价值和功能的集中体现。要充分发挥"以文化人"功能，将社会主义先进文化紧密融合到戒治文化建设之中，就要在戒治理念、戒治内容、戒治载体上下功夫：

一是革新戒治理念。要树立以人为本、开放包容的大戒治理念，在充分尊重戒毒人员的身心特点、个性需求、民族习惯、宗教信仰的基础上，将社会主义先进文化贯穿到管理、教育、康复、习艺、卫生等各个环节之中，既以文化熏陶提升戒治成效，又以综合戒治助力文化发展，着力实现戒治与文化的完美融合。要打破高墙铁网的障碍，畅通与社会的联系渠道，借助社会资源，与社会大专院校和科研机构开展社会主义先进文化戒毒课题研究和合作共建，引入专业化的教育戒治或社会帮戒力量，运用专业手段提升教育戒治水平，实现戒治的开放化、社会化、专业化。

二是丰富戒治内容。要善于抓住关键节点，充分利用春节、元旦、中秋、"五一"、国庆节等重要节假日以及"6·26"国际禁毒日、"12·1"世界艾滋病日等重要纪念日，积极开展融入社会主义先进文化的亲情帮戒、家庭接力、戒毒宣誓等教育活动，开展以社会主义先进文化为主题的文艺演出、情景剧表演、歌咏比赛、诗词朗诵等文娱活动，使戒毒人员在各项活动的参与中得到先进文化的滋养和思想的启迪。要将社会主义先进文化教育、心理健康教育、法律知识教育、戒毒常识教育、诚信感恩教育、爱国主义教育等全部纳入到对戒毒人员的日常教育之中，不断完善教育戒治体系，形成教育戒治合力，提升戒毒人员的文化修养和道德水平。

三是创新戒治载体。充分运用多媒体教学、电视直播等多种电化教学形式，以戒毒人员“愿意听、听得懂、听得进”的方式开展教育戒治活动，增强教育戒治的互动性、趣味性和易接受性；充分发挥“互联网＋”技术的优势，通过远程帮教视频会见系统、微信公众号、亲情帮戒 QQ 号、家属学校等途径，搭建社会支持和亲情支持信息化平台，利用社会和家庭的力量帮助戒毒人员坚定戒毒信心、激发戒毒动力、增强戒毒拒毒意识；拓展教育戒治阵地，以文化角、沙龙、论坛、读书会、分享会、品鉴会等形式，深入开展读书、宣讲、座谈、讨论、分享等丰富多彩的社会主义先进文化教育活动，为戒毒人员提供既能“吃得饱”、又能“吃得好”的社会主义先进文化教育大餐。

四、开展社会主义先进文化戒毒的具体实践（见图 7-2）

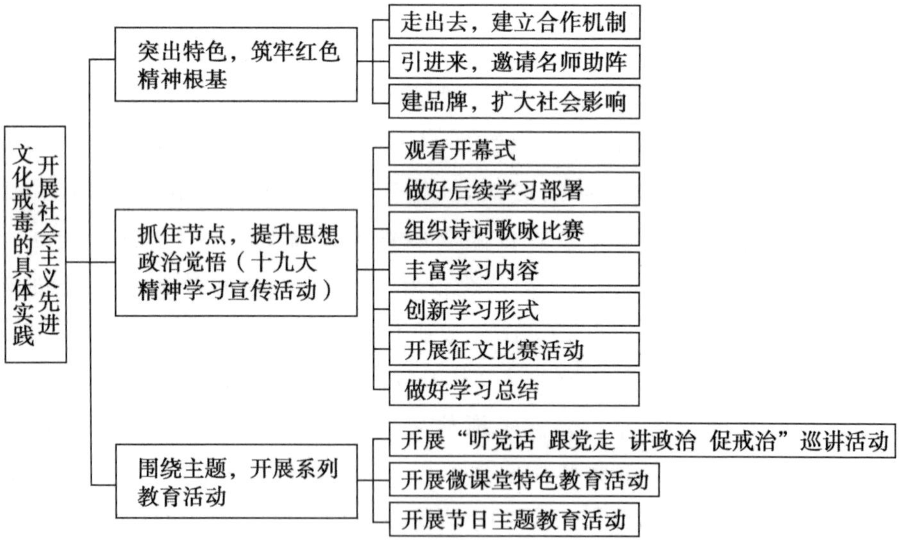

图 7-2　开展社会主义先进文化戒毒的具体实践

（一）突出特色，筑牢红色精神根基

近年来，“红色文化”以铺天盖地之势快速进入国人视野，其力度之

大、范围之广前所未有，有力地促进了红色文化的传播和推广，也形成了当下中国特有的文化景观——红色文化热。山东省戒毒系统抓住红色文化广泛传播的有利时机，及时将沂蒙精神这一最具山东特色的红色文化引入到戒毒场所之中，强化对戒毒人员的红色文化教育，实现了红色文化与戒毒工作的“联姻”。下面主要以鲁中强制隔离戒毒所(以下简称鲁中所)为例，作简要介绍。

一是走出去，建立合作机制。在全省戒毒系统开展“国学·齐鲁文化入心工程”的过程中，鲁中所发挥了先行先试的作用，积累了丰富的文化戒毒经验，也感受到了文化戒毒的魅力。为进一步拓宽文化戒毒路径，借助社会力量搭建社会主义先进文化戒毒平台，鲁中所制定了将沂蒙精神引入戒毒工作的规划和方案，强化制度、机制及人才、物力保障，并先后派出多名骨干人员到临沂市相关部门、高等院所、红色基地调研考察、沟通协调，最终与多个部门和单位建立了传承沂蒙精神、助力戒毒工作的合作共建机制。

二是引进来，邀请名师助阵。根据合作共建机制，临沂市有关单位多次到鲁中所开展沂蒙精神宣讲活动，其中以临沂市委讲师团开展的“沂蒙精神助力鲁中戒毒”主题活动最具特色。讲师团成员于老师是沂蒙精神传承促进会会长，也是沂蒙新红嫂，更是“沂蒙母亲”王换于女士的后代，多年来致力于拥军优属、弘扬沂蒙精神工作，曾受到习近平总书记的亲切接见。她在宣讲活动中，以《沂蒙母亲和她的儿女们》为题，深情讲述了在战火纷飞的年代，自己的亲人王换于老人在党组织的协助下，办起战时托儿所，精心呵护近百个革命将士后代的故事。在讲到王换于老人的两个儿媳在哺乳期内用奶水喂养托儿所的孩子，致使三年里四个亲骨肉因营养不良先后夭折时，于老师几度哽咽，在场的警察和戒毒人员无不动容。山东省优秀理论宣讲员、临沂市沂蒙草根宣讲团讲师李老师，以传统文化与幸福人生为题，以孝道为切入点，深入浅出地讲解了学习传统文化与幸福人生的关系，告诫广大戒毒人员要改正自己过去的错误，克制自己的欲望，一心向善，重新回到正轨上来。宣讲结束后，讲师团的各位老师深入戒毒人员中间，与许多戒毒人员进行了一对一的思想交流，听取戒毒人员对本次活动的收获和感悟，探讨沂蒙精神宣讲活动对戒毒人员戒治生活的影响。主题宣讲活动的开展，使戒毒人员加深了对沂蒙精神为代表的红色文化的了解和理解，受到了普遍的精神洗礼和思想启迪，进一步激发了抑恶扬善、改过自新、安心戒治的热情和积极性。

三是建品牌，扩大社会影响。下一步，鲁中所将做优“沂蒙精神”文化品牌，加强与“沂蒙精神”传承人的联系沟通，深入挖掘红色革命文化，弘扬红色精神，传承红色基因。利用“小班制”教学、个案教育、戒毒人员微课堂等多种形式开展戒毒人员政治教育，逐步实现“沂蒙精神”教育常态化。同时，逐步探索开展“延安精神”“西柏坡精神”“井冈山精神”等系列红色文化教育，实现“沂蒙精神”教育与其他红色文化教育的联合联动，发挥红色文化教育的整体功效，不断提升戒毒人员的政治素养，形成爱党爱国、健康向上的良好戒治氛围，扩大戒毒场所红色教育的社会影响。

(二)抓住节点，提升思想政治觉悟

山东省戒毒系统善于抓住全国重大会议召开、重大事件发生的契机，有针对性地加强对戒毒人员的社会主义先进文化教育特别是思想政治教育，不断提升戒毒人员的思想政治觉悟。例如：在全国上下深入学习十九大精神之际，以真学、真懂、真信、真用为目标，山东省戒毒系统认真组织戒毒人员开展十九大精神学习宣传活动，用社会主义先进文化充实戒毒人员头脑，在戒毒场所掀起学习十九大精神的高潮。

1. 观看开幕式

组织戒毒人员集中收看中国共产党第十九次代表大会开幕式盛况。通过认真聆听习近平总书记代表第十八届中央委员会向大会所作的报告，戒毒人员了解了党和国家事业发生的历史性变革，了解了党提出的一系列重要思想、重要观点、重大判断、重大举措，充分认识了党领导全国人民在改革开放和社会主义现代化建设中取得的历史性成就。

2. 做好后续学习部署

专门召开会议进行周密部署，制订戒毒人员学习十九大精神配档表，各大队分别组织召开戒毒人员学习十九大精神动员会。全链条推进，广范围覆盖，确保学习宣传活动顺利开展。

3. 组织诗词歌咏比赛

党的十九大召开后，迅速组织戒毒人员学习经典古诗词，学唱红色歌曲，继承光荣传统。比赛时，各大队戒毒人员先后集体朗诵《满江红》《沁园春·长沙》《念奴娇·追忆焦裕禄》《沁园春·雪》《将进酒》《念奴娇·赤壁怀古》《劝学》等经典古诗词，合唱《强军战歌》《歌唱祖国》《精忠报国》《中国中国鲜红的太阳永不落》《祖国不会忘记》《点火》《祖国在召唤》等爱国歌曲，以饱满的热情、嘹亮的歌声，抒发对伟大祖国的热爱，表达坚定的戒毒信念。

4.丰富学习内容

由职能部门统一提供学习材料，戒毒大队组织戒毒人员利用晚间教育时间，通过观看视频、学习原文、交流讨论等多种方式，进一步强化戒毒人员对十九大精神的学习。

5.创新学习形式

利用周末时间，组织戒毒人员观看《大国外交》《不忘初心，继续前进》等政论专题视频，加深戒毒人员对十九大精神的理解。

6.开展征文比赛活动

在戒毒人员中开展学习十九大精神征文比赛，并将优秀文章在所局域网、所内报纸杂志等各类媒体刊登，进一步唤醒戒毒人员的民族自豪感和爱国主义情怀，提升戒毒人员的思想政治素质，激发戒毒人员的戒治积极性。

7.做好学习总结

在前期学习领会十九大精神的基础上，要求每一名戒毒人员结合自身实际写出心得体会，并深入查找自身存在的错误、问题和差距、不足，挖掘走上吸毒之路的根本原因，指导戒毒人员制定有针对性的改正措施，明确今后的努力方向。

（三）围绕主题，开展系列教育活动

一是开展“听党话、跟党走、讲政治、促戒治”巡讲活动。为强化对戒毒人员的社会主义先进文化教育，坚定戒毒人员“永远听党话、永远跟党走”的政治信念，鲁中所在戒毒人员中开展以“旗帜鲜明讲政治，走好戒毒人生路”为主题的政治教育巡讲活动。巡讲警察主要根据戒毒人员中普遍存在的政治意识差、政治觉悟低、政治信仰缺失、戒毒目标模糊等基本情况，从内涵、原因、要求、目标四个方面进行了详细而有针对性地讲解。首先，指出了讲政治的内涵。我们党所讲的政治是马克思主义的政治，是建立在崇高理想和远大目标基础上的政治，是为实现最广大人民根本利益的政治，是主张全体人民当家做主、享有各项民主权利的政治。其次，明确了讲政治的原因。讲政治是马克思主义政党的本质要求，是关乎党的前途命运的根本性问题。再次，阐述了讲政治的实践要求。要增强四个意识，坚定政治理想，践行正确的价值观，站稳政治立场，严守政治纪律。最后，提出了新时代的戒毒目标。时代在发展，社会在进步，戒毒人员也应该按照党的新要求、新目标、新举措，制定自己的人生规划和戒毒目标，坚定戒毒信念。巡回授课的教育方式，内容新颖、形式多样、环环相扣，既有对政治理论的讲解，也有现身说法的案例展示，更有授课警察对“讲政治”的深刻思考，激人奋进、引人深思，对戒毒人员从情感上认同党的领导、认同中国特色社会主义道路，坚定政治信念、重拾戒治信心、走好戒毒之路，发挥了积极的促进作用。

二是开展微课堂特色教育活动。为进一步构建大教育格局，提升教育戒治质量，山东省戒毒系统大力开展文化戒毒创新工作，探索出戒毒人员微课堂等特色教育形式。所谓戒毒人员微课堂，就是在正式的课堂教学之外，授课人员可根据教育时间的长短，采取灵活多样、简便易行的方式，随时对戒毒人员开展教育工作。微课堂授课时间短、授课内容多样、授课形式灵活，非常适合社会主义先进文化戒毒教育的开展。通过微课堂教育，将原来单调乏味、晦涩难懂的满堂灌式的政治教育形式变成了随机、分散、灵活、有针对性的启发式教育。例如：鲁中所在全所开展“听党话、跟党走、讲政治、促戒治”巡讲活动之后，为巩固巡讲活动成果，各大队立即结合自身实际开展了形式多样的微课堂教育活动。有的大队坚持将思想政治教育纳入每日教育时间，化整为零，每天清晨坚持收看时事新闻，晚间点名教育突出政治性，由值班警察围绕当前党和国家的最新政策、最新要求，用通俗易懂的形式为戒毒人员讲解。有的大队紧紧围绕沂蒙精神、十九大精神等内容，组织戒毒人员畅谈学习体会，交流学习心得，营造学习时代精神、走好戒治之路的浓厚氛围。有的大队则将学习党纪国法、学习红色精神与戒毒人员遵规守纪结合起来，要求戒毒人员将学到的政治要求、纪律要求落实到日常的戒治生活之中，落实到一日行为规范之中，使戒毒人员在政治学习中提升规范意识，在日常戒治中提升政治觉悟，真正做到学用结合，突出学习实效。另外，微课堂及时便捷的特性更有利于大队警察充分利用每一个节点，抓好、抓实社会主义先进文化戒毒工作。例如在2018年9月18日，某大队利用戒毒人员习艺劳动后的休息时间，开展以“牢记‘九一八’”为主题的微课堂教育活动。值班警察组织戒毒人员围绕日军颠倒黑白的开战动机、犯下的滔天罪行及中国军民英勇顽强的反抗斗争等方面进行了深入交流和讨论，开展了一堂生动的爱国主义历史教育课。戒毒人员纷纷发表自己的意见和看法，争相分享自己听到的、看到的抗战历史故事。一次简短的微课堂红色教育活动，激发起了戒毒人员的满腔爱国热情。

三是开展节日主题教育活动。例如，在国庆节，举行戒毒人员庆国庆升国旗活动，全体戒毒人员高唱国歌，回顾波澜壮阔的革命历史，感悟革命战争年代仁人志士抛头颅、洒热血、勇往直前、不怕牺牲的革命精神。组织戒毒人员集体背诵感恩词，感恩祖国的强大，感恩父母的不易，感恩队长的教导，感恩自己的付出和收获，感恩在人生成长道路上帮助过自己的每一个人。组织戒毒人员观看《厉害了，我的国》《杨善洲》《血战湘江》《狼牙山五壮士》《建国大业》等电影，使戒毒人员接受模范人物先进事迹教育，学习不畏艰难、勇于进取的奋斗精神，并以此转化为戒除毒瘾的强大动力。

五、开展社会主义先进文化戒毒的保障措施

要在戒毒场所稳步推进社会主义先进文化戒毒，就必须从组织领导、师资队伍、课本教材、理论研究等方面采取强有力的保障措施，才能确保各项工作得以落实，取得实实在在的效果。

（一）强化组织领导

要高度重视社会主义先进文化戒毒工作，树立全国一盘棋思想，从戒毒工作大局着眼，跳出山东看全国，跳出行业看戒毒，做好社会主义先进文化戒毒工作的顶层设计，形成统一、科学、规范的教育模式和制度机制。要建立健全相关组织领导机构，统一调配警力，集中优势资源，全力推进社会主义先进文化戒毒的探索和实践。

（二）提升队伍水平

要在借助社会力量和资源、开展社会主义先进文化戒毒的基础上，着重引进和培养自己的“文化大师”。要加大社会主义先进文化戒毒专

业人才的引进、选拔和培养力度，健全专业人才引进、培养、使用、激励机制，完善与高等院所联合培训模式，通过大力开展外出轮训、业务培训、挂职锻炼等脱产培训形式，培育戒毒警察的专业思维、专业素养和专业方法，建立一支正规化、专业化、知识化、职业化的人才队伍，提升队伍做好社会主义先进文化戒毒工作的能力。

（三）编撰课本教材

在社会主义先进文化戒毒开展初期，可以通过积极引入社会有关部门、机构公开出版编辑的社会主义先进文化教育书籍，作为先进文化戒毒工作的辅助教材。但随着工作的持续深入，仅仅靠辅助教材难以满足对戒毒人员教育戒治的需要，应该抽调专门人员组成编写组，尽快编撰一套与社会主义先进文化戒毒相配套的教育丛书。山东戒毒系统在推动传统文化戒毒过程中，已经编写了《国学·齐鲁文化入心工程国学读本》系列丛书和《学习手册》等传统文化戒毒书籍，积累了文化戒毒教材编写的丰富经验。这些经验，为做好社会主义先进文化戒毒书籍的编写工作提供了有利的借鉴和参考。要抓住社会主义先进文化戒毒工作顺利开展的有利时机，加快课本教材的编写进度，形成一批符合戒毒工作实际、适合戒毒人员需要并为戒毒人员所喜闻乐见的优秀教材。

（四）加强理论研究

将社会主义先进文化引入戒毒场所，开展社会主义先进文化戒毒，是一个极具创新性、挑战性和突破性的新课题。社会主义先进文化虽然是我国的主流文化，与国家经济社会的发展息息相关，与中国人的日常生活紧密相连，但将其运用到戒毒工作当中进而成为一种专门的文化戒毒方式，远没有达到成熟的阶段，其理论支撑尚不够牢固。而且，除山东等几个省份外，文化戒毒还没有在全国范围内大规模推开。因此，社会主义先进文化戒毒之路依然任重而道远。只有不断加强社会主义先进文化戒毒工作的理论研究，并在实践中不断丰富、完善和检验理论，才能形成可复制、可推广的理论成果和先进经验，推动社会主义先进文化戒毒工作持续向前发展。

社会主义先进文化戒毒是一项需要长期坚持、持续发力的系统工程，也是一项需要突破陈规、革故鼎新的创新工程，更是一项帮助戒毒人员彻底戒断毒品、实现戒毒工作终极目标的民生工程。随着戒毒形势的日益严峻，戒毒工作社会化、开放化的程度不断加深，戒毒事业与经济社会发展的联系更加密切，这就使得社会主义先进文化戒毒的影响范围从戒毒人员个人逐渐扩展到家庭、社区甚至整个社会。可以说，社会主义先进文化戒毒的完善程度和发展水平不仅关系教育戒治水平的高低，直接影响戒毒人员回归社会后的操守率和复吸率，而且间接影响社会的稳定发展，影响法治中国、平安中国建设，甚至可能影响决战全面建成小康社会的顺利实现。因此，我们必须高度重视社会主义先进文化戒毒工作，从戒毒事业和社会发展的大局出发来通盘考虑、周密部署，全身心投入先进文化戒毒的大潮之中，下大力气破除当前的重重障碍，不断提高场所文化发展水平，为戒毒梦、平安梦、发展梦、中国梦的顺利实现作出自己应有的贡献。

第八章 阳明心学戒毒

阳明心学戒毒是山东省戒毒系统在戒毒实践中以阳明心学为“道”总结出的一项以“训练戒毒人员戒除心瘾、修炼强大内心”为目标的特色戒毒技术方法。这一方法发挥阳明心学从根源上解决“心”的问题的优势，又根据其易于被国人接受的特点，充分激发戒毒人员的潜能，提升其心理戒治的成效。阳明心学戒毒技术以戒毒人员不同戒治期为节点，以“心即理”“致良知”和“知行合一”为核心，帮助戒毒人员变负性、消极的心理状态为正性、积极的心理状态，使戒毒人员重新认识自我、接纳自我、修正自我，以阳光、乐观的心态面对戒治生活。

第一节 阳明心学概述

阳明心学由明代著名思想家、文学家、哲学家和军事家王阳明创立，集儒、释、道三家之大成，蕴含了十分精妙的思想智慧，是中华思想文化发展史上一笔宝贵的财富。王阳明创立阳明心学，参透世事人心，终成一代圣哲；曾国藩研习阳明心学，编练湘军镇压太平天国，历时十二年克尽全功；稻盛和夫将阳明心学应用于现代企业管理，缔造了两家“世界500强”企业，成为日本“经营之圣”。

一、阳明心学的含义

阳明心学形成于明代中叶，由王阳明创立，经其弟子后学传承发展，兴盛于明代中后期，于明清之际转型，开启了近现代的良知之学。良知之学以良知为道德本体，以知行合一为修养方法，以致良知为实践功夫，以学以致用为目的，是一门切实有效、富有人文精神的实践哲学。

王阳明，本名守仁，字伯安（浙江绍兴府余姚县人），生于明成化八年（1472 年），卒于嘉靖七年（1528 年）。下面拟按照《阳明先生年谱》的记载，回顾其创立心学思想的历程。

二、阳明心学的发展历程（见图 8-1）

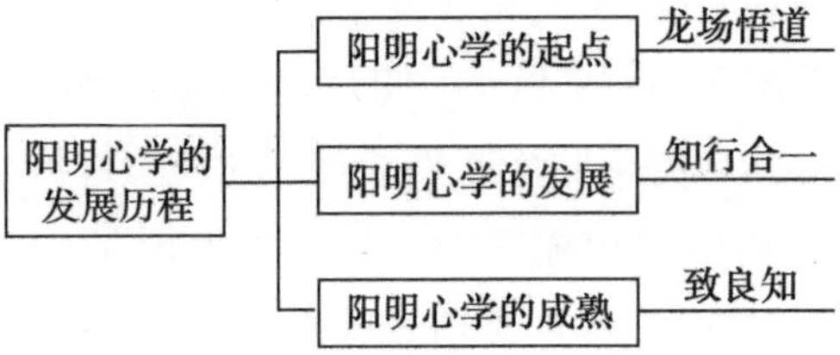

图 8-1　阳明心学的发展历程

（一）阳明心学的起点——龙场悟道

王阳明最初是按照程朱理学格物致知的方法来寻求成圣之道的。他曾经早晚都到庭院去格竹子，认为按照“今日格一物，明日格一物，豁然贯通”的方法，今天认识一件事，明天认识一件事，逐渐积累，自然就能贯通天理。但是，王阳明连续格了七天七夜，不仅对竹子无所认知，还积劳成疾。格竹的失败让阳明先生开始对程朱理学产生怀疑，但他并没有和理学决裂。从一定程度上来说，他还只是怀疑自己能力不够，才导致格竹无效。

正德元年（1506 年），王阳明因上疏得罪宦官刘瑾，被发配到贵州省龙场驿。在龙场极端恶劣的生存环境下，王阳明曾面临生死考验。但是，也正是这样一种困境，使他得以暂时远离官场的纷扰，有更多的时间思考多年来探索的问题。长期困扰他的格物致知问题被解决了。他认识到，“理”在每个人的心中，格物不应向外求“理”，而应反求于心。王阳明悟得“心即理，心外无物”的道理。

（二）阳明心学的发展——知行合一

王阳明在龙场悟道之后，在该地修建龙冈书院，为当地人讲学。这时他还只是悟到了“圣人之道，吾性自足”，还只是悟到了“心即理，心外无物”。

王阳明因为讲学而名声在外，受到了贵州提学副使席书的赏识。席书并不因为自己官阶比王阳明高而高高在上，反而亲自到龙场向王阳明请教朱陆心学与理学的异同。但王阳明并不作正面回答，只讲“心即理，心外无物”，讲“求之吾性本自明也”。席书一连来请教了王阳明四次，终于领悟心学的意义。之后，席书修建贵阳书院，亲率贵阳诸生以师礼请王阳明到贵阳书院去讲学。正是在贵阳书院讲学期间，王阳明的“心即理”思想得以继续延伸，纠正了当时儒生清谈的弊病，渐渐形成了“知行合一”的思想。这是他心学的第二大台阶。“心即理”是心学的基石，“知行合一”则是心学重要的发展。

（三）阳明心学的成熟——致良知

“致良知”是王阳明50岁后论学的宗旨，是阳明学说的集大成思想。“良知”思想的丰富和成熟，在经过朱宸濠与张忠、许泰变乱之后实现的。

平定朱宸濠及其后的忠泰之变，对阳明来说是一场意志、智慧、生死的考验。他多次置身于险恶的政治、军事环境中，屡建功勋，却屡遭诽谤和迫害。但他凭借自身的勇敢和机智，处变不惊，沉着应对，按照“良知”的指引摆脱危机和险境。其中许多生死攸关的时刻，都引发了阳明对自己以往学术的思索，推动着知行合一继续向前发展。在险死还生的环境中王阳明对人生的真谛有了更加深刻的理解。他曾多次声称，他的良知学说是从百死千难中得来的。可以说，“致良知”学说是王阳明在经历了复杂事变之后的深彻体悟，是他对自己生存智慧哲学的升华。这也是他最成熟、最重要的理论，是其对一生学说的总结。

三、阳明心学的基本理论（见图8-2）

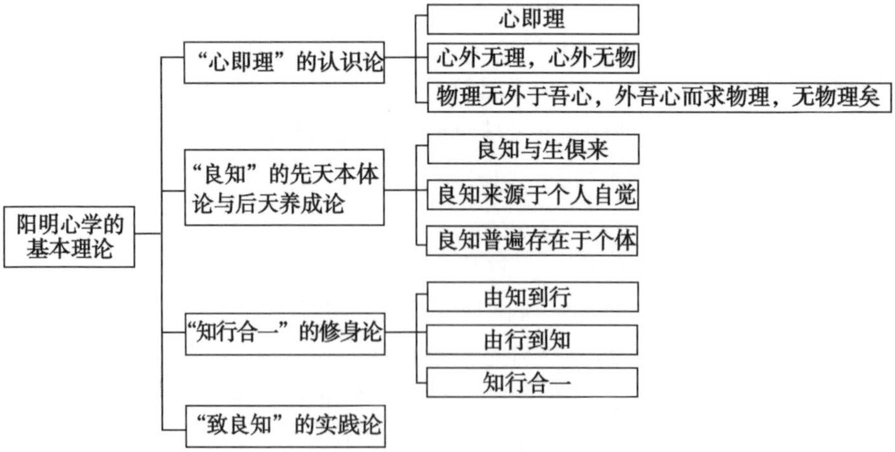

图8-2 阳明心学的基本理论

(一)“心即理”的认识论

所谓认识论,是指探究世界万物之本源的方法论。阳明心学认为心是体,物是用,包括“心即理”和“心外无物,心外无理”两个部分。

1.王阳明认为“心即理”

少年时期,王阳明运用朱熹主张的向物求理的方法格竹子,最后以失败告终。谪居贵州龙场时,经过一番苦思冥想终于悟出了“心即理”的道理。至此,王阳明坚信理不需求诸外,理也不是存在于心之外的物,主张心即天理所在。徐爱听了王阳明的“心即理”之说,认为至善只求于本心,恐怕不能尽天下事理。王阳明说:“事父这件事,难不成要去父亲那里求个孝的道理?事君这件事,难不成要去君主那里求个忠的道理?交友、治民这些事,难不成要去朋友、人民那里求个信和仁的道理?理都在自己心中,心就是理。”王阳明与徐爱的这段对话充分体现了阳明主张理就在人的心中,不需求诸外的观点。

2.王阳明认为“心外无理,心外无物”

在《传习录》中,王阳明这样对徐爱说:“身之主宰便是心,心之所发便是意,意之主体便是知,意之所在便是物。”体现了王阳明对于人的现实存在以及人作为主体如何回应外在事物世界的独特理解。王阳明认为,物已不再单单是自由之物,而成为人的意识作用对象,是主观意识加诸其上的“事”,是含有客观性的东西。但是,他并没有因此而将物、将存在排斥在外,而只是赋予其主观意义,说明物只有对于人来说才有意义,从而充分体现了人的主观性和能动性的思想,肯定了人是有意识的主导者。

王阳明说“心外无物、心外无理”是对“心即理”学说的进一步论证,主要强调的是人与事物的关系。他认为不能简单地认为心之外的其他客观事物不存在,而只能说与心没有建立联系的外界事物不存在于心中。

3.心与理的关系

王阳明提出“物理不外于吾心,外吾心而求物理,无物理矣”的观点,也就是说事物之理不在自己的心外,到心外探求事物之理,就没有事物之理了。他否认在主观之外有客观“物理”存在。在“心即理”的逻辑推论下,王阳明认为物理产生于吾心,吾心才是物理得以存在的先决条件。

在某种意义上，王阳明“心即理”的认识论有“发现自我”的意义，肯定了人的存在，认为人作为自身的存在而存在，而不是因为外部高悬的“理”而存在。

（二）“良知”的本体论

本体论是探究世界的本原或基质的哲学理论。儒家哲学认为仁是本体，扩充之后就是以良知为代表的四端之心。“知”不仅包括认知的“知”，更指的是道德的“知”。关于道德的来源，孟子就说过人具有“不虑而知，不学而能”的良知良能，说明人的道德的“知”是先天的，人具有天生的善端。王阳明继承了孟子的良知说，进一步阐述了如孟子说的良知先天性，还阐明了良知的自觉性和后天养成性。

1. 良知与生俱来

孟子说人具有不用思考就知道的良知和不用学习就具备的良能。王阳明赞同孟子的这一观点。他认为，良知是心的本体，心中的良知自然会知道怎么做是对的，人不学自然知孝悌，不用思索就会去救落井的孩童，都显示出恻隐之心。良知是人内心之中产生的，不来自外界。这说明良知是与生俱来的道德属性。

2. 后天良知来源于个人自觉

王阳明认为人们见到孩童落井便立马去救，人的这份恻隐之心是直接的第一反应，在救孩童时并不会考虑认不认识这孩子的父母、救了他会获得什么利益等问题。看到孩童落井的紧急情况便会冲上去搭救，体现了后天良知的自觉性。

3. 良知普遍存在于个体

良知普遍存在，圣贤和普通人都具备。王阳明说：“良知即是道。良知之在人心，不但圣贤，虽常人亦无不如此。”良知即天道。良知存在于人心中，不但圣贤，即使是平常人也是一样。由此可见，良知在每个人心中是普遍的、自觉的道德存在。

（三）“知行合一”的修身论

王阳明所谓的“知”不仅指知识的了解掌握和道德层面的“知”，更是人的本能知觉和自觉，“行”不仅指将知识运用于实践，解决实际问题，更是指践履道德规范，通过自觉认知体悟道德之知。《尚书》称，“知之匪艰，行之惟艰”，说的是知易行难；孔子说“讷于言而敏于行”，强调行比知更重要。王阳明对于知行的关系问题有自己独到的看法,其所谓的“知行合一”是研究认识和实践如何统一的主体构建问题。

1. 由知到行

王阳明所说的“知”重点是自觉之知,所说的“行”包含两层含义:一指道德意识活动,二指道德实践。由知到行指自我觉醒与自我重构,是道德意识活动。“知是行之始”,任何事物都是始于人的自我觉醒,凡是认识之真切、情感之发动、意志之决断都是行,是觉知与实践的和谐统一。

2. 由行到知

王阳明认为“行”是对自我觉醒的外在实践,“知是行的主意,行是知的功夫”。“行”是对“知”的实践,是在“知”的指导下完成的,“知之真切笃实处即是行,行之明觉精察处即是知”,对事物或道理是否知道得真切是可以从行为中验证的,行为的明觉精察也反过来影响对事物的理解。由行到知是人们来自于实践的沉浸式体验。

3. 知行合一

王阳明认为“知”与“行”相互包含,“知”中有“行”,“行”中有“知”,是谓知行合一。王阳明认为知行是一回事,不可分开。从道德层面上看,他极力反对道德知行的脱节以及知而不行,强调把一切道德活动归于个体的行动自觉。“知”是“行”的指导思想,“行”是“知”的完成,并反作用于“知”。二者互为表里,不可分离。

(四)“致良知”的实践论

人与动物的最大区别在于人有发达的大脑,有独立的思维意识,为人类实现不断的进步和超越提供了必需的条件。

孟子肯定人具有良知,但同时也要加以扩充。孟子用“扩充四端之心”的方法来说明“人性本善,但仍需去扩而充之”的道理。王阳明借鉴这一说法,并吸取《大学》中的“格物致知”一说,将良知主体应用于事事物物,致良知学说由此产生。王阳明把良知看作是非善恶的评判标准。他认为良知只是辨别是非的心,只要明白了是非也就能把握万事万物的变化。致良知的目的就是验证和实践辨别善恶的是非之心,培养一种实实在在的好恶之情,从而完美解决“万事万变”。

第二节　阳明心学戒毒的具体作用和价值

阳明心学戒毒是指根据戒毒人员的特点，系统运用阳明心学“心即理”的认识论、知行合一的修身论、致良知的实践论，唤醒和重构戒毒人员的“良知”主体意识，启迪戒毒人员的道德良知，引导戒毒人员的道德实践，使其不断完善自我人格，为戒除毒瘾而不懈努力。

一、阳明心学戒毒的原则

（一）平等性原则

王阳明认为在良知面前人是生而平等的，人是生而趋善的，良知是人人固有的。盗贼本来也是圣人，只是个人后天致良知功夫不同致使其知行不一，良知被私欲遮蔽，走向了为恶的道路。戒毒人员亦是如此，主要是因为好奇心驱使、他人蛊惑等误入歧途，内心良知仅仅是被私欲遮蔽而已。按照王阳明的观点，戒毒人员亦是具备良知的个体，只要在致良知上下功夫，为善去恶，祛除私欲，恢复良知本体的光明，不仅可以真正戒毒成功，而且可以重新融入社会群体。

（二）主体性原则

所谓主体性是指人在实践过程中表现出来的能力、作用、地位。正如孔子所提倡的“因材施教”一样，王阳明在良知教育过程中着重对受教育对象道德素养的培养。王阳明把受教育对象作为教育的主体，尊重受教育对象自身的成长环境、性格、特长等个性化特点。在阳明心学戒毒的实施过程中，要根据戒毒人员不同的智力与能力、受教育程度、认知水平等情况进行相对应的道德教育方式，强调个性化发展、个人意愿及个人的创造力的调动，遵循王阳明这种尊重受教育对象的主体性原则，促进戒毒人员的个性化成长，真正发挥戒毒人员的主体性作用。

（三）渐进性原则

戒毒历程必须在巩固戒毒效果的基础上才能开启人生的美好新征程。操之过急、拔苗助长、目空一切的行为都是错误的。阳明心学继承了儒家循序渐进的思想。戒毒过程也要循序渐进，要脚踏实地一步一步来，从实际出发，从戒毒工作的总体规律入手，由浅入深、由易到难、由少积多，落实格物致知之功，终有一天能够成功。

二、阳明心学戒毒的内涵(见图 8-3)

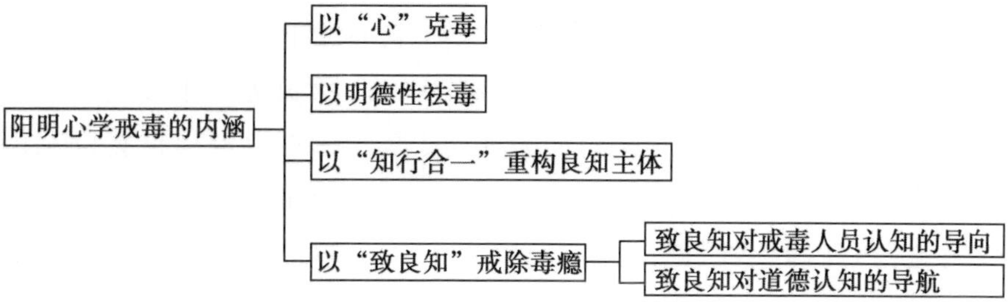

图 8-3　阳明心学戒毒的内涵

(一)以“心”克毒

按照王阳明“心”是道德本体也是道德主体的思想，及心是“良知”、是自我呈现和道德自觉，是知行合一，是道德修养和道德实践的理论观点，综合戒毒人员的共有特质，我们可以看出戒毒人员是一群失“心”之人，他们丧失了作为普通公民起码的道德良知却不自知，心灵长期处于缺位状态。

心者，身之主宰。戒毒人员无论是在吸毒之初，还是在戒毒之时，心都无法行使其道德主体的意识觉察功能，其认知偏差归因偏离、以丑为美等意识活动，不能及时求之于心、获得意识活动之理，致使无法获得真知，以知指导行更无从谈起。戒毒人员缺乏基本的热情，对待自己的至亲之人尚且不知道感恩，良知在其身上无法显现。另外，戒毒人员意志力薄弱，在戒毒道路上无法践行“知是行之始，行是知之成”。而且，受到其主观意志的影响，即使其对于“心即理”“吾性自足，不假外求”已经有所领悟，但无法做到“真行”戒毒之理，致使在戒除毒瘾时功败垂成，反复沉溺于毒瘾之中无法自拔，甘愿自我沉沦，这也是戒毒人员无法长期保持操守的重要原因。

阳明心学之“心”的价值，在于能够让戒毒人员自我意识觉醒，感受到人性中的自信和崇高，进而以“心”克毒。其整个心学体系可以总结为

“让戒毒人员成为一个善人，成为一个人自己应当成为的那种善人”。阳明心学戒毒就是要澄明戒毒人员的“心”之本体，运用王阳明“心”澄心息虑、省察克治、破心中贼的方法论，改变其知、情、意中存在的多种问题。

（二）以明德性祛毒

在王阳明看来，格物的“格”就是指去除人心的不正之处，保全本体的纯正。并且，在意念中就要去除歪斜以保纯正，亦即无时无处不存天理，也就是穷理。“天理”即“明德”，“穷理”即“明明德”。

王阳明认为：大人、小人，根植于内心的自然灵昭不昧的心是一样的，也就是良知自在人心。这句话表明，戒毒人员心中也是存在良知的。为了发其良知需用致知格物之功，胜私复理，确保戒毒人员心之良知得以充塞流行，此即“明明德”之功。

（三）“知行合一”重构良知主体

根据阳明心学理论，戒毒人员的良知不可能在冥思苦想中得到扩展，而只能通过反省、勤学、改过、责善得以重构。知行合一的主要功能，就是通过自我认知、自我觉醒、自我改过重构良知主体，把先天性的良知主体构建为后天的、稳定的良知主体。

王阳明认为，立志、勤学、改过、责善的过程是对知行合一的真实反映，也是重构人之良知主体的过程。

（四）以“致良知”戒毒

第一，致良知对戒毒人员认知的导向。致良知是人的良知主体形成之后自觉应用于事物的自然反应。这种自觉反应最基本的参照标准就是他们内心的信念与价值取向。这种价值取向的很大一部分内容就是后天的道德意志养成，也就是良知主体。没有内心的价值标准，没有后天的良知主体的形成，戒毒人员所输出的行为结果必定发生偏颇。相反，如果戒毒人员具备了社会性的道德价值标准和良知，并努力实行，那么其对于正确的道德认知会起积极作用，必然会对戒毒人员输出行为的客观性与理性起到很好的推动作用。

第二，致良知对道德认知的导航作用。戒毒人员身处的复杂的社会环境具有很强的诱惑作用和导向作用，非常容易将戒毒人员带入思维混乱的困惑状态。再加之自身分辨能力不足和认识水平的欠缺，戒毒人员的处世标准和世界观很容易遭到强烈的冲击和破坏。为有效改变这些错误观念，就需要发挥“致良知”在戒毒人员道德认知方面的矫正作用。“致良知”作为王阳明口中的“心之本体”，是人内心深处的一种天赋本领，与生俱来，不假外物。当本体良知成为主体良知之后，在戒毒人员为人处世的过程中，会自然而然地告诉他们什么是应该做的，什么是应该避免的。良知会在帮助戒毒人员在面对触目惊心的事情时作出正确的道德判断。当戒毒人员面临选择时，良知会像一个睿智的指挥官，凭着天生向善、向好的本领，帮助戒毒人员作出符合自身道德品性的决定。

第三节　阳明心学戒毒应用

山东戒毒系统综合阳明心学心即理、知行合一、致良知等理论内容，运用阳明心学的戒毒教育方法，采用多种教育形式和载体，发挥阳明心学的戒毒功能教育戒毒人员，形成了系统的教育体系。

一、阳明心学戒毒教育内容

（一）立志

在道德教育中，王阳明十分重视立志对人的成长发展的影响。明正德四年（1509 年），受时任贵州提学副使席书的邀请，王阳明赴贵阳的文明书院讲学。在这里，王阳明开始传授“知行合一”思想，强调学习要有“着力出”。王阳明所说的“立志”，不是追求功名利禄之志，而是要立成就圣人之道之志。具体而言，就是要成就尧、舜、禹、汤那样的圣人，立对国家、对百姓负责之志，而非将个人名利作为人生之志。

以王阳明立志的做法和理论教导戒毒人员，必须立戒毒之志，不断强化自身戒毒意愿，给予自己正向强大的心理暗示，为戒除毒瘾奠定坚实的心理基础。同时，引导戒毒人员立志于将个人理想奋斗目标转化为自觉承担责任，特别是对家庭、对社会负责。可以说，立志是驱使戒毒人员自觉确定目标，并根据目标调节、支配行动，从而实现预定目标的心理过程。

（二）改过

改过是戒毒人员能够立志戒毒并一路前行的前提。王阳明认为人

“不贵于无过，而贵于能改过”。戒毒人员缺乏廉耻忠信之行，薄于孝友之道，陷于狡诈偷刻之习，这些皆为其过。要设置内省方式，教导戒毒人员静思自省，明道反思，帮助他们发现问题所在，以祛除蒙蔽，重现良知。要求戒毒人员既要重视改过的过程，也要注重结果；既要有虔诚的态度，有切实的改过行动，按照知行合一的理念行改过之实，同时也要能够持之以恒，不能因旷日持久而生懈怠之心。改过可以使戒毒人员身心得到发展，重现心境澄明，祛除心的障蔽，帮助他们戒毒成功。

（三）着实躬行

王阳明非常强调做事应着实躬行。他的“知行合一”思想，有助于解决戒毒人员的冥行妄作的问题，即戒毒人员嘴上喊着戒毒，行为依然我行我素，甚至自我麻醉、自我催眠，在行为上迟迟不行戒毒之实。

戒毒涉及的任何事情都不能离开实际行动，在教授戒毒人员戒毒技能的同时，也要想方设法地让其积极实践。王阳明非常注重实践，认为空谈理论不能带来真知。同样，空谈戒毒理论也不能带来戒毒真知，真知来自于“躬行”。由“知”戒毒到真戒毒，要教导戒毒人员将所学的戒毒常识、生涯规划等知识转化为能力，在回归后的生活中付出艰苦的磨练和实践，切实按照知行合一的思想戒除毒瘾。

（四）事上磨练

王阳明认为人必须在事上磨练、用功才会有进步，若只爱静，遇事则会慌乱，始终不会有进步。静时的功夫，表面看是收敛，实际上却是放纵沉沦。高尚的道德境界，不是可以轻松达到的，需要人经历各种艰苦复杂环境的磨练，并且能够超越所遭受的艰难险阻，做到不怒不惧，以良知直面处境，切实履行需要承担的责任。学习阳明心学就是学习他的思想方法，教导戒毒人员做“事上磨练”的功夫，摆脱毒瘾的束缚。

阳明所谓“事上磨炼”，亦包括在本心日用事为间，体究践履，实地用功。我们要求戒毒人员要时刻通过“声色货利”的生活实践去体验“良知”，在实行“忠、信、礼、义”道德原则的活动中磨炼内心。着实躬行既是对曾子关于“吾日三省吾身”的具体化，同时又有所发展，帮助戒毒人员在“日用事为间”的内省和悟道。

根据心学理论，吸毒人员的“心”并没有坏，完全有可能戒毒。佛家有“七处征心”的故事，就是说毒瘾并不在“心”里。虽然对毒品有生理依赖和心理依赖，但这些都是不真实的。通过修心，完全可以去除毒瘾。

二、阳明心学的教育形式

（一）场所文化宣传

在戒毒场所设立阳明心学文化宣传牌，详细介绍阳明心学理论体系。讲述王阳明生平事迹，以王阳明少年立志、脱衣审案、江西平叛等通俗易懂的故事，深化戒毒人员对于阳明心学立志、改过、着实躬行、事上磨炼的理解，潜移默化地影响戒毒人员的认知和行为，塑造良好的阳明心学教育氛围。

（二）阳明心学教学活动

第一，开展阳明心学视频教学，聆听浙江大学教授董平主讲的王阳明心学公开课。系统学习王阳明理论的逻辑起点和实践品格、本心的自我开显与自我表达、心体的自我澄明与价值实现等思想，加强戒毒人员对于阳明心学内容的宏观把握。通过与戒毒人员讨论心得体会，内化戒毒人员的感悟，促进戒毒人员知行合一理念的形成。

第二，泰山管理学院教授白立新为戒毒人员讲授阳明心学的哲学智慧。白立新教授深入浅出地阐释了心学的本体、主体、客体的哲学逻辑关系，强调知行合一对于主体构建的重要性，引导戒毒人员用心思考自己的社会角色和社会理想，明晰此心的洞察能力，实现三体合一，激发戒毒人员戒除毒瘾、自觉承担社会责任的愿望。

第三，开展阳明心学课堂教学。精选阳明心学中“破心中贼、立志、勤学、改过、着实躬行、事上磨炼、省察克治”的教育理念，将其实施于戒毒人员的小班制教学中，教育戒毒人员转变自我意识，消除内心中存在的错误意念，彰显良知良能的主体作用。使戒毒人员切实以知行合一、致良知的理念付诸行动，痛改前非，立志戒毒，真正践行，并在挫折与困难中磨炼自己，以阳明心学指引自己戒毒。

（三）静坐冥想

在戒毒人员戒治过程中，我们将阳明心学的事上磨炼与静坐冥想结合起来，将戒毒人员面临的来自生活、家庭、社会的种种问题，以静坐冥想的形式，行省察克治之功，透过现象直指问题本质，将他们的好色、好货、好名等私欲逐一追究搜寻出来，拔去其病根。

三、阳明心学戒毒的功能

（一）促进戒毒人员生理脱毒

戒毒人员在被强制隔离戒毒以后，会面对家庭、经济、社会等一系列现实问题。面对陌生的戒治环境，他们感到担忧、彷徨和无助，因此产生强烈的心理反应，表现为恐惧、焦虑、紧张、忧心等。阳明心学认为“心即理也”，认为人“心”是完满无缺的，“心”的本体能够清晰地认识整个世界，能够避免纯粹地生活在感觉中。戒毒人员生活的世界实际上由自己的内心决定。以阳明心学心即理、心外无物的理念引导戒毒人员发心着意于戒毒，将戒毒人员的注意力转移到戒治生活中来，使其积极转变心态，主动调适自我，尽快融入戒治环境，努力开启全新的戒毒生活。

（二）促进戒毒人员身心康复

“良知者，心之本体。”良知即“心”，致良知就是完全依照“心”来行事，就要在“意”的表达过程中做到对自己诚实。王阳明认为，“致知”就是致吾心内在的良知于世间万物。这里所说的“良知”，既是道德意识，也指最高本体。他认为，良知人人具有，是一种不假外力的内在力量。“致”本身即是兼知兼行的过程，因而也就是自觉之知与推致知行合一的过程。“致良知”引导戒毒人员舍弃不良认知，进而用良知主体指引行动，达到“心物一体、我心光明”的境界。戒毒人员长期受毒品侵害，人生观扭曲，良知被遮蔽，所发出的“意”（念头）就有了恶念。通过心体良知的能动作用，使戒毒人员认识到自己以往“意”的偏差是导致吸毒行为发生的原因；恢复戒毒人员的“心”到“无善无恶”的明洁本真状态，回归自我本位，唤醒主体意识，从而达到加强戒毒人员身心康复之目的。

（三）促进戒毒人员回归社会

“知是行之始，行是知之成。”认识事物的道理与在现实中运用此道理密不可分。只有把“知”和“行”统一起来，才能称得上“善”。戒毒重要的是改变不良行为，戒毒人员不仅要说，更要做，效果比道理更加重要。阳明心学戒毒教育，重在使戒毒人员产生持续的行动力，促进戒毒人员由戒治生活向社会生活的过渡。

戒毒人员在回归后适应社会时产生的新问题、困难和挑战，更需要以知行合一为指导，形成正确的自我认知、良好的人际沟通能力以及应对毒品的方式，以知行合一的方式促进戒毒人员形成更高层次的人生观、价值观，增强保持操守、预防复吸的意志和能力。

四、阳明心学戒毒案例

（一）在戒毒人员中开展“五段递进式”阳明心学戒毒教学案例

1. 案例背景

戒毒人员由于生活成长经历和家庭教育背景等多方面的原因，没能形成正确的世界观、人生观和价值观，走上吸毒道路。缺乏正确的世界观、人生观、价值观作指导，缺少理想信念的召唤，使得他们人生的原动力不足，方向感不强，缺少戒除毒瘾、追求美好生活的强烈意愿，当遇到难度稍大一些的挑战时就会丢盔卸甲、败下阵来，使自己的戒治进程遭遇严重挫折。为帮助戒毒人员提升戒治意愿，促进戒毒人员生理和心理的进一步康复，重塑正确的人生观、价值观，山东省鲁中强制隔离戒毒所综合应用阳明心学，结合团体活动，实施澄心息虑—正心诚意—立心明志—化心笃行—仁心至善五段递进式教学，帮助戒毒人员以更加完善的状态迎接未来生活。

2. 案例基本情况

(1)“五段递进式”阳明心学戒毒教学设计

①人员挑选：选取戒毒人员 60 人，随机分为两组，一组为开展“五段递进式”阳明心学戒毒教学组，另一组为对照组。

②教学安排：本次“五段递进式”阳明心学戒毒教学共进行 2 周，每周 5 节课，每节课 1 小时，在教学前后实施焦虑自评量表(SAS)测验。

③教学内容：教学内容为传统文化、团体活动的结合，如表 8-1 所示。

表 8-1 “五段递进式”阳明心学戒毒教学内容

教学名称	澄心息虑	正心诚意	立心明志	化心笃行	仁心至善
课时	2	2	2	2	2
传统理论	阳明心学“心”的内涵	《〈大学〉问》	阳明心学“心即理”与“知行合一”	阳明心学“致良知”	阳明心学“万物一体之仁”
团体活动	内观冥想及体验分享	个体“冰山”分析	价值拍卖与生命线	职业倾向探索	戒毒规划：列出你的清单

(2)“五段递进式”阳明心学戒毒教学实施

①澄心息虑，克除不良情绪。王阳明认为，“心”是道德本体，是万物的主宰。通过对阳明心学“心”的内涵的讲解，让戒毒人员明白“心外无物”，心能够主宰自我世界的道理。戒毒人员采用静坐的方式进行内观冥想，调整呼吸频率和深度，消除内心杂念，静下心来，感悟心的本然状态，澄明心性，消除不良情绪，为修炼强大的心理奠定坚实基础。

②正心诚意，开启明德之门：使戒毒人员成长为一个顶天立地的人非一朝一夕之功，需要戒毒人员严格要求自我，不断增长德行。结合萨提亚的冰山隐喻，帮助戒毒人员更加明确地认识自我状况，觉察自我问题，引导戒毒人员初窥入德门径。

③立心明志，树立人生目标：“志不立，天下无可成之事。”戒毒更须立志，不仅立戒毒之志，更要树立人生目标。运用“心即理”和知行合一理论，教导戒毒人员明确立心明志的重要性。开展团体活动如价值拍卖、生命线等帮助戒毒人员明确自己的价值和人生追求，对应能量层级定位当前状态和未来目标。

④化心笃行，良知引领行动：运用致良知理论，教导戒毒人员知行合一，与精神分析理论相结合，以致良知促进自我人格扩建，开展职业倾向探索团体活动，分享职业生涯规划，将所知落实于行动，为未来的自力更生做好思想准备。

⑤仁心至善，致力幸福生活：去恶从善是格物。引导戒毒人员建立动态的心理修正理念，克其私，去其蔽，拔本塞源，以修炼万物一体之仁

为毕生目标。倡导积极的心理理念,使戒毒人员建立正向思维,提升积极品质,追求持续的幸福生活。开展团体活动"列出你的清单"规划自己未来的戒毒生活,以正向语言描述,体验积极思维给予自身的正能量。

(3)"五段递进式"阳明心学戒毒教学效果评价

两组戒毒人员教学前后SAS评分比较结果发现,教学组相比于对照组,焦虑评分明显降低,体现了良好的教学效果。

①"五段递进式"阳明心学戒毒教学的优点:"五段递进式"阳明心学戒毒教学将传统文化、团体活动结合起来,内容丰富、形式多样,能够引起戒毒人员的兴趣。尤其其中以团体活动深化理论学习的过程为戒毒人员所喜闻乐见,让戒毒人员在潜移默化中逐步消化所学内容,使戒毒人员真正可以学有所悟,促进其整体状况完善提升。

②"五段递进式"阳明心学戒毒教学的不足:首先,样本量过少,在效果方面还不稳定,需要增大样本量,持续开展"五段递进式"阳明心学戒毒教学,取得稳定的效果后才能大面积推广。其次,教学的效果具有延后性和内潜性,对教学效果的评价还要放在更大的时间尺度上把握,戒毒人员戒治生活后期的表现有待进一步跟踪和观察。

(二)阳明心学指导戒毒人员回归规划案例

1.案例背景

李某,男,汉族,年龄40岁,中专文化程度,已婚。因吸食冰毒被强制隔离戒毒。目前,李某还有半个月时间就可解除强制隔离戒毒。他情绪低落、焦躁,对回归社会后的生活充满担忧,自述近一个多月不愿与人交流,并伴有食欲不振、失眠等症状。

李某自述与父母、妻子关系尚可,父母、妻子曾多次来所探访,表达对李某的关爱以及共同生活的愿望,但前提条件都是李某必须戒除毒瘾,过回"正常人"的日子,不要再被亲戚朋友"另眼相看",这给李某带来了很大精神压力。面临即将解除强戒,李某更加忧心,担心自己无法达到家人预期,让他们感到失望,不知道该怎么面对父母、妻子,再加上"出去能做什么工作解决生计,能否远离以前的狐朋狗友以巩固戒毒成果"等问题一直困扰着自己,对未来充满担忧,因此暴躁易怒,不想和别人说话,一想起出所后将要面对的生活就吃不下饭,已经失眠多日。

2.案例基本情况

（1）制定教育戒治方案

①原因分析确定戒治方向：对李某情况进行综合分析，全面挖掘其出现易怒、失眠等情绪反应的深层次原因，为教育矫治确定方向。

②心理测验掌握心理状况：在征得李某同意的前提下，实施SCL-90、焦虑自评量表、抑郁自评量表、自我效能感量表的测验，全面确定李某的现实状况。

③方案制定：第一，运用事上磨炼思想，立足于现实，澄心息虑，将不合理观念一一搜寻出来，省察克治，逐步矫正李某认知模式，调节其情绪状态，消除其情绪症状。第二，通过着实躬行思想，塑造和建立其阳光心态，正确对待戒治路上的困难，以实际行动解决问题，热情迎接回归生活，发挥阳明心学戒毒教育矫治的长效作用。第三，运用致良知的主体意识构建功能，发挥其内心潜能，以良知本体实实落落地系统作出戒治、家庭、社会三个方面的未来规划，为开启未来美好生活奠定基础。

（2）教育戒治方案实施情况

①综合分析查摆原因：李某对回归社会和家庭感到无所适从，害怕受到来自亲人、朋友、社会各界的歧视，缺乏与妻子父母积极沟通的思想意识，对再就业信心不足，不知道如何与以前的朋友相处，惧怕因为一时不慎而再次堕入深渊。总而言之，李某对于回归后的戒治、家庭、就业等状况仅限于零星、碎片化的认知，无法形成适合自己的整体概念，更谈不上主动规划未来人生方向。李某具备了希望戒除毒瘾、修复亲情、回归社会的强烈意愿，但同时缺乏对于未来诸多变数的应对方法。两方面形成反差，造成了他的激烈心理冲突，致使其出现了一系列的情绪状况。

②量表测验确定心理状况：经测试其心理状况如下。SCL-90：躯体化：1.5；强迫：1.7；人际关系敏感：2.2；焦虑：3.3；抑郁：2.1；敌对：1.8；恐怖：1.6；偏执：1.9；精神病性：1.5；其他：1.2。

焦虑、抑郁、人际关系敏感提示阳性项目，表明具有焦虑、抑郁、人际相处困难倾向。运用SAS、SDS量表测验，进一步测定焦虑、抑郁情况。

SAS：标准分63。中度焦虑。

SDS：标准分 52。无抑郁。

一般自我效能感：平均分 1.7。自信心较低，自我效能不足，反映出对当前状况的焦虑。

③方案实施：主要分三个阶段对其进行心理疏导。

第一阶段——事上磨炼，搜拔病根，省察克治。

给李某讲授关于人类情绪方面的常识，说明焦虑、烦躁等情绪是人类与生俱来的，不要为此而自暴自弃，应尝试接纳自己，并且告诉他现在正是事上磨炼的最佳时机。通过三次静坐冥想，让李某冷静下来，查找产生问题的根源；磨炼心性，正确面对自身状况；进而鼓励他自立自强，直面戒治生活的问题。改善李某的情绪状态，使其学会以正确的方式应对不良情绪。

第二阶段——着实躬行，设立目标，亲身践履。

李某的情绪状态得到了很大改善，但当他想起一些现实问题时，思维意识还是会受到限制，无法自我调整。鉴于此，请李某列出一日清单，表明心中的困惑以及自己想要做的事情，并在戒治生活中努力实行。一天结束后，再来检视清单，对照自己的实际行动，思考未能完成部分的原因，直至其能够完成清单中的全部项目，在现实中着实躬行，践行知行合一。通过这一阶段，可以发现李某自信心越来越强，自我价值感逐步增强，并能够考虑到未来更多的可能性，具备了积极实现愿望的意愿和方法。

第三阶段——致良知指导回归规划。

经过前两个阶段的教育矫治，李某基本摆脱了消极情绪的困扰，不再逃避内心冲突，建立起了知行合一的思维模式，但对于回归后的现实性未来还是不免有所担忧。请李某明确良知是自己具备的天赋道德意识，“致”就是将此天赋道德意识扩展到事事物物。通过系统分析未来戒治、亲情（家庭）、社会（就业）三个维度上可能存在的情况，引导李某以良知为导向，探索自己可能会采取的措施，从这三个方面全面细致地规划未来生活。

（3）效果评估

①李某自我评估：自述在咨询结束阶段，焦虑情绪得到明显改善，意

识到自己以前"破罐子破摔"的想法是错误的，并感慨地说："在即将解除强戒之前，我最担心的就是家庭和社会不能接纳自己。经过这样的教育辅导，我明白了人最需要的就是战胜自我，放下执着，找回本心。只有这样，才能拥有健康的心态，充满自信心，才能拥有一个美好的未来。"

②心理测验前后对比：在李某的主动配合下，咨询取得良好的效果。咨询结束前，再次运用 SCL-90 症状自评量表对李某进行心理测验，结果显示其人际关系、抑郁、焦虑因子分适中，SAS 测验标准分 33 分，心理健康状况得到康复，一般自我效能感平均分 3.6，自信心得以增强，自我效能有了很大程度的恢复。

③人生规划：李某在咨询结束后，主动规划未来人生。在戒治生活方面，他从自我控制、社会交往、高危情景等方面冷静分析，列出对策，为回归后的戒治保驾护航；在家庭亲情方面，他通过电话、书信积极与父母、妻子沟通交流，探讨回归后的相处之道和共创美好未来的信念；在立足社会方面，他客观看待自身优势，希望充分利用职业技能培训和就业创业培训的契机，积极寻求就业创业机会，争取能够自食其力，成为社会有用之人。在戒治、家庭、社会三个层面都体现了良好的咨询效果。

④回访情况：李某现已回归社会。通过电话回访了解到，目前为止，李某保持操守，积极与家人沟通，重新就业并努力工作。

(4)几点思考

①回归社会之前戒毒人员特点及应对措施：回归社会之前，戒毒人员虽然生理上对毒品的依赖已彻底根除，心理上对毒品的依赖也逐渐减弱，但大部分戒毒人员对自己出所后的未来没有信心，担心自己回去以后家人、朋友不理解，被社会另眼相看。为使即将回归社会的学员在出所后拥有一个良好的状态，尽快适应并融入社会，具备接纳自我与应对未来困难的勇气，我们在这一阶段仍然需要强化教育戒治措施，以进一步坚定其戒毒信心。同时，也需要社会力量的广泛参与，对于戒毒人员的社会适应给予更多的关怀和帮助，形成促进戒毒人员戒除毒瘾、回归社会的长效机制。

②阳明心学戒毒教育的优势：阳明心学认为"吾性自足，不假外求"。阳明心学戒毒教育的功能不仅在于建设也在于修补，因此，阳明心学戒

毒的研究对象不仅是正常的、健康的普通人，还包括少数有“问题的人”。阳明心学立志、改过、勤学等思想更加注重发扬戒毒人员人性本有的先天良知，以此唤醒和重建戒毒人员的后天良知，更有助于戒毒人员恢复人性的积极面，具备广泛的应用前景。

第三编　心理戒毒研究

戒毒问题是一个公认的世界性难题，毒品成瘾和毒品滥用已成为21世纪对人类身心健康危害最大的问题之一。自毒品问题产生以来，世界各地政府官员、专家学者、戒毒从业人员付出了无数心血和努力，苦苦探索和寻找帮助吸毒人员戒断毒品、消除毒品危害的有效措施和便捷路径。但时至今日，还没有哪一种办法和措施能“一招制敌”“药到病除”，使吸毒人员完全摆脱毒品依赖、从此不再复吸。

毒瘾就像幽灵一样，纠缠着吸毒人员，折磨着吸毒人员的身心，危害着社会的和谐稳定。毒瘾难戒，根在心瘾难除。随着心理学理论和实践的发展，认知行为疗法、动机强化疗法、内观疗法、正念疗法、萨提亚心理治疗、心理教练、团体心理咨询等心理咨询和治疗方法，成为人们挑战毒品成瘾的有力武器。山东省戒毒系统按照司法部科学、规范、专业戒治的统一要求，从戒毒工作大局出发，借鉴西方和国内相关理论和技术，大力推进心疗专业戒毒，并山东省戒毒工作实际，进行了一系列心疗戒毒方面的研究和创新，取得了不少独具山东戒毒特色和亮点的研究成果，初步形成了比较系统和完善的心疗戒治体系，为全省戒毒工作的跨越发展和创新突破注入了活力、增添了力量。

第九章　认知行为疗法戒毒

认知行为疗法(Cognitive-Behavioral Therapy,CBT)是目前最有影响力的心理辅导和心理治疗方法之一。它运用认知重建和行为改变的方法来纠正人们不合理的信念,教给人们改善行为的技能和解决问题的策略。在众多的戒毒方法中,认知行为疗法不失为一种重要而又切实可行的方法。

第一节　认知行为疗法概述

认知行为疗法是美国心理学家贝克在 1976 年建立的以认知治疗为基础,由认知和行为治疗相互吸纳、互为补充形成的系统心理治疗方法,是认知理论和行为疗法的结合体。经过几十年的发展,认知行为疗法的整个体系更加成熟,基本框架日臻完善。

一、认知行为疗法的内涵

认知行为疗法是一个融合认知治疗和行为治疗于一体的心理治疗方法,是通过改变个人非适应性的思维和行为模式来减少失调情绪和行为,改善心理问题的一系列心理治疗方法的总和。目前,认知行为疗法已经成为世界上最为广泛流行、被使用最多的心理治疗方法。

认知行为疗法认为治疗的目标不仅仅是针对行为、情绪这些外在表现,而且要分析病人的思维活动和应付现实的策略,找出错误的认知加以纠正,如图 9-1 所示。

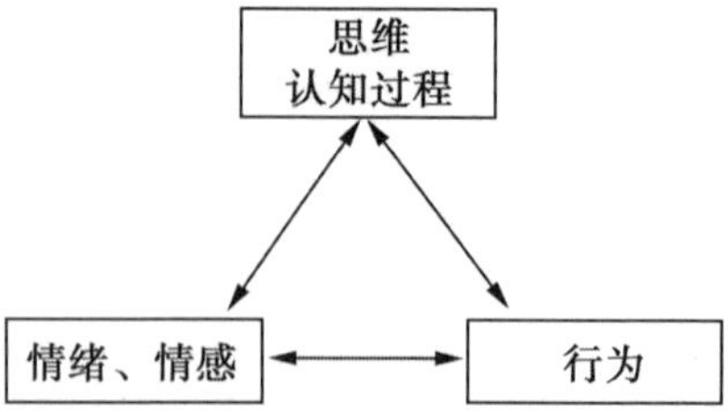

图 9-1　认知行为疗法图

认知行为疗法认为，人的情绪来自人对所遭遇的事情的信念、评价、解释或哲学观点，而非来自事情本身。适应不良的行为与情绪，都源于适应不良的认知。例如，一个人如果一直“认为”自己表现得不够好，连自己的父母也不喜欢他，他就会做什么事都没有信心，心情也很不好。认知行为疗法治疗的策略便在于帮助他重新构建认知结构，重新评价自己，重建对自己的信心，更改自己认为“不好”的认知。

二、与认知行为疗法相关的几个概念

（一）自动思维

人们在遇到事情后脑子出现的想法称作“自动思维”。举例来说：人看到狗会产生恐惧心理，是因为人在看到狗与恐惧反应之间有一个想法，即“这狗会咬我”，甚至还会联想到“狗咬人”的恐怖画面。在这个例子中，“狗会咬我”就是自动思维。

自动思维没有好坏之分，只有适应和非适应之分。非适应部分也称“歪曲思维”或“错误思维”。歪曲和错误的思维以“自动思维”的形式出现，即这些错误思想常是不知不觉地、习惯地进行，因而不易被觉察到。

不同的心理障碍有不同内容的认知歪曲。例如，抑郁症大多对自己、对现实和将来都持消极态度，抱有偏见，认为自己是失败者，事事都不如意，将来毫无希望。焦虑症则对现实中的威胁持有偏见，过分夸大事情的后果，面对问题只强调不利因素，而忽视有利因素。

常见的认知歪曲：

（1）主观臆想：缺乏根据，主观武断推测。如某患者因某件工作未做好，便推想所有的同事会因此看不起她。

（2）一叶障目：置总体前后关系和背景不顾，只根据细节或一时的表现而作出结论。如某学生一次考试中有一题答不出，事后一心只想着未答的那道题，并感到这场考试全都失败了。

(3)乱贴标签：即片面的把自己或别人公式化。例如某一患者将孩子学习不好归于自己，并认为自己是个“坏母亲”。

(4)非此即彼的绝对思想：认为不白即黑、不好即坏，不能容忍错误，要求十全十美。例如某位患者有一次考试未达到预定目标，便认为自己是个失败者，一切都完了。

(二)核心信念

核心信念是支持每个自动思维的核心部分，类似于世界观、价值观等，它们是指导和推动生活的动力。这些信念被人们认定是绝对的真理。其工作原理如图 9-2 所示。

大多数人会维持比较正向的核心信念，如“我是有价值的”；而有心理障碍的人多有负性的核心信念。例如，如果一个人的核心信念是“我是没有能力的”，那么在生活中他就会倾向于选择性地注意与此核心信念有关的某些信息，并倾向于消极解释积极信息，且持续相信和维护这一信念。负向核心信念大多数和人早年的成长经历有关。与自动思维不同的是，核心信念深藏在人的内心，不容易被清楚地表达出来，一般在治疗中和治疗师的持续探询下，才可能被了解。

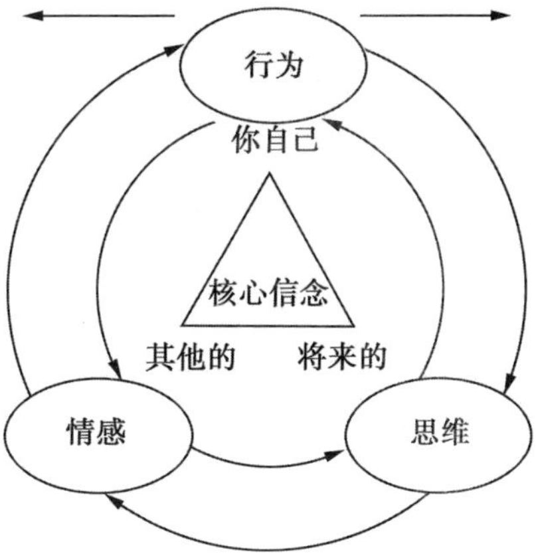

图 9-2　核心信念工作原理图

三、认知行为疗法的实施步骤

（一）建立治疗关系

治疗者和来访者的关系要和谐，尽量采取商讨式的态度。治疗者要扮演诊断者和教育者的角色；来访者也不能只是被动接受，还要对自己不正确的观念加以内省，发挥自己主动认识事物解决问题的能力，这是个主动再学习的过程。

（二）确定治疗目标

目标即是通过发现并纠正错误认知的过程，使来访者改变到正确的认知方式上来。治疗者与来访者要目标一致。

（三）确定问题（提问和自我审察技术）

治疗者要找到来访者不正确的认知观念，首要的任务是把来访者引到特定的问题上来，方法包括提问和自我审察等。提问是要把患者的注意力引至与他的情绪和行为密切相关的方面，对于重要的问题可以反复提问。自我审察是鼓励来访者说出其对自己的看法，并对自己的看法进行细致的体验和内省。

（四）检验表层错误观念（建议、暗示、模仿）

表层错误观念为来访者对自己行为的直接具体的解释。对于这些观念可采取建议的方式，建议来访者进行某一项与错误解释有关的活动，检验其正确与否；采取演示的方式，鼓励来访者进入现实的或者想象的情境，使其对错误观念的作用方式及过程进行观察；可以演心理剧，将自己的行为及观念投射到所扮演的角色身上，通过观察角色，使来访者客观地对待自己；可以采用模仿的技术，模仿别人的行为。

（五）纠正核心错误观念：语义分析技术

核心错误观念往往是一些与抽象的概念有关的命题。必须通过逻辑水平更高、更抽象的技术进行纠正。灾变祛除、重新归因、认知重建等技术都离不开语义分析技术。

（六）认知的进一步改变：行为矫正技术

通过行为矫正技术改变患者不合理的认知观念，只是这种技术不是针对行为本身，而是将其与认知过程联系起来，形成良性循环。首先，要设计某种情境或模式，使来访者产生通常他所忽视的情绪体验，这种体验一出现就给予强化,这对来访者十分重要。其次,来访者也要学会获得这种体验的方法。

(七)新观念的巩固(认知复习)

通过留作业的方式给来访者提出相应的任务。它是前几步治疗的延伸,使来访者在现实生活中更好地巩固那些新建立的认知过程和正确的认知观念。

第二节　常用的认知行为疗法及原理

认知行为疗法是一组通过改变思维或信念和行为的方法来改变不良认知、达到消除不良情绪和行为的短程心理治疗方法。具有代表性的有阿尔伯特·艾利斯的合理情绪疗法、唐纳德·梅肯鲍姆的认知行为矫正技术和阿伦·贝克的认知疗法等。

一、阿尔伯特·艾利斯的理性情绪疗法

(一)艾利斯的人性理论

(1)人既可以是有理性的、合理的,也可以是无理性的、不合理的。当人们按照理性去思维、行动时,他们就会很愉快、富有竞争精神,行动有成效。

(2)情绪是伴随人们的思维而产生的,情绪上或心理上的困扰是由于不合理的、不合逻辑的思维造成的。

(3)人具有一种生物学和社会学的倾向性,倾向于其在有理性的合理思维和无理性的不合理思维之间,即任何人都不可避免地具有或多或少的不合理思维与信念。

(4)人是有语言的动物,思维借助于语言而进行。不断地用内化语言重复某种不合理的信念,这将导致无法排解的情绪困扰。

(5)情绪困扰的持续,实际上就是那些内化语言持续作用的结果。

(二)艾利斯的 ABC 理论

(1)ABC 理论的基本观点:艾利斯认为,人的情绪不是由某一诱发性事件的本身所引起,而是由经历了这一事件的人对这一事件的解释和评

价所引起的。这是ABC理论的基本观点。

（2）ABC理论模式：A是指诱发性事件；B是指个体在遇到诱发事件之后相应而生的信念，即他对这一事件的看法、解释和评价；C是指特定情景下个体的情绪及行为的结果。通常人们会认为，人的情绪的行为反应是直接由诱发性事件A引起的，即A引起了C。ABC理论则指出，诱发性事件A只是引起情绪及行为反应的间接原因，而人们对诱发性事件所持的信念、看法、解释——即B才是引起人的情绪及行为反应的更直接的原因。

（三）不合理信念及其特征

1. 不合理信念

（1）一个人要绝对获得周围的人尤其是生活中重要人物的喜爱和赞许。

（2）个人是否有价值，完全取决于他是否是个全能的人，即能在人生的每一环节和每一方面都能有所成就的人。

（3）世界上有些人很坏、很可憎，所以应该对他们做严厉的谴责和惩罚。

（4）如果事情发展非其所愿，那将是一件可怕的事。

（5）不愉快的事情总是由自己不能控制和支配的外界环境因素所致。

（6）面对现实中的困难和自我承担的责任是很困难的，办法便是逃避。

（7）人们要对危险和可怕的事物随时随地地加以警惕，应该非常关心并不断注意其发生的可能性。

（8）人必须依赖他人特别是某些与自己相比强而有力的人，只有这样才能生活的好些。

（9）一个人以往的经历和事件常常决定了他目前的行为，而且这种影响是永远难以改变的。

（10）一个人应该关心他人的问题，并为他人的问题而悲伤难过。关心他人、富于同情这是有爱心的表现。

（11）对一生的每一个问题，都应有一个唯一正确的答案。

2. 不合理信念的几个特征

(1)绝对化的要求。它是指人们从自己的意愿出发,对某一事物持有"必定怎样"的不合理想法,常常带有"必须"和"应该"的特点。

(2)过分概括化。这是一种以偏概全的片面思维方式。这种思维方式主要表现在两个方面:一是个体对自身评价的片面认识和评价。有的人往往以自己做的某件或某几件事的后果来评价自己整个人,断定自身的价值,其结果常会导致自负或自卑等消极心理,产生相应的不良行为;二是对他人的片面认识与评价。

(3)糟糕至极。这种不合理信念认为如果一件不如意的事情发生了,必定会非常可怕、糟糕、不幸,将事情想象为灭顶之灾,从而消极地预测未来,而不考虑其他可能的结果。

二、唐纳德·梅肯鲍姆的认知矫正技术

(一)理论基础

梅肯鲍姆的认知行为矫正技术,关注的是求助者的自我言语表达的改变。梅肯鲍姆认为一个人的自我陈述在很大程度上与别人的陈述一样能够影响个体行为。认知矫正技术的一个基本前提是求助者必须注意自己是如何想的、感受的和行动的以及自己对别人的影响,这是行为改变的一个先决条件。要发生改变,求助者就需要打破行为的刻板定势,这样才能在不同的情境中评价自己的行为。

同理性情绪疗法与认知疗法一样,认知矫正技术也假设痛苦的情绪通常来源于适应不良的想法。然而,它们之间也存在区别。理性情疗法在揭露和辩论不合理想法时更直接和更具有对抗性。梅肯鲍姆的自我指导训练则更多注意帮助求助者察觉他们的自我谈话。治疗过程包括教给求助者做自我陈述与训练、自我矫正指导等,从而使他们能更有效地应对所遇到的问题。咨询师和求助者一起进行角色扮演,通过模仿求助者现实生活中的问题情境来练习自我指导和期望的行为。

(二)治疗原则

梅肯鲍姆的疗法中认知重组起着关键的作用。梅肯鲍姆认为,认知结构是思维的组织者,它似乎监督和指导着想法的选择。认知结构就像一个"执行处理者,它"掌握着思维的蓝图",决定什么时候继续、中断或

改变思维。

梅肯鲍姆认为行为的改变是要经过一系列中介过程的，包括内部言语、认知结构与行为的相互作用以及随之而来的结果。他区分了变化过程的三个阶段，在每一阶段这三个方面都相互交织在一起。他认为只关注一个方面是不够的。

第一阶段：自我观察。改变过程的第一步是求助者学习如何观察自己的行为。治疗开始时，他们的内部对话是充满了消极的自我陈述和意象的。在这一步，关键的因素是他们愿意和有能力倾听自己。这个过程包括提高对自己的想法、情感、行为、生理反应和对别人的反应方式的敏感性。例如，如果抑郁求助者希望取得建设性的改变，他们就必须首先认识到他们不是消极想法和情感的“受害者”。相反，实际上是他们自己造成了抑郁。尽管自我观察被视为改变发生的一个必需过程，但它本身并不是改变的充分条件。随着治疗的进行，求助者获得了新的认知结构，这就使得他们能够以一种新的角度来看待他们的问题。这个重新概念化的过程是通过求助者与咨询师的共同努力而产生的。

第二阶段：开始一种新的内部对话。咨询师的接触使求助者学会了注意他们的适应不良的行为，并且开始看到不同的适应性行为的存在。如果求助者希望改变，他们对自己所说的就必须能够产生一种新的行为链，一种完全不同于他们原先适应不良行为的行为链。求助者通过治疗学会改变他们的内部对话，他们新的内部对话将作为新行为的向导。反过来，这一过程也会影响求助者的认知结构。

第三阶段：学习新的技能。矫正过程的第三个阶段是教给求助者一些更有效的、可以在现实生活中应用的技能。例如，不能应对失败的求助者可能会回避任何行动，因为他们害怕失败。认知重组可以帮助他们改变他们的消极观念，使他们更乐于去进行自己喜欢的活动。同时，求助者要继续注意告诉自己一些新的内容，并且观察和评估它们的结果。当他们在各种情境下以不同的方式行动时，通常就可以从别人那里得到不同的反应。求助者所学内容的稳定性在很大程度上受他们告诉自己的有关习得行为和它的结果和内容的影响。

三、阿伦·贝克的认知疗法

（一）理论基础

认知治疗的基础理论来自于信息加工之理论模式，认为人们的行为、感情是由对事物的认知影响和决定的。例如，如果人们认为环境中有危险，便会感到紧张并想逃避。人们的认知建立在自己以往经验的态度和假设基础之上。贝克指出，心理障碍的产生并不是激发事件或有良刺激的直接后果，而是通过了认知加工，在歪曲或错误的思维影响下促成的。歪曲和错误的思维包括主观臆测，即在缺乏事实或根据时的推断；夸大，过分夸大某一事情（事件）和意义；牵连个人，倾向将与己无关的事联系到自己身上；走极端，认为凡事只有好和坏，不好即坏，不白即黑。他还指出，错误思想常以“自动思维”的形式出现，即这些错误思想常是不知不觉地、习惯地进行，因而不易被觉察到。不同的心理障碍有不同内容的认知歪曲。因此，认知治疗的重点在于矫正患者的歪曲思维。

（二）贝克的“认知歪曲形式”

（1）任意的推断——在缺乏充分的证据或证据不够客观和现实时，仅凭自己的主观感受便作出草率的结论。

（2）过分概括化——指在单一事件的基础上作出关于能力、价值等整体自我品质的普遍性结论，也就是说从一个具体事件出发作出一般规律性的结论。

（3）选择性概括——只依据个别、片面的细节而不考虑其他情况就对整个事件作出结论。

（4）“全或无”的思维方式——对事物的判断和评价要么是全对，要么是全错，把生活看成是非黑即白的单色世界，没有中间色彩。

（5）夸大或缩小——对客观事物的意义作出歪曲的评价，要么过分夸大，要么过分缩小客观事件的实际结果。

（三）治疗原则

（1）帮助患者认识思维活动与情感行为之间的联系。

（2）帮助患者认识消极歪曲或错误的思维，检验支持和不支持自动思维的证据。

(3)帮助患者改变歪曲的错误的思维方式和内容,发展更适应的思维方式和内容。

在以上步骤的实施中,一般同时采用其他认知技术和行为治疗技术。

第三节 认知行为疗法在戒毒工作中的意义

毒品的心理依赖十分顽固长久,从而成为一种心理习惯,给吸毒人员留下的心理烙印极难消除,是吸毒人员在摆脱生理依赖后复吸的重要原因。因此,正确分析和看待毒品给戒毒人员造成的心理问题,运用认知行为疗法帮助戒毒人员矫正不良认知,全面提升心理健康水平,对戒毒人员心理脱瘾有着重要的意义。

一、毒品成瘾对戒毒人员造成的损伤

毒品不仅会摧残吸毒人员的身体,而且会导致其出现严重的心理问题,间接地改变吸毒人员的性格、认知、价值观,使其产生情绪失控等问题。

(一)自我觉察、自我认知歪曲

吸毒人员不能对自己的情况、能力做出恰如其分的判断,常见的就是认为自己吸的不是毒品或者自己随时能停止吸毒。不解决这些问题,就会给戒毒治疗带来麻烦。

(二)情绪管理失调

人有喜怒哀乐不同的情绪体验,不愉快的情绪必须得到合理释放,才能得到心理上的平衡。吸毒人员的压力大且情绪不稳定,他们调节情绪的最主要渠道就是吸毒,由此会产生情绪失控或行为失控。

(三)思维能力下降

吸毒一段时间后,人的思维会出现障碍,身体会出现疾病,原本的生存技能逐渐退化,很多工作不能胜任,更谈不上学习能力。在当今高速发展的信息时代,生存技能若持续退化,则可能逐渐被社会淘汰,对个人造成更大的伤害。

（四）没有生活目标

吸食毒品后的人基本丧失了追求幸福生活的能力，因为他们失去了工作能力，又被毒品控制。他们的生活基本就是在寻找毒资与吸食毒品。

（五）抵触外界环境

人是社会性型动物，与外界接触是精神需要，也是物质需求。吸毒人员常常害怕被人歧视，不敢与他人交流，只能用毒品来解决问题，陷入恶性循环。

（六）毫无安全感

吸毒人员通常惶惶不可终日，出现不符合年龄的衰老。精神上出现抑郁、焦虑，生理上表现为食欲不振，甚至会产生其他疾病。

（七）人际关系破碎

人际关系的协调与否对人的心理健康有很大的影响。吸毒人员为了筹集毒资或多或少出现过欺骗亲朋好友之事，甚至因毒瘾发作做出一些伤害他人的举动，严重损坏了原本的人际关系。没有了这些关系的支持，吸毒人员很难一个人戒断毒品。

二、认知行为疗法戒毒的积极意义

毒品对大脑神经的反复损伤，导致戒毒人员与普通人群相比具有明显特殊性，往往表现出诸如紧张、焦虑、抑郁、烦躁和痛苦等心理问题，产生思维偏差、情绪情感变异及猜忌多疑等问题。特别是存在社交焦虑障碍或抑郁症的戒毒人员，甚至可能出现自残、自杀等严重危害戒毒场所安全的事件。因此，要对患有心理障碍的戒毒人员进行心理矫治，通过认知行为疗法，采取“共情”与“认知重构”相结合的方法，帮助戒毒人员纠正不良行为，缓解负性情绪。

例如，戒毒人员王某，男，30岁，因吸食海洛两次被强制隔离戒毒。近段时间王某情绪低落、闷闷不乐、常独处，月内情况表现加重，出现失眠、头痛、体重减轻等情况。自诉“我什么都没有了”“我真没用”“我一点儿希望都没有了”。周围人反映王某经常一个人唉声叹气或独自发呆，有时半夜偷偷哭泣。王某明显属于抑郁情绪发作的严重心理问题，指导者（咨询师）咨询中对王某的自动化思维、中间信念、核心信念进行识别，帮助王某找到自己的不合理信念，逐步代之以合理的信念。同时，通过布置作业巩固咨询成果，帮助王某将咨询中获得的方法运用于实际生活，取得了较好的咨询效果。

第四节　认知行为疗法在戒毒工作中的应用

认知行为疗法常采用认知重建、心理应付、问题解决等技术。认知行为疗法不仅限于吸毒人员的理想情操、学习能力等，还应包括其交际能力、管理能力、自控能力、社会实践能力、道德情感等若干方面。

一、认知行为疗法要以训练思维方式为基础

每个人都有习惯的思维方式。不同的思维方式决定了不同的思维方向和思维结果，从而影响一个人的决策和行动。戒毒人员由于吸毒造成思维方式扭曲，思想僵化，不能转换考虑问题的角度。因此，要根据戒毒人员思维发生的不同情景、不同方向和产生的不同结果，采取不同的思维训练方式。

（一）转换视角训练

可以采用万花筒转换视角训练，即促使戒毒人员抛开传统视角，从新的视角来思考戒毒问题。新的视角包括肯定视角、否定视角，往日视角、来日视角，自我视角、非我视角，求同视角、求异视角，无序视角、有序视角。分别从这些不同的角度分析吸毒带来的各种危害，找出戒毒人员最容易理解和接受的方式，减少其排斥心理和逆反心理，拉近“教”与“授”、管理与被管理者之间的心理距离，从而使其产生积极配合戒毒和主动要求戒毒的目的。

（二）弱化定式思维

每个人都有自己习惯的思维倾向、路径和方法，由此构成了思维定式，如权威定式、从众定式、唯经验定式、唯书本定式、非理性定式、自我中心定式等。创造性思维要求必须跳出这些思维定式的限制，只有这样才会有新的突破。可以通过对戒毒人员进行有意识的训练来弱化其各种思维定式，例如，不迷信“毒瘾易除，心瘾难戒”“一朝吸毒，终身戒毒”

的论调等。

(三)批判性思维

批判性思维是冷静地、客观地分析来自外界的各种信息和自主生活经验的一种思维能力。面对当代社会的海量信息,应该采取淘金式的批判性思维,形成自己接受什么与相信什么、怀疑什么与反对什么的独立观点和态度。例如,让吸毒人员冷静的思考强制隔离戒毒的最终受益者是谁,让他们知道究竟应该相信谁,知道生活中我们该做什么、不该做什么,等等。

二、认知行为疗法的重点要放在戒毒人员的矫治重塑上

调查显示,吸毒人员都有意志力薄弱、行为退缩、缺乏信心等回避型人格特征,其抑郁、焦虑等神经症状表现显著高于一般人群。孤僻、多疑、抱怨,再加上其反社会型人格特点,使他们难以适应戒毒场所环境,难以与其他人建立良好的人际关系,康复后容易复吸。加上遇事缺乏理智、易走极端,所以常出现抵制和对抗教育矫治的情况。吸毒行为使吸毒人员产生无奈、自卑、逃避封闭心理,甚者发展到对社会和家庭产生不满、仇视、报复的反社会型人格障碍。有鉴于此,笔者认为培养和重塑戒毒人员品行是认知行为疗法的重点之一。

(一)认识生命的意义,积极向上,实现矫治重塑

让戒毒人员明白一个道理:世界因生命而精彩,多彩的生命构成缤纷的世界,生命需要相互关爱。生命是顽强的,也是脆弱的,如果我们想生活在一个丰富多彩的世界里,就需要每一个人去关爱与呵护周围的生命,尊重和善待生命,包括每一个吸毒人员。

(二)培养珍爱生命的意识,向善自新,实现矫治重塑

一定要让戒毒人员了解继续吸毒就是一条不归路,死亡是吸毒的唯一归宿,让他们明白人活着是有尊严的,人的生命是有质量的。吸毒—戒毒—复吸—再戒毒的生活方式根本谈不上生命质量。与其混吃等死,浪费生命,不如奋起一搏,下定决心改变自己今后的命运,彻底远离毒品,回归社会,去实现自己的人生价值。

(三)理解感恩的真谛,净化心灵,实现矫治重塑

引导戒毒人员从现在开始、从身边事做起,学会感恩,学会尊重他

人。只有这样，才能以平等的眼光看待每一个生命，尊重每一份平凡普通的劳动，也才能更加尊重自己。如果在心中培植一种感恩的思想，则可以沉淀许多的浮躁与不安，消融许多的不满与不幸。只有心怀感恩，才会生活得更加美好。

（四）掌握“四个学会”，重塑品行，实现矫治重塑

学会学习、学会做事、学会做人、学会生存是实现戒毒人员矫治重塑、回归社会的基本目标。戒毒人员要顺应社会发展潮流和发展趋势，把握好这“四个学会”，重新塑造个人品行。只有这样，才能走好戒治路，活出精彩人生。

（五）培养和树立新时期道德品质，实现矫治重塑

要督促戒毒人员自觉加强思想道德修养，树立正确的人生观和价值观，培养良好的道德品质，做一个有道德、有修养的人，才能为实现品行重塑奠定良好的基础。

三、认知行为疗法还应重视心理健康知识的教育

由于戒毒人员具有特殊的心理问题，其情绪和情感与正常人不同，主要表现在情绪不稳定、丧失生活信念，自尊心弱，逃避现实，对自己评价过低，感觉自己无能，孤僻、多疑，易抱怨，精神高度紧张空虚，思维混乱，经受不住挫折，追求一时的满足，缺乏羞耻感，伦理道德扭曲等方面。因此，认知教育必须帮助戒毒人员解决其存在的心理问题，重视其心理健康知识的普及，及时对其进行心理干预，利用情绪调节技术实现矫治重塑。

情绪具有神奇的力量，能影响一个人的精神状态、智力发展、能力发挥，能改变一个人的处世态度、处世方法，还能引起生理功能的一系列变化。人生不如意事十有八九，难免经受失意、挫折、打击，戒毒人员应该学会应用心理调节的手段克服不良情绪的影响，战胜各种压力和挑战，实现戒除毒瘾的目的，成为生活的强者。

（一）自我引导

通过宣泄、回避、补偿、升华等方法，摆脱不良情绪的困扰，调整心态，化被动为主动、变不利为有利，尽快走出不良情绪的阴影。

（二）自我安慰

人难免会做错事、出现失误，从而产生悔恨、烦恼、自责等不良情绪，

出现自我埋怨、自我谴责、自我惩罚的行为。长期陷于忧愁、苦恼不能解脱，自卑自贱自弃，不但会使身心遭受创伤，而且会使人失去生活的勇气和信心。自我安慰是克服悔恨、烦恼、悲伤的有效方法。可以引导戒毒人员采取自勉法、漠视法、暗示法等方法，达到自我安慰的目的。

（三）抵制不良诱惑

要引导戒毒人员做到以下几点：一是追求科学、健康、充实的生活。二是鼓起敢于战胜不良诱惑的勇气和信心。三是学会依靠家长、亲人和朋友的帮助，抵制不良诱惑，增强抗拒诱惑的能力。

（四）摆脱心理依赖

心理依赖，是指人对某种药物或毒品有一种渴求连续不断使用的强烈愿望，从而引发其强迫使用药物或毒品的行为，以获得满足和避免不适感。要提升戒毒人员的心理健康水平，就要采取认知行为治疗相关技术，引导戒毒人员改变心理依赖形成的心理机制和奖赏通路，走出心理依赖的阴影。

四、认知行为疗法应用于戒毒工作的具体案例

（一）案例背景

戒毒人员陈某，因妻子报警，被公安机关决定强制隔离戒毒。在陈某强制隔离戒毒期间，其妻子提出离婚。陈某近三个月来忧心忡忡，产生了抑郁、焦虑等情绪，影响了饮食、睡眠，主动申请咨询。心理咨询师经过收集基本资料，有针对性的进行心理测评及综合性分析，作出了陈某有严重心理问题的诊断，运用认知行为疗法帮助陈某调整认知观念，消除其抑郁情绪，取得了一定的疗效。

（二）案例内容

1. 一般资料

（1）人口学资料：陈某，男，汉族，31岁，已婚，育有一子。因吸食冰毒被强制隔离戒毒两年。

（2）个人成长史：戒毒人员陈某自幼在农村长大，为家中独子，大学毕业后到国企工作。工作中自由恋爱，与妻子结婚，并生下一子，夫妻感情和谐。因交友不慎，两年前开始吸食冰毒。陈某与一起“溜冰”的女孩

多次发生性关系，被妻子得知后夫妻二人发生争吵。妻子劝阻无效后报警，陈某被强制隔离戒毒。3个月前，陈某妻子向法院提起诉讼，请求离婚。

(3)身体和精神状态：陈某身材偏瘦，身高170厘米左右，家庭无精神病遗传史。入所后，情绪低落，精神萎靡，戒治积极性不高。

(4)社会功能：戒毒人员能够进行正常的学习和劳动，与同学能够进行正常的交往。

(5)心理测验结果：具体情况如下。

①MMPI测试结果显示，戒毒人员 Hs=56，D=72，H=62，Pd=43，Mf=53，Pa=56，Pt=57，Sc=56，Ma=52，Si=55。可以看出抑郁量表D得分较高，其次是癔症量表和疑病量表。

②SCL-90测试结果显示，躯体化=1.8，强迫症状=2.0，人际关系=1.9，抑郁=2.8，焦虑=2.5，其他=2.4。根据测评结果，可以看出戒毒人员抑郁因子分最高，其次是焦虑因子。

③SAS测试结果显示，SAS标准分为58分，提示有焦虑症状。

④SDS测试结果显示，SDS标准分为69分，提示抑郁症状明显。

2.主诉和个人陈述

主诉：情绪低落，失眠，做噩梦，头痛，吃饭没有胃口。

个人陈述：来到戒毒所是因为妻子报警，所以每次给她打电话总是吵架。3个月前，收到法院的起诉书，妻子要和我离婚。我很难过，不想离婚，可没别的办法。我怨恨我的妻子，是她报警让警察抓我，又在我进入戒毒所之后，与我离婚。她把我抛弃了。知道妻子要和我离婚后，我给父母写信，父母也没有给我回信。我觉得自己很失败，活着没意思，什么都不想做，这段时间睡眠也不好，所以向你求助。

3.指导者观察和他人反映

指导者观察到陈某精神较差，憔悴、倦怠，身材偏瘦，谈吐正常，无明显生理缺陷，表达能力、理解能力正常，能够配合心理指导者。

据陈某在大队的警察反映：该戒毒人员近期心事重重，近3个月来沉默少言，与周围同学交流较少，晚上睡觉时经常起床走动，对周围发生的事情反应淡漠。

4.评估与诊断

(1)心理状态评估

陈某因妻子起诉离婚导致情绪低落,影响了正常的饮食和睡眠,主动寻求指导者帮助。陈某是在客观存在的事件刺激下出现心理问题,心理冲突与实际处境相符;心理活动内在协调一致;人格相对稳定。陈某对其症状和产生的因果关系有较好的自知力,根据郭念锋区分心理正常与异常的"三原则"判断,判断其智力正常。

(2)病因分析

①生物学原因:戒毒人员为男性,31岁,身体正常。

②社会性原因:戒毒人员是家中独子,从小娇生惯养。因吸食冰毒送至强制隔离戒毒所失去自由;妻子提出离婚,引发戒毒人员的悲观、失落、担忧焦虑、兴趣下降;戒毒人员没有收到父母的回信。

③心理原因:认知错误。戒毒人员认为自己走到今天这一步都是妻子的原因。戒毒人员认为被妻子和父母抛弃;戒毒人员与周围人员缺乏沟通和交流。

(3)诊断、鉴别诊断与诊断依据

①诊断:严重心理问题(抑郁)。

②鉴别诊断与诊断依据:

·与器质性病变相鉴别;戒毒人员无器质性病。

·与精神病相鉴别:根据郭念锋病与非病"三原则",戒毒人员主客观一致心理活动内在协调性一致,人格相对稳定。戒毒人员有自知力,排除精神疾病。

·与抑郁症相鉴别:戒毒人员存在明显的抑郁情绪,心境低落,兴趣缺失,意向下降,但皆因内心冲突引起,且程度不严重,无自杀倾向,未严重影响社会功能和逻辑思维,排除抑郁症。

·与神经症相鉴别:根据许又新三标准。戒毒人员病程为3个月;精神痛苦程度能够主动设法摆脱;轻微妨碍社会功能。三项总分小于6。因此可以排除神经症。

·病程在3个月,出现一定程度泛化,排除一般心理问题。

·综上所述,戒毒人员为严重心理问题(抑郁)。

5.咨询目标

该戒毒人员主要存在以下两个问题:一是因妻子报警、要求离婚,未收到父母回信而产生错误认知;二是错误认知导致了抑郁情绪和行为。结合主要问题,根据咨询目标有效性的七要素,与陈某共同协商达成如下咨询目标:

(1)近期目标:改变戒毒人员错误的认知方式,降低抑郁、焦虑程度,改善戒毒人员饮食、睡眠状况,建立良好的人际沟通模式,适应戒毒所环境。

(2)长期目标:重建正确的认知模式,增强自我调适能力和社会适应能力,构建社会支持系统,完善人格,实现心理健康发展。

6.咨询方案的制订

(1)主要咨询方法与原理

①方法的选择。戒毒人员的心理问题主要是由妻子报警将其送到戒毒所而后妻子提出离婚引起,戒毒人员自认为被妻子抛弃。未收到家人回信,强化了被抛弃感,产生强烈的失落、悲观、抑郁情绪。其心理问题根源于错误的认知与自动化思维,在咨询实践中选择了针对性较强的认知行为疗法,运用了演示、语义分析、行为矫正等技术。

②原理。贝克认为,认知产生了情绪及行为,异常的认知产生了异常的情绪及行为。认知是情感和行为的中介。人们早期经验形成的“功能失调性假设”或称为“图式”,成为支配人们行为的准则,而不为人们所察觉,即存在于潜意识中。一旦这些图式被某种严峻的事件激活,则有大量的“自动化思维”出现,上升到意识层面,进而导致情绪抑郁、焦虑。认知行为疗法是一种通过改变错误思维的方法来改变不良认知,达到消除不良情绪的短程心理治疗方法。

本案例中戒毒人员出现情绪困扰的实质正是源于他不正确的认知,而且缺乏有效解决问题的行为模式。与社会心理因素引发的问题互为因果,加重了陈某的负面感受,带来精神痛苦。因此,重点在于运用认知行为疗法帮助戒毒人员改变错误的思维方式,避免产生恶性循环导致其心理问题加剧。

(2)双方责任、权利和义务

①指导者遵守保密原则；

②戒毒人员要提供与心理问题有关的真实资料；

③积极主动地探讨解决问题的方法；

④戒毒人员按时完成心理指导者布置的作业。

(3)咨询的时间与费用

咨询的时间：每周一次，每次50分钟，共5次。咨询的费用：免费。

7.咨询过程

咨询过程共分三个阶段。

第一阶段：了解基本情况，确定主要问题，建立良好咨询关系。

第二阶段：心理帮助。帮助戒毒人员识别自动化思维，学会转换认知方式，从而改善情绪，掌握特定环境下的沟通技巧，重建正确认知，适应戒毒所环境。

第三阶段：巩固效果，结束咨询。总结回顾以及对咨询效果的评估，结束咨询关系。

第一次咨询(第一阶段，2014年7月7日)

(1)目标：建立良好的咨询关系，收集资料，共同协商制定咨询方案和咨询目标。

(2)过程：介绍咨询有关事项和规划，询问基本情况，通过尊重、热情、真诚、共情、积极关注等方法，与戒毒人员建立彼此信任的咨询关系，形成一种密切合作的气氛，在此基础上进一步了解戒毒人员的基本情况。在此过程中，收集相关资料，为评估作准备。

通过摄入性会谈，了解戒毒人员的基本情况后，选择MM、sCL-90SAS、SDS量表进行心理测评。综合各种临床资料以诊断戒毒人员心理问题的性质，与戒毒人员共同商定咨询方案和咨询目标。

(3)布置家庭作业：①在与戒毒人员共同分析所能采取的各种沟通方式后，建议戒毒人员回到大队后整理一下思路，考虑给妻子写封信谈谈自己现在内心的感受，说明自己刚入所阶段的内心冲突和浮躁，告诉妻子已经下定决心戒除毒瘾。②在咨询中，戒毒人员谈到自己喜欢唱歌、画画。为鼓励其行为，建议戒毒人员多唱、多画，并通过审视自己心灵过往的故事，获得人生新的感悟。

第二次咨询（第二阶段，2014 年 7 月 14 日）

（1）目标：确定问题、检验表层错误观念。确定问题：通过接触戒毒人员的认知过程及观念，对戒毒人员固有观念进行启发和引导，使戒毒人员自我审查和反省，识别自动化思维，了解自己不良情绪和行为的认知基础，使戒毒人员发现自己认识过程的错误根源。检验表层错误观念：通过演示技术，使戒毒人员通过投射，将自己的观念投射到所扮演的“角色”身上；通过观察体验“角色”，使戒毒人员能客观地看待自己的问题，引导戒毒人员站在不同角度看待问题、分析问题。

（2）过程：戒毒人员首先出示了写给家人的信件，其中流露出对妻子的忏悔、对父母的思念以及对小孩的担心和牵挂，也提到家庭破裂和今天的后果都是自己的错，充满了自责。

咨询内容摘要如下：

指导者：经过上次交谈，我对你的情况有了一个基本了解。我很理解你目前的内心感受，每一个与你有类似经历的人都可能会有和你相同的感受。

戒毒人员：我很想我的家人。

指导者：看来你很担心他们。那么，为什么你近期才主动和他们联系？

戒毒人员：我不想和他们联系。我来到戒毒所是因为妻子报警。当时我在外面和别的女人在一起的时候，父母也和我争吵。

指导者：所以，你认为你今天的后果都是你妻子带给你的？

戒毒人员：是的，是妻子让警察抓我。我来到戒毒所，在我最困难的时候，她又跟我提出离婚。

指导者：能谈谈你的妻子吗？

戒毒人员：她啊，其实我们感情很好。当时我看到她第一眼就喜欢上她了。我俩是自由恋爱的……可是，她现在却要和我离婚。

指导者：那是为什么呢？

戒毒人员：……（沉默）也许错在我。其实，虽然我在外面“溜冰”,找“冰妹”玩,但那仅仅是因为刺激,因为对冰毒的迷恋,我并没有真的想和“冰妹”在一起生活,也没想过要和妻子离婚。唉,想想“溜冰”后做的事,我对不起她。但是,没想到现在连父母也不认我这个儿子了。

指导者:你怎么知道他们不认你?

戒毒人员:知道妻子要和我离婚后,我给家里写过信,到现在他们都没给我回信。他们要是还认我这个儿子会这样吗?唉……想到被妻子和父母抛弃,我就难过。

指导者:你有没有想过他们为什么会这样呢?

戒毒人员:我不是个好丈夫,在外面“溜冰”、乱搞;我也不是个好儿子,从小家里条件不好,父母把我抚养长大,好不容易大学毕业有了体面的工作,又“溜冰”……我是个不孝子!

指导者:你的妻子报警,你认为被抛弃了。还有其他的可能吗?

戒毒人员:……(沉默)还有可能是为了我好。她一直想让我戒毒,为此,她做了很多偏激的事情。有一次,她把家里的菜刀架在脖子上,声称我要是再出去吸毒就自杀。

指导者:(凝视)

戒毒人员:其实,我有时也想过,这次起诉离婚可能就是妻子想逼我戒毒让我改过自新。但是,我不敢奢望。

指导者:妻子报警、和你离婚,你就觉得被抛弃了;父母没有给你回信,你就觉得被抛弃了。虽然你认为是自己的错,可是仍然感觉到内心的痛苦,并深受这种被抛弃感的折磨。那么,你有没有试着想想,你的妻子、你的父母和孩子,他们的心情又是怎样呢?你在外面吸毒、乱搞,来到戒毒所后又与妻子大吵大闹,她对你又是什么看法呢?她能从你身上看到希望吗?你的父母,三个月都没有得到你的消息,他们会怎么想呢?也许,他们比你更难受。

戒毒人员:你说的有道理,我得好好想想。

(3)布置家庭作业:给戒毒人员介绍一些认知疗法的方法和技巧,让戒毒人员尝试着转换角色,设想和体会家人的心情和感受,然后再把自己的心情写下来。

第三次咨询(第二阶段,2014 年 7 月 21 日)

(1)目标:纠正核心错误观念,使戒毒人员进一步改变认知。运用语义分析技术,使戒毒人员对于其既往的观念进行重新归因和认知重建,代替非逻辑的认知。通过新的认知重建,从不同的角度思考问题。

(2)过程:戒毒人员谈了上次的咨询以及完成家庭作业时的思考后,对自己、妻子、父母有了新的认识。针对目前主要的错误认知,如"妻子报警时抛弃了我""妻子和我离婚是抛弃了我""父母不给我回信是抛弃了我"等问题,继续运用演示技术和语义分析技术进行深入分析,启发戒毒人员重建新的认知。

咨询摘要如下:

指导者:你想儿子时,想到些什么呢?

戒毒人员:我想他好好上学,不要怨恨我这个不称职的父亲,等我出去后一定补偿他。

指导者:那如果他怨恨你,你会恨他、抛弃他吗?

戒毒人员:不会。

指导者:其实,你父母的心和你一样,不管怎样他们都不会抛弃你。

戒毒人员:……(低头不语)

指导者:你觉得父母恨你吗?

戒毒人员:可能。

指导者:那会一辈子恨你吗?

戒毒人员:不知道,应该不会吧。

指导者:你认为父母没给你回信是抛弃了你,或许,你父母会认为你这么久不和他们联系,是你抛弃了他们呢。

戒毒人员:唉……的确是,我没脸和他们联系。

指导者:或许,你真正的不孝顺就在于来到戒毒所后不和他们联系。你是他们唯一的儿子,这么久没你的消息,他们该多难过啊!

戒毒人员:(抽泣)我做得太不对了。

指导者：那你再想想，没有收到回信，还有没有其他的原因。

戒毒人员：……（思考）我们农村写信的本来就少，一封信往往要很久才能转到手里，也不知道父母收到信了没有。家里也没有电话，联系不上父母。确实是我把事情想得太糟糕了，也许是家里还没收到我的信。就算是他们还生气，我想等我彻底戒除毒瘾后，他们还是能原谅我的。

指导者：还有你的妻子，你可以表达你的悔恨，对方也有权利做出自己的选择。你一直强调对不起妻子，那么，到底什么样的方式才最能弥补妻子呢？你想想看。

戒毒人员：我明白了，我会好好考虑的。

（3）布置作业：通过反思和换位思考，戒毒人员认识到自己过去的行为给他人带来的影响，重建正确认知，把心情写下来。

结束咨询（第三阶段，2014年7月28日）

戒毒人员看起来神情较轻松。通过前三次心理咨询，戒毒人员明白了悲观、抑郁其实都是错误认知造成的。以后自己会尝试着转换角色，从不同的角度进行分析。现在其饮食和睡眠都已正常。

指导者对戒毒人员的理性认识表示肯定，就认知行为疗法的运用与戒毒人员进行了进一步的讨论。

戒毒人员目前的心理状态均有改善，咨询目标基本实现，可以结束咨询。

8.咨询效果评估

（1）再次进行了心理测评：SDS总分为52分。

（2）戒毒人员本人评价：心情平静，情绪好转，改变了对妻子和父母的不正确认知。能用理性的思维看待事情。

（3）周围人的评价：大队警察、周围戒毒人员介绍，来访戒毒人员重新有了笑容，和同学关系越来越好。唱歌、画画越来越多。

9.咨询小结

本案例中，指导者与戒毒人员建立了良好的咨访关系，在咨询中得到戒毒人员的良好配合。戒毒人员的自我领悟能力也是咨询取得良好成效的基础。在强制隔离戒毒所，相当多的戒毒人员对家人的行为存在错误认知，对家人怀有怨恨。实际工作中，可以充分运用认知行为疗法，针对有一定文化程度和领悟能力的戒毒人员开展心理咨询。

第十章　动机强化治疗戒毒

近年来，动机强化治疗因其在动机激发和强化方面的独特效果，越来越受心理咨询和治疗行业的重视和青睐。戒毒场所引入动机强化疗法后，在理论研究和具体实践方面都取得了一定成果。本章主要从概念、原理、策略、意义、应用等方面，对动机强化治疗戒毒进行初步阐述，以资借鉴。

第一节　动机强化治疗概述

动机强化治疗是一套系统的认知行为疗法，旨在通过改变治疗对象的认知和行为，来强化其实现自己目标的动机和愿望。研究表明，戒毒人员戒毒动机的强弱对戒治效果有直接而重要的影响。因此，准确把握戒毒人员戒毒动机，了解和掌握影响戒毒动机的要素，能为做好“心疗”戒治工作打下坚实基础。

一、动机的概念

动机是一个概括性的术语，它包括所有引起、支配和维持生理和心理运动的内部过程，意思是“趋向于”。动机是对人的行为的激发和指引，是人渴望事物、向往性亲密以及追求成就等愿望背后的力量。有人认为，动机是指行为的动力——人的行为开始、维持、导向和终止的动力。它具有以下几种功能。

（一）激活功能

动机能够发动行为，推动个体产生某种活动，使个体由静止状态转向活动状态，是个体能动性的一个主要方面，如戒毒人员为了不被惩罚而参加活动，为了获得优秀的考核成绩而努力学习，为了摆脱孤独而结交朋友等。

（二）指向功能

动机不仅能激发行为而且能将行为指向一定的对象或目标。动机不一样，个体活动的方向和所追求的目标就不一样。如犯有财产性罪错的嫌疑人是为满足自我的占有欲望而采用偷窃、诈骗、欺诈等不法手段将他物据为己有，其动机指向则是他人财物，而药物成瘾者反复性觅药行为的动机指向则是自我感觉和心理满足。

（三）维持和调整功能

动机具有维持功能，它表现为行为的坚持性。当动机激发个体的某种行为产生后，这种行为能否持续进行，同样要受到动机的调节和支配。动机的维持作用由个体的行为与其预期的目标的一致性所决定。当行为指向个体所期待的目标时，这种行为就会在相应动机上维持下去；相反，当行为背离了个体期待的目标时，行为的积极性就会降低或停止下来；当目标受到挫折、成功的概率很小时，个体也会坚持下去，这时他的长远信念发挥着决定性作用。

二、戒毒动机的内涵

戒毒动机是药物成瘾者发生改变的真正动力，是促使其产生并能在一定时间内维持戒毒行为的关键因素，影响着治疗者能否成功戒断、复吸及生活的满意度等。

戒毒动机具体表现在治疗者的态度、认知、情绪及行为的改变过程中，具有动力性、动态性、多维性、隐蔽性等特征。已有研究表明，戒毒动机对治疗者有以下影响：

第一，药物依赖者能否成功戒断的主要作用因素是戒毒动机。

第二，药物依赖者复吸的一个重要原因就是吸毒成瘾，动机不仅会使吸食者增加吸毒行为，也是促使其行为发生转变的内部动力。药物依赖者戒毒动机不从内在转变的话，很容易再次复吸。

第三，药物依赖者如果具有正确的戒毒动机，会直接影响着戒毒的成功率和复吸率。

第四，主动戒除药物依赖者在一年时间内复吸的次数远远小于强制戒毒者。

第五，高自主性动机调节可以预测个体的行为意图。

第六，滥用程度或者依赖症状越高，戒毒者的生活满意度水平越低，戒毒动机越高。

三、影响戒毒动机的要素分析

药物成瘾者因生理、心理及所处的社会环境不同，对外部事物的感知能力存在着差异，接受戒毒治疗的动机必然也会受到多种因素的影响，这些影响可归纳为四个方面：

（一）人口学的影响

1. 年龄

多数研究发现，药物成瘾者年龄越大，其接受戒毒治疗的动机越强，但德维尔特（DeWeert-VanOene）和培根（Becan）的研究得出了相反的结论。德维尔特等人通过调查 279 例入院治疗药物成瘾人员，得出年龄与求助意愿呈负相关的结论；培根等人通过调查寄托治疗的 519 例青少年药物成瘾者，发现对吸毒问题认知更好的是年龄较小者。

2. 性别

大多数研究证实，在药物成瘾者的治疗中，女性通常比男性有更高的治疗动机。但索伊（Soye）对 207 例社区戒毒者中进行调查，发现男性在适应性维度分值较高；培根（Becan）等人的调查也发现，女性对戒毒治疗的适应性弱于男性，且女青年对吸毒问题的认识不如男青年。

3. 种族与文化

特定的文化和种族对待成瘾物质的态度有着较大的差异。比如在川、贵一些偏远地区的少数民族，人们对于毒品的态度与吸烟、喝酒的态度差不多，并不认为毒品的危害性甚于后者。执此认知，戒毒治疗的动机可见一斑。有关于种族调查数据表明，在成年吸毒者中，黑人等少数族裔的治疗动机比白人更高，在青少年、孕妇吸毒者中，白人的治疗动机则更高。

4. 受教程度

受教水平较高的药物成瘾者，一般在戒毒治疗中的感受力和领悟力较强,初期的治疗动机更容易被激活。纳马思(Nyamathi)等人通过研究发现,未有戒毒治疗经历的药物成瘾人员,受教程度越高,其停止吸毒成瘾行为的意愿越强。

5.婚姻状况

已婚的药物成瘾人员与单身者相比,因为情感的丰富和责任感的塑造,其治疗动机水平更高。单身者对治疗和改变药物成瘾行为的矛盾心理则更强。

(二)健康状况的影响

药物成瘾者受损的生理、心理状况是增强其治疗动机的有利因素。韦伯斯特(Web-ster)调查发现,身体健康问题和怀孕是戒毒者动机水平的促进因素,身体健康状况较好的戒毒者对吸毒问题的认识较差,但求助意愿较强。药物成瘾很容易造成吸食者的神经功能损害,而出现一系列心理功能问题,如消极、自卑、冷漠、逃避、幻觉、妄想、焦虑、抑郁等,但这些因素则会成为戒毒者动机水平的促进因素。

(三)家庭、社会环境的影响

家庭、社会环境是药物成瘾者接受和投入治疗的动力支持。有研究表明,亲密关系、社会支持、社会融合等因素是药物成瘾者治疗动机的促进因素;无家可归、被亲人遗弃、社会认可度低等则是治疗动机的不利因素。外部压力研究发现:戒毒者的压力来自于同伴、司法或医疗机构,药物成瘾者的治疗动机较高;但被强制接受治疗者的动机低于自愿戒毒者。

(四)其他因素

药物成瘾者的人格特质和吸毒性特质(吸毒类型、吸毒时间、戒毒治疗经历)也会对治疗动机产生影响。同等环境中因为吸毒性特质不同,药物成瘾者会表现出参差不齐的治疗意愿和戒治态度。也有研究表明,一些人格特质与吸毒行为有着紧密的关系,比如反社会、偏执、自恋、易冲动、爱冒险等人,药物成瘾后,其人格问题也会更为突出,成为影响治疗动机的不利因素。

四、动机强化治疗的缘由

(一)毒品与强化效应

强化动机理论是由联结主义心理学家提出来的,主要代表人物有桑戴克(Edward Thorndike,1874～1949)、斯金纳(Burrhus Frederic Skinner,1904～1990)。

联结主义用“刺激(S)-反应(R)”的联结来看待人类行为,将人类全部行为的动力归为强化,不考虑中间环节或中介变量。

强化是指凡是能增加反应发生概率的刺激或刺激情景,即跟随在一个行为之后并增加该行为出现的可能性的条件。强化可分为正强化和负强化,正强化是指在一个行为之后呈现某种良性刺激,从而使该行为出现的可能性增加;负强化是指在一个行为之后消失或减弱某种不良刺激,从而使该行为出现的可能性增加。毒品具有正、负强化的双重作用。吸毒者在使用毒品后,一般都会出现欣快、兴奋、放松、精力充沛等正性的感觉;但成瘾后一旦断吸,便会出现情绪低弱、焦虑、疼痛、失眠等戒断反应。因此,吸毒者为了体会毒品所带来的正性感觉或规避戒断所产生的不良反应,会持续使用毒品。

(二)技术原理

动机强化治疗由米勒(Miller)在20世纪90年代提出,是基于药物成瘾特殊性发展起来的。在咨访关系中“治疗动机”至关重要,即来访者认识到自己的心理问题而主动求助最重要。但大多数药物成瘾者由于沉迷于毒海而浑然不知,一般缺乏“治疗动机”甚微。面对缺乏“治疗动机”的药物成瘾者,就需要特殊的治疗技术。动机强化治疗就是针对这一特点发展起来的,是指运用相关的心理治疗的策略,帮助药物成瘾者认识到吸毒行为目前存在的或者是潜在的问题,强化其作出戒毒行为的动机,并帮助他们去处理这些问题。动机强化治疗特别适用于那些不愿意改变自己或对是否改变自己犹豫不决的人,它强调个体对自己将来的行为具有选择的权利和责任。其工作的重点是启发患者对问题的关注,而不是告诉他们应该关注什么;探索和反馈患者的感觉,而不是给他们贴标签或加以纠正。目前动机强化治疗在物质滥用领域已得到广泛应用。

第二节　动机强化治疗的原理与策略

在众多药物成瘾心理治疗方法中,动机强化治疗是药物成瘾心理治疗的一项基本技术，在目前的治疗中应用非常广泛。作为一种有效、实用的心理治疗技术，动机强化治疗有其独特的原理与策略。

一、动机强化治疗的理论基础

药物成瘾者因为长期用药容易出现许多心理行为问题，甚至会导致人格改变，其康复治疗需要经历一个艰难、漫长而又复杂的过程。动机强化治疗认为，药物成瘾者的内在戒毒动机是发生改变的真正动力与关键因素。而戒毒动机并不是药物成瘾者固有的特质，也没有稳定的特征，主要表现在戒毒者在治疗中所持有的态度、认知、情绪及行为的改变中。动机强化治疗主要是激发戒毒者积极改变自己的内在潜能，通过系统全面的比较吸毒的得失利弊，分析继续吸毒的后果和个人目标之间的矛盾，使其更清楚内心的真正需要，激发对个人前途的责任感，从而帮助戒毒者进行正确的抉择，改变行动。

（一）药物成瘾人员治疗康复的阶段

药物成瘾者的康复过程往往不是一蹴而就的，需要经历一个长期的过程。美国心理学家迪克莱门特（Di Clemente）根据药物成瘾者的内在动机把康复过程分为六个阶段：

1.不考虑改变阶段

在吸毒成瘾早期，吸食者因为认识不到吸毒行为会导致一系列不良后果，而不考虑改变自己的吸毒行为；在吸毒成瘾后期，吸毒者否认吸毒行为的危害或没有信心戒掉毒品，而不愿意改变自己的行为。

2.考虑阶段

药物成瘾者意识到吸毒行为带来的不良后果，意识到自身存在问题需要改变，进而观望思考，处于矛盾阶段。

3.准备阶段

药物成瘾者经过斟酌思考，认为必须改变自己的吸毒行为，并为如何进行戒毒治疗制定具体的行动计划，在心理上作出了改变的准备。

4.行动阶段

药物成瘾者经过准备后，主动执行戒毒治疗的计划，以积极的行动来改变自己的吸毒行为，并自觉地投身到戒毒治疗中去。

5.保持阶段

药物成瘾者经过主动采取行动停止或改变了吸毒行为。如何保持已取得的改变是戒毒成败的关键，是成瘾者康复过程中最大的挑战。

6.复发

经历前期的过程，因为各类原因药物成瘾者又开始吸食毒品的行为。

药物成瘾者的康复过程会受其生理、心理和社会等因素的影响，也与其接受戒毒治疗的模式有关，至于需要经历的康复阶段和每个阶段的时长则因人而异。有的药物成瘾者一旦意识到吸毒的不良后果，就会采取行动，努力去改变自己的吸毒行为；有的药物成瘾者较长时间持有戒毒的想法却迟迟不采取行动；有的药物成瘾者戒断后保持很长时间又复吸或者一直坚持操守；有的药物成瘾者戒断后在短期内复吸，随后又重新回到第一或第二个康复阶段。多数药物成瘾者可能会经过多次循环才能成功保持戒断状态，也可能会经过多次反复和倒退。药物成瘾者从中不断总结经验、吸取教训，直至最后成功。

（二）促进药物成瘾者改变的策略

在药物成瘾者康复治疗的过程中，治疗师可采取多种策略来帮助戒毒者成功渡过康复过程中的各阶段，最终走向康复。改变过程可分为认识和行为两个层面。

1.认识过程

认识过程主要强调药物成瘾者的内在态度与认知过程，即成瘾者如何看待自己的问题。成瘾者提高意识、突然觉醒、自我再评估，环境再评估，社会环境改变等均可促进药物成瘾者改变其认知过程。

2.行为过程

行为过程主要侧重于药物成瘾者的行为和行动，在改变过程中更为重要。控制促发因素、应对条件反射、行为强化、坚信自我、帮助支持系统等可影响药物成瘾者行为改变的过程。

根据药物成瘾者不同的康复阶段，应采取不同的促进改变策略。如如果药物成瘾者没有意识到吸毒行为的不良后果，没有戒毒治疗的动机，治疗师可以采用促动性交谈、澄清价值、决策平衡等技巧来帮助其建立正向认知，促其采取行动改变自己的问题；对于处于行动阶段的药物成瘾者，治疗师工作的重点就要放在预防复吸、行为强化、社交技能训练等方面，来帮助其保持戒断状态。具体每个阶段应使用的改变策略如表10-1所示。

表 10-1　　不同阶段可采用策略

改变阶段	考虑前到考虑阶段	考虑到准备阶段	准备到行动阶段	行动到保持阶段	保持阶段
相关改变策略	提高意识 突然觉醒 自我再评估 环境再评估 决定权衡	自我再评估 环境再评估 决定权衡 自我效能 改变社会环境	自我效能 坚信自我 控制促发因素 应对条件反射 帮助支持系统	自我效能 坚信自我 控制促发因素 应对条件反射 行为强化 帮助支持系统	自我效能 坚信自我 控制促发因素 应对条件反射 行为强化 帮助支持系统 改变社会环境

二、动机强化治疗的 FRAMES 模式

动机强化治疗以成瘾者为中心，强调改变的主体是药物成瘾者本人，关注成瘾者自身的能力与长处，强调成瘾者的选择与个人改变的责任，肯定其自由选择，鼓励其改变，强调从成瘾者那里激发个人目标。动机强化治疗的步骤可总结为以下的 FRAMES 模式：

反馈：通过对成瘾者的药物使用方式与相关问题进行评估，个体化反馈信息。

责任：尊重成瘾者自己的选择，改变是成瘾者自己的责任。

对改变的建议：以非评判性方式对改变提出建议。

改变菜单：为患者提供一切可供选择的治疗方法。

通情咨询方式：强调热情、尊重、理解。

建立自信或者乐观：建立自信与乐观情绪来鼓励改变。

三、动机性会谈

动机性会谈(Motivational Interviewing，简称 MI)是动机强化治疗的最重要心理咨询策略。它不仅是一种心理咨询技巧，也是一种与戒毒者

的交往方式。治疗师需要与戒毒者建立一种信任、合作的治疗关系。在帮助戒毒者的过程中，治疗师接纳、理解对方的感受与需求，通过与戒毒者共同探索其内在的戒毒动机与价值观来解决其矛盾心理，引导戒毒者自己发现问题并认识到改变的必要性，并帮助其选择如何解决问题的方法。该技术重点强调激发戒毒者积极改变自己的内在潜能，是一种有效的强化戒毒动机的干预策略。

（一）基本原则

1.表达共情

治疗中戒毒者阻抗的形式有多种，治疗师如何准确地理解对方的主观世界、将有意义的信息传递过去，对建立良好的治疗关系至关重要。表达共情可以引导戒毒者愿意说出对改变吸毒行为的观点和感受，也能让戒毒者感受到被理解和接纳。反馈式倾听是表达共情的基本技巧。

2.发现差异

发现差异是探索和扩大戒毒者目前的问题行为和他们所追求的目标与价值观念之间的不一致和矛盾，让戒毒者意识到维持当前行为的后果和改变行为的益处。MI 通过发展差异来改变戒毒者对当前行为的感知，进而使其意识到改变其问题行为的重要性，最终使戒毒者产生改变行为的动机。MI 是通过激发戒毒者的内在动机来推动其行为的改变，而不是借助施压或强迫等外在的力量，所以它能维持更持久的行为改变。

3.避免争论

MI 主张治疗师协助戒毒者发现自己存在的问题，让戒毒者自己说出改变的理由，才有可能取得进步。治疗师的目标是“与戒毒者一起前进”，而不是将对戒毒者的问题或评判强加给对方，试图用说服教育使戒毒者行为发生改变。治疗过程中应该尽量避免与戒毒者争论，具体策略有选择性同意、双向反馈、重建解释等。

4.化解阻力

阻抗是行为改变过程中的常见现象，它可以表现为戒毒者否认他们的问题行为或拒绝改变行为，它也可表现为戒毒者对行为改变持有不同看法，但这不意味着戒毒者会一直反对改变。MI 不赞成采用对质、争论或劝说的方法来解决治疗过程中出现的阻抗，认为这样可能会使戒毒者产生抵触或对抗情绪而导致治疗失败。MI 主张通过反馈式倾听、发展差异、邀请戒毒者一同探讨新的可能和解决问题的办法等策略和技巧，使戒毒者自己发现目前行为存在的问题和相应的解决办法，而不是由治疗师将问题解决办法强加给戒毒者。

5. 支持肯定

上述四个原则可以激发戒毒者产生改变行为的动机。但是如果戒毒者对能否成功改变行为缺乏信心，那也无法最终促成其行为的改变。因此，MI 强调通过肯定戒毒者已取得的改变当前行为或其他行为的成功经历，向戒毒者介绍他人改变行为的成功经历，来提高戒毒者战胜困难进行行为改变的自信心。此外，支持自信还包括另外一层含义：个体的行为和关于行为改变所作的决策都由其自主选择，MI 不支持治疗师或者其他任何人代替戒毒者来选择和履行改变行为的计划。

（二）技术要点

1. 开放式提问

使用开放式问题可以引发戒毒者行为改变的观点，也给治疗师反馈式倾听创造了机会。封闭式的问题通常只能获得“是”“否”等比较简单的答案和信息，而开放式的问题则给戒毒者足够的空间让其来表达自己的观点和感受，可以获得更多的信息。但开放式问题有时也会由于问题比较宽泛、模糊而导致戒毒者不知如何回答，此时治疗师可以进一步将问题具体化，以引导戒毒者回答相关的问题。当然，访谈中封闭式的问题也是需要的。

2. 积极倾听

治疗师以不评判的态度让戒毒者表达其感受及想法，并将戒毒者陈述的内容反馈给对方。它可以帮助治疗师印证自己是否准确理解了戒毒者所表达的意思，同时也让戒毒者感知到自己被倾听，也可以用于强调进而强化戒毒者关于行为改变的积极观点，还可以减少阻抗。积极倾听是 MI 的基本技术，需要治疗师具有较好的洞察力和思考能力，从而决定反馈哪些内容或忽视哪些信息，其最终目的都是为了降低阻抗、鼓励行为改变。积极倾听有重复、改述及重构等形式。

3. 找到切入点

在倾听的过程中发现戒毒者最关注的问题。如若药物成瘾者打算结婚生子，便与其讨论吸毒行为会如何影响他实现这一愿望。当戒毒者认识到目前的行为后果或潜在后果与其个人价值有冲突时，便放大并聚焦于此，引起对方的关注并引导其承诺改变现状。

4. 支持肯定

诚恳地肯定戒毒者可帮助药物成瘾者建立自信。强化戒毒者过去成功的经历有助于其建立自信、防止挫折感。肯定药物成瘾者面临的困难，告诉对方“我听到了，我理解”，理解药物成瘾者的经历与感受，帮助药物成瘾者发挥主观能动性，支持对方采取行动来改变自己的问题，向对方表示“我会与你在一起，支持你”，多与对方讲一些支持肯定性话语。引导对方多表达自我激励的言语，让药物成瘾者投入治疗是 MI 的基本目标。治疗师要使药物成瘾者认识到改变后的生活会更好，然后采取行动改变自己，通过引导的方式使药物成瘾者说出自己关心的问题及想法。成功的 MI 要求药物成瘾者自己认识到需要改变，希望并相信自己能够改变。

5. 小结

定期进行小结非常重要。小结时对戒毒者的问题与感受进行升华并给予反馈，强化药物成瘾者的改变动机，有利于药物成瘾者为行动做准备。对药物成瘾者使用药物的正负两方面影响进行小结，有助于理解其矛盾心理、发现差距。小结可作为每次治疗开始与结束的方法，起到自然过渡的作用；小结可作为一种治疗策略，对小结的内容要有所选择；也可请药物成瘾者纠正或补充小结的内容，因为这可能引起进一步讨论和评论，帮助药物成瘾者反思自己的想法与经历，帮助咨询师发现忽略的问题或未准确理解的问题。

第三节　动机强化治疗在戒毒工作中的意义

药物成瘾的心理治疗模式种类繁多，按照治疗形式可分为集体治疗、家庭治疗、婚姻治疗、个别治疗等，按照理念流派可分为认知治疗、行为治疗、心理动力学治疗、支持表达治疗等。在众多药物依赖心理治疗方法中，动机强化治疗是药物依赖心理治疗的一项基本技术，具有非常重要的地位，在目前药物依赖治疗中的应用也非常广泛，是一种非常有效的心理治疗技术。

一、动机强化治疗是促进药物成瘾人员发生根本性改变的前提

人的行为源于动机，而动机是建立在需要的基础之上。戒毒动机是指通过戒毒满足戒毒者由内部和外部刺激引起的各种生理和心理需要，这是人们参与戒毒的根本动力。

药物成瘾者有无治疗动机是戒毒成败的必要条件。动机强化治疗的核心目标是激发和维持药物成瘾人员改变自己吸毒行为的需要，解决“我为什么戒毒”的问题，这是药物成瘾人员戒毒成功的开端。有研究发现，从准备改变到积极投入治疗是一个量变的过程。动机强化治疗运用心理学的相关策略帮助药物成瘾人员处理改变吸毒行为过程中的一系列障碍和问题，强化戒毒者在治疗过程中的动机水平和动机维持，是促进药物成瘾者从根本上发生改变的基础和前提。

二、动机强化治疗影响药物成瘾治疗的全过程

治疗动机的强度影响着戒毒治疗的过程质量和治疗成效。心理治疗强调受治者的参与度和治疗的依从性，任何心理干预都需要受治者积极配合才能取得一定的疗效。药物成瘾者在用药过程中会产生许多心理障碍和问题，接受戒毒康复治疗的动机水平往往也会往复波动，甚至造成治疗的中断、脱失，影响到整体的治疗效果。动机强化治疗可以唤醒药物成瘾人员的生命价值感，激发出其“我要戒毒”的意愿和维持治疗的内驱力，提高戒毒康复治疗的效果。具体表现：①发挥指引治疗目标的作用，表现在个人对待戒治活动的态度和行动力上。德利翁(DeLeon)和祖莱(Zule)各自在不同的受治群体中研究得出相同的结论：戒毒动机越高，戒毒者对治疗的参与和投入程度越高。②药物成瘾者在治疗前的动机水平会直接影响戒毒者的治疗依从性。多项研究表明，药物成瘾者在接受治疗时，其动机水平与其维持治疗的时间以及是否中断或脱失治疗的情况有关。③《美国精神障碍诊断与统计手册》第5版(DSM-5)将渴求列为物质使用障碍的诊断标准。减少药物依赖的心理渴求，降低复吸风险是衡量戒毒者心理康复的主要目标。药物依赖者治疗动机的强弱决定了其在治疗期间能否主动觉察对毒品渴求的身心感受，能否积极寻求有效途径自觉抵制和消解对毒品的渴求。④研究发现，戒毒者的治疗

动机可以更有效地促其消除戒断症状、增进心理幸福感、减少违规乱纪行为，有利于戒毒者的生理、心理和社会功能康复。⑤提升自我效能感。海洛因依赖者的心理功能、社会支持、家庭功能与自我效能呈正相关。动机强化治疗在激发药物成瘾者改变吸毒行为内驱力的过程中，受治者的自卑、回避、内疚、自责、羞耻感等心理功能会得到一定程度的修复，其自我效能感也会得到提升，对自信戒毒产生正向效应。

三、动机强化治疗能够预防复吸

药物成瘾人员复发率高的一个重要因素是不良的戒断动机。有研究调查认为戒毒动机可分为真心戒毒型、被迫戒毒型、寻求快感型、自身保护型、缓解拮据型、谋求获利型。对戒毒群体的戒毒动机进行调查研究，可以发现，主动戒毒者只占其中的 30%。良好的戒毒动机能够有效地降低物质成瘾者的复发率，并且能够在一定程度上预测复发的可能性。因此激发戒毒人员良好的戒毒动机在预防复发的工作中十分重要。

第四节　动机强化治疗在戒毒工作中的应用

目前，动机强化治疗在戒毒工作中的应用效果已初步显现，戒毒系统内外均取得了不少成果，也为我们进一步深入探索和研究动机强化治疗增添了信心。

一、动机强化治疗在戒毒领域的应用成果

长期以来，戒毒动机一直是药物成瘾治疗领域研究的重点之一。第一篇可查的相关文献是卢尼（Looney）教授于 1974 年发表的文章，后来多项研究进一步证实，戒毒者高水平的治疗动机、充分的心理准备对戒毒者参加治疗的过程质量和结果、减少复吸和违法违纪行为都能产生积极的促进作用。此外，动机性会谈、动机强化治疗等能够有效提高药物成瘾者的戒毒动机水平，对提高治疗和戒毒效果具有积极的作用。目前国内有部分研究进行得较深入。

1. 邹露、谢青莲等认为，探讨动机晤谈技术有利于提升苯丙胺滥用

者戒毒动机。2013 年 1～7 月，对 70 例首次入院治疗的苯丙胺类兴奋剂滥用者进行研究，对照组给予常规治疗和护理，试验组在此基础上结合动机晤谈技术。通过对入院第 1 周和第 3 周两组药物成瘾者进行戒毒动机量表评定，得出结论：动机晤谈技术对于提升苯丙胺类药物成瘾者的戒毒动机有效可行。[①]

2. 余青云、达世君、余功才等人以动机式访谈技术作为基础理论指导，探索“动机强化疗法对强制隔离戒毒人员戒毒动机的影响及效果”。其中对照组 120 人，实验组 117 人；对照组接受常规的康复管理，实验组接受动机强化治疗。动机强化治疗即“四段四法干预”：唤醒阶段动机激发法、解析戒毒系统脱敏法、重建戒毒技能训练法、成长阶段能力强化法。研究得出结论：动机强化治疗可优化戒毒人员的戒毒动机系统，显著提高戒毒动机，对其戒除毒瘾产生了积极作用。[②]

3. 肖杨等人引进国外论证有效的认知行为疗法，融合动机晤谈神经语言模式（NLP）疗法、内观认知疗法等组合成一套综合心理干预模式——动机—技能—脱敏—心理能量模式。通过对 98 名男性强制隔离戒毒人员进行实验和随访跟踪，得出结论：动机—技能—脱敏—心理能量模式在一定程度上减轻戒毒人员的慢性渴求和抑郁状况，有助于预防戒毒后复吸和促进戒毒药物成瘾者保持操守。[③]

4. 周淑贤以认知行为疗法为视角特色，设计“认知行为教育项目”方案，以回归准备—寻找戒毒动机—动机增强—巩固动机为项目介入逻辑，以认知行为疗法为理论指导，以结构化提问为导向，引导戒毒人员思考毒品带来的影响和危害，激发其戒毒动机，提高戒毒信心。对照组 100 人接受戒毒场所的常规性教育，实验组在此基础上增加认知行为教育项目。经过研究得出结论：认知行为疗法对提升戒毒人员的戒毒动机行之

① 邹露、谢青莲、曹秉蓉：《动机晤谈技术对苯丙胺类滥用者戒毒动机提升的研究》，《华西医学》2014 年第 9 期。

② 余青云、达世君、余功才：《基于认知重构的综合干预措施在初入所戒毒人员动机结构优化上的应用研究》，《河南司法警官职业学院学报》2019 年第 6 期。

③ 肖杨、顾红、丁芳、钟瑞琳、韦威全：《动机一技能一脱敏一心理能量模式对戒毒人员慢性渴求和抑郁的干预效果》，《中国药物依赖性杂志》2012 年第 6 期。

有效，是一种有效和安全的方法。[①]

5. 张刃、崔新华等人对62名女性海洛因依赖者进行音乐心理剧临床干预研究。实验中对照组31人，干预组31人；对照组不采用任何干预手段，干预组接受12周的音乐心理剧临床干预。经过数据对比分析及对所有人员追踪统计复吸情况，得出结论：用音乐心理剧干预海洛因成瘾人群对提高其戒毒动机有明显效果，在降低复吸率方面作用不明显；戒毒动机与"家庭因子"有显著相关性，说明提高戒毒动机需要从家庭角度入手。音乐心理剧的临床干预方法，由于文化的差异，在临床运用中存在一定的局限性。[②]

二、"心学"模式下戒毒动机强化治疗的实施

山东是儒家文化发祥地，也是著名的孔孟之乡。山东省戒毒系统充分运用优秀传统文化的优势资源，提出"强制矫行，心学戒毒"工作理念，旨在利用强制隔离戒毒的强制性管控能力，矫正戒毒人员的不良习惯，同时通过"国学·齐鲁文化入心工程"教育，实践、传播国学智慧，营造文化戒毒环境。通过优秀传统文化的灌输和熏陶，帮助戒毒人员提升道德、激发潜能，促使其从思想上由内向外发力，增强戒治决心和信心。

针对经过急性生理脱毒进入教育适应阶段的戒毒人员，整合多种心理干预的技术，本着"中学为体，西学为用"的原则，将前人在提升戒毒动机研究方向上的经验做法加以提取整合，将更多精神分析和心理动力学的干预技术运用其中，创立了"心学"模式下戒毒动机强化疗法。该疗法借鉴阳明先生的"心即理"的核心理论，引用西方心理学的治疗技术，应对戒毒人员因为"意"的不当引起了"心"的世界对外在客观世界歪曲的认知，帮助戒毒人员调整心态、强化内驱力，改变故步自封的状态，找到"本心"中的戒毒意愿，实现主动戒治。

（一）方案设计

教育适应阶段的戒毒人员具有戒毒动机普遍低下，缺乏戒毒动机，

---

① 周淑贤：《认知行为疗法对增强戒毒动机的有效性研究》，广州大学硕士学位论文，2017年。

② 张刃、崔新华：《音乐心理剧对海洛因依赖者戒毒动机的干预》，《中国药物依赖性杂志》2008年第2期。

否认吸毒成瘾吸毒对自己造成的危害，倾向将造成自己吸毒的责任推给他人和社会，仇视家人、朋友、警察、社会等情况，这部分人员通常是处于戒毒动机懵懂期。少部分戒毒人员有戒毒动机但较弱，他们戒毒的想法摇摆不定，顾虑诸多，外在的引导对他们具有重要的影响，这部分人通常是处于沉思期和决定期之间。只有极少数戒毒人员具有较强的戒毒动机，需要在防复吸训练方面做功课。

山东省戒毒局将心理戒毒工作贯穿于“国学·齐鲁文化入心工程”之中，将“文疗”与“心疗”相融合，设计了“心学”模式下戒毒动机强化疗法的实施方案（见表 10-2），编制了实操手册，进行了实证性研究。

项目目标：

(1)引导激发戒毒意愿，强化主观戒治愿望，使戒毒人员尽快适应戒治场所的教育与矫治。

(2)掌握正确的戒毒方法，使戒毒人员提高自我效能感和对毒品的认知，维持自我戒毒动机的强度。

(3)帮助戒毒人员弱化心瘾，使其提升拒毒抗毒的心理能力，坚定戒毒信念。

表 10-2　“心学”模式下戒毒动机强化疗法实施方案

单元	活动名称	单元目标	活动内容	准备材料
一	有缘相聚	①建立团队，缩短人际距离，培养良好的关系氛围 ②了解团体目标 ③订立团体规范	①名字串串烧 ②怪兽 ③你和我一样 ④订立契约 ⑤结束歌曲：《明天会更好》	①2 开白纸 ②彩纸 ③背景音乐：《明天会更好》 ④笔 ⑤画笔 ⑥剪刀 ⑦胶带 ⑧团体契约书 ⑨电子屏显示

续表

单元	活动名称	单元目标	活动内容	准备材料
二	激发改变	①反思吸毒的经历,回看因吸毒给自己和他人带来的伤害 ②发现自己存在的问题和根源,激发改变的想法 ③觉察现状与未来目标,找出差距	①热身:泡泡连 ②观看《让世界充满爱》 ③寻找生命重要的组成部分 ④现在 vs 未来	①白纸 ②笔 ③表格 ④视频:《让世界充满爱》 ⑤背景音乐:Cate-Force 钢琴曲《平静的心灵》
三	确立目标	①确立戒毒目标,理清思路,探寻实现目标的方法 ②引领理性思维和分析,更加透彻地认识吸毒所付出的惨痛代价,激发决心戒毒的内驱力	①大风吹 ②计划表 ③吸毒、戒毒行为的短期与长期评价 ④结束视频音乐:《我想回家》	①白纸 ②笔 ③计划表表格 ④评价表格 ⑤视频音乐:《我想回家》 ⑥背景音乐
四	希望重塑	①培养勇于直面自身错误,敢于挑战自我、担当责任的意识 ②协助自我反省,发觉对人生深层次的感受和渴求,促进自我整合 ③激发对“无毒”生活的向往,强化戒毒信念	①勇于承担责任 ②三个“我” ③畅想“无毒的明天” ④视频音乐:《尊严》	①笔 ②彩笔 ③白纸 ④视频音乐:《尊严》
五	信念增效	①寻找自身的有效资源,培育正向需求,提升自我效能感 ②在潜意识层面培育戒毒的信念,促进日常戒治的知行协调	①抢椅子 ②骄傲的五件事 ③写信:《××我想对你说》 ④希望重塑冥想	①白纸 ②笔 ③三张椅子 ④背景音乐:《萝卜保卫战》《我相信》、钢琴曲《蓝色的爱》 ⑤冥想背景音乐:钢琴曲《风中的蒲公英》 ⑥冥想词

续表

单元	活动名称	单元目标	活动内容	准备材料
六	阳光心田	①立阳光心理，增强戒毒意愿 ②清理潜意识中阴暗、冰冷和消极，注入阳光和炽热，提升决心戒毒的动力源泉	①学唱歌曲《戒毒歌》 ②我的誓言 ③意向对话：房子	①白纸 ②彩笔 ③背景音乐：《荷塘月色》 ④《戒毒歌》视频
七	重拾真我	①激发挑战困境自信心，增加个体对成功的体验 ②更好地认识自己，获得认可，增强自信 ③消除对自身问题的顾虑和自卑，打破自卑束缚，焕发真我	①闯关突围 ②天生我才 ③埋葬“我不能” ④结束：《从头再来》	①白纸 ②笔 ③“天生我才”表格 ④背景音乐 ⑤背景音乐：《从头再来》
八	载梦起航	①激发归属感和安全感的需要，唤醒感恩和责任 ②建立目标意识，让目标引领自己的行为 ③进一步强化戒毒动机，制订戒治计划	①我想有个家 ②角色体验：无家可归 ③目标搜索 ④我与未来有约	①白纸 ②笔 ③写字板 ④背景音乐：《我想有个家》 《亲爱的小孩》《我的未来不是梦》

（二）开展步骤

1. 确定基线水平

山东省女子强制隔离所 2016 年 1 月至 2017 年 6 月间内收治多名戒毒人员。本实验随机抽取该区间无传染性疾病的 300 名戒毒人员为基线样本 I，在基线样本 I 中随机抽取 2016 年间收治人员中的 60 人作为基线样本 II。两样本总量均达到研究总体的 15%以上，满足统计学的抽样标准，可以代表样本总体。提取基线样本 I、基线样本 II 在教育适应阶段前及基线样本 II 教育适应阶段后在 90 项症状清单（SCL-90）症状自评量表和《改变准备阶段与治疗迫切程度量表(SOCRATES)》(中国修订版)的调查数据。

2.研究对象

在基线样本I中提取2017年第一季度收治的86名戒毒人员,入组标准符合:①无精神病史,排除HIV阳性、其他传染性疾病和正在接受治疗的严重身心疾病药物成瘾者。②度过急性脱毒阶段进入教育适应阶段;采取分层取样的方法,按吸毒年限进行分组;经过入组筛选和剔除实验过程中不可控因素,实验组确定考察对象为43人,对照组确定考察对象为40人。将入组成员全部纳入“国学·齐鲁文化入心工程”大教育及常规戒治教育格局下,实验组接受“戒毒动机强化”团辅干预,对照组不接受干预。

3.研究工具

(1)90项症状清单(SCL-90)。

(2)《改变准备阶段与治疗迫切程度量表(SOCRATES)》(中国修订版)

4.数据收集

选用SPSS32.0进行数据录入、筛查和统计处理,并进行基本描述统计、单因素方差分析、卡方检验等。

(三)效果评估

动机是行为改变的关键因素。如果有较强的动机,表明戒毒人员已经准备好了去改变;反之,对改变的阻抗就会相对较大,影响行为治疗的依从性。本研究旨在探索在两年的戒治周期内如何在初始阶段帮助戒毒人员激发出改变的意愿,帮助其建立戒毒动机,为成功戒毒迈出关键性的一步。另外,本研究将“文疗”和“心疗”工作相融合,检验“心学”模式下戒毒动机强化疗法的应用效果。

通过对基线样本I在教育适应阶段前和基线样本II的教育适应阶段前、后进行检验,观察基线样本I发现,进入教育适应期的戒毒人员普遍情绪状态低弱,存在较为严重的心理健康问题;对吸毒行为的认知和自我反思能力微弱,可能在被动管束下行为改变水平略好。观察基线样本II发现,常规的戒治流程和内容对进入教育适应期的戒毒人员戒治效果不明显。

通过对三组被试者的教育适应阶段后和三组被试者各自的教育适应阶段前、后进行检验，观察对照组，发现“国学·齐鲁文化入心工程”格局下的戒治教育对戒毒人员的心理问题和情绪状态有一定程度的改善，尤以人际关系改善最佳；在戒毒动机方面，对问题认知、行为改变有一定的促进作用，行为改变尤为明显。观察实验组发现，实施“心学”模式下戒毒动机强化方案的干预，可以改善教育适应期的戒毒人员的心理问题，除对恐怖、偏执等改善效果不明显外，在躯体化、抑郁、焦虑、敌对、人际关系敏感和精神病症等方面均具有显著的缓解作用。在戒毒动机方面，“文疗”与“心疗”各自发挥优势并相互契合，协同促进问题认知、反思状态和行为改变三个维度上的显著提升。

结论：“心学”模式下戒毒动机疗法可以有效改善戒毒人员的心理健康状况；可以增强戒毒人员的戒毒意愿，提升戒毒动机。

（四）戒毒心语

“心学”模式下动机强化疗法在女性戒毒人员中以团体心理辅导的形式开展后，治疗效果是显著的。通过戒毒人员反馈的随笔感悟，也能动态地体察出她们在感知、意识和心理诉求的变化。此处，随机摘录少量戒毒人员团辅活动后的随笔感悟谨观实效。

心语之一　从人生的废墟中站起来

六年，对于一个女人来说，可以成就一生的幸福。升学、毕业、工作、结婚、生子……而我，却因为一个看不见、摸不着的黑色幽灵而深陷囹圄，将一个女人最宝贵的六年淹没在屡屡白烟中。在罪恶中消沉，在消沉中堕落。一次次被强戒让我对未来几乎绝望。2017年1月28日，当我第三次被送入戒毒所的时候，我的内心世界彻底坍塌。在同一个地方跌倒三次的我，再也找不到任何爬起来的勇气。残酷的现实，让我无力面对……

夜深人静，我辗转难眠，也试着剖析自己一次又一次戒毒失败的原因，然而却也没有继续下去的勇气。浑浑噩噩中，我参加着各种戒治活动。一次偶然的心理团辅活动猛然惊醒了我，引领我反思了自己吸毒的过往。这么多年吸毒给自己、家人、朋友带来了无尽的伤害，我找到了自己存在的诸多问题的根源。队长的耐心指引、缓缓疏导，让我从心底有了一个“我要改变”的想法。我知道我的蜕变需要更漫长、更艰辛的过程，需要付出百倍的努力，因为屡次戒毒失败的经历让我几乎没有任何勇气和信心。

投身到了积极的戒治生活中，我又活了。每一次团辅活动都滋养着我的灵魂，《重拾自我》犹如一缕阳光照亮了我的心田，帮助我消除了对自身问题的顾虑和自卑自弃，让我有了挑战困境的信心，活动的成功体验使我更好的认识自己，增强了自信，让我能正视曾经的失败，有勇气从头再来。

每一次的团辅活动都使我的心灵得以成长和升华。是队长的关心和帮助让如今的我内心变得逐渐强大，我坚信没有什么能再次将我击垮。毒魔并不可怕，难能可贵的是我有了信心和力量，我一定能够战胜它。

——戒毒人员庞某

心语之二　　勇于担当

22 岁，正是青春洋溢无限美好的黄金年华，我本该向着自己的梦想去努力，却在毒魔的操控下荒废了青春，丝毫没有进取心，只活在自己黑暗的内心世界中。

强制戒毒让我的内心恐慌无助。我就像一只鸵鸟，小心翼翼地蜗居着、防护着，戒治中遇到问题除了逃避就是推卸责任。

我本以为胆小的我永远都不会有改变，直到参加了“勇于承担错误”的团体心理辅导，让我重新认识了自己。我试着去触碰内心深处那个封闭的我，并勇敢地站起来面对自己，做一个敢担当的人，去承担自己所犯下的错误。

随后每一次的团辅活动我都积极参与。经历深刻的剖析，然后不断地改变着自己，让我明白毒品并不是我生活中的全部，责任与担当却是我必须去正面直对的事情。我要对我的生命负责，我要对生我养我的父母负责，我要对我的吸毒行为承担后果，我必须心甘情愿地接受戒治教育，努力去改变自己，坚定信心跟过去的那个自己说再见。

现在的我不再逃避，积极地学习，脚踏实地地戒治，无论多大的风浪再不会成为我前进的障碍。我相信只要我有了一颗敢于承担的心，迈向新生的路上即便会有各种挫折，我也不再害怕；只要我的心是亮的，就一定会看到前方的路。

——戒毒人员孙某

心语之三　　让心归航 带爱远航

一个15岁的花季女孩被毒魔侵蚀两年后变得眼神空洞，身体千疮百孔，一切美好渐行渐远。在这条罪恶的道路上，我一度扮演着僵尸的角色，一个没有任何感情的躯壳。被强制戒毒是妈妈向公安举报的我，我自嘲被丢进了僵尸窟。

抱着应付的心理参加团体心理辅导活动，一段视频引起了我的关注，也打开了我心灵上生锈的那把锁。之前经历的种种像电影一样在脑海中回放，似乎每一个场景都还历历在目，似乎每一段故事都能让我热泪盈眶。静下心来，我反复思考，一遍遍问自己："想要的到底是什么？到底想要个什么结果？"当我在纸上写下自己认为最重要的东西时，我好像找到了答案。健康、亲情、自由、金钱……让我再一次陷入了沉思，为何在毒品面前，我会舍弃那些重要的东西而选择毒品？我选出来的这几样最重要的东西，吸毒会对它们造成什么样的损害？吸毒的两年里我从来没有理性地思考过这些问题。现在，不管我内心有多挣扎、多纠结，我都必须勇敢面对，因为我知道我不是一个人，我有家人的支持、队长的帮助、同学们的陪伴，这些都将成为我今后戒治路上最强劲的动力。

一直以来，我想要的只是一份来自父母的关爱。其实我不知道，这份爱一直在：是每个月风雨无阻的亲情探访，是电话那头的嘘寒问暖，是父母无能为力到消瘦的想念……循序渐进的思考让我真正剖析了自己的过去。队长带领我们做"现在 vs 未来"活动，也让我找到了自己现实和未来的差距。如今，我已经在强戒所度过了16岁花季的生日，每一项戒治活动引领着我的心智一点点成熟，今后我也不会停下修正自己的脚步。让心归航、带爱远航。

——戒毒人员蒋某

三、动机强化治疗在戒毒工作中应用的展望与思考

动机强化治疗在药物成瘾心理干预领域应用广泛，每一例戒毒者吸毒行为的改变都会从明确自我的戒毒动机开始。不论是个体治疗、同伴帮

戒，还是集体治疗，动机强化治疗的诸多技巧都贯穿于其中。相信在今后的实践运用中，动机强化治疗的许多亟待研究和探索的问题会不断得到突破和解决。下面，对动机强化治疗在戒毒工作中的应用前景作如下思考：

（一）对动机强化治疗与内隐认知模式的思考

毒品难戒，难在心瘾。在认知研究领域有了“双加工模型”理论。该理论认为人的认知加工系统存在外显、内隐两个子加工系统。外显加工系统的特点是缓慢、需意志和动机引导、基于逻辑、与情感无关的理性分析；内隐加工系统的特点是自动的、迅速的、无须努力的、直觉的、与情感紧密相关联的。

近年来，研究者用“双加工模型”来解释药物成瘾行为：基于外显的认知加工系统，吸毒者能够对吸毒行为的利弊得失进行判知，在理性层面上作出戒除毒品的打算；内隐认知系统却以隐蔽的、无意识的力量摒弃破坏着决定戒毒的理性努力，并引发个体趋向与毒品有关的情景，此时，吸毒者被自动的、内隐的认知加工系统主宰。有数例复吸者坦言：“发自内心的认识到不能再吸毒了，可每次都毁在不经意的一瞬间”，“心情好时想吸，心情不好时也想吸”。可见，药物成瘾者的内隐认知模式一旦形成，就会左右着吸毒者的想法和行为。

激发药物成瘾者治疗动机的要素之一是吸毒者对吸毒行为的正确认知。动机强化治疗如何帮助药物成瘾者打破或消解已形成的与毒品相关的内隐认知模式对成功戒毒的意义重大，也是未来戒毒动机治疗研究纵深发展的方向。

（二）对动机强化治疗与毒品动机环路的思考

人的大脑中有一个动机环路，与自然犒赏行为相关联，如人在满足了食物、水、性等基本需要后，会在大脑中形成动机环路，形成内驱力，驱动个体再次出现和自然犒赏有关的行为。犒赏刺激越大，对人们的吸引力也就越大，形成的内驱力也就越大。吸毒者在反复使用毒品后，大脑的动机环路不断得到增加与固化，表现为对毒品相关的刺激敏感化。有研究表明，当把和毒品有关的线索呈现给成瘾者时，个体的大脑某些区域活动明显增强，同时成瘾者也体会到了强烈的使用毒品的冲动和欲望（即毒品心理渴求），这种内驱力甚至比食物等本能需要的动力还要强大。此时，成瘾者会想尽一切办法得到毒品。

运用动机强化治疗强化戒毒者改变吸毒行为的动机引发的内驱力，在一定程度上可以抵制和消解人脑中早已形成的动机环路。但戒毒者不同，出现的结果也因人而异。动机强化治疗在这方面的干预技巧更有待于深入探索。

(三)对动机强化治疗与“心理—行为—认知”综合应用的思考

许多药物成瘾者在多次戒毒失败后产生毒瘾戒不了不如放任自流的错误认知。认知重建就是要通过各种教育手段让其产生戒毒意愿和信心，相信用科学的方法可以戒除毒瘾。行为重建即通过行为疗法消除吸毒者的不良行为习惯，使其养成有利于治疗的良好行为习惯。许多复吸的成瘾人员多数是因为在高危情景下没有正确认知和应对模式而再陷毒潭。行为重建可以帮助成瘾人员重建其在高危情境下的应对模式，使高危情景无法与成瘾行为产生心理联结。意志力重建即在现实吸毒成瘾治疗的过程中通过习艺、体训等锻炼意志力，用意志力支撑其改变的决心。这个过程中伴随着诸多心理状态的调整和干预，主要是及时调整负面情绪如抑郁焦虑、失望悲观等。

动机强化疗法可有效激活吸毒成瘾人员的治疗动机，是“心理—行为—认知”干预的综合应用。在药物成瘾人员接受康复治疗的全过程中，治疗动机始终是维持治疗的最重要因子。如何更好地运用“心理—行为—认知”进行干预，形成以内驱力动机起主导作用、动机起辅导作用、意志力起支撑作用，戒毒方法起认知引导作用的完善的戒毒动机系统，是需要戒毒治疗工作者继续探索和不断实践的课题。

第十一章　内观疗法戒毒

内观疗法主要是通过对既往人际关系的回顾与反省，帮助戒毒人矫正人格及行为模式的弱点。在戒毒工作中，内观疗法对于戒毒人员改善人际关系、提高对社会支持的领悟力、重构自己的社会支持系统具有显著的治疗效果。也正因如此，2016 年 4 月，内观疗法被司法部戒毒管理局列为司法行政戒毒系统十大优势教育戒治项目。

第一节　内观疗法概述

内观疗法自 1937 年由日本学者吉本伊信创立以来，经过 80 余年的发展，逐步形成了完备的理论框架体系。我国对内观疗法的研究起步较晚，但经过 30 多年的发展，内观疗法在中国同样得到了广泛推广和应用。

一、内观疗法的概念

“内观”即“观内”“了解自己”“凝视内心中的自我”的意思。内观疗法于 1937 年由日本人吉本伊信创立。吉本认为：“要想知道自己是不是有信心，可以去查查过去一天天度过的日子。”为了达到自我精神修养或者治疗精神障碍的目的，内观法借用了佛学中“观察自我内心”的方法，设置一个特定的“集中内省”程序来进行内观。在特别的环境与操作下，内观者通过固定的问题，回顾过去的美好，改变过去错误的情感和错误的思考问题的方式，验证自己的过去，洞察自己的人际关系，所以内观疗法也叫作“观察自己法”“洞察自我法”。

经多年的发展，日本有专设的内观疗法研修所 50 多所。同时，在心理咨询和治疗机构以及医院心理治疗中心，内观疗法也得到广泛应用。在美国和欧洲的一些国家也已经设立了内观疗法的专门研究机构。

二、内观疗法的发展历程

(一)印度内观法

“内观”是“毗婆舍那”的一种意译，是释迦牟尼佛祖传授的佛家禅修方法的一种。从字面上看，“内观”是向“内”去“观”察身心的实相的意思，即从“身体”“感受”“心”和“法”四个方面，培育持续及稳固的觉知能力，使内观者在实际经验(而非信仰、感情和想象)层面上体验到“自我”是由五个要素(五蕴)组合而成的，有着不断快速变化(无常)、不满足状态(苦)和无法自主(无我)的特征。他认为“心”将逐渐停止产生“贪、嗔、痴”的习性反应。“贪、嗔、痴”被称为“三毒”，是所有痛苦的根源，将内心的“贪、嗔、痴”根除是解脱痛苦的根本方法。在佛教的修行系统中，有“戒学”(道德生活之准则)、“定学”(专注力的培养)和“慧学”三学，而内观属于“慧学”。慧就是梵文的“般若”，指对实相的正确了解。事实上，内观修习是以获得能灭除幽微烦恼的智慧为里程碑。从这个意义上讲，可以将佛教修行看作一个自我净化的过程——“七清净”，其最终目标是将自我从所有的痛苦、感官的束缚中解脱出来，得到完全的净化，即所谓的涅槃。

葛印卡(S. N. Goenka)是印度内观法的传承人。他在缅甸出生和成长，师从乌巴庆(Sayagyi U Ba Khin)学习内观法 14 年，1969 年移居印度，向印度人传授内观法。1982 年起，在葛印卡的领导下，世界各地(包括印度、美国、澳大利亚、新西兰、法国、英国、日本、斯里兰卡、泰国、缅甸、尼泊尔等国家)陆续成立了一批内观静坐中心。

(二)日本内观法

日本的内观法来源于印度，但是与目前的印度内观法又有所区别。早在 250 年前，日本禅僧白稳(1685～1768)的学说里就体现出了内观法。吉本伊信(1916～1988)于 1937 年提出了内观疗法。之后，吉本伊信在他的导师驹谷谛信的指导下于 1945 年创立了对操作环境有特别要求的日本内观法，即一种个人通过回忆自己人生经历中的基本人际关系，回答“自己为对方做的，对方为自己做的，自己为对方添的麻烦”这三个项目的提问，从而验证自己的历史、洞察自己的人际关系、改变自我中心主义意识的一种心理保健法。

(三)内观疗法的国际化进程

内观疗法在创立后经过80多年的发展，现在日本已有专设的内观疗法研修所50多所，有内观疗法相关工作人员400余人。内观疗法已广泛应用于心理咨询、心理治疗等领域。一些欧美国家也设立了专门的研究机构来研究内观疗法。

随着内观疗法的不断发展，其国际化进程也迅速展开：

1962年，美国西北大学教授吉生(音译)赴日本进行内观调查。

1981年，集体内观在澳大利亚的休普斯佛教中心首次施行。

1981年，集体内观在德国莱茵堡教会举办。

1986年，维也纳开设内观研修所。

1989年，集体内观首次在英国开展。

1991年，首届国际内观学会在日本东京举办。

1992年，内观研修首次在瑞士举办。

1994年，第二届国际内观学会在奥地利维也纳举行。

1995年，开始发行内观疗法学术杂志《内观研究》。

1997年，第三届国际内观学会在意大利举行。

2000年，第四届国际内观学会在日本东京举行。

2003年，第五届国际内观学会在德国举行。

2003年，第一届国际内观疗法学会在日本举行。

2005年，第二届国际内观疗法学会在中国上海举行。

2006年，第六届国际内观学会在韩国举行。

2007年，第三届国际内观疗法学会在日本举行。

2008年，第三十一届内观疗法大会在日本冲绳举行。

2012年，第四届国际内观疗法大会在日本冈本举办。

(四)内观疗法的本土发展

第一个将内观疗法引入中国的是上海精神卫生中心的王祖承教授。1988年6月，王祖承教授在中国学术期刊上首次发表了关于内观疗法的相关文章，将内观疗法引入中国。30余年来，内观疗法由于日本学者石井光、三木善彦、巽信夫、堀井茂男、真荣城辉明、榛木美惠子、栗本藤基等人的大力支持，中国学者王祖承、李振涛、张海音、毛富强、陆英智、郄凤卿、曲伟杰、何蕊芳、黄辛隐等人的积极推动，在中国得到了很好的推广和普及。其内观疗法在中国发展的历程如下：

1988年，王祖承发表了题为《内观疗法》的文章。

1994年，上海精神卫生中心举办了内观疗法讨论会。

1994年，中日内观疗法研究会经卫生局批准后成立。

1997年，第一届森田、内观讲习班在上海开班。

2000年，曹新妹、周一平、浅井、岗本获得了心理卫生奖。

2005年，第二届国际内观疗法学会在上海举办。

2009～2010年，集体内观在上海市精神卫生中心八病区开展。

2010年起，尝试从住院病人中挑选合适的病人在康复科进行集中内观。

2012～2013年，不断改进内观疗法，使其适用于所有住院稳定期的精神障碍患者。

内观由集中内观和记录内观两种。日本学者吉本伊信提出的内观法属于集中内观；记录内观法是根据国内情况创立的一种疗法，它的提出者是曲伟杰，提出后由孟玉荣（中国心理协会内观疗法首批督导师）等资深咨询师在国内进行推广。孟玉荣还把内观疗法与自己多年的咨询经验结合起来，提出了适合心理咨询师心理成长的，能帮助咨询师探究自身问题、梳理自己的人际关系的新的培养训练体系。肖慧明结合中国传统的佛家和道家文化以及自己在长期心理咨询实践中积累的经验，独创了内观整合治疗。这是一种本土化哲学心理治疗方法，提出了“认识你自己，和谐身心灵”的观点等。

第二节　内观疗法的基本理论及适用范围

在不断的探索发展中，内观疗法成为一种正式的心理治疗方法并在越来越多的国家和地区广泛应用。在众多成瘾性心理治疗方法中，内观疗法作为一种很成熟、标准化的心理治疗技术，有着自己独特的理论基础和适用范围。

一、内观疗法的理论基础

（一）自我发现

自我发现又叫“自我洞察”，是通过回顾和反省自己过去在人际关系中的不良行为和问题，将自己对他人的冲撞和他人对自己的慈爱进行对比，找出产生这种差异的原因，从而洞察自我的存在以及自己同他人的关系的过程。通过这种洞察，站在对方的角度来看待自己在这段人际关系中的所作所为，找到自己在和他人相处过程中表现好的一面，以纠正自己在人际交往中的不良态度，改善自己的人格特征。

内观是对自我进行观察，要学会换位思考。通过内观，你会发现自己熟悉的自我不同于内心深处的自我，这时你将认识到过去的错误，否定自己的过去，重塑一个新的自我，这是一种质的飞跃；你将学会体验他人的爱，转变自己的态度，不再以自我为中心，不再利己主义，不再仇恨他人，你会变得诚恳、谦虚。内观者将用愉悦、诚恳、对他人由发自内心的感谢代替焦虑、不满、对抗他人。自我洞察中的回忆过去是要按照年代顺序进行的，观察者对每一个能回想起来的具体事件，都要通过换位思考的方式站在对方的角度进行自我观察、自我分析和自我谴责。这个治疗过程能增强内观者的社会责任感，促进他们在情感上与他人产生共鸣，从而使内观者心理活动中的不良状态得到改变。

内观者要学会站在对方的角度上去思考，将其内心深处被遗忘的东西重新挖掘出来。内观者通过回忆亲人对自己无私的爱来使自己得到感化，从而达到掌握自我调节的方法、重新认识自我的目的，从而重新审视和评价自己的人生，获得“超我”（客观看待自我）的能力。

（二）爱的发现

任何人只要活着，无论个人需求是否得到满足，都必须与其他人进行互动，有互动就会有“给予”的行为和“接受”的行为。亲人和朋友之间的这两种行为是建立在亲情和友情的基础上的，而“爱”又是产生亲情和友情的根源。“爱”的能力每个人都有，只是有时它没有被开发出来，这时就需要有人进行引导，而内观正有这种引导的作用。内观会引导内观者省察“给予”行为与“接受”行为，进而引导内观者去感受“爱”的需求，认识到自己被“爱”这一事实。

在内观中，发现"在别人为我'牺牲'，而我却伤害了别人，对方依然选择宽恕我"时，是内观者最强烈地感受到"爱"的时候。换言之，人类最高境界的爱是"牺牲自我来宽恕别人"，因此内观法发挥疗效的根源是"爱"。

内观法用来引导内观者回忆自己被爱事实的切入点很巧妙，即回顾"别人为我做的那些事"，而这些只是内观的起步阶段。内观法还包括内观者认识到自己在一次次地用伤害来回报别人为自己的努力和包容，或者注意到"我"所抱怨的事实的真相并不是"我"以前所认为的那样。如此内观者就会发现那些被遗忘的"爱"，进而震撼他们的内心。

（三）罪恶的意识与接纳

内观疗法所说的罪恶感不同于一般意义的罪恶感。一般认为，自我防卫或对他人强加到自己身上的束缚表示不满是罪恶感的来源，但是内观疗法则认为"自私"（即"我执"）才是罪恶感的来源。

吉本伊信说，内观的目的在于消除"我执"。想要摆脱"我执"，首先要察觉"我执"的存在。从内观自我省察的三个观点来说，就是要察觉到自己之前明明得到却从未注意的别人的恩惠；意识到对于别人的恩惠自己并没有感恩，相反还给给予恩惠者带来很多的麻烦。"我执"的根源是自己的自我本位、放任、傲慢、匮乏体贴心。

罪恶感的察觉在治疗上的意义可以归纳如下：首先可以消除拒绝改变的心态。接受心理治疗的人会有两种心理同时存在，一种是想要改变的心理，另一种是害怕改变的心理。内观者只有直面自己的丑陋与脆弱，才会使抗拒改变的心理迅速消失，随之消失的是对别人的恨意与不满。"认为自己没有错，是被害者，有权对别人提出要求"，这种心态会导致敌意与不满。因此，内观者一旦发现自己是任性的，是加害者和过错方，那么先前的怨恨与不满将随之消失。不仅如此，内观者还会感谢别人的温馨与恩惠，放弃自己原来虚伪的面具，寻回真正的自我。内观者一旦正确认识了自己的丑陋，就能平心静气地接纳自己悦纳别人。

（四）爱的重新体认及同理心与共同意识的建立

内观疗法要求内观者既要去察觉个人的罪恶，也要去察觉他人的爱。爱的自觉是内观疗法的很重要的因素，主要包括两方面内容：

1. 爱的重新体认

内观法的基本课题是"了解他人对自己照顾多少，自己又对这些人回报了多少"。即根据具体事实看一下自己的"施"与"受"哪个更多。即内观者回顾一下在过去的人生中都有谁给予了我或他人关爱，这种关爱可以是物质上的、劳动上的或精神上的。

如果从正面去内观他人对自己的爱，就能将自己过去遗忘的爱重新回忆起来。因此，那些认为自己过去只有被害而没有被爱的人，一旦回忆起自己实际上是被爱的，这种反差会对心理造成很大的冲击，从而使他们对自己的内观加深。人到达这个境界后，就不再以偏见对待他人，而会产生"人我一体感"(即与他人融为一体)。

2. 同理心

当一个自己很亲近的人对自己表达感谢时，中国人经常会说，"别见外"，可见中国人把人划分为"自己的亲人(包括'亲近的人')和陌生人"。中国人觉得一个人很亲近，就会像对待自己的亲戚那样对待他，"亲人"意识是一种流动而非固定的状态。内观者如果发现自己过去认为的"亲人"与"自己"是一体的这种感觉是单向的、不切实际的，就会选择把"亲人"和自己分开，把他当作一个人格独立的陌生人去回想他们施与自己的爱与关怀。换言之，内观法就是将过去模糊不清、未分化的人我一体的感觉打破。人际关系会随着内观的加深而变得更加明确有分寸。

内观疗法和卡尔·罗杰斯(C. R. Rogers)的咨商理论同样强调同理心的重要性。当内观者在进行内观时始终以自我为中心无法摆脱时，领导者引导他这样想："对方做这件事情的时候，他的心情如何?""你这样做，对方会有怎样的感受?"因此，当内观进行得越深入，内观者越会发现自己过去多么固执己见，所以在了解对方时会尽量从共鸣的立场着手。"共鸣的了解"就是站在对方的立场，此即同理心。"同理心"是"共同意识"(自己和别人的连带感)的基础。人是通过共鸣和过去产生连带感的，连带感一旦消失，空虚与孤独的疏离感就产生了。总之，内观疗法认为，内观会使内观者产生同理心，在内观者与他人之间产生连带意识，进而达到克服空虚与孤独的目的。

二、内观疗法的适用范围

内观法通过内观人与人互动的三个主题，即别人为我做了些什么？我为别人回报了些什么？我做了些什么不该做的(给别人添了一些什么麻烦)?引导人们观察自己的内心、自我观照、自我启发、自我洞察,因此可广泛应用于各个领域。

内观疗法作为一种心理训练方法时,其对象是精神健康的人,如学生、老师、医生、护士、公司职员、家庭主妇等,特别是对独生子女以自我为中心的问题训练效果尤其显著。内观疗法作为一种心理疗法时,它的对象则是精神不健康的人,如具有反社会行为、逃学、神经症、酒精依赖、抑郁症等问题的人。

内观疗法在成瘾戒治领域的应用非常广泛。在对毒品依赖的治疗中,内观疗法通过让戒毒人员在相对封闭的状态下有目的、有指向地就既往的人际关系进行系统的反省、回顾,在内观治疗师的引导下,矫正人格及行为模式中的弱点,从而达到提升戒毒人员戒治能力、提高戒毒操守率的目的。

第三节　内观疗法的实施方法及过程

内观疗法主要有集中内观、日常内观、渐进内观、记录内观、通信内观等几种不同的形式,因形式不同内观疗法的实施步骤也不尽相同。但不论哪种形式的内观,一般都包括导入期、初期、中期、结束期四个阶段。

一、内观疗法的实施方法

(一)集中内观

集中内观的实施可分为如下几个步骤:

(1)面向墙壁,保持放松的姿势,坐下。可以用屏风把屋里的一个角落围起来,让内观者坐在里面,从而使心理和视觉隔离开。内观者可选择坐着或躺着,也可以选择闭眼或睁眼。设定一个孤独的、自己静静地面对自己的情境。

(2)要反省自己对别人采取的行为。反省从母亲开始,一共包括三个具体点:母亲为我做过哪些事情?(20%)我报答过母亲哪些事情?(20%)我带给母亲的困扰有哪些?(60%)(百分比为时间的分配比率。)

(3)反省是按年代顺序、从幼年时代开始的。

(4)顺序依次是母亲、父亲、祖父母、兄弟、姐妹、配偶、子女、公司同事等,对身边的每一个人展开。这样一个循环后又回到了自己的母亲,这样能更细致地切割时间。

(5)晤谈每两个小时进行 3～5 分钟。晤谈时,晤谈者先打开屏风,双方互相行礼之后,咨商员根据当事人所反省的各个方向进行询问。这种晤谈每天约晤 7 次。

(6)内观的主题包括计算生活费以及有没有撒谎、偷窃的行为等。每一个主题都要求内观者严格地站在对方的角度去质问自己究竟有没有过失。

(7)内观者早上 6:00 起床,从 6:30 分至晚上 10 点就寝,内观一共进行 15 小时 30 分。除洗澡、上厕所以外,内观时严禁听收音机、看电视、读书,禁止与人交谈;除非紧急事件不能打电话;一日三餐由工作人员送到内观处,内观者可以边内观边用餐。

(二)日常内观(也叫“分散内观”)

(1)日常内观和集中内观一样,每天定时针对特定的人物分配一定的时间。

(2)内观者需针对昨天和今天人际关系的区别进行内观。

(3)日常内观仅靠自己难以维持,所以可以在有内观经验的人带领下统一进行。或每周给咨商员写一封信,报告自己内观的结果;也可以每天写内观日记,并接受检查。

(三)渐进内观

内观疗法在医院实施时,拘束性的强弱会明显影响治疗效果。因为吉本的内观疗法有很大的拘束性,在医院实施起来有较大困难,于是产生了“渐进内观”。“渐进内观”是指内观的时间随着内观的过程逐渐增加,进而逐渐增强整体的拘束性。改良后的内观疗法既容易导入,治疗效果也很好。

(四)记录内观

记录内观同日常内观的方式相同,以每天写日记的形式进行,其内容是顺着生命的时间轴对周围的人进行内观,或者对每天接触的人进行内观;然后定期将内观结果报告给指导者。一般而言,日常内观或者记录内观最好在集中内观的基础上进行。

（五）通信内观

通信内观是针对时间不容许、两地距离太远的内观者，可用通信的方式进行内观治疗和指导的内观法。通信内观最好在有集体内观的基础后进行；通过内观对每天的内观内容进行汇总整理，然后用通信的方式请指导者给予指导；内容和日常内观相同，都是依照人生命的时间轴对身边的人进行内观。

二、内观疗法的实施过程

（一）导入期

第一天，内观指导员先播放内观法的录音带，让内观者明确内观疗法的目的与具体方法。第二天，内观指导员向内观者说明察觉自己的意义、过程及在此过程中可能产生抗拒，然后导入内观。

（二）初期

初期阶段的特征是感到痛苦、充满杂念、与内在相抗拒而无法集中精力。这种情形被称为“初期的困惑状态”，具体原因如下：

(1)课题与目前的苦恼脱节：省察“幼时自己和母亲”的关系是内观的第一个课题，它看似与当前的苦恼无关，所以要在毫无心理准备的情况下勉强接受此课题，难免使人感到困惑。

(2)思考模式不熟悉：内观时要求内观者设身处地去思考，从借贷关系、负债、否定自己的角度重新去看过去认为理所当然的事情，这种思考模式会使当事人感到很不习惯。

(3)唤起记忆的困难：对于太早的记忆人们在日常生活中并不需要重视，而内观疗法要求内观者系统而具体地回忆过去，这并非易事。

(4)生理上的痛苦：在狭窄的空间从早晨静坐至夜晚，是一件痛苦的事情。

(5)自我防卫机制与抗拒：内观思考暴露了自己错误的待人感情或事件，因此在潜意识里对杂念、记忆等的追溯会出现困难。

（三）中期

中期是指第三天至第六天左右。在这一时期内观加深，痛苦也随之增加。内观者如果能够忍受痛苦，继续内观，就能有一种被尊重的感觉，接受得到别人恩惠的事实，真心觉得自己的存在被完全接纳了。

内观思考的确立或内观导致的人格变化的展开是相当具有戏剧性的、可以观察到的，内观疗法称它为转机。改变的契机或类型是多种模式，并且很微妙。其因素或条件如下：

(1)内观思考的增强：并不是在某时间段内进行冥思、祈祷或借助他人力量，而是以有限时间内靠自己的力量去革新自我意志为前提的。集中思考训练，即在时间上连续、反复、查验指导、回忆的数量等方面增强学习，即使存在反复相同的主题，也应在质的方面具备求变的意志。

(2)粉碎概念：内观不仅要否定自己的过去，也要否定自己的思考模式，这被称为"粉碎概念"，也就是一种粉碎并改变陋习的自我训练。起初会有不愉快的感觉和厌恶自己的感觉，达到饱和之后，反而会觉得舒适与放心。

(3)记忆重现：重现旧记忆非常困难，表现在数量方面的回忆很困难，并且不切实际。回忆的数量会在内观进行到某一阶段之后增加，回忆的间隔也会随之缩短；然后现实感觉增加，存在的确认接踵而至；然后转机才会出现。

(4)洞察与情绪经验的出现，其特征如下：自我批判会因情绪激动而带来自我否定，可能因为自我厌恶、自我怜悯、自卑而流泪，于是会产生怅然若失或失魂落魄的状态；会导致生理上的疲劳和心理上的空白状态；精神上会感到非常苦闷，同时还会伴随着安乐的心境；刹那间摆脱虚脱或落魄的状态，变得充满活力；他人眼里也认为整个人都改变。以上情形或者短暂经过，或者同时发生。

(四)结束期

如果是集中内观，在座谈会结束后，通常会有一小时左右的时间供内观者来互相交换内观体验。辅导员也会鼓励大家继续在日常生活中进行内观。

第四节　内观疗法的作用及意义

从工作机制、理论基础以及实际效果来看，内观疗法比较适合对社会适应能力差和人际关系不良人群的治疗。因此，将内观疗法运用于戒毒场所，对戒毒人员改善社会适应能力和人际关系、适应场所环境、坚定戒毒信念、提升戒治效果具有积极的促进作用。

一、内观治疗的普遍意义

按照内观治疗的程序，回顾对方给自己的关照，使内观者重温被爱的感情体验，唤起内观者的自信、责任感、受恩要报的义务感。回顾自己给对方添的麻烦会唤起羞愧感、非病理性罪感（在日本这种罪感体验和认识是针对自己侵害了人们之间已经确立的关系准则和秩序）。以上两类感情互成表里，加剧了内观者的情感活动，从而为破坏原来的认知框架创造了基础。通过内观，内观者爱他人的社会性意向、重建自我形象的意向、改进人际协调的意向均会提高，这对革新自我有重大意义。把遗忘的、混乱的、杂乱无章的经历按照题目回忆整理，达到自我洞察和理解他人的目的，建立新的关系和新的生活。

通过内观，可以对自己产生新的了解，减轻烦恼，提高自信心，使自己振作起来。

二、内观疗法在戒毒工作中的作用和意义

（一）内观疗法以促进健康人格养成为目标，与强制隔离戒毒心理矫治工作目标一致

强制隔离戒毒工作中心理矫治目标分为矫正性和发展性，以矫正心理问题和培养健康人格为重点。内观疗法在其内容、具体操作标准中能体现这一目标。内观疗法对人格的修正有着非常积极的意义和很具体、现实的做法，主要体现在：在过去的经历体验中自我反省、自我学习，在现有的状态下正确面对、健康的生存，在充满自信和希望的率真朴素中走向自我实现。拥有健康人格的人能积极看待自己的过去，对现阶段状态能够有效地把控，能主动协调周围人际关系，在工作和学习中能达到自我满足及发展。也就是说，内观疗法能使内观者自身通过反省从别人那里得到的恩惠及温暖以及给别人带来的麻烦中，认识到别人的价值及自己的不足，从而发现自我、洞察自我，对他人报以感恩之义，激发内心的情感，进一步提升自身人格的纯洁度，达到人格的完善。

在强制隔离戒毒心理矫治工作中，我们始终强调戒毒人员的自我认

识、自我控制，提升他们面临挑战及诱惑时的定力，最大限度地发展他们的心理潜能，促进其心理能量的开发，提升戒毒人员的社会适应能力及承受挫折和适应环境的能力，帮助其逐步形成健康的生活目标。所以，内观疗法不仅在本质上呈现出与强制隔离戒毒心理矫治工作目标的一致性，还是实现强制隔离戒毒心理矫治工作的具体方法和手段。

（二）内观疗法对生命的重视与强制隔离戒毒心理矫治工作中“珍爱生命”的宗旨相吻合

生存和死亡是内观法的根本观点及经典性表达，因此在内观治疗的过程中一定会直接或间接涉及亲人或自己死亡的话题。内观疗法的创始人吉本先生提出“以死亡为原点的内观”的理论。他在内观疗法中提出，死亡是人在生存中所思考的原点，是人生的一道原风景，通过内观治疗，内观者可以逐渐的发现原点以及死亡对于生存所具有的价值。死亡一直是人们恐惧的，它总是以有形或无形地方式潜藏在人的意识层面或心灵深处。由此，对死亡的认知、包容和接受就有了深刻的意义：没有对死亡清晰的认识和理解，也就不会对生存深刻的认识和理解。另外，内观疗法认为，人在死亡之前对人生的思考已经没有任何意义，只有在没有任何生命威胁的情况下对生命的思考才有真正的意义。通过内观治疗，逐渐克服和超越对于死亡的恐惧，珍惜自己所拥有的每一天生命和健康，才能活出坦然、从容的人生。

强制隔离戒毒心理矫治工作以“珍爱生命，远离毒品”为宗旨，教育引导戒毒人员提升生命品质、激发生命潜能、捍卫生命尊严、实现生命价值。数据显示，近年来吸毒人员呈现低龄化趋势，自杀及自伤行为不断攀升，恶性案件不断出现，所以在戒毒人员中进行生命教育，开展以“珍爱生命”为主题的相关矫治活动具有十分重要的特殊意义。内观治疗在本质上呈现出的对生命的敬畏，与戒毒心理矫治工作不谋而合。

（三）内观疗法的方法独特性与戒毒人员的身心特征匹配

与强制隔离戒毒心理矫治工作一致的是，内观疗法是一种从根源上寻求自我的心理治疗方法。从内观疗法的内容上看，三大主题要求内观者由从自我立场出发看待他人及事物的状态，转化为站在对方的立场上审视自己言行的状态。就内观治疗的过程而言，内观者都是回忆琐碎的日常，但却可以提升为以下抽象命题：自我本位的发现、被爱事实的发现、新生体验的发现。这三个发现统称为“自我变革的实现”。这也会成为内观者日后生活热情、感恩的原动力。对于有一定程度心理问题的内观者而言，他们会在内观中主动地、积极地去克服焦虑、抑郁、自伤等一系列问题。研究表明，在东方文化的背景下，与经典精神分析疗法相比，人们对内观治疗的阻抗较小。因为，无论是内观疗法的内核还是形式，都能让戒毒人员在感受到尊重的情形下开放自我，这与戒毒人员以自我为中心、追求自由、存有“封闭性”、拒绝开放等心理特征相匹配，能帮助戒毒人员逐步改变自我。

第五节　内观疗法在戒毒工作中的应用

近年来，戒毒系统积极推进内观疗法在戒毒工作中的运用和发展，形成了一批有影响、有价值的理论和实践研究成果，有力地推动了“心疗”戒毒工作的开展。

一、内观疗法在戒毒领域的应用成果

内观疗法在国内外的“戒毒人员戒毒矫治实践”中，显示出了其他戒毒矫治方法所没有的明显效果和应用前景。内观疗法早在1954年就开始应用于日本的青少年监狱，主要目的是用它来矫正青少年罪犯的心理问题和行为问题。在国内，戒毒场所正积极推进戒毒工作专业化，大力开展内观疗法的探索研究，取得了丰硕的成果。下面，主要对几个研究成果作简要介绍。

研究一：张瀚元在J市女子强制隔离戒毒所开展了“女子强制隔离戒毒所内观治疗项目”，采取内观小组治疗的方法对强制戒毒人员进行心理矫治，探究内观小组治疗对女性强制戒毒人员自我和谐程度的改变情况，同时借鉴实践经验逐步探索内观治疗的本土化道路与模式。

研究二：姚英军和高军进行了“内观疗法对新型毒品依赖患者生活质量和复吸的影响”的研究。研究方法：将90例新型毒品依赖患者随机分为两组，其中内观疗法组和对照组各45例。研究期间对两组患者都进行必要的抗精神病药物治疗和常规护理，要求内观疗法组在住院期间进

行集中内观,并在出院后一年内每天进行日常内观;对照组进行一般性教育。其间对两组患者运用综合生活质量评定问卷(General Quality of Life Inventory,GQOLI)和《戒毒人员复吸倾向性量表》进行定期测量评定。在每次测量前都要进行毒品尿检,若为阳性则不能进行评定。然后将两组被试者的生活质量和复吸情况进行比较。结果:内观疗法组患者的生活质量较对照组有明显改善($P<0.01$);内观疗法组患者的复吸率明显低于对照组($P<0.05$)。结论:内观疗法能够使新型毒品依赖患者的生活质量提高,使复吸率降低。

研究三:李爱娟在江苏省太湖强制隔离戒毒所组织的内观研究项目中,运用集中内观法直观地记录了一名戒毒人员在内观戒治中改变认知行为模式、重建社会支持系统,改善依恋关系,重新燃起对生活的希望与信心的过程,从而对内观疗法改变戒毒人员的操守率提出了自己的观点。

研究四:黄辛隐、沙小晃等人为了探究内观疗法对毒品成瘾者依恋关系的干预作用以及内观疗法降低复吸可能性的效果,在江苏省太湖强制隔离戒毒所筛选了12名强制戒毒人员,并对他们进行了7天集中内观。结果发现:①在家庭因素方面,早期不良亲子关系和错误的管教模式是对毒品成瘾个体产生主要影响的两个因素;②内观疗法是干预毒品成瘾的有效方法,能帮助毒品成瘾个体重组依恋内部记忆和工作模式,从而使依恋关系得到改善。

二、内观疗法在山东戒毒工作中的具体实践

依托源远流长的齐鲁文化,山东省戒毒系统充分利用中华优秀传统文化特别是阳明心学的核心内容与内观研修相结合,将内观疗法的治疗机制、操作原理加以推广运用,“以内观疗法为表,以阳明心学为里”,帮助戒毒人员戒除毒瘾,探索出具有山东特色的内观戒毒方法。下面主要介绍山东省鲁中强制隔离戒毒所开展“中华心学戒毒法”内观研修的相关情况。

(一)“中华心学戒毒法”概述

山东省鲁中强制隔离戒毒所充分利用传统文化尤其是齐鲁文化的优势资源,将“如是中庸”相关理论引入心理矫治之中。所谓“如是”,即

本来就是这样的意思;"中庸"原本指儒家"四书"中的一书。"如是中庸"即为儒学正本清源,让儒学重新回到"自天子以至于庶人,壹是以修身为本"的正确轨道上来。鉴于中庸之道与阳明心学内涵相符、精气相通,故在戒毒工作中将中庸之道与阳明心学理念融为一体,并通过内观研修方式加以运用,实现了儒家文化、阳明心学、内观疗法三者的完美契合,这种戒毒方法被称为"中华心学戒毒法"。

(二)"中华心学戒毒法"内观研修班操作流程

第一阶段,举办"孝道文化与幸福人生"公开课,由警察和戒毒人员共同参加,初步了解"中华心学戒毒法"内观研修相关内容。

第二阶段,举办为期 3 天的初级班,主要方式是阳明心学的理论讲解和内观静坐。从参加完诊断评估、离出所还有三四个月时间的戒毒人员中筛选出 50 人参加。

第三阶段,举办为期 8 天的中级班。从初级班的 50 名戒毒人员中精选了 20 人,加上部分警察和社会义工共同参加。课程集中食宿,统一时间,全封闭、全禁烟、全素食;早晨 4:00 起床,晚 10:00 就寝;其间除餐后共两个小时的课间休息外,其余时间均为集体上课和内观静修。内观静修禁语、禁动,每天 6 次、每次 1 小时。

(三)"中华心学戒毒法"实践效果

经过"中华心学戒毒法"集中内观研修,特别是经过 8 天中级班的修炼,参加人员普遍感到收获很大。一是这样集中的内观静修对戒毒人员克服心瘾具有很强的启示意义。很多吸毒人员之所以被毒品打败、屡次复吸,其中很重要的原因就是其对毒瘾的痛苦忍耐度不够、意志力不够坚定。在内观静修中,戒毒人员经历从感受身心痛苦到克服身心痛苦的过程,坚定了战胜毒魔、戒断毒瘾的意志和信心。二是通过内观静修,戒毒者觉察和内省到了为人子、为人夫、为人父的责任和担当,认识到从前的错误和不足,找到了降低欲望、使心灵回归宁静的方法。三是通过让戒毒人员在内观静修中回忆和内观从吸毒到戒毒的心路历程,尤其是吸毒对自己身心的摧残以及家人对自己的不离不弃,再次审视自己的内心,反省自己的过错,对当前的境遇有了更加深刻的认知,进一步坚定了戒除毒瘾的信念。

三、内观疗法在山东戒毒工作中应用的几点思考

(一)"儒学"文化视角下内观疗法与山东特色戒毒工作契合点的思考

山东是孔孟之乡,儒家文化的发源地。以孔子和孟子为代表人物的儒家文化非常注重内修自省。儒家思想强调自省,自省方能自律自新自强;"与己对照、时时不误",方能做到严己正身,严于律己,宽以待人;深刻自省,方能"不怨天,不尤人";通过自省找到自己的错误和不足,才能"不迁怒,不贰过",才能"各自修炼完善自己"。所以,内修自省是儒学文化的精髓,也是中华民族博大精深的传统文化的精髓和核心。

内观疗法中的内观又称"内省",是指观察自身的内心、了解自己,凝视心中的自我,也就是"知道自我"的道路,反思自我存在和他人的关系;亦即带着反思进行观察,通过深刻反省自身,产生自罪感并因之忏悔。可见,内观疗法与儒家的自修内省虽起源不同,但其精神内核及原理殊途同归,都是指通过观察内心、凝视自我,设置特定的程序进行集中内省,从而达到恢复身心健康、促进人格完善、提高道德修养的目的。

因此,内观疗法的理念与中国儒家文化高度契合,更易为戒毒人员接受。山东戒毒工作可以以此为切入点,将儒家文化与内观疗法互为表里,进一步探索具有山东特色的内观戒毒之法。

(二)内观疗法在山东特色戒毒工作中应用的困难点的思考

1. 需要建立与戒毒场所和戒毒人员特点相适应的内观戒毒体系

实证研究表明,内观疗法在成瘾戒治方面有很好的效果,但是在内观戒毒的具体实施过程中,与戒毒场所的日常管理特别是在安全上的管理要求并不太一致。所以在实践操作中,一定要建立适宜中国文化传统、戒毒场所特点以及戒毒人员认知结构的规范性、高匹配性的内观戒毒操作体系。

2. 需要建立与戒毒场所相匹配的内观戒毒的效果评估体系

一方面,内观疗法的效果评估通常以主观感受为主,不注重客观评价及数据论证;另一方面,戒毒人员普遍文化水平偏低,在认知方面能力较低,让其主观评估自身的转变可能会导致评估结果的不准确。所以,如何建立一套适合戒毒场所的科学化、规范化、可操作性强的内观戒毒效果评估体系,是目前推动内观戒毒工作急需解决的问题。

3. 需要建立与戒毒场所警察相适应的面接师培养体系

将内观疗法引入戒毒场所后，势必要在场所内培养一批专业面接师，才能确保内观疗法的正常开展。但是“警察与面接师双重身份的转换”“内观面接师需要具备的心理学素养”“面接程序是否与日常管理相悖”都是需要解决的问题。所以在实际的操作过程中，我们必须把这些问题考虑到位，建立一套更切合戒毒警察实际的内观面接师操作方法及培养体系，才能真正为戒毒工作的顺利开展提供强有力的科学支撑。

第十二章　正念疗法戒毒

正念疗法是以自我调节的方式，有目的、有意识地通过直观觉知、关注当下一切的精神训练方法。在将正念疗法运用并服务于戒毒工作的过程中，山东省戒毒系统借鉴前人的经验进行了诸多研究和探讨，做了大量的具体工作。这些研究、探讨和实践对于戒毒人员消除心理障碍、缓解精神压力、提升个人幸福感具有十分重要的作用。

第一节　正念疗法概述

正念疗法最早起源于佛教“禅说”，后来逐渐发展成为一种系统的心理疗法。20 世纪 70 年代以来，心理学常见的正念疗法主要有正念减压疗法、正念认知疗法和正念行为疗法，基本代表了正念疗法的主要形式和流派。

一、正念的定义

关于正念，其定义依次经历了本意、描述性定义和操作性定义三个发展过程。

（一）正念的本意

正念在正式成为科学概念之前，在东方佛教领域已经有超过 2500 年的历史。作为佛陀的“八正道”之一，正念主要被当作一种教义和方法，用来化解修行人的苦楚和实现自我。最初，正念具有三层含义，分别是意识、注意和记忆。其中，意识和注意是两个不同但密切相关的认知阶段。意识是指个体意识到发生在自身内外的事物。通过引导注意指向意识而非试图控制和压制意识，个体能够对自身内外部世界获得一个全面且综合的理解。记忆则是指对保持意识和注意这一活动本身的记忆，并不是大众普遍理解的对过去事件和经历的记忆。

据此，一些学者认为正念是一种对当下所处情形的注意状态。即在感知过程中，对发生在自身内外事物的一种清晰、单一的认识。正念不是被动地意识到当下的状态。现实生活中，僧侣和佛教徒积极主动地通过冥想培养自己洞察自身意识状态的能力，从而在面对生气、嫉妒、伤心及灾难等因素时保持内心的平静。在这个过程中，个体逐渐地培养出了一些心理特质，例如敬业、仁爱、慈悲和自觉性等。

传统的心理疗法致力于修复病患所存在的问题，较少考虑病患的心理特质，如自我接纳和自我认知等。因此，这些基于正念的早期实践证据为发现积极因素抵御痛处、保持幸福的功能提供了坚实的基础。这一发现将心理治疗的观点逐渐变为“认识与接纳第一，改变第二”。

（二）正念的描述性定义

随着正念逐渐被西方临床心理学领域采用，其内涵得到了相应的扩展，一些专家学者给出了较为正式的定义：一种通过将注意指向当下目标而产生的意识状态，不加评判地对待此时此刻所展开的各种经历或体验。正念是全身心投入当下的状态，正念是一种友好的、不评判当下的意识；一种非判断性地观察个体内外部所出现刺激的心理过程。

这些定义共同反映了心理学领域正念的两大元素：“接纳”（Acceptance）和“不评判”（Non-judgment）。所谓接纳，在临床领域强调的是对一系列身心症状的接纳而不是回避或压抑在更为广泛的领域，是指接纳任何发生在自身内外的事物或状态。从接纳理论（Acceptance Theory）衍生出的“接纳和承诺疗法”（ACT）认为，通过提高参与者的接纳程度，能够有效改善其身心健康水平。进一步的研究表明，正念训练是一种行之有效的提升参与者接纳程度的手段。不评判被用来限制或描述接纳的过程。它指在接纳过程中，个体需要不带任何可能的主观评价，无论是好是坏、积极或消极、值得或不值得。

尽管不少实证研究均证明“接纳”和“不评判”是正念对个体健康和幸福起促进和改善作用的核心要素，但如何理解正念依然由于缺乏一个广为认可的操作性定义而停滞不前。而当没有一个操作性定义存在时，就难以准确地测量“不评判的接纳”(Non-judgmental Acceptance)。

(三)正念的操作性定义

为了解决缺少操作性定义这一问题,多名学者一致认为正念是对注意的自我控制,有人将正念看作是一种类状态特质,包括“对注意的自我控制”和“对个体经验的导向”两个部分。首先,“对注意的自我控制”是指对当下感觉、思维和行为非精细化加工的观察和意识。这同时也是一种“趋避驱动机制”,要求个体通过努力同时将注意力放在“正确的对象”上并将注意力从“错误的对象”上转移。其次,“对个体经验的导向”即指个体需要对有关体验采取开放、好奇和接纳的态度,只有如此,才能做到真正的不带评判的接纳。

自此以后,越来越多的研究者开始认同这个两维的操作性定义。一方面,这个定义肯定了把正念作为一种“类特质”及其所体现的人格“特质”的功能。弗格桑(Ferguson)认为,人格特质是个体身心健康的最重要因素,其直接或间接影响一系列极其广泛的健康状况及背后的机制,如身体感觉、压力与应对、症状报告、治疗依从性甚至死亡等。另一方面,该定义强调了自我控制的重要性。自我控制是人类健康的另一个重要因素。《健康心理学评论》上发表的一系列文章,通过回顾过去几十年与健康有关的研究后,认为“自我控制”是健康心理学领域目前运用最为广泛的心理建构,其广泛地存在于各种健康促进理论、模型、行为、干预及训练方案中。因此,带有自我控制机制的正念特质理应对个体的健康和幸福产生重要的积极作用。

二、正念疗法的产生

1979 年,系统的正念疗法正式提出。美国麻省理工学院分子生物学博士、马萨诸塞州医学院的荣誉医学博士卡巴金(Kabat-zinn),在 1979 年为马萨诸塞州医学院开设减压诊所,并设计了正念减压疗法(MBSR),协助病人以正念禅修处理压力和疾病。1995 年,麻省理工大学再请卡巴金博士设立“正念医疗健康中心”,以此进行了关于身心互动疗愈效能的研究与相关临床应用,探索有效缓解慢性疼痛与压力引起的种种失调症状的方法。因此,正念疗法得到了进一步的发展,并被广泛应用。这与当时美国的社会背景以及美国文化的特点有密切的关系。20 世纪中叶是美国经济繁荣的时代，也是美国人道德观念与思想开始变化的时代。一些知识分子因难以理解某些精神学观念开始变化而对基督教产生了怀疑，希望用心理学来解决“人”的种种问题。因而，“禅修”在美国逐渐兴盛。美国人认为，佛教不但能满足个体的精神需求，还着重强调人与人之间的温情，可填补人“心灵上的空白”。20世纪70年代，禅宗思想应用在心理学尤其是在精神分析学派、人本主义心理学、超个人心理学领域中。在心理治疗领域，禅宗的诸多思想也普遍获得认可。

三、正念疗法的发展

“正念减压疗法”的发展，促进了以其为基础的其他疗法的产生，如“正念认知疗法”与“辩证行为疗法”。正念认知疗法(MBCT)由英国学者约翰·蒂斯代尔(J. Teasdale)等人提出，是融合了认知疗法与正念减压疗法而发展的一种主要用以解决长期抑郁症复发问题的一种心理疗法。越来越多的研究者提出抑郁是慢性的、毕生的、易复发的心理困扰的观点。然而，泰斯德通过研究发现，生活压力、烦躁不安的情绪官能障碍的思维模式与长期易复发的抑郁有很高的相关性。因此，他提出消除抑郁复发的方法，首要的是使人们认识到消极思维的出现预示着抑郁的复发可能，然后通过某种方式使人们从易复发的消极思维流中解脱出来。由此产生了正念认知疗法。正念训练鼓励参与训练者积极面对潜在的困难，且要求训练者培养一种开放的、接受的态度来应对当前出现的想法与情绪。这种正念训练就是要促使参训者产生一种“能意识到的”觉醒模式，而不是一种习惯化、自动化了的浑然模式。因此，在早期的正念训练中就可以觉察到能导致抑郁复发的消极思维模式，从而消除抑郁复发。辩证行为疗法(DBT)是由美国华盛顿大学教授马莎·莱茵汉(M. Linehan)创立的、用来治疗边缘性人格障碍的治疗方法。辩证行为疗法发现了传统认知与行为方法在治疗边缘性人格障碍(BPD)上的最大缺陷，即传统方法非常强调“改变”，而这在BPD患者身上几乎是无效且不可能的。所以，他尝试改变传统的认知与行为方法，即通过强调确认以及接受而不是改变来治疗BPD患者。莱茵汉认为，BPD患者的主要特征是不能容忍生活压力、不会自我接受。因此，治疗的核心便在于使他们能够容忍生活压力以及学会自我接受。其基本思想是通过学习“中道”思想而使患者消除极端行为，并达到一种平衡状态，鼓励患者法认识到每一种行为都是可以按照逻辑推论出来的结果。

第二节　正念疗法在戒毒工作中的意义

当前，与正念疗法相关的研究从成瘾行为复发过程的预测因素出发来探讨正念训练的作用机制，已经初步证实了正念疗法在成瘾行为矫正中的合理性、可行性和有效性。因此，将正念疗法应用于戒毒场所，同样能帮助戒毒人员保持操守、摆脱毒品依赖。

一、正念疗法对降低毒品复吸率的意义

研究表明，对毒品的渴求是吸毒行为复发的有效预测因素之一，因此很多针对吸毒成瘾的药物治疗和心理治疗都将关注点放在减少和管理物质渴望方面。吸毒人员对毒品依赖的形成，部分成因在于吸毒和正负性情绪状态之间的联想记忆。环境中的正性或负性线索会诱使个体产生相应的情绪，唤醒吸毒者吸毒的联想记忆，从而引发吸毒者对毒品的渴望。通过持续的吸毒行为，这种联结变得习惯化和自动化。

正念训练的优势则在于觉察、意识并接纳其自身体验。比如，它教授吸毒者学习专注的观察渴望产生时的身体感觉，即便是要对其作出评判也是将其作为一种客体来判断，而非引发随后行为的驱动力。而且，正念训练将其焦点放在情绪和渴望间的联想学习过程，通过改变它们之间的关系以及增强非判断的意识，渐渐移除吸毒者习惯化的联结反应，最终将毒瘾成功戒断。

大量研究表明，正念禅修与成瘾行为的改善有关。在最初的研究中，研究者们以监禁人员为对象对正念禅修矫正成瘾行为的效果进行了初步探索。华盛顿大学成瘾行为研究中心以传统的正念禅修训练来治疗酒精和毒品滥用者。在研究中，被试或是自愿接受招募参与正念禅修课程，或是被划归到接受常规治疗的控制组。结果发现，两组人员的饮酒频率和数量都得到了降低，但正念禅修组的饮酒减少程度要大于控制组。并且在课程结束 3 个月后的测验中，接受正念禅修的个体在毒品滥

用严重性测验、周平均毒品使用以及乐观性上的测量中较常规治疗组有了较大改善，这为在监禁人群中以正念禅修矫正成瘾行为的有效性提供了初步支持性证据。与此同时，研究者们也比较了正念疗法与经过实证检验为有效的其他传统疗法进行比较，结果发现，正念疗法对成瘾行为的矫正效果往往强于传统的矫正方法。

二、正念疗法对减轻吸毒人员压力的意义

近年来，成瘾领域的研究者们越来越意识到毒品成瘾与压力之间的紧密关系，一般将吸食毒品看作是个体面对压力的一种非适应性反应方式。正念训练可以使吸毒人员学会以正念的态度对待压力性事件，从而打破压力与吸食毒品之间的习惯性联结，最终减少对毒品的依赖。

对比正念训练与认知行为疗法在成瘾行为矫正中的效果差异以及被试者对于压力的反应可以发现，与认知行为疗法组相比，正念训练组的被试者在压力诱发条件下有着较弱的生理和心理压力反应。马克斯(Marcus)等人在矫正药物滥用个体时，检验了个体在接受正念训练前后心理和生理压力的反应变化。实验发现，训练后个体的唾液皮质醇水平显著降低。在压力感受性问卷(Perceived StressScale，PSS)中，个体自我报告压力得到缓解和减轻。葛本(Goldberg)等人采用头发皮质醇水平测量的方法同样对正念禅修的效果进行研究，发现正念禅修前后个体的头发皮质醇水平变化差异显著，表明正念训练对压力减轻具有显著作用。

第三节　正念疗法在戒毒工作中的应用

正念疗法开辟了心理咨询和治疗的一个新方向、新趋势，其在戒毒工作中的广泛应用和具体实践，为帮助戒毒人员树立正确理念、减轻心理问题、逐步戒断毒瘾提供了新渠道，带来了新机遇，也推动了正念疗法本身的不断成熟和发展。

一、正念疗法在戒毒工作中的实践

(一)正念减压训练

正念减压训练最早由卡巴金教授提出来,后来由不同的学者根据自己的需要将它加以改进。戒毒场所的正念减压训练一般包括以下几个方面:

1.课程内容

正念训练属于团体心理干预的范畴,参与团体课程的戒毒人员多少可根据场地情况进行调整,一般控制在30人以内。人数少的团体,分享较为深入,指导者也可以更好地照顾到学员的情况;人数多的团体,分享和讨论受到一定限制,对于指导者的经验也有较高要求。

(1)课程安排

常规课程一般是8周训练,包括每周一次的训练课程,每次2.5～3.5小时。在第6周课程结束后,还会安排一次全天的正念日,时间约7.5小时。因此,8周常规课程加上正念日的课程,总计为9次课。

在正式课程开始前,安排一次60～90分钟的课程介绍会进行现场解答困惑,以便戒毒人员充分了解课程状况,激发其参与课程的动机。在课程介绍会结束后,对戒毒人员进行一对一面谈以及个人评估和筛选。

时间安排:完成所有课程时间为30小时以上;完成所有家庭作业的时间为至少40小时;团体课程前介绍会的时间为60～90分钟;个人访谈时间(课程开始前和结束后)为30～60分钟。

(2)练习方法

正式练习方法,一般包括身体扫描、简单的身体瑜伽(立式和卧式)、坐式练习(观呼吸、身体感受、观察声音、想法、无拣择觉知)、正念行走等。非正式练习方法,包括正念进食、三分钟呼吸空间、愉快和不愉快事件日记、压力事件觉察、人际关系中的正念、日常生活中的正念觉察和反思等。家庭作业:每周6天、每天至少30分钟的正式练习和5～15分钟的非正式练习以及课程中布置的在训练课堂上的团体分享和讨论,等等。

(3)课程特征

正念训练属于团体课程,通过具有一定教育取向的短期内(8周)较密集的正念练习,培养戒毒人员的自我管理和自我依赖能力。

训练场地和设备。训练场地需要根据实际参加课程的人数来确定。

一般来讲，团体课程需要安排在相对宽敞的团体辅导室(至少容纳20人)，场地环境应尽量保持安静、不易被打扰，房间地面环境应保持干净、卫生和舒适，方便赤足进入，以便于进行坐、躺和立的练习。训练设备和器材包括坐凳、瑜伽垫和坐垫等。

课程效果主要来自于日常练习，因此本训练鼓励戒毒人员自愿报名，以便其有意愿和动机投入8次课程以及每日的练习中。课堂教学具有高度的体验性和参与性，较少强调理论学习，因此对戒毒人员的知识背景和文化水平基本没有过多要求。课堂上学员之间、学员与指导者之间的分享、对话、互动和讨论，旨在探索那些可能抑制学习、成长和疗愈的观念、心理、行为习惯和模式。本训练既能在身心健康方向上促进直接和有意的转变，也是增强幸福感的方法，长期练习有助于实现内在生命的疗愈和转变。

2.指导者资质

正念训练对于指导者资质有严格要求，课程需要由具有一定练习基础和授课经验的人员完成。指导者要有长期的正念训练基础，对课程理念有较为深刻的领会和把握，并通过练习不断加深和丰富对正念的理解。正念减压训练的指导者不是将技巧或方法进行简单的机械的传授，而是需要掌握一定的授课技巧和带领团体的技巧，要具有在课堂上对学员倾听、理解、共情和关怀的能力。指导者还需要对引导语的把握有一定敏感性，以产生良好的互动。

3.项目开展流程

正念训练改造项目的一般实施流程主要包括课前介绍会、招募及筛选、前期问卷评估及面谈、课程实施、后期问卷等。

4.课程方案

(1)第一周方案

主要内容：回顾正念训练的背景和历史，与成员建立小组契约，强调分享、不评判、尊重、自我照顾及保密等原则。指引成员亲身体验正念进食、正念呼吸和身体扫描，指定使用一首录音指引作为家庭作业，学习如何正念觉察身体。

建议时间：3小时。

参考流程：欢迎学员并对课程性质加以简介；开场练习，大约5分钟；

分享，让成员对开场练习作出回应；引导学员，共同制定团体契约以及课堂规定；导引式个人反思——为什么选择参加这个课程，通过课程你想要获得什么以及你的期待；团体轮流分享，指导者可以给予回应或沉默；介绍站立式伸展和团体分享；从观察呼吸引至身体扫描，分享讨论身体扫描的经验；发放阅读资料，布置家庭作业；结束前静观练习。

(2)第二周方案

主要内容：正念的训练和技巧培养。针对"认知和制约作用在评估压力时所扮演的角色"进行对话和反思；布置和强调家庭作业；介绍简短的坐姿禅修。

建议时间：2.5～3 小时。

参考流程：点名，强调回到当下；引导式身体扫描，分享本次练习的经验；站立式正念拉伸；大团体讨论：检查上周家庭作业，重点讨论练习中遇到的困难以及你是如何克服的；说明分心非常普遍，只需接受它，并重新聚焦注意力即可；讨论正念进食的经验；检讨"九点图"的经验；介绍并引导坐式观呼吸的练习；讨论觉知呼吸的练习；发放阅读资料，布置家庭作业；以简短的觉知呼吸来结束。

(3)第三周方案

主要内容：卧式正念、坐式禅修、行走等，讨论课内课外的练习并进一步解决练习中的困难，鼓励坚持练习；通过正念瑜伽练习，与身体重新建立连接；学习听从自己身体的需要；通过正念瑜伽，学习如何与不舒服经验和平相处；在极限边缘比期望的时间待得久一点：哪怕生活再艰辛，也可以从中发现并拓展愉悦体验。

建议时间：2.5～3 小时。

参考流程：觉知呼吸的坐式禅修，根据情况，大约 15～20 分钟。点名，强调在此刻；团体讨论；坐式禅修、身体扫描和例行活动中的正念；介绍和引导行走禅修(可选)，并分享经验；正念瑜伽；讨论瑜伽练习的经验，学习自我照顾，学习如何与不舒服感受相处；愉悦事件日记的分享和讨论，即便戒毒生活再艰辛，也可以从中发现并拓展愉悦体验；发放阅读资料，布置家庭作业；以简短的觉知呼吸来结束。

(4)第四周方案

主要内容：练习前三周课外练习的三种正式练习(身体扫描、正念瑜伽、坐式禅修)，强调培养专注力，系统地扩大觉知的领域，从觉知呼吸开始慢慢扩展到觉知身体感受；分享疼痛与痛苦的关系，通过V字图和两支箭的比喻，强调身体疼痛并非意味着内心痛苦，身体的不自由并非意味着心灵的不自由。

建议时间：2.5小时。

参考流程：立姿瑜伽；坐式禅修，专注于呼吸、身体感受和整个身体，根据情况，大约20～30分钟；团体讨论；坐式禅修；正念行走，大约30分钟，并团体分享经验；回顾不愉悦事件日志；团体讨论，持续探讨与不悦事件相关的身体感受、情绪、念头；发放阅读资料，布置家庭作业；以坐式觉知呼吸来结束。

(5)第五周方案

主要内容：本周课程过半，通过向戒毒人员强调更迅速有效地看清自己应对日常挑战和压力的模式，并了解自身模式所带来的结果；强调在面对压力情景时，可以有意识地进行回应，而不是无意识反应，更多地去做内心的主人；学习去尊重所有的情绪，在必要时以尊重自己和他人的方式清楚地表达出来。

建议时间：2.5～3小时。

参考流程：立姿瑜伽；坐式练习，将觉知领域扩展至呼吸、身体、声音、情绪、念头；分享探讨新方法的经验；正念行走；引导式反思：课程已经进行到一半，到目前为止，学到了什么？过去四周的投入程度如何？还愿意继续下半段的课程吗？希望自己以什么样的态度投入接下来的课程中？强调成长和改变并非总是顺利的，邀请并鼓励学员坚持练习；期中评估，两人一组进行分享，然后进行大团体讨论；探讨在这一周里对压力事件的反应所作的观察；介绍在压力情况下，如何通过觉察来有意识回应，而不是被动地反应；发放阅读资料，布置家庭作业；以坐式觉知呼吸来结束。

(6)第六周方案

主要内容：继续正念练习。本周课程介绍新练习方法：对想法的觉知，强调不易察觉的习惯性认知模式以及给我们生活带来的影响，鼓励回到日常生活中的觉察，发现自身惯有的认知模式以及清楚对自己所产生的结果，并尝试在一定范围内作出改变；开始较少的引导练习；在共同的练习中，鼓励自我的引导。

建议时间：2.5～3 小时。

参考流程：站立式正念伸展；观察想法的练习，单纯对想法进行觉知，如果感到迷失可以回到觉知呼吸；分享最新的练习经验，引导大家对习惯性思维模式或认知模式的反思；正念行走；发回中期评估，并予以评论（可选）；讨论课外练习，尤其是坐式有录音引导和自行引导的差别；引导式反思——从沟通日志中挑选一个情境进行分享；小组讨论或两两讨论（可选），团体讨论；讨论即将到来的正念日。

（7）第七周方案

主要内容：继续正念技巧的训练，回顾、讨论之前一周的课程，可以继续进行从第六周开始的关于沟通的讨论。

建议时间：2.5～3 小时。

参考流程：换位子的练习 2～3 次。每次换到新位子，尝试觉知身体和心理感受，并在每个新位置上按住呼吸几分钟，鼓励学习适应，即便是新地方，也像回到家一样；最后一次新位置，坐式练习 30 分钟；正念行走；分享换位子的练习经验，讨论课外练习和一日练习；继续讨论上一堂课关于沟通的讨论（可选）；讨论我们的习惯性模式，了解到吸收了什么，我们可能存在的自我毁灭的模式和自我滋长的模式；两两讨论，并在大团体中进行分享发现；如果感觉迷失，可以将呼吸作为觉知对象；发放阅读资料，布置家庭作业；以坐式觉知呼吸来结束。

（8）第八周方案

主要内容：继续正念练习。回顾以前的练习，给学员适当的机会提问、澄清仍不明白的问题，包括各种练习及其日常生活中的运用。回顾整个课程，强调持续并深化所学技巧的日常策略。

建议时间：3 小时。

参考流程：身体扫描；卧式正念瑜伽；坐式练习，可自行选择练习方法，大多时间静默，没有引导语；引导反思四个问题：第一，最初是什么原因让你来到这里，你曾希望得到什么？第二，在参与中，你得到了什么，又付出了什么？第三，在八周课程中，你遇到的最大障碍是什么，为何选择留下，是什么让你坚持下来？第四，课程就要结束，你准备如何坚持练习？团体对话和讨论；每个队员轮流和大家分享课程经验；发放资料，鼓励回去后坚持练习;最后的集体练习,宣布课程结束。

(二)正念防复吸训练

1.目的

针对以使用新型合成毒品为主的戒毒人员所呈现出的问题和特点,探索具有科学性、针对性、有效性的矫治方法,降低安全风险,提高戒毒治疗水平。

2.适用对象

参与项目训练的戒毒人员应符合以下条件:有一定的文化基础,达到小学及以上文化水平;无精神类疾病诊断经历,无脑伤,有自知力,身体状况符合参加训练的基本要求;有一定的戒毒动机;剩余戒毒期两个月以上;有一定的语言表达能力,能够说出自己的感受、想法和状态;愿意参加训练,愿意做出改变。

3.辅导人员资质

正念防复发训练作为一项体验性较强的训练项目,要求正念指导者需参加完成正念防复发8周课程的学习和体验。辅导人员对于正念防复发项目的理论基础、训练内容有深刻的领会和把握。辅导人员应具备一定的开展团体活动的基础技能,如接纳包容的心态、积极关注、询问问话技巧等。需要强调的是,正念技术本身作为一项心灵成长内容,其觉察、无为、接纳的内涵需要练习者持续的练习和感悟。因此,正念防复发辅导人员需要日常坚持正念练习。辅导人员积累越多的体验和感悟,在组织正念防复发授课时,才会更有力量,才会带领受训者有更深的体验和感悟。

4.训练场地和设备

正念防复发训练场地要根据实际情况而定。一般来讲,团体课程需要安排在相对宽敞的团体辅导室(至少容纳20人),场地环境应尽量保持安静、不易被打扰,房间地面环境应保持干净卫生和舒适,方便赤足进入以便于进行坐、和立的练习。课后练习场地和形式可以多样,可以在图书室、戒毒人员宿舍、户外等。训练设备和器材包括坐凳、瑜伽垫、坐垫、播放器和铃铛等。

5.实操流程

(1)筛选成员

主要采取量表筛查、综合分析的方法。根据戒毒矫治安排,确定参加每班次的正念防复发项目训练的戒毒人员，成立训练小组，以 8～12 人为宜。训练小组可编为一个班组，有利于课后作业开展及课后的交流讨论。

量表筛查：主要参考戒毒人员入所后完成的“复吸倾向性量（RIDA）”“戒毒准备度与迫切性量表”“戒毒人员入所信息采集表”中涉及的戒毒人员戒毒动机和态度的内容。

综合分析：根据戒毒人员的日常戒毒表现、所处戒毒阶段情况综合考虑成员和组成训练小组。

（2）入组访谈

对于筛选后拟进行项目训练的戒毒人员，开展训练入组前的访谈。访谈内容来自于正念防复发训练入组标准，制定结构化的访谈表格。

（3）前测评估

正念防复发项目训练开展前，组织参训的戒毒人员开展受训前的测试，内容为正念五因素量表、正念觉知量表、渴求量表、毒品拒绝自我效感能量表、冲动量表 5 份问卷。

（4）项目实施

正念防复发项目周期为 8 周；治疗方式以团体辅导、体验分享课后作业为主；团体辅导集中授课共 8 次，每周一次，连续八周，每次 3 课时，每课时 45 分钟。课程以团体的形式开展，注重体验、感悟和分享。

课程分为三个阶段：第一阶段是 1～3 周，主要练习觉察能力，课程内容有：自动导航、渴求觉察、正念生活。第二阶段是 4～6 周，主要练习接纳能力，课程内容有高危险情境、练习接纳、想法只是想法；第三阶段是 7～8 周，主要练习如何进行自我关爱，课程内容有自我照顾、建立平衡生活。

（5）后测评估

主要分为三个部分：心理测试、戒毒人员自评、他评。

心理测试内容为正念五因素量表项目训练后的再次实测。通过对前后两次的测试结果进行对比，从而评估在戒毒人员各个维度上的改变。戒毒人员自评主要采取小组分享、撰写心得体会、半结构化问卷方式的效果评估；他评分为警察评价和其他戒毒人员评价两部分，评估戒毒人员在日常生活中情绪状态、人际关系、行为表现、戒毒成效方面的改变。

二、正面疗法在戒毒工作中应用的典型案例

用正向信念的累积重塑人生。

(一)案例背景

1.个人信息:葛某某,男,汉族,45岁,离异,文化程度中专,鄂尔多斯鄂托克旗,2014年被鄂尔多斯市公安局决定强制隔离戒毒两年,是首次被强戒人员,曾经是海洛因、冰毒吸食者。父母退休,姐姐是一名干部,女儿上学。

2.入所体检状况:身高172厘米,体重72公斤,血压159/100mmHg,一般情况良好,皮肤正常,淋巴结无肿大,视力左1.0,右1.0,心律齐,80次/分,无杂音,肺清,无啰音,无胸膜摩擦音,腹部无压痛,无包块,肠鸣音正常,腹腔脏器无异常,脊柱、四肢正常。

3.个人性格特征:性格外向,比较容易接受新事物,对人讲义气,表现凶悍、要强,但骨子里固执己见。

(二)案例基本情况

1.矫治前后生活态度和质量对比

(1)矫治前生活状态

由于吸毒,成天无所事事,精神萎靡,性格暴躁,稍不如意就砸东西,骂人。为了筹集毒资,不断在家里骗钱,用于购买毒品,最终导致夫妻感情破裂。在入所戒毒期间,与妻子离婚。

(2)矫治中生活表现

由于表现良好,在戒毒所提前解除强制隔离戒毒。警察高某某、张某包组教育,曾经15次加分,共减期4个月,其身心康复评估表累计得分为五项积分,阶段性18分、第一次19分、第二次21分,行为表现评估表第一次合格,第二次优秀,社会环境和适应能力评估良好。

(3)回归社会后的状态

解除强制隔离后姐姐将其从戒毒所接走。回家后选择从最底层的工作做起,做过保安、搬运工、保险、中医养生、卖饮水机、物业收费员等不同工作。在做物业收费员期间,由于工作能力突出,目前在东胜鄂托克旗当经理。平时喜欢引导公司其他员工放下心理包袱,正能量生活。

2.心理咨询重塑人生的过程

(1)建立四个支持系统

在所戒治期间,为其建立家庭支持系统、朋友支持系统、社会支持系统、场所管理支持系统。通过家庭接见和亲情电话的开通,获得了父母、姐姐、女儿的谅解。团结身边的矫治同伴,三五个戒毒同伴一起参悟戒毒心得,组成一个戒毒的良性小群体。利用社会帮教团体进行面对面教育,警察不定期与其进行个别谈教,鼓励其对未来生活充满信心。

(2)国学教育仁义礼智信的固本清源

在所戒治期间,从国学教育的仁义礼智信进行点滴积累,通过传统文化学习尊老爱幼、助人为乐、和睦相邻等处世之道,树立了正确的荣辱观;通过学习中华民族的民族精神,以雷锋、孔子、孙思邈、蔡伦、戚继光、林则徐等历史名人为榜样,培养其对世界观、人生观、价值观的重新认识,纠正戒毒人员扭曲的三观。通过观看国学教育影视,学习国学文化,让中华五千年的文明冲击理念,直至其认知重新回到正常人的生活轨道。

(3)正向信念的导入与应用

在所教育时对其进行正念训练。在对其进行正念训练过程中,从什么是渴求、渴求存在的时间有多长、你是否存在渴求、谈谈你的应对方式、应对渴求的传统办法、自动思维与复发、识别自动思维、躯体扫描、觉察诱因与渴求、谈谈自己的感受等方面引导入手,循序渐进,将正念慢慢渗透其内心,从而达到抵御吸毒心瘾的疗效。通过一段时间的引导,葛某某对于正念抗毒兴趣浓厚,主动要求进行三次心理辅导。心理咨询师刘某看到葛某某对正念抗复吸兴趣浓厚,为其提供了《能断金刚》《冥想的艺术》等书籍,并定期和葛某某进行金刚智慧交流。葛某某也从佛家的智慧中学到了包容、顿悟,对戒断毒瘾充满信心。

3.心理辅导的所外延伸

出所之后,定期找心理咨询师刘某进行咨询辅导,做过中医养生、保险、卖饮水机、物业收费员等。每一项工作都认真对待,充满热情,他把这种正念的训练变成日常的一部分。在正念训练过程中,他喜欢把学习心得与家人分享。每天利用空闲时间冥想,还会把公司的员工集中起来给大家讲正念、讲佛家智慧,用饱满的生活热情、宽容的心态接受各种磨炼。

4.自我进行抗复吸训练

据医学研究报告，正念训练能够改善扣带皮层和岛叶的功能，增强觉察能力，随着训练时间增长，还能起到修复脑功能的作用。葛某某在外的两年多时间，中途也有从前的毒友对他进行引诱。起初他总是找个理由避而不见，后来实在躲不开，就匆匆与从前的毒友见了见，发现自己很抵触那种吸毒的鬼魅生活，意识到他们和自己不再是一个层次的人，更厌恶吸毒的事情。目前其自我调节能力逐渐加强，对毒品的免疫力也逐渐提升。

（三）案例思考

本案例心理戒毒模式的核心理念是：思维创造现实。清晰的思维创造和谐美好的现实，混乱的思维（思想）制造痛苦挫折的人生。因此，戒毒者应强化正面积极思维锻炼，不断清空大脑，努力创造幸福美满的生活，为实现成功戒毒提供最大可能性。

本案例突出了心理辅导应用，阐释了抗复吸心理培养的重要性，为降低复吸率提供了范本。此案带给我们抵御毒瘾、降低复吸率的启示主要有以下几点：

一是不断加强心理戒毒模式的探索。一朝吸毒，终身戒毒，说的就是心瘾难戒。对戒毒人员及时进行心理辅导，有助于场所安定，更是戒除毒瘾的手段之一。多年来，全国各地的戒毒工作面临着复吸居高不下的尴尬局面，如何抵御心瘾一直是戒毒领域的一块顽疾。正念防复发训练正好是剔除心瘾的一把利器，用好这种心理辅导对戒毒有着重要的现实意义。

二是加强团队建设和科学戒毒实践。正念防复吸心理辅导离不开一支专业、强大的项目团队。内蒙古五原强制隔离戒毒所参与正念防复发训练的矫治团队共有5名民警，国家心理咨询师68名。他们将正念防复发训练科学化、规范化、项目化的做法，得到了戒毒同行们的普遍关注和认可。今后，要继续把正念防复发训练方法本土化，并对戒毒人员进行回归社会后的追踪、回访，尽最大努力帮助戒毒人员戒除心瘾。

三是引入和拓展爱的教育。心理辅导工作不能一蹴而就，是一个持续跟进的过程，要为其建立支持系统，挖掘一切可用资源，充分提供情感上的支持。要对戒毒人员不间断进行心理辅导直至成功戒断毒瘾。同时要做好团体心理辅导的团队活动，增强活动的趣味性、主体性、互动性、和谐性，重视咨询过程中的个别差异，重点鼓励不可轻视、不可或缺。加入赏识教育，让戒毒人员对心理养护充满信心。同时，心理辅导要常态化，做好所外辅导延伸与社会辅导的对接，帮助其营造正念朋友圈，抵制负性情绪。

四是心理咨询工作要借助社会力量与时俱进。心理戒毒模式探索是一项长期性、复杂性、专业性极强的工作，需要专职警察不懈地钻研实践，方可取得实效。在此过程中，不仅需要场所领导在业务提升培训、学习时间、物质保障等方面给予大力支持，更应在人员团队建设方面不断注入新鲜血液。要避免单打独斗，逐步培养建立一支专业化警察队伍，借助社会力量有针对性开展心理戒毒研究，这种借助社会力量推进心理咨询工作是一种积极的尝试。目前，正形成覆盖面较大的探索性实践工作，多方位的心理戒治服务工作正在持续开展中。

五是心理咨询工作在提升戒治水平中发挥着重要作用。所内戒治期间，专职心理辅导师和警察以心理咨询师的身份介入，帮助戒毒者降低身心痛苦，适应场所环境，做好戒毒及后期巩固教育矫治工作。要持续心理健康保健行为，只有连续的心理辅导和加强正念引导，才能达到重塑人生的治疗效果。要持续拓展工作理念和视野，从心理学的单一现象研究层面中解脱出来，向心灵规律的内在研究层面迈进；要不断钻研探索心灵及思维创造规律模式，帮助戒毒人员挖掘内在力量，使其从思维根源处彻底摆脱对毒品的依赖，形成自我心理养护机制，放下心瘾，强化正念氛围，用正向信念的累积重塑人生，最终实现成功戒毒。

三、正念疗法在戒毒工作中应用的前景展望

正念疗法在戒毒工作中的发展前景主要包括以下两个方面。

（一）正念疗法使戒毒心理矫治工作更为科学

一方面，心理学研究者已经对正念的科学性进行了系统的检验，认为正念不再是一种简单的宗教行为，而是一种有效的、科学的治疗技术。可以预知，还会有越来越多的心理学研究者从不同视角对正念的科学性与有效性进行进一步的检验。而随着这些研究的进行，正念的科学地位会越来越受到人们的认可。另一方面，随着研究和探索的进一步深入，正念疗法

会不断完善、更加科学。借助正念疗法这一有力工具,进一步推动心疗戒毒工作改革创新,必将为整个戒毒工作的创新发展插上腾飞的翅膀。

(二)以正念为基础的心理疗法将越来越为人们所接受,并成为心理治疗领域一个新的趋势

随着正念减压疗法(MBSR)、正念认知疗法(MBCT)、辩证行为疗法(DBT)等一系列以正念为思想基础的心理治疗方法的不断完善,正念将会在心理治疗领域中占据越来越重要的位置。海耶斯(S. C. Hayes)甚至将在心理治疗方法中融入东方的精神训练元素(主要是禅定),作为心理治疗领域中的一次重大的变革;穆鲁克(C. J. Mruk)和哈特泽尔(J. Hartzell)也认为正念中所蕴含的"自我指导"思想以及对健康的新的看法,将成为心理治疗领域中一个新的趋势。正念对于健康的理解也成为心理治疗领域中的新趋势。传统精神医疗习惯于收集有关疾病症状的信息,然后对这些症状进行逐一诊断,最后再进行治疗。但是以正念为基础的心理疗法则是集中于达到一种全面健康的状态,包括心理、生理健康,然后通过一系列措施和手段维持生理和心理的健康水平。这将是心理治疗领域发展的主要趋势。

总之,正念在戒毒心理治疗领域将会成为重要的一部分。无论是其自我指导、自我修行的主张,还是其关于全面健康的主张,都会成为戒毒工作心理治疗领域中崭新的发展方向。

第十三章　团体心理咨询戒毒

团体心理咨询是一门以心理学专业知识为基础的理论与技术。无论从国际还是国内来看，团体心理咨询技术已广泛应用于社会生活的方方面面。在当前我国毒情形势日趋严峻的情况下，将团体心理咨询的理论、技术和方法引入戒毒工作正当其时。因此，加强团体心理咨询在戒毒工作中的应用研究就显得尤为必要。

第一节　团体心理咨询概述

近年来，随着经济社会的发展和人们对心理问题的高度重视，对团体心理咨询的研究也在不断深入。了解团体心理咨询的基本情况，把握团体心理咨询的内涵、类型、特点、局限、优势等内容，有助于我们运用好团体心理咨询工具服务于戒毒工作，为团体心理咨询戒毒夯实基础。

一、团体与团体心理咨询的定义

心理学研究证明，团体对每一个社会人的成长与发展发挥着重要的作用，因为作为社会动物，每个人成长的过程都与团体有着密切的联系，在成长的每个阶段都需要有不同的团体提供不同类型的心理支持，特别是当个体遇到危机、困难且自身难以独自解决时，团体即可扮演重要的角色，帮助个体解决当下的困难。

（一）团体

对于什么是团体，不同的人有不同的看法。美国著名心理学家库尔特·勒温（Kurt Lewin）、杰拉尔德·柯瑞（Gerard Corey）以及清华大学教授樊富珉等均从心理学角度对“团体”一词下过定义。综合专家学者意见，我们认为，团体是指两个或两个以上独立的个体通过相互连接、彼此互动、相互影响形成的个人集合体。但是，并非任何个人的集合都是团体。一个对个体有意义、能发挥积极作用的团体，需要具备以下四个特质：一是要有规模，即团体需两个以上的个体组成。二是要有共识，即团体内个体有共同或相似的兴趣爱好、目标理想和价值取向。三是要互相影响，即个体间有正向或负向的互动。四是要有规范，即通过团体共识和互动，形成团体自有的规范，且为团体中的个体所遵守。明文的规范如生活公约、校规、法律等，潜在的规范则是团体成员间的一种默契，包括道德、风俗、习惯等。规范越清楚，且为成员所遵守，团体就越健全和稳定。

（二）团体心理咨询

团体心理咨询是在团体情境下进行的一种心理咨询形式。它是通过团体内人际交互作用，促使个体在交往中通过观察、学习和体验，认识、探寻并接纳自我，调整改善与他人的关系，从而学习新的态度与行为方式，促进良好的适应与发展的助人过程。团体心理咨询的主要作用是培养人的信任感和归属感，由对团体的信任逐渐扩大到对周围环境中其他人的信任。由对团体的归属感扩大到对家人、社会及国家的认同感和归属感。

团体心理咨询通常由一位或两位咨询员主持，多个来访者参加。主持人一般称作团体领导者，其他来访者被称作团体成员。团体领导者根据成员问题的相似性组成课题小组，通过共同商讨、训练，解决成员共同的发展问题或心理障碍。在几次或十几次团体活动中，团体成员通过互相交流，共同讨论大家关心的问题，彼此启发、相互支持、鼓励分享，以改善人际关系，增加社会适应性，促进人格成长。

二、团体心理咨询的分类

目前，国内关于团体心理咨询的分类还没有一个统一的标准。现实生活中，各种团体心理咨询和治疗活动形式多样，一般可按以下标准进行分类。

（一）根据理论分类

在众多的心理咨询理论流派中，影响最大的有精神分析疗法、行为疗法、认知行为疗法、个人中心疗法等。在团体心理咨询活动中，依据不同的理论与方法，可分为精神分析团体心理咨询、行为主义团体心理咨询、认知—行为团体心理咨询和会心团体心理咨询等。

(二)根据功能分类

根据团体心理咨询的功能可将团体心理咨询分为成长性团体心理咨询、训练性团体心理咨询和治疗性团体心理咨询等。

(三)根据计划和背景分类

根据团体的计划、成员参与、背景，可将团体心理咨询分为结构式团体心理咨询与非结构式团体心理咨询、开放式团体心理咨询与封闭式团体心理咨询、同质团体心理咨询与异质团体心理咨询。

(四)根据对象分类

根据参加团体的对象，可将团体心理咨询分为针对儿童、青少年、大学生和年长者等对象的团体心理咨询。

(五)根据活动方式分类

根据团体心理咨询的活动方式，可将团体心理咨询分为家庭治疗类的团体心理咨询、心理剧治疗类的团体心理咨询等。

综上所述，无论是国外还是国内，目前都还没有明确的团体心理咨询的分类标准。但是，这并不影响各种形式的团体心理咨询的发展和活动的开展。

三、团体心理咨询的特点

(一)团体心理咨询的优越性

心理学研究证明，人类的生活和人际交往都离不开团体的影响，并且人的心理适应主要是人际关系的适应，许多心理问题往往根源于个体曾经或现有的不良人际关系。团体心理咨询重视每个成员的成长与发展，它提供适当的情境帮助团体成员在共同的活动中进行交往，发挥相互作用，并由此产生暗示、模仿、社会知觉等一系列心理现象。这些心理现象使团体成员通过心理互动探讨自我，尝试改变，学习新的行为方式，从而改善人际关系，解决生活中的问题。

1. 团体心理咨询感染力强，影响广泛

个别咨询的过程是咨询员与来访者之间单向或双向沟通的过程，而团体心理咨询是多向沟通的过程。每一位团体成员都存在多个影响源，在接受来自团体成员的帮助的同时，也可以成为帮助其他成员的力量。此外，在团体情境下，成员可以同时学习模仿多个团体成员的适应行为，从多个角度了解自己、洞察自己。团体心理咨询过程中，成员之间互相支持、集思广益，共同探寻解决问题的办法，减少了对领导者的依赖。

2.团体心理咨询效率高，省时省力

个别咨询是咨询者与来访者面对面、一对一进行帮助指导，每次咨询面谈需要50分钟至1个小时的时间；而团体心理咨询是一个领导者面对多个团体成员。团体咨询节省了咨询的时间与人力，大大提高了咨询效率。

3.咨询效果容易巩固

团体心理咨询的基本原理是它提供了一种生活经验，参加者能将之应用于日常与他人的互动中。通过团体历程，成员们经历了难以突破的瓶颈，也重现了早年决定的背景，因而学会做适当的新决定。团体历程帮助成员发现自己是如何扮演牺牲者的角色，并使成员在团体内与每天生活中，开始表现与过去不同的行为，而逐渐能控制自己的生活。人生活于社会环境中，接受社会的影响，并同各类人建立不同的人际关系。由此所发生的互动既可能满足人、发展人，也可能伤害人。因此，人的许多心理适应问题都是在人际交往中与特定的社会环境中产生发展的。为此，把来自社会环境和来自人际交往的问题放回到类似的环境中去再认识，重新调整，既有针对性，又有实际效果。

4.特别适用于需要改善人际关系的人

团体心理咨询对于改善人际关系有特别的作用，从这一点来说，团体心理咨询特别适合戒毒人员。戒毒人员在戒毒所内常与别人发生人际关系方面的冲突或躲避与人接触，缺乏客观的自我评价和对他人的信任，难以与他人建立和保持良好的、协调的人际关系等这些问题，都可以通过团体心理咨询进行改善，矫正其不良行为习惯。

（二）团体心理咨询的局限性

任何事物都有其局限性，团体心理咨询也不例外。塞兹（B. Shenzer）与佩塔（H. J. Peter）曾经列举过团体心理咨询的六个限制：第一，很难挑选出可以实施团体活动并对团体心理咨询的技术特别熟练的师资；第二，团体心理咨询的方法往往比较适用于职业咨询或教育咨询范围以内的问题，而社会及情绪方面的问题被认为只有个别咨询方法才能取得效果；第三，个体成为团体成员后，就不会是咨询员注意的唯一目标，学习过程也不会以某个个体的发展为中心；第四，团体心理咨询过程中，咨询者的任务和功能可能会因分散而受阻，咨询者与团体成员的接触将减少，就难以建立亲睦感，难以培养互相尊重、互相信赖的态度；第五，团体心理咨询以解决团体共同的问题为首要目标，成员的个人问题尤其是一些特殊问题就不会得到充分讨论分析的机会；第六，团体中友伴对成员发挥着积极作用，然而，有时候正由于友伴的存在而可能产生难以克服的困难。

结合团体心理咨询实际开展情况，可以将其局限性主要概括为以下四个方面：

首先，团体心理咨询的适用范围有限。团体心理咨询有极大的潜能，但也不是万能的。团体心理咨询并不一定适合所有的个体。在某种情形下，它的助人潜能将受到限制，团体经验对个人造成负向的影响有时难以避免。如依赖性过强、人际焦虑过高或特别以自我为中心的人，在团体心理咨询中可能难以获得好的咨询效果，甚至还会反过来妨碍团体心理咨询的整体进展。另外，一些社交障碍者，如极端内向、害羞、自我封闭的个体，不宜参加团体心理咨询活动。

其次，在团体情境中个体差异难以照顾周全。由于团体领导者需要对每个成员都进行关照，势必相对减少对单个成员关注与交流的时间，而无法满足特殊成员的特殊需求。而且，不同的成员个性不同，问题程度不同，其个体差异难以照顾周全。因此，并非每个团体心理咨询过程都能取得好的咨询效果；即使在同一个团体，也不可能对每个成员都有同样的效果。

再次，在团体情境中，有的成员可能会受到伤害。在团体情境中，成员往往会在没有做好充分准备的情况下，出于团体压力的原因而自我表露，这可能会造成成员个人的不安，有些成员甚至会因此受到伤害。在团体心理咨询过程中成员个人表露的一些隐私，事后可能会被不经意泄露，也会给当事人带来困扰和不便。

最后，团体心理咨询对领导者要求较高。相较于个体心理咨询来说，团体心理咨询的环节更多、更为复杂，对领导者的人格、专业训练、技术方法、伦理道德等方面的要求也更高。团体心理咨询的领导者如果不称职，将会给团体成员带来较大的负面影响，而且比一对一的个体心理咨询影响面更大。

因此，为使团体心理咨询的特点得到充分发挥，将其局限性降至最低，必须采取一系列对应的积极措施。例如，在团体心理咨询过程中，团体成员要做好充分的心理准备；领导者要掌握团体心理咨询的理论与技巧，并充分尊重每一位成员；团体心理咨询开始前要有明确的、由全体成员共同制定的小组契约等。

（三）团体心理咨询在戒毒工作中的应用优势

团体心理咨询在戒毒工作中应用较为广泛，其优势主要体现在以下几个方面。

一是帮助戒毒人员了解和体验支持与被支持。通过团体心理咨询，一方面让戒毒人员了解并且体验到自己是可以得到其他戒毒人员支持的；另一方面，帮助戒毒人员认识到他人也有和自己相似的问题，通过对他人的支持，也能获得对方的支持，增进解决心理问题的信心和能量。

二是帮助警察鉴别需要重点关注的戒毒人员。团体心理咨询中，凡是具有敏锐观察力的领导者，必然可以鉴别心理问题较为突出、心理需求较多的成员。因此，团体心理咨询能帮助警察有效鉴别需要重点关注的戒毒人员，从而使心理矫治的作用得到充分发挥。

三是有效促进戒毒人员个体咨询的效果。在团体心理咨询中获得的经验对戒毒人员有较好的引导作用，有助于提高戒毒人员对个体心理咨询的需求，促进戒毒人员在心理咨询中更快地进步成长。

四是促进戒毒人员社会性的发展。在团体心理咨询中可以模拟戒毒人员在社会交往中的人际关系，使戒毒人员获得近似现实的人际交往和社会生活经验。此类社会化经验的获得可以有效促进戒毒人员改进现有不良行为习惯和模式，使其社会性得到进一步发展。

五是增进戒毒人员的安全感和戒毒信心。戒毒人员在团体心理咨询中，通过与成员互助联系获得安全体验，从而提升戒毒人员的安全感。同时，通过团体心理咨询，还可以帮助戒毒人员掌握与他人积极相处的多项方法和技术，有效修复戒毒人员已破损的家庭和社会关系，从而增强其戒毒信心，提高戒断毒品的动机水平。

第二节　团体心理咨询的理论基础

心理咨询理论历经长期的发展，现在已经有十几个大的学派。各学派的理论对于团体心理咨询的发展都有一定的影响与贡献。目前，对团体心理咨询影响较大的理论主要有个人中心治疗理论、心理分析治疗理论、行为治疗理论、理性情绪治疗理论、人际相互作用分析理论等。

一、个人中心治疗理论

个人中心治疗理论主要源于20世纪40年代美国心理学家罗杰斯提出的人本主义心理学。其最初是由罗杰斯在美国创立的一个心理治疗取向，并曾被称为“非指导式治疗”“当事人中心治疗”等，后在此基础上逐渐发展成为个人中心治疗理论(Person Centered Approach Theory)。个人中心治疗理论的发展经历了四个阶段。

第一阶段：非指示性咨询与治疗阶段。1940年前后，罗杰斯根据自己的研究及临床实践，对原有的指示性咨询与治疗方法提出疑问，他认为来访者自身存在着成长的力量，因此提出了非指示的新观点和新方法。

第二阶段：来访者中心疗法确立阶段。20世纪40～50年代后期，罗杰斯更加重视来访者的态度，提出了人格的自我理论，并进行了大量实证研究。

第三阶段：来访者中心疗法的深化和进一步实践的阶段。20世纪50年代后期至60年代中期，主要的特点是在精神分裂症患者治疗中尝试使用来访者中心疗法，更加重视治疗者的非指示的、感情反射的技法更趋完善，整个理论方法更接近现实。

第四阶段：由来访者中心疗法发展为个人中心理论的阶段。20世纪60年代后期至80年代，罗杰斯开展了大量的关于个体成长的团体心理咨询研究和实践，将“来访者中心”扩大到“以人为中心”，并把它应用到人格理论和择偶、婚姻等其他人际关系中。

目前，个人中心治疗理论不仅被广泛应用于个别和团体心理咨询中，而且被应用于心理咨询与心理治疗以外的众多领域，如教育、职业训练、家庭生活、组织发展、健康保健等。

二、心理分析治疗理论

心理分析治疗理论是由西格蒙德·弗洛伊德(S. Freud)创立，主要探讨个体在自我发展的过程中适应各种矛盾和冲突的历程，并从心理层面分析造成现在行为的原因。虽然弗洛伊德注重个体动力学以及病人与心理分析者一对一的关系，但其理论观点对于分析取向的团体治疗有许多启发。沃尔夫(A. A. Wolf)最早在团体治疗中使用心理分析原理和技术。他强调，在团体中的心理分析要将着眼点放在与其他个体相互交往的每一个成员。心理分析型团体能帮助来询者重新体验早年家庭关系的气氛。在这种气氛中，来询者能发掘出与那些影响现在行为的事件相伴随、被埋藏的情感，进而促进来询者对不适应的心理发展根源的洞察。

三、理性情绪治疗理论

理性情绪治疗理论是由美国心理治疗家埃利斯在20世纪50年代后期和60年代初期提出的一种心理治疗理论和方法。理性情绪疗法也是一种认知行为疗法，其基于由信念、评价、解释以及对生活事件的反应而产生的基本假设。埃利斯认为，造成人们困扰的原因不是发生在周围的事件，而是人们对事件的看法。因此，理性情绪治疗主要是帮助来访者在治疗过程中掌握一定的技巧，从而找寻和驳斥非理性信念，代之以理性的认知，从而改变来访者由事件而引起的情绪反应。该疗法强调人的价值观在治疗心理障碍中的作用，主张采用纯理性的方法帮助来询者解决问题。

四、人际相互作用分析理论

人际相互作用分析亦称沟通分析，是由美国精神分析学家柏恩在1959年创立的一种心理治疗的理论和方法。柏恩提出了“社会交往的单位称为相互影响”的理念。他认为，人们进行交往时会产生相互作用刺激和相互作用反应。例如，当两个或两个以上的人相遇时，必定会有一人主动向对方发出刺激，可以是问候、致意，也可以是开启一段对话。接受刺激的一方会作出与这种刺激相关联的反应，这就是相互作用反应。相互作用分析治疗是以精神分析原理为基础创立的一种简便易行的治疗方法，主要是用于检查“我对你做些什么，你反过来对我做些什么”的相互作用，目的是协助人们了解他们与别人互动的本质，帮助来询者改变生活态度，在人际交往中获得深刻的领悟力，建立自尊的、成熟的人际关系。

第三节　团体心理咨询在戒毒工作中的功能作用

一般认为，团体心理咨询具有教育、发展、预防及治疗四大功能。在戒毒工作中，戒毒场所广泛运用团体心理咨询技术对戒毒人员开展教育戒治，能充分发挥团体心理咨询的教育、发展、预防、治疗四大功能，从而帮助戒毒人员改变认知、矫正行为、改善人际关系。

一、团体心理咨询在戒毒工作中的教育功能

团体心理咨询十分重视成员的主动学习、自我评估、自我改进。团体心理咨询戒毒的过程是一个通过团体成员间的相互作用，来帮助戒毒人员增进自我了解、自我抉择、自我发展、自我实现能力的一个学习过程。在这个学习过程中，戒毒人员主要有以下几个方面的学习内容：一是认清自身真正存在的问题是什么，并学会如何正确面对它。二是学习分析问题的技术。三是学习在问题的研究和解决上能够利用哪些资源。四是学习了解自己的内心，并改进自己的行为。五是学习了解别人以及与人共处的方法。六是学习拟定长期的人生计划。七是学习均衡当前的目标和长期的目标。八是学习将知识、计划等付诸实施。九是学习评鉴进步情形，修正目标与计划等。

团体心理咨询还有助于培养戒毒人员的社会性，使其主动学习社会规范和适应社会生活的态度与习惯，以及互相尊重、互相了解、少数服从多数的民主作风，从而促进戒毒人员身心全面发展。参加团体心理咨询

的戒毒人员常常有共同的问题，比如对家庭、社会的态度问题。团体心理咨询可以通过“经验分享”的团体讨论方式，使戒毒人员获得正确的观念与态度，消除其因为遇到挫折和困难而产生的烦恼和忧虑，帮助其稳定情绪，保持平和心态，逐步形成更加成熟的人际交往机制和处事方式。

二、团体心理咨询在戒毒工作中的发展功能

团体心理咨询追求的核心目标是促进人的发展。咨询心理学特别强调发展的模式，它试图帮助咨询对象得到充分发展，扫除其正常成长过程中的障碍。团体方式的活动不但能为成员提供可资借鉴的经验和方法，改进其不成熟的行为模式与行为习惯，而且可以培养其健全的人格、成熟的心理及协调的人际关系，从而促进其更好的发展。理想的团体心理咨询不但关注戒毒人员存在的个别问题，也十分关注戒毒人员普遍存在的共同问题。通过团体心理咨询，给予戒毒人员全方位的启发和引导，促进戒毒人员自我了解，改善人际关系，学到建立良好人际关系所需的技巧和方法，使其养成积极面对教育戒治的态度，对生活充满信心，对未来充满希望。

三、团体心理咨询在戒毒工作中的预防功能

团体心理咨询是预防戒毒人员心理问题发生的最佳策略之一。通过团体心理咨询，戒毒人员首先对自己有了更多的了解，对自身心理、行为、理念等方面存在的问题有了更加清晰的认知。同时，团体心理咨询为警察和戒毒人员之间以及戒毒人员相互之间交流心声提供了更多的机会，使戒毒人员能借鉴别人的经验和方法预测和分析自己可能遇到的困难和问题，自我探索可行的解决办法，增强处理问题的能力，这对于预防和减少心理问题的发生具有十分重要的意义。在团体心理咨询中，指导警察不仅能发现那些需要个别咨询的戒毒人员并及时予以针对性的引导和帮助，也能使参加团体活动的所有戒毒人员对心理咨询本身产生正确的认识和积极的态度，使他们在遇到困难时，能够主动求助并积极配合警察进行心理咨询，将心理问题消灭在萌芽状态。

四、团体心理咨询在戒毒工作中的治疗功能

目前，在戒毒场所中情绪不稳定、对戒毒所环境适应不良、有心理困

扰甚至有一定心理障碍的戒毒人员数量较多,要特别注意发挥团体心理咨询的治疗功能。从心理学意义上说,所谓治疗就是减轻或消除已经表现在外的不正常行为。在团体方式下,由于治疗的情境比较接近日常生活与现实状况,以此处理情绪困扰与心理偏差行为,易收到较好的效果。目前,在戒毒所的心理咨询工作中,现行的团体治疗技术大部分都已得到广泛的应用,而且经过多年的研究和发展,相关技术与戒毒工作的融合度也越来越高。通过团体心理咨询技术能有效帮助戒毒人员矫正心理和行为偏差,使其问题不再恶化、逐步减轻直至消除,这就不仅涉及对心理问题的预防方面,更上升到了治疗层面。

当然,团体心理咨询的四大功能在戒毒工作中能否得到充分发挥,还需视其方式与性质而定。在多年的团体心理咨询实践中我们发现,规模较大的团体心理咨询一般教育意义强于预防和治疗的意义,而对于规模较小的团体心理咨询而言,预防、治疗的意义则大于教育的意义。总体而言,多数情况下团体心理咨询在戒毒工作中的作用还是以预防为主,教育与治疗为辅,发展功能则贯穿团体心理咨询整个过程的始终,四种功能相互渗透、相互影响、相互联系,共同作为一个整体发挥作用。

第四节　团体心理咨询在戒毒工作中的方案设计

团体形成前的准备工作中,科学有效的团体方案设计是团体心理咨询顺利进行的重要保障。团体方案就像地图,引领团体达到目标。团体领导者正是依据事先设计好的团体方案周密地组织和实施团体计划、评估和不断改进团体方案,才能有效地带领戒毒人员成长发展,促进戒毒人员积极变化,达到团体心理咨询戒毒的目标。

一、团体心理咨询在戒毒工作中方案设计的含义及模式

方案设计是一种有组织的行动计划,以确保活动有效进行。戒毒工作中团体心理咨询的方案设计,是指运用团体动力学、团体咨询、团体辅导等专业理论知识,有计划、有系统地对团体心理咨询活动进行设计、组织、规划的一系列过程。

团体心理咨询的方案设计虽然没有统一格式，但是必须考虑团体的性质和目标、设计的背景、适用的领域以及领导者的专业素养等因素。团体心理咨询的方案设计主要有三种常见的模式：赫里的系统设计模式、努力的自我导向设计模式以及佛里尔的解放教育设计模式。三者虽各有其不同的理论基础、设计重点，但其设计内容均大致包含方案的背景、领域、哲学基础、观点、适用范围、主要论题及设计步骤等。

二、团体心理咨询在戒毒工作中方案设计的原则及内容

一份合格的团体心理咨询方案设计规划，能够为团体活动指明方向、确定思路、明确各成员的角色定位等。在戒毒工作中，开展团体心理咨询的警察应妥善、周密设计咨询方案，充分考虑好咨询的时间、地点、目标、过程、理论基础、所需设备等各方面的因素，以确保咨询方案的针对性、科学性和实操性。

（一）方案设计的原则

戒毒警察作为戒毒场所团体心理咨询方案的设计者和咨询过程的领导者，其领导理念、个性习惯、经验技巧等会直接影响咨询活动的效果。此外，咨询活动还会受到戒毒人员参与度、戒毒人员与指导警察的适配性等方面的影响。因此，在方案设计时，作为领导者的警察必须着重了解和考虑以下几个方面的因素：要了解警察自身的特质、偏好及领导风格；要了解所要带领的戒毒人员的特质及其参加咨询的目的和要求等；要评估警察自身与所要带领戒毒人员之间的适配性，即警察必须选择、设计自己熟悉或有把握带领的活动，避免因不了解、不熟悉的团体活动对戒毒人员带来负面影响；咨询过程中，若有多名警察参加，设计方案时应明确各自的分工，彼此之间事先要进行充分的沟通讨论；方案设计要贴合实际、具体可行，符合咨询目标；各项活动的设计要具有一致性、连贯性，从逻辑上来说要做到由易到难、由浅而深、由表及里；要充分考虑戒毒人员的特殊情况，如性别、年龄、文化程度、风俗习惯、表达能力、职业背景等因素；要确保方案的弹性和安全性，避免咨询过程受阻或对戒毒人员造成身心方面的负面影响甚至是伤害；咨询过程中具体活动项目的选择应根据戒毒人员需求、咨询目标和现实条件等因素综合考虑；方案设计完成后，参与警察应与团体心理咨询的督导者、其他经验丰富

的领导者等进行深入的交流讨论，进一步修正和完善方案设计。

（二）方案设计的内容及步骤

1. 方案设计的内容

团体心理咨询的方案既要标明咨询的总目标、阶段目标以及活动目标，也要注明咨询过程中要进行的工作、活动资源、课后作业、时间分配、方案评估方法等内容，主要包括以下几个方面：

（1）团体性质与团体名称

团体性质主要说明该团体是结构式、半结构式还是非结构式，是发展性、训练性还是治疗性，是开放式团体还是封闭式团体，是同质团体还是异质团体等。团体名称包括学术性名称及活泼化、宣传用的副标题，其设计要与团体性质、团体目标以及戒毒人员的具体情况相匹配。例如，为离异的戒毒人员组织的团体心理咨询最好不要出现“离异者”等词语，可用隐晦的词语体现助人成长的含义，如“爱之心曲”“再见温情”“在爱中成长”“并肩同行”等。

（2）团体目标

团体心理咨询开始之前，最重要的一环就是确定团体心理咨询的目标。团体目标主要是指经过团体心理咨询后，戒毒人员在认知、情绪和行为方面应取得哪些改变、达到何种效果。从纵向来看，一般包括整体目标、阶段目标和单次活动的具体目标。从横向来看，团体心理咨询的目标大致可以分成三大类。第一类是开发心理潜能，促进人格成长，增进心理健康，以此为目标的咨询主要是警察组织的发展性团体心理咨询，或称开发性团体心理咨询；第二类是训练戒毒人员如何有效处理人际关系、获得生活技能、提高社会适应能力，以此为目标的咨询一般是以敏感性训练为主的团体心理咨询；第三类是帮助戒毒人员勇敢面对层次较深的冲突和困扰，缓解和消除症状，恢复心理平衡，以此为目标的咨询主要是面向心理不太正常、有一定心理疾患的戒毒人员。

（3）团体领导者

团体心理咨询方案或计划书应明确团体领导者的基本情况，如领导者与协同领导者是谁；领导者的基本经验、背景与团体心理咨询是否适合、匹配；领导者受过何种团体训练，带领过哪些团体。通过团体心理咨询在戒毒工作中的实际运用，我们发现，领导者对人与社会的基本看法、对咨询理论的了解程度甚至领导者个人的性格、处事风格及人际沟通模式，都会影响方案设计。因此，为确保团体心理咨询的目标和效能得以实现、团体成员的利益不受损害，最好能选择或聘请具有一定心理咨询理论基础、有丰富团体经验且曾受过督导训练的警察或专家担任督导员，以随时为团体领导者提供专业性的指导。

(4)团体对象与规模

团体心理咨询计划书要明确所选择戒毒人员的类型、来源、人数、甄选方式等。若团体规模过小、人数太少，团体活动的丰富性就会不足，戒毒人员交互作用的范围也不够大，成员会感到不满足、有压力，容易出现紧张、乏味、不舒畅的感觉。如果团体规模过大、人数太多，团体领导者难以关注每个戒毒人员个体，成员之间不易沟通，成员参与和交往的机会受限，难以形成团体凝聚力；同时，也会缩短成员间分享经验交流的时间，可能出现探讨原因片面、处理问题草率、学习技能表面化等问题，会大大降低团体活动的效果。

(5)团体活动时间及频率

团体活动时间主要包括团体活动时间的总体安排、进行时间、间隔时间、次数等。团体心理咨询按照持续时间和频率可分为持续式团体心理咨询和集中式团体心理咨询。持续式团体是定期活动，如果持续时间太短，效果受影响；但若持续时间过长，戒毒人员容易对团体产生依赖，指导警察和戒毒人员的时间、精力也不允许。一般而言，以每周开展 1～2 次、每次 1.5～2 小时、持续开展 8～15 次、总的开展时间 4～10 周为宜。成长团体、训练团体、人际关系团体和会心团体开展的次数可以少一些，如 8～10 次；而治疗性团体的次数则可多一些，如 10～15 次。

2.方案设计的步骤

团体心理咨询方案设计的步骤大致如下：

一是了解戒毒人员的潜在需要。咨询警察可以根据团体中戒毒人员存在的各类心理困扰问题或普遍存在的共同问题，来考虑采用哪种团体心理咨询方式更能满足戒毒人员潜在需要。例如，对那些人际关系欠佳的戒毒人员，可考虑通过进行社交技巧训练的方式，为他们提供更多的人际互动及模仿和演练的机会，以获得较好咨询效果。

二是确定团体的性质、目标。通过了解与评估戒毒人员的年龄、职业、性别、存在问题以及需要解决的问题等方面，来确定团体心理咨询的性质和希望达到的目标，尤其是要明确哪种类型的团体心理咨询适合需要帮助的团体成员。

三是搜集相关文献资料与方案。当团体性质和目标确定后，咨询警察就要通过查找相关文献资料、阅读书籍和杂志等，为团体设计提供理论支持。同时，也要了解和查询此类团体是否有人带领过，有哪些可以借鉴的经验，有哪些需要注意避免的问题等。

四是完成团体方案设计表。资料准备充分后，设计者就要思考和讨论解决问题所涉及的各类因素。例如，要充分考虑并明确带领团体心理咨询的领导者是谁，领导者与助手如何分工；团体心理咨询以何种形式进行，什么时候组织团体心理咨询为宜；团体心理咨询进行的地点在哪里，环境条件如何，有无后备场地；招募戒毒人员采用哪些方法，是否实施甄选；采用什么方法进行团体心理咨询效果评估；团体心理咨询的各种道具是否具备；等等。在此基础上，逐步完成团体方案设计表。

五是规划团体整体框架及流程。通过完成团体过程设计表和团体活动计划表，编制出团体心理咨询的总体框架和详细过程，认真安排好每次团体活动。其中，活动设计的目的主要是引导戒毒人员在团体中经历四个学习阶段：一是个人经验阶段；二是与他人分享自己经验的阶段；三是个人回顾、整理自己的感受、看法，归纳、分析出一些概念、原则或产生对自己新了解、新发现的阶段；四是尝试将新的自我发现和前面所习得的概念、原则应用到团体之外的情境中，以达到预定目标的阶段。

六是对团体方案进行讨论或修订。可以将设计好的团体方案与其他心理咨询师进行充分讨论，也可先行组成一次实验性小团体对方案进行试用。通过讨论试用，分析和找出方案存在的问题和不足，进一步对方案加以修改完善。

第五节　团体心理咨询在戒毒工作中的应用

目前，团体心理咨询在我国的实践应用已取得比较明显的成效。推而广之，在对戒毒人员进行心理矫治的过程中，引入团体心理咨询是一种有益且必要的尝试。山东省戒毒系统高度重视团体心理咨询在戒毒工作中的应用研究，不断创新方式、方法、手段，提高团体心理咨询工作开展水平，走出了一条具有山东特色的团体心理咨询之路。

一、团体心理咨询应用于戒毒工作的具体实践

（一）“阳明心学戒毒教练技术”在戒毒工作中的应用

1.“阳明心学戒毒教练技术”的内涵

“阳明心学戒毒教练技术”是山东省戒毒系统在戒毒实践的基础上着力打造的心疗特色戒毒品牌，它搭载团体心理训练的形式，本着“中学为体，西学为用”的原则，以阳明心学为“道”、以心理教练为“术”，借鉴科学心理学的原理与手段，验证、实践、传播中国心学的传统智慧。它以“训练戒毒人员戒除心瘾，修炼强大内心”为目标，运用心理训练方法和团体动力学理论，借助团体力量和各种应用心理学技术，使团体成员在互助和自助中成长，在帮助戒毒人员洞悉自己、调整心态、清晰目标、维护心理健康、发掘自身潜能、建立良好人际关系、走出生活困境等方面发挥积极的作用。这种团体心理训练活动覆盖面广，可同时组织几十人参加训练，大大提高了对戒毒人员的心理矫治效率。

2.“阳明心学戒毒教练技术”在回归适应期生涯规划团体心理辅导中的运用

(1)选择戒毒人员

选取回归适应期部分戒毒人员 40 人（剩余强戒期限 3 个月以上），将其分为 5 组，每组 8 人。

(2)设计团体心理训练方案（见表 13-1）

团体心理辅导目标设定：引导戒毒人员树立正确的世界观、人生观、价值观；帮助戒毒人员了解生命的意义，学会珍爱生命；帮助戒毒人员了解其职业倾向，引导其扬长避短，提高就业能力。

团体心理辅导方案设定：阳明心学戒毒教练技术之生涯规划训练。团体心理训练活动共设置 10 个单元，每个单元的主题既相对独立又相互联系，每一单元皆有明确具体的训练目的和与之相对应的活动内容。每周进行一个单元的活动，时间控制在 1.5～2 小时。

表 13-1　　　　团体心理训练方案

活动名称	单元目的	活动内容
第一单元 相逢是首歌	1. 成员初步认识 2. 确立团体规范 3. 明确团体目标	1. 我们是一家 2. 团队组建 3. 团队呈现
第二单元 生命历程	1. 增加团体凝聚力 2. 了解生命历程	1. 成长三部曲 2. 生命时间 3. 墓志铭
第三单元 生命意义	1. 寻找生命意义 2. 了解其多样性 3. 了解生命观	1. 画出多彩生命 2. 快乐大转盘 3. 生命线
第四单元 珍爱生命	1. 体验生命的可贵 2. 了解爱护生命的策略	1. 护蛋游戏 2. 绝处逢生 3. 生命之舟
第五单元 价值取舍	1. 了解价值 2. 探索价值观取向	1. 找零钱 2. 海上求生
第六单元 人生最爱	1. 树立正确价值观 2. 学会价值取舍	1. 松鼠与大树 2. 我的五样 3. 价值拍卖
第七单元 职业万花筒	1. 了解职业分类及特点 2. 探索自己的职业倾向	1. 歌曲大联欢 2. 职业推理王 3. 职业倾向探索
第八单元 职业生涯规划	1. 了解职业生涯步骤 2. 明确职业目标设定及实施过程	1. 发散思维训练营 2. 职业畅想发布
第九单元 求职大练兵	1. 体验面试过程，增强实战能力 2. 了解面试优劣势	1. 职业生涯规划分享 2. 模拟面试 3. 点评分享
第十单元 成功在明天	1. 激发动力 2. 彼此祝福 3. 处理分别情绪	1. 西蒙说 2. 卖梳子 3. 真情告白

(3)团体心理训练的实施

每一单元的团体心理训练均包括准备阶段、辅导阶段和总结阶段三个阶段。

①准备阶段:此阶段的核心工作是引发和增强每个戒毒人员的动机,组织简单的热身活动,让戒毒人员产生兴趣,积极投入到活动中来。基本对应活动方案设计中每个单元的"活动1",时间控制在15分钟以内。

②辅导阶段:此阶段是心理常识学习和心理活动体验的阶段,也是训练目标达成的阶段。通过围绕训练目标开展心理活动,让戒毒人员从中感受了解心理活动的规律;从对问题的深入讨论、分享中加强对训练目标的知识点讲解和对心理活动意义的解说。

③总结阶段:此阶段是心理训练的结束阶段,需要启发戒毒人员对训练内容进行回顾和总结:一方面是对训练中所觉察到的感受进行回顾,另一方面是对训练中的知识点进行总结。训练结束时可布置一定的作业,引发戒毒人员内省和思考,以便对训练的内容进行"消化",部分作业分享可作为下一单元训练的热身活动。

(4)效果评价

培训满意度调查:10个单元训练结束后,组织参加训练的40名戒毒人员填写培训满意度调查问卷,其中32名戒毒人员对培训非常满意,8名戒毒人员比较满意;35名戒毒人员认为培训收获很大,5名戒毒人员认为培训有一定的收获;全体参训戒毒人员认为训练形式很好,很希望参加这样的培训。

职业生涯规划问卷调查(见表13-2):

表13-2　　职业生涯规划问卷调查表

调查项目	调查内容	培训前	培训后
生活中有明确的目标	有清晰而长远的目标	12.5%	37.5%
	有清晰但较短期的目标	12.5%	47.5%
	目标模糊	50%	12.5%
	没有目标	25%	2.5%

续表

调查项目	调查内容	培训前	培训后
了解自己职业发展方向	非常了解	12.5%	30%
	一般了解	25%	70%
	不了解	62.5%	0%
将来求职的态度	能找到工作就不错了	87.5%	30%
	先就业后择业	7.5%	45%
	经过考虑和挑选才最终确定	5%	25%
目前担心的问题	缺乏职业规划而找不到合适的工作	12.5%	5%
	压力大找不到工作	67.5%	45%
	自身能力技能达不到企业标准	12.5%	30%
	有信心找到工作	7.5%	20%

戒毒人员自我评价：通过两个半月的阳明心学戒毒教练技术的训练，了解了生命的起源、多样性及意义，能够正确地对待生命及死亡，要珍惜自己与别人的生命；了解了价值多样性及自己的价值取向，要树立正确的价值观，在冲突面前学会正确取舍；了解了职业分类及特点，通过职业倾向测验及职业生涯规划明确了自己出所后的职业发展及努力方向。

大队警察评价：参加阳明心学戒毒教练技术训练的戒毒人员日常表现良好，戒治活动的主动参与性明显增强，焦虑情绪得到有效缓解。

3.“阳明心学戒毒教练技术”在团体心理辅导中运用的再思考

(1)“阳明心学戒毒教练技术”的特色

“圣人之道，吾性自足。”阳明心学戒毒教练技术认为戒毒人员本身是没有问题的，教练只是协助戒毒人员发掘自身潜能，更好地达成目标。秉持“良知在人，随你如何，不能泯灭”的信念，戒毒人员本身已经拥有所需的能力，只是还不自知，教练就是通过扮演镜子、指南针和催化剂的角色，帮助戒毒人员不断发现自己的更多潜能。这不仅有利于维护戒毒人员心理健康，更能帮助他们激发潜力、找回真正的自我，以最佳心态投入到戒治生活中去，以崭新的自己迎接美好的明天。

(2)“阳明心学戒毒教练技术”的优势

“心外无理,心外无事,心外无学。”阳明心学认为所有的事都来自我心,如果你无法改变客观现实,那就要改变你的心——态度。态度决定行为,行为决定结果。教练除了要询问戒毒人员所追求的目标以外,还要探寻其深层的态度或信念。教练可以通过阳明心学戒毒教练技术,让戒毒人员区分想法和事实,协助戒毒人员找出自己心态的真相。当戒毒人员发现自己心态的真相之后,就会主动转变心态,进而改变自己的行为。

(3)“阳明心学戒毒教练技术”对教练的要求

阳明心学戒毒教练技术对教练的要求较高,需要教练同时具备心理教练、心学传授师、团体领导者、陪伴者、观察者、反馈者、调解员、应变者等角色具有的多种能力。同时,教练除了保持对整个团队的敏感度外,还应根据每一单元的目标,在观察、收集资料、回馈解读的基础上,及时发觉团体成员身心的各种变化,进而主动改变和完善活动计划,从而使团体活动有效顺利完成。

(4)“阳明心学戒毒教练技术”对活动实施的要求

团体目标及训练内容需提前确定,总目标确定后需细化为一个个的子目标。围绕子目标及知识点进行团体培训活动的具体规划,使每个活动都包含引发戒毒人员内在体验的心理活动或游戏。要围绕知识点精心设计讨论问题,由戒毒人员讨论分享内心的感悟和体会,并在此基础上进行由浅入深地详细讲解。整体实施中还需注意细节的处理,让整个辅导环环相扣,敏感地觉察团体进展,灵活地引导团体进程。

(二)“六自”团体心理辅导在戒毒工作中的应用

“六自”是山东省女子强制隔离戒毒所创立的团体戒毒方法,即用“自查”“自省”“自信”“自爱”“自励”“自强”六种方法加强自我认知,增强自觉自察,实现自我管束和自我完善,从而达到彻底戒除毒瘾的方法。

1.研究内容

(1)研究对象

抽取山东省女子强制隔离戒毒所2016年9～11月收治的125名女性强制隔离戒毒人员,采取分层取样的方法,按吸毒年限进行分组。经过入组筛选并剔除团辅过程中不可控因素,实验组确定考察对象为43人,对照组确定考察对象为40人。总体人口学状况如下:

年龄：小于18岁的2人（2.41%），19～30岁的56人（67.47%），31～40岁的13人（15.66%），大于40岁的12人（14.46%）。

文化程度：小学及以下16人（19.28%），初中45人（54.22%），高中14人（16.87%），大专及以上8人（9.63%）。

民族：汉族82人（98.79%），其他民族1人（1.21%）。

婚姻状况：未婚44人（53.01%），已婚及未婚同居19人（22.89%），离异或已婚分居20人（24.10%）。

职业：无固定职业的76人（91.57%），有固定职业的7人（8.43%）。

省籍：山东省内65人（78.32%），山东省外18人（21.68%）。

（2）研究工具

用SCL-90症状自评量表、SDS抑郁自评量表、SAS焦虑自评量表、GSES一般效能感量表及Rosenberg的RSES自尊量表在团体辅导前、中、后进行评估，并于团辅结束后的3个月进行追踪评估。

（3）施测过程

前测：于2016年12月6日、7日对两组被试进行SCL-90、SAS、SDS、RSES、GSES等五个标准化量表的问卷调查。为了保证问卷的有效性，防止戒毒人员倦怠应付，测试分2次进行。

中测：做完"自察""自省""自信"三个单元的心理团辅后，于2017年3月1日、2日对两组被试者进行第二次问卷调查。

后测：2017年6月28日，"六自"团辅如期完成，并于2017年7月1日、2日对两组被试者进行第三次问卷调查。

追踪测试：在经过"六自"团辅3个月后，于2017年10月1日、2日，对两组被试者进行第四次问卷调查。

过程控制：每次团体活动结束后，要求实验组的戒毒人员在每周的戒治感悟中畅谈自我体会和感受，专管教育导师进行跟踪引导并向工作坊的指导老师反馈信息。

（4）团体心理辅导

辅导团队由2名二级心理咨询师及5名有团辅经验的三级咨询师组成。对实验组实施"六自"团辅，其他两组被试者接受同等条件的日常戒治教育。

活动频率与场地：第一、二、三、六单元为持续性团体辅导，每周辅导一次,每月完成一个单元;四、五单元因有人数限制,分成上午和下午两个批次,四单元集中辅导5天,五单元每周辅导一次,在4、5月份用8周时间完成。活动场地视情况设在心理矫治中心团体心理咨询室、瑜伽室或康复中心训练室。

2.实施情况

自查单元以乔韩的窗口理论为依据。通过"真心话大冒险""关系中的我""名字的故事"等3期团辅10个项目活动,引领戒毒学员在多重比较中探索自己,在别人的态度中认识自己,在自我观察和内省中正确的评价自己,在活动检验中悦纳自己,对自己的思想、心理和行为表现进行总结,留益去弊,深化自我认知,增强自觉自察,实现自我管束和自我完善。

自省单元以合理情绪疗法为基础。通过"我想有个家""情绪自我探索""我也有愤怒"等3期团辅13个项目活动,帮助戒毒人员认识常见不良情绪的原因和化解的方法;检省自我情绪,了解自身主导情绪的特点;学习压力应对的心理措施,维护心理平和、稳定;引领戒毒人员反躬自省,觉察情绪、审视情绪、调节情绪、驾驭情绪,帮助她们恢复身心健康。

自信单元引入萨提亚转化式系统治疗的方法。通过"马兰开花""性格测试""家庭雕塑"等4期团辅17个项目活动,帮助戒毒人员疏解"关系",打开心结,解放心灵,培养积极的思维和应对模式,增强自信,坚定成功戒毒的信念。

自爱单元引入回归内在疗法,通过"重寻婴儿期的自己""重寻幼儿期的自己""重寻学前期的自己""重寻学龄期的自己""创造新的青春期"五个阶段的内容,帮助戒毒人员发现、了解、治愈自己在成长中所造成的已察觉或尚不自知的心理伤痛,引发她们对自己藏于深处的情感予以疼惜关爱之心,同时教会她们接纳和回应埋藏于内心深处的情感需求,找到内在爱的源泉,增强自爱与自我抚慰能力,完善自身不足,促进自我成长。

自励单元以心智觉知为理论基础,经过"心智觉知进食练习""心智觉知坐姿呼吸练习"等8期团辅24个项目活动,通过提升戒毒人员的"正念觉知"来重塑正向品质,进而提升自我的感知力、觉知力、意志力和管控力,提高对毒品的抵御能力,坚持操守,预防复吸。

自强单元通过“解开千千结”“寻找归属”“突围与闯关”等3期团辅9个项目活动，培养戒毒人员自立自强，使其面对各类生存环境时积极应对、勇于进取、不败不馁，不因生存危机思毒、想毒，甚至再次吸毒，实现顺利回归健康生活的目的。

3.案例思考

“六自”团体心理辅导结束后，选用SPSS17.0进行数据录入、筛查和统计处理，并进行基本描述统计、t检验和方差分析等。可以看出，“六自”团体心理辅导能有效恢复强制隔离戒毒人员的心理健康水平，降低焦虑和抑郁水平，提升自尊和一般效能感。该结果从以下六个方面得到检验：

(1)在SCL-90上的得分

前测，被试总体SCL-90总分及其所有因子分都显著高于国内常模，且需进一步筛选阳性的人数超过总人数的50%。这说明入所适应期的戒毒人员的心理健康状况普遍低下，存在较为明显的心理与行为问题。

中测，实验组需要进一步筛选阳性的数值为本组人数的27.91%，而对照组为40%。且实验组在总分和各项因子分上均低于对照组，但差异不显著。这一现象说明：实验组经过11周的“六自”团辅干预，在心理健康的修复程度上呈良性发展，发展水平优于对照组。

后测，实验组需要进一步筛选阳性的人数降至20.93%，通过前、中、后测比较，在总分、躯体化、强迫症状、人际关系敏感、抑郁、焦虑、敌对、精神病性因子上表现出了显著性降低；对照组需进一步筛选阳性的人数为37.50%，通过前、中、后测比较中，在强迫因子上表现出了显著性降低。两组后测比较中，实验组在总分、躯体化、强迫症状、抑郁、焦虑、敌对、精神病性等因子分上显著低于对照组。

以上评估表明，经过“六自”团辅干预并运用SCL-90进行调查检验，说明戒毒人员的心理及行为状况的改善是显著的。

(2)在SAS上的检验

前测，被试总体均分为37.39左右，显著高于全国平均水平，说明新收适应期的戒毒人员焦虑程度较高。

中测，两组被试各自的前测与中测比较及两组之间比较，均不存在显著性差异。

后测，实验组均分显著低于对照组。而对照组在前、中、后测的分数呈依次上升的趋势。实验组在前、中、后测的分数呈依次下降的趋势，并具有显著性差异。

以上评估表明"六自"团辅对戒毒人员减缓焦虑症状和提升心理抗压能力有很大的帮助。

(3)在 SDS 上的检验

前测，被试总体均分为 40.84 左右，显著高于全国平均水平，说明入所适应期的戒毒人员抑郁程度较高。

中测，两组被试各自的前测与中测比较及两组之间比较，均不存在显著性差异。

后测，实验组均分显著低于对照组。两组被试分数在前、中、后测都依次下降，实验组的下降具有显著性差异，而对照组并没有。

以上评估表明"六自"团辅干预对新收适应期的戒毒人员在抑郁方面疗效显著，在一定程度上缓解抑郁症状，实现了改善情绪的目的。

(4)RSES 和 GSES 上的检验

两量表的数据结果走势基本相同。前测和中测比较，两组被试分值均有提升，但不存在显著性差异；后测实验组分值显著高于对照组；两组被试各自前、中、后测分数均呈现依次上升的态势，但是实验组的上升具有显著性差异，而对照组并没有。

就 RSES 而言，实验组后测发生了显著性的提升。以美国为代表的西方社会，长期以来将促进个体自尊发展视作改善个体焦虑、抑郁等心理疾病及酒精和药物滥用甚至是暴力犯罪的良药。从这个意义上来说，"六自"团辅对修复和促进戒毒人员的自尊水平，改善不良心理症状和行为，增强戒毒信念和提升自我价值均有极大的影响。

就 GSES 而言，在实验的前测，83 名戒毒人员的自我效能水平为 24.76±6.09，明显低于 22 个国家、17553 人的常模水平(29.46±5.33)，说明自我效能水平低下。通过"六自"团辅干预，两组被试在 GSES 上的后测得分表现出显著性差异，可以证明"六自"团辅能够改善戒毒人员的自我效能感，使他们坚定了积极应对未来生活的信心。

(5)追踪检验及结果分析

两组被试各自的追踪复测与实验后测的差异检验结果显示：除实验

组在精神病性维度上分值显著性降低外，无论是试验组还是对照组在其他各检验维度上均没有差异。这说明“六自”团辅结束后，再经过3个月的重复检验，干预效果是稳定的，在修复戒毒人员精神病性维度上具有发展性的意义。

从整个实验分析数据结果来看，只有在追踪复测中实验组与对照组相比在偏执维度上显现出显著性差异。这一结果说明“六自”团辅对戒毒人员偏执心理的干预和矫正，在3个月后的时间效应上会显现出显著效果，具有发展性意义。

二、团体心理咨询应用于戒毒工作的前景展望

目前，团体心理咨询已有近百年的历史。团体心理咨询在戒毒工作中的发展与普及程度，取决于未来社会发展的需要以及团体心理咨询自身的进展。学者们研究认为，团体心理咨询的趋势是通过更具体与更有结构的处理，以达到更正确的诊断方向。团体心理咨询未来所面临的最大挑战是如何更加完善地使用团体的力量。这些对团体心理咨询未来发展的研究和展望，对于我们更好地运用团体心理咨询手段推动戒毒工作发展同样具有启示和借鉴意义，这必然要求我们更加关注未来社会戒毒人员的变化和团体心理咨询发展的新进展。

（一）社会的变化及对戒毒人员的影响

随着社会政治、经济、科技、文化的迅猛发展和变迁，社会竞争不断加剧，社会关系更加复杂，威胁戒毒人员心理健康的因素越来越多，患有心理障碍与心理疾病的戒毒人员的比例不断上升；同时，戒毒人员对心理治疗的需求也越来越大。因此，那些由于心理问题而苦恼甚至直接面临严重心理应激和挑战的戒毒人员，如果能及时有效地接受团体心理咨询，将使他们尽快得到改善自我的机会。而对于团体咨询来说，只有充分考虑戒毒人员的需求，重视戒毒人员的价值、尊严和权利，注重培养和开发其心理潜能，才能最大限度发挥团体心理咨询的效果。

在现代社会，良好的人际关系对个体的成长和发展具有特别重要的意义。无论是与家庭成员的交往，还是在更广泛的社会交往中，戒毒人员都必然处于一定的人际关系之中。如何与人相处，适应脱毒环境，并在处理好人际关系的基础上发展个人潜能、缓解生活压力、明晰个人发

展方向等，都是戒毒人员需要面对的重大问题。现代社会复杂的人际关系网时刻影响着戒毒人员，而戒毒人员人际关系的改善与自我潜能的提升又特别需要通过团体心理咨询来达成。因此，随着经济社会的进一步发展，团体心理咨询必然在改善戒毒人员人际关系、促进戒毒人员身心健康、缓解或消除戒毒人员心理疾患方面发挥更加重要的作用。

（二）团体心理咨询发展新特点

一是发展性团体心理咨询将成为戒毒场所心理矫治工作的重点。目前，戒毒场所开展心理矫治工作的主要形式是开设心理健康课程和讲座、开展个别心理咨询和团体心理咨询。大多数戒毒所都是先从个别心理咨询入手开展心理健康教育工作，然后逐渐向团体心理咨询发展，并逐步形成以团体心理咨询为主、以个别心理咨询为辅的心理矫治格局。近年来，由于团体心理咨询的优势逐渐显现，戒毒场所运用团体心理咨询戒毒的探索和研究也不断向纵深发展。随着“戒毒难，难在戒除心瘾”的观念被普遍认知，为满足戒毒人员日益增长的心理成长和发展的需要，注重戒毒人员身心发展，引导戒毒人员自我认知、自我教育、自我探索、自我接纳、自我肯定，并以帮助戒毒人员解决可预见性心理问题、促进其心理成长、激发其心理潜能为主要目标的发展性团体心理咨询，必然会成为戒毒场所最为重要的心理咨询形式之一。

二是对团体心理咨询师的专业水平要求更高。心理咨询是一项专业工作，对从业人员的专业要求很高，所以必须经过专业培养或专门培训才能胜任。团体心理咨询由于参加人数多、团体构成和动力复杂多变，对领导者的专业水平要求更高，没有经过专业训练的领导者可能会给团体成员带来伤害。在美国，心理咨询行业的从业人员必须具有相关专业硕士以上学历且经过资格认证获得执业资格后方可带领团体。由于团体心理咨询本身对专业水平要求较高，而戒毒场所从事团体心理咨询工作的警察专业水平层次参差不齐，学科背景千差万别，咨询队伍中专职人员少、兼职人员多，专业人员少、跨专业人员多。团体心理咨询师队伍的专业化程度不高已经成为制约戒毒工作心理矫治效果与团体心理咨询工作水平的主要因素。因此，在戒毒场所建设一支专职为主、专兼结合、专业化程度较高的团体心理咨询师队伍势在必行。

三是戒毒人员的生涯团体心理咨询将备受重视。随着全国司法行政戒毒系统统一戒毒模式的落地落实和深入推进，帮助戒毒人员戒除毒瘾、顺利回归社会并促进其生涯发展的路径更加明晰，要求也更加迫切，戒毒人员团体心理咨询的重要作用也越来越受到人们的重视。运用团体心理咨询促进戒毒人员心理健康发展，并不是简单的帮助戒毒人员完成就业选择和职业规划，而是协助其从心理、社会、经济等各个层面去观察、思考人生中可能出现的各种角色以及应对人生发展的各种问题。因此，戒毒人员心理咨询更关注戒毒人员个人的自我现实需求、拒绝毒品的能力、回归社会的能力等，并以此为基点和突破口，推动戒毒人员全面成长、全面进步、全面发展。

第十四章　萨提亚家庭治疗模式戒毒

研究发现，家庭因素是导致戒毒人员首次吸毒及反复戒毒的重要原因。萨提亚家庭治疗模式从家庭角度研究和探讨如何帮助戒毒人员获得家庭支持，改善家庭关系，进而为戒除毒瘾增强信心和动力。

第一节　萨提亚家庭治疗模式概述

近年来，萨提亚家庭治疗模式受到心理咨询界的高度重视和关切，学者纷纷投入相关的理论研究和实践探索之中，对萨提亚家庭治疗模式的工作机制、理论基础、产生发展、特点优势等有了更加深入的理解和把握，为后续的研究探索打下了良好的基础。

一、萨提亚家庭治疗模式简介

萨提亚模式又名“萨提亚沟通模式”“联合家庭治疗”，是由美国首位家庭治疗专家维琴尼亚·萨提亚（Virginia Satir）女士创建的心理治疗模式。创始时以家庭治疗为主要应用，随着理论与实践的发展，现在不仅仅应用于家庭治疗，而且适用于个人咨询及家庭重塑两个领域。萨提亚模式是从家庭、社会等方面着手，更全面地处理个人身上所背负的问题。

萨提亚模式属于经验派家庭治疗，可以应用于治疗的工具极其灵活有效。但是由于萨提亚的突然逝世，使得其理论研究戛然而止，因而其理论体系不够完善。萨提亚模式不强调病态，而将心理治疗扩大为成长取向的学习历程。只要是关心自我成长与潜能开发的人，都可在这个模式的学习过程中有所收获。

二、萨提亚家庭治疗模式的产生与发展

（一）萨提亚家庭治疗模式的产生

1951 年，萨提亚在治疗一位精神分裂的青年女性患者时发现了一个特殊的状况。这位患者症状明显好转时，萨提亚却接到了患者母亲的投诉电话，控告她离间患者母女之间的感情。于是，萨提亚邀请这位母亲共同参与该女士的下一个疗程的治疗。在治疗中萨提亚发现，原有的良好的治疗关系开始受到冲击，该年轻女性又回到了治疗前的状态。

当萨提亚继续与她们两个开展治疗的时候，三人之间形成了一种崭新的治疗关系。后来萨提亚又把患者的父亲邀请进来，但是他的到来又一次将治疗关系退回原点。萨提亚逐步意识到问题的核心，又把家庭中的剩余人员——该女性患者的兄弟邀请进来。当该女性患者的兄弟展现出他在家庭中的权利地位时，萨提亚清楚地看到患者在家庭中毫无地位以及她在家庭中求生存下的痛苦挣扎。这是萨提亚第一次采用联合家庭治疗。

早期治疗积攒的经验让萨提亚意识到在家庭体系中存在的力量流动。在之后的治疗中开始倾向多个家庭成员的参与，而不只是对患者的个体进行治疗。萨提亚不断尝试和改进多种方法，通过改进家庭成员之间的沟通方式，进而改变整个家庭系统。

（二）萨提亚家庭治疗模式的发展

萨提亚治疗模式是先从实践开始，逐渐形成理论，最后向全球推广的一个发展过程。

萨提亚在 1951 年首次进行了联合家庭治疗，并于 1955 年在伊利诺伊州立精神病研究所中提供了首个家庭治疗的训练项目。几年后，她与加利福尼亚州的一个致力于家庭研究的团体合作，这帮助她开创了心理研究所（MRI），进行了四五百次家庭治疗技术的实践。

随着大量的实践，20 世纪 60 年代萨提亚开始着手联合家庭治疗的理论层面的研究和建设。她补充了人本主义的框架，强调对大量促进成长的技术（感觉意识、舞蹈、团体交流技术）的运用，以唤起感觉并澄清家庭的沟通模式。在她的后期著作中，萨提亚将她的方法确定为人性验证过程模式，通过治疗师和家庭合作共同激发家庭内在的健康成长。

萨提亚于1964年出版的第一本专著《联合家族治疗》，被誉为家庭治疗的“圣经”，目前已有20余种文字的译本。《家庭如何塑造人》《尊重自己》《与人接触》《心的面貌》和《沉思灵想》等书极受重视与欢迎。萨提亚还曾与约翰·格林德(John Grinder)和理查德·班德勒(Richard Bandler)两位专家合著《与家庭一同改变》。萨提亚去世前和三位同事合著的《萨提亚家族治疗模式》一书成为萨提亚最具代表性的专业著作之一。至于萨提亚在专业刊物和其他出版物上发表的论文著述，更是不胜枚举。

1977年，作为其人本主义取向的产物，她建立了先锋网络(Avanta-Network)，这是一个旨在用她的治疗观点和方法训练他人的非营利性组织。

萨提亚模式的最新发展趋势，是以约翰·贝曼(John Banmen)为代表的以积极目标为导向、以转化改变为基础的“萨提亚转化式系统治疗”。治疗的重点是推动变化，使人们在深层次上发生转变，而不只是让他们用现有的方式做事，或者感受有所不同。

三、萨提亚家庭治疗模式的理论基础

(一)经典哲学

萨提亚模式与认为外部世界由心灵构建或依靠于心灵的理想主义最为接近。更为具体地说，萨提亚模式体现了今天所说的建构主义和社会建构主义。萨提亚相信，个人能够找到用以克服生活中困难并作出重大改变的内部资源，这表明个人能够构建他们自己的现实(构建主义)。同时，她还意识到跨代的家庭和家庭互动对个体具有重要的影响，这表明个人是在与他人的联系中构建现实的(社会构建主义)。

(二)人本主义

与马斯洛和罗杰斯等人本主义心理学家的观点相似，萨提亚对人的认识持乐观态度，认为凡事皆以人为本位，秉持人性本善的信念，相信每个人都具有潜能和正向的力量。萨提亚认为人们拥有所需的一切内在资源应对自我成长和管理，即认为每个人都是有价值的，每个人都可以朝着更完整的方向成长。而且她还相信，人天生的仁慈、健康和明智是不会被破坏的，它们永远存在。无论它们在“应对模式中”被埋得多深。治疗的整个过程必须致力于打开来访者内在的潜能。

（三）系统论

在很早的时候，萨提亚就将她的工作方法从直线型的因果关系法转向用系统导向或是系统的方式，来认识人及其生活的世界，帮助生活在系统中的人理解他们与系统的关系，然后有意识地进行选择。萨提亚模式的治疗干预主要聚集在三个领域，即个人内在系统、人际互动系统以及原生家庭系统。而且，在治疗的过程中，治疗师和来访者的关系也构成了一个系统。

（四）精神分析

萨提亚保留了精神分析的观点，其中对防御机制的研究、对冰山的探讨和逐层分析、对个体内在精神和过往经历的考察，都有精神分析的影子。

萨提亚认为，人们在很小的时候就发展了防御机制，它附着在伴随人们一生的不良的行为模式中，她称为“应对”或“生存”模式或姿态。她保留了足够的空间来探索人们常常体验到的、由于过去的经验和信念导致的“错位”，或是因为不当的想法而引起的内在冲突。

萨提亚认为家长们总是具有良好的意愿，并依据他们学到的东西尽可能做到最好，且这类学习经验大多会一代代传承下去。因此，萨提亚采用了跨越祖孙三代的视角，她不只是处理来访者从其父母那里学到的不良的方面，也会关注其父母从他们的祖父母那里学到了什么。通过这些治疗师可以来帮助来访者重新评估他们童年时的学习经验，并将这些当作资源加以利用。

四、萨提亚家庭治疗模式的特点及治疗要素

（一）萨提亚家庭治疗模式的特点

1. 注重提高个人的自尊及自我价值

发展出高度的自我价值是萨提亚倡导的核心。萨提亚认为每一个人都是积极向上的、善良的、具有正能量的，人的独特内部潜在资源可以让人们更好地应对成长和成功的挑战；相似性帮助人们建立联结，差异性促进人们成长和发展；优质潜在资源是人生来就拥有的，找到这种潜在资源，就能够联结并确认自己的自我价值感。每个人内在都拥有丰富的能量和资源，如果我们感受到并利用好这些资源，生命将更加自信坚定、快乐平衡。

2. 改善沟通及帮助人活得更“人性化”，而并非只求消除症状

萨提亚的治疗目标不仅是消除症状，将个体或家庭表现出的病态的能量转变为有利的资源，而是促进个体健康、提升个体潜能、完善个体发展。萨提亚认为，当生活处于自我认知的水平上时，人们会意识到自己内心的体验，并会以自由为目标选择健康、幸福和关爱。当一个人能够拥有更多选择（至少三种），并且对自己所有的感受、观点、期待以及渴望负责任，他就能够生活得更“人性化”。

3. 最终目标是使个人达成“身心整合，内外一致”

萨提亚认为，人们的人际关系和生命质量常常因沟通受到影响。萨提亚不强调刻意的训练，而是希望通过发掘个人内在的资源与能量，在自我价值获得提升的基础上，使外在（言和行）与内在（感受和需求）相联结，带来有效的人际互动，实现身心一致的沟通。

（二）萨提亚家庭治疗模式的治疗要素

1. 体验性

带领来访者去体验过去事件对现在的影响，这能使来访者有机会对过去的事件产生新的内在体验，从而使其来访者能带着现在正面的能量去面对过去的影响，把消极转化为积极。

2. 系统性

治疗个案时，治疗师需要进入来访者的“冰山”去促使其改变。这里所说的“冰山”，来源于萨提亚治疗模式的“冰山理论”。“冰山理论”实际上是一个隐喻，它包括行为、应对方式、感受、观点、期待、渴望、自我七个层次，指一个人的“自我”就像一座冰山一样，人们只能看到它表面很少的一部分，而更大一部分内在世界却藏在更深层次，不为人所见，恰如冰山。通过询问系列的问题，使来访者能认知其内在冰山不同层面的感受、想法、期待、渴望和自我状态。冰山每个层面表达的目标看起来不同，但是和冰山的其他部分的关系是和谐的。如果将整个最终目标看成冰山每个具体部分需要作出的改变，就可以帮助治疗师及来访者聚焦于内在需要作出的改变。当来访者的冰山改变时，他也就能改变其人际关系。

3. 正向导向

在萨提亚模式里面，人们不会花太多时间去探讨病理部分。治疗师会小心倾听来访者的渴望。通过来访者透露的信息，发掘来访者的资

源,转换来访者的想法,使来访者能有能量去改变。萨提亚的名言是:只要点一根小蜡烛,全室都会亮起来。

4.聚集改变

萨提亚治疗的中心点就是改变,问过程性问题的主要目标也就是要促进改变。过程性问题是指当治疗师问一个问题时,来访者必须进入他过去和现在的人生经验中去寻求答案,而不只是从头脑和知识中去寻求答案。随着提问的深入,来访者便会自然而然地进入潜意识中,且越陷越深。

5.运用自己

萨提亚模式要求一个自信、有能力、和谐一致的治疗师。治疗师越优秀,来访者也就越能感受到信任、真诚,从而积极接纳治疗师,而治疗也就更能见到效果。

第二节　萨提亚家庭治疗模式基本理论

伴随着萨提亚家庭治疗模式在世界各地的广泛应用和不断发展,其治疗模式更加成熟定型,基本理论也更加丰富。本节主要从理论预设、冰山隐喻、沟通理论、家庭关系等方面,对萨提亚家庭治疗模式的相关理论作初步探讨和阐述。

一、萨提亚家庭治疗模式的理论预设

(一)关于人的观点

萨提亚认为人性本善,每个人都是生命力的独特展现。人们生来就完全具备让自己成为幸福、有能力、值得尊重的人的全部能力。人有三度出生,在第一度出生里就有了足够的资源,在第二度出生后资源开始被掩盖,但从第三度出生开始,人又可以找回这些资源。

(二)关于系统的观点

萨提亚对系统做过描述,认为每一部分都与其他部分相关,一个部分的变化会导致所有其他部分的变化。每个人、每件事都会对家庭产生作用。因此,在治疗评估的过程中,理解每一个系统中发挥作用的多个因素和效果是非常重要的。萨提亚模式主要聚集在三个系统领域:个人内在系统、人际互动系统以及原生家庭系统。

(三)家庭内环境稳定

家庭内环境稳定是指家庭中的个体行为和关系在家庭受到各种因素影响的情况下保持平衡,一般发生在家庭成员的互补性行为以及家庭内部的重复性、循环性和可预测的沟通模式中。

(四)有关改变和学习的观点

萨提亚确信人们能通过学习思考、感觉、行为和联结的新方法来实现改变和成长。当人们意识到自己的资源时,他们就会愿意改变,并且积极寻求能够促进健康成长的新知识和新情境。学习和改变的过程需要人们愿意并且能够在认知、情感、幻想和有意识的层面上获得新的意识。产生这些意识后,人才能对旧有的观念产生疑问,从而获得新的体验并作出改变。

二、冰山隐喻

人的意识就像一座漂浮的巨大冰山,能够被外界看到的行为表现或应对方式只是露在水面上很小的一部分,而隐藏在水下的更大的山体才是长期被压抑并被人们忽略的"内在"。揭开冰山的秘密,人们才会了解生命中的渴望、期待、观点和感受,看到内在的自我。

通过冰山隐喻可以了解自我,学会不带评判地接纳自我。冰山隐喻也可以用在人际关系中。透过探索冰山,可以了解来访者在家庭、工作及个人关系的压力下是如何应对的。冰山隐喻可以使吸毒人员学习将消极的应对姿态转为更加和谐的方式,透过更好的自我关爱学习如何从对外在的关注转为对内在的关注,学习减少儿童时期遗留的经验对成人生活的消极影响。

三、沟通理论

(一)沟通理解

萨提亚相信人与人之间的沟通方式有可能影响到心理健康,她把沟通视为不可或缺的桥梁。她认为沟通可以创造亲密感,鼓励人与人之间的爱与分享;也可以用来防卫,保护自我;也可以使人与他人疏远,使信任和分享变得困难而危险。

当人们觉得不安全时,沟通就会变得困难,他们会选择隐藏自己的感受,不愿意说出真正的感受或期望,也可能把指责投射到别人身上。

他们选择这些沟通方式是为了保护自我。当人们无法开放地表达真实的自我时,愤怒或恐惧等情绪会受到压抑,这种压抑会阻碍能量释放,使人产生各种身体和心理的症状。

沟通有三个要素:自我、他人和情境。沟通是互动的过程,人在其中轮流提供或接受信息;自我是指提供信息的人;他人是指沟通中的接受者;情境是指沟通发生时的背景,包括沟通的目的、双方的角色与关系、两人在当时的安全感以及沟通时的环境或社会背景。

(二)求生存应对姿态

应对姿态是人们在童年时期为适应家庭的压力环境而自发形成的一种求生存的沟通方式,是一种条件化的反应,类似于防御机制,不属于人格范畴。萨提亚根据人的表达形式和内在的动力指向将应对姿态归纳总结为指责、讨好、超理智、打岔四种,并创造性地运用身体姿态夸张地外化内在的心理历程。这四种沟通姿态源自一个低自我价值和不平衡的状态,人们采取这些姿态来保护其自我价值,尝试得到他人的接纳,同时隐藏绝望,以感觉到与他人的联结。

每种姿态中都隐含着正向的元素。讨好的人常常知道如何照顾别人,如果能学会把自己照顾好,就会成为比较一致而平衡的人。指责的人了解什么是果断,可能擅长掌管或负责把事情做好。如果学会不带指责的做事而且尊重别人,就能成为更一致而平衡的人。在超理智姿态中,正向的元素常常是高度的智力,这种人需要察觉自我和他人,才能成为一致的人。在打岔的姿态中,正向的元素是创造力,这种人需要增加的是察觉自我、他人和情境的能力。

(三)一致性沟通

上述四种生存姿态都是低自尊应对方式的表现。确切地说,一致性并不是另一种姿态,而是一种完满的存在状态,是我们决定成为更加完善的个体的选择。同时,它也可以成为一种自我和他人进行沟通的方式。一致性包括三个层次:第一个层次是接纳自己原本的感受,第二个层次是与内在的自己和谐并建立外在和谐的人际关系,第三个层次是自己的生命能量、精神和谐一致。这三种因素在萨提亚著名的生存应对模式中得到了充分的体现。萨提亚强调只有当平衡考虑自我、他人和情境三个因素的时候,才能实现一致性沟通。

一致性沟通是指内容、语气、非口语等信息彼此并没有严重的矛盾,不一致的沟通是指内容、语气等信息彼此不相容。发言者的非语言沟通所形成的气氛与语言沟通所形成的气氛不一致时，更容易发生不一致的沟通。虽然接受者可能透过各种核对的过程确实了解对方的需求，但不一致的沟通将带给接受者相当大的负担。一致性不是一种静止的状态，它存在于一个人内在组成部分的相互关系中。一个人对正在发生的事情可能会有许多不同的想法和感受，一致性就表现在如何整合这些差异。因此，一致性并不是要求人表达每一个感受或想法，而是其能够根据自我、他人和情境的需要有意识地选择表达内容。

四、家庭关系

（一）基本三人关系

人们感知世界的方式首先来自家庭。萨提亚认为人类关系的基本单位是母亲、父亲和第一个小孩的关系。父母和后来出生的小孩也会分别形成三人关系，而且所有家人之间也都有三人关系。萨提亚相信健康的三人关系能够创造健康的家庭。

健康的三人关系是所有成员都觉得被重视，并能自由进行一致性沟通。萨提亚认为基本的三人关系是人们得到支持和情感的地方，也是一起学习基本应对方式的地方。三人关系具有被纳入或排斥的可能性，表现为两个人一起接纳或反对第三个人。这也意味着三人关系有一定危险性，因为每个人都有可能被接纳或被排斥。为了在三人经验中求生存，每个人都应学会应对方式。在生活中，人们仍用相同的应对模式处理有压力的情境。

尽管基本三人关系是人们置身的第一个情境，但它并不总是给人们滋养。滋养的三人关系有可能存在于家庭内部或外部，会形成一种鼓励尊重、坦诚、负责和合作的氛围，因为它认同自我价值、学习、支持和成长的重要性。

（二）家庭中需关注的领域

1. 个体家庭成员的自我价值感

自我价值感或自尊是一个人赋予自己的价值。低自尊的人非常焦虑，怀疑自己，过度关注别人的看法，对其他人的依赖损害了自己的生活。低自尊在家庭中非常容易传染。通常，低自尊的人会选择另一个低自尊的人结婚。婚后他们的关系就是以忽视内心感受为基础，任何压力都会增加他们的低自我价值感。因此，在这种环境下成长起来的孩子通常与也具有低的自我价值感。

萨提亚认为积极的自我价值感是个体和家庭保持心理健康的基础。具有高自我价值感的个体尊重生活的所有方面,这使他能够为自己和他人如何使用自己的能量提供建设性意见。因而,提高个体家庭成员的自尊是治疗干预的重点之一。

2.家庭内部的沟通模式

在健康的家庭生活中,良好的沟通非常重要。良好沟通的目的和结果是相符的,即便不相符,人们也可以进行澄清。在沟通不良的家庭中,沟通是间接的和模糊的,而且有误解也很少得到澄清。功能不良的交流者可能会片面、不恰当地概括或歪曲其体验,家庭治疗师需要通过质疑这种行为来进行干预。通过帮助家庭成员认识到其自身沟通的障碍,教他们正确的沟通模式,使其矫正痛苦的内部表达方式成为可能。

3.家庭的规则

家庭系统的另一个重要特征是支配个体家庭成员行为的规则。家庭规则包括在给定情境下成员认为应该或不应该有的所有行为。它们包括外显的规则,如吃饭、睡觉的时间等;也包括潜在的、不言明的规则,如永远不要提爸爸的酒瘾。功能不良的家庭有很多原因,其中一个就是个体对有效的沟通方式一无所知。家庭规则的过时、不公平、不清晰、不恰当或者不符合当前情境,都会导致家庭功能不良。

(三)原生家庭图

通过绘制戒毒人员的原生家庭图,可以看到戒毒人员家庭的架构。通过对原生家庭图的分析,可以解决原生家庭对戒毒人员内在的负面影响,并使戒毒人员重新利用从原生家庭中已经取得的资源。

第三节　萨提亚家庭治疗模式在戒毒工作中的意义

萨提亚家庭治疗模式运用独特的治疗理念和有效的干预技术与工具,着重提高戒毒人员的自尊、改善其家庭成员间的沟通、帮助个体活得更“人性化”,从而使戒毒人员达到“身心整合,内外一致”,使家庭达到和谐与幸福,最终实现远离毒品、降低复吸的戒毒工作目标。

一、萨提亚家庭治疗模式能够促进戒毒人员全面成长

（一）提升戒毒人员自我价值

自我价值是个人对自己价值的判断、信念或感受。若一个人有很强的自尊，他就拥有了精神上的生命活力或自我。自尊是珍视自我，并用尊严、爱和现实的态度看待自己的能力。它总是存在于我们的内心，每个人都渴望获得认可和证实。萨提亚认为，每个人都是独一无二的，与他人既有相同点又有不同点。当意识到这一点时，就不会再拿自己跟别人做比较。尊重和接受自己的一切是形成高自尊的基础。

萨提亚认为每个人都可以发展高自尊。在危机和困难来临的时候，具有高自尊的人能够很好地使用他们的资源，迎接改变，平衡自我身体的、智性的、情绪的、感觉的、互动的、养育的、情境的和灵性的八个层面，并以此解决他们生活中的困难。

萨提亚的冰山隐喻能够从更深入、流动、统一的角度引导戒毒人员探索人的内在转化过程，联结生命力，挖掘自己的内在潜能，促进个体内部的改变（见图 14-1）。

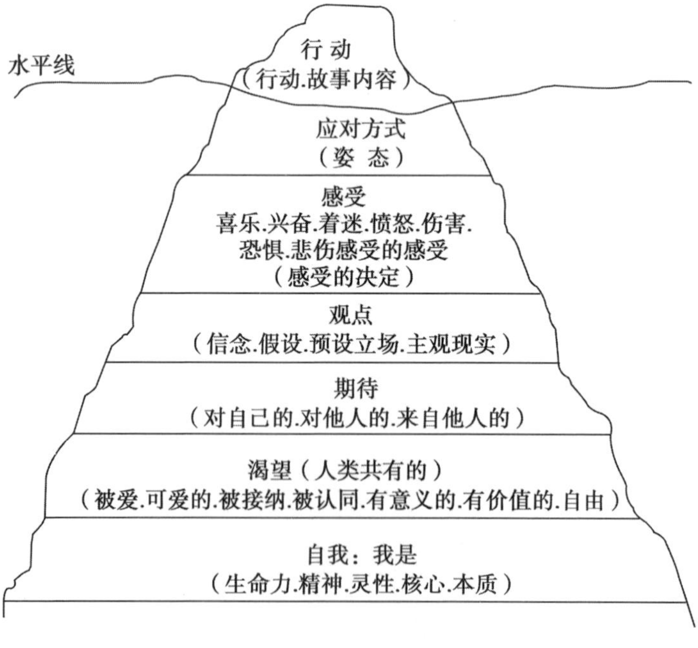

图 14-1　个人冰山图

例如男性戒毒人员耿某，27岁，汉族，初中辍学后无业。从小在亲戚家长大，习武三年，15岁后曾分别因盗窃和抢劫罪在监管部门服刑共十年时间。出狱后好逸恶劳，并染上毒瘾。耿某自述12岁以前品学兼优，后来慢慢学着打架斗殴，因被学校劝退而被迫走向社会，形成了好勇斗狠和对别人不信任的个性。入强制隔离戒毒所两个月时间，一直未能与家人、朋友取得联系，于是心生苦恼，觉得自己失败没用，进而变得消极，情绪激动，容易被激怒。

通过描绘耿某的萨提亚冰山图，发现耿某能够正视内心深处情感缺失的问题。因为原生家庭的不完善，他对亲情有强烈的渴求感，危机感强烈，认识到自己遇事冲动、暴躁等症状是想通过外在的强势来保护自己不受伤害，是对被认可、被需要的情感需求的畸形反应。通过进一步的挖掘，耿某找到了自己身上曾经存在的有主见、正直仗义等一系列优秀的品质及能力，看到自己具有能够解决自己的问题的能力，增强了自己解决自己问题的决心。萨提亚模式能够有效的探索戒毒人员在不同层次的"我"，在不同的体验水平上开展工作，使他们将注意力转向他们的内在，并帮助他们转化这些隐藏的观点、信念、感受和期待，不断提升戒毒人员的自我价值。

影响轮是萨提亚家庭治疗中的一个治疗的工具。适合于对自己评价低、看事物比较负面的案主。主要用途在于帮助人们发现自己的资源或者转此成资源。影响轮的形式很简单，就是以自我为中心画一个轮状的表，中间一个圆写上"自我"，周围很多圆，分别写上18岁之前重要的人和事物，并在相关的圆旁注明这些人事物给你的印象。自我这个圆两边各有一条线，左边写上形容18岁当中自己的形容词。右边写上形容现在自我的形容词，有利于案主找回自信，看到希望，从而更好地改善现状。如根据戒毒人员李某画出的影响轮，可以分析其父母的特质、性格以及喜好。李某父亲是农民，较为和善，但是文化水平较低，他在家庭中地位卑微，经常受到其母亲的无故辱骂；其母亲也是农民，性格狂躁，争强好胜，嫉妒心强。父母关系不和，经常吵架，自己经常无故受母亲的打骂，童年生活不幸福。通过引导李某回忆重点事件的起因和结果，帮其分析不幸福的生活产生的原因，并在交谈中帮助李某摆脱过去的阴影，使其在找到自尊的同时提升自我价值。

(二)加强戒毒人员的责任感

萨提亚模式总是避免"是或否"的两难选择，提倡用三个或更多的可能性来看待一个情境，鼓励人们在任何情境中至少考虑三种选择，以便让来访者有能力为自己作出选择并为此负责。萨提亚所谓的责任不仅包括对个人的行为负责，还包括对其自己的内在体验负责，对自己所有的感受、观点、期待以及渴望负责。

萨提亚的自我环(见图 14-2)能够帮助戒毒人员平衡各部分能量，使其更负责任，提高其去创造更平衡、更有活力和更积极正面的生活的可能性。萨提亚用有 8 个同心圆的自我环的形式画出了自我曼陀罗所包含的身心相互作用的 8 个层面：身体的、智性的、情绪的、感觉的、互动的、养育的、情境的和灵性的。8 个同心圆则分别代表了上述 8 种资源，其中心就是“我”，代表一个神圣而有尊严的自我。尽管 8 个层面都是独立存在的，但这些要素的互动关系构成了完整的自己。身体层次：自我可以生存的地方；智力层次：理性思考的能力；情绪层次：感受与觉察到自我所处世界的能力；感觉层次：通过感官来体验世界的能力；互动层次：与其他人联结的能力；营养层次：萨提亚用营养的譬喻来谈食物，同时也谈到我们需要如何喂养自我的所有方面；情境层次：关于地点与时间，是自我的内在世界；灵性层次：生命能量，关于自己内在的能量、宇宙的能量以及自己与已知未知的关系。各种层次的资源普遍存在于所有人的身上。尽管每个人各具特色，但是他们持有的基本资源是相同的。

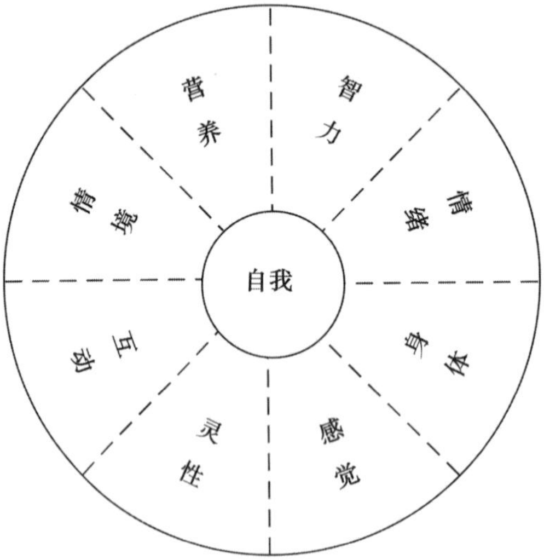

图 14-2　自我环

(三)促使戒毒人员身心整合,内外一致

一致性的提高与人们的生命力和谐一致,此时人们可以体验存在的平静、快乐,也能更容易的摆脱过去的负面经验的影响,活在当下。

沟通姿态是帮助戒毒人员认识到自身矛盾的一种良好工具。根据萨提亚的沟通理论,戒毒人员通过扮演这些姿态,可以逐渐意识到自己平时的互动模式,意识到这种模式对他们自己和与自己有关系的其他人的影响。他们还发现了一个人的内心感受和外在表达不匹配时产生的不一致的意义。例如某戒毒人员自认为自己在家庭中处于讨好的角色但依然得不到妻子的认可,但通过沟通姿态练习,他发现他在诉说讨好语言的同时自己内心深处是一种对她的指责,这种指责也在无意间流露于表情、语气中,从而发现了自己的内外不一致,明白了与妻子存在沟通障碍的原因。

面貌舞会是一个鉴别、转化并整合我们内部资源的过程。这项技术可以使我们近距离地审视我们人格中的许多部分,能够使我们学会控制这些部分,最终将它们转化为一种使自己更加完善和一致的资源。

面貌舞会的基本过程:承认—接纳—转化—整合。在承认的过程中,了解那些顶着“不应该”的标签的隐藏部分。承认了自身拥有的各部分,就可以致力于学习接纳它们。转化并不意味着消灭,而是学会如何去使用它,最后整合成一个整体。

面貌舞会的目标就是转化和整合人们的各个不同部分,并使用萨提亚所称的“朝向完善的生命力”。在面貌舞会中,人们渐渐会对自己的各个部分获得整体性的看法。在获得各个部分的整合感觉后,人们就可以以一种非片断性的风格来表现不同的行为,不再心口不一。

二、萨提亚家庭治疗模式改善戒毒人员家庭关系

(一)改善沟通模式

家庭可以为个人提供物质性支持和情感性支持。有研究证明,家庭亲密度对药物渴求具有显著的负向预测作用,即家庭亲密度越低,戒毒人员的药物渴求水平就越高;而家庭成员之间的沟通模式又会深深地影响着亲密关系的建立。萨提亚家庭治疗模式中的多种工具及技术恰好可以改善戒毒人员与家庭成员之间的沟通模式,增强彼此的信任和理解,增进亲密度,帮助戒毒人员顺利回归家庭,保持良好操守。

“天气预报”是一种沟通方法,日常生活中,人们多采用“责备、讨好、

打岔、超理智”四种沟通模式，所以人们的人际关系常常感觉不满足。萨提亚“天气预报”这项技术为人们提供了一体可操作的表里一致的沟通模式，就是致力于改善人与人间的沟通模式，帮助戒毒人员快速解读对方的需求，轻松学会一致性沟通，从而促进家庭关系的改善。“天气预报”需要人将表达内容划分为五个部分：①感激与兴奋；②担忧、关心和困惑；③抱怨和建议；④新的资讯；⑤希望和愿望。“天气预报”给每人一个在对等情境下表达出自己的满足和不满足的机会，它提供一个安全而令人信任的情境，使人得以直接地沟通和肯定，并以一致的方式来给予和接收各种资讯。戒毒人员出所回归家庭后往往会向家属做一些诸如“我再也不吸毒了”“我要改过自新了”“我今后一定好好干”的保证，但家属对其信任度较低。如果改用“天气预报”的形式来表述，家属的理解及认可程度会提升许多。戒毒者标准化“天气预报”式的沟通方法可以作如下表述：“我非常高兴能重新回到我们的家庭，这是对我前期戒毒成果的一个肯定。同时我也感到深深地担心，害怕脱离了警察的监督及管理又被以前的朋友带回以前的圈子里，我真心地希望你们能够相信我、监督我、帮助我，与我一起走好未来的路！”

互动成分技术在帮助戒毒人员了解自己与家人的互动模式方面也是一种极为有效的方式。互动成分技术探讨人们在加工信息时所遵守的家庭规则以及人们的应对风格，它反映出人们的自我价值观，并成为人们聆听、感受、反应、防御和评价的基础。互动成分技术首先需要以自我回答的方式探讨以下六个问题：①你看到、听到什么？②对于你所看到的、听到的，你赋予什么意义？③对你所赋予的意义，你有何感受？④对于这些感受，你又产生了怎样的感受？⑤你的哪些防御被触动？⑥在给评论时，你有哪些规条？当人们通过对这六个问题的反复思考，把某件事分成几个部分来看时，就可以发现那些以前没有注意到的以及各部分之间的内部关系。通过将相同的内容变得更加清晰、直接和非反应性，可以将互动转变得更加具有联结性和培育性，探索出新的含义。每个人可以去识别自己固有的赋予意义的模式及自动化反应的防御模式，然后做一个打破它的选择，可以采用一致性沟通，把自己的疑惑、感受、想法分享给对方。评价的规则被转化成为指导方针时，就允许自己进行新的选择。戒毒工作的重点是处理过程，而非处理内容。一旦我们鉴别出某戒毒人员互动中的各种成分，都可以选择进入个体内部系统的任意一个水平进行干预。

(二)构建和谐家庭关系

通过和戒毒人员及其家属一起探索家庭关系系统,可以帮助其发现家庭的资源优势,转化家庭规则的限制,从而协助戒毒人员体会并感受家庭对自己的影响;让戒毒人员学会尊重、欣赏他人,感受到家庭支持系统的重要性;使戒毒人员对未来充满信心,更好地疼爱自己、关爱家人,构建和谐的家庭关系,顺利融入社会、保持操守。

家庭压力舞蹈是对沟通姿态技术的一种扩充。戒毒人员被要求快速、连贯地变换他们的姿势,就像在现实生活中一样。压力舞蹈技术的目标就是向戒毒人员展示,不一致的沟通会让整个家庭系统和个人付出高昂的代价。

家庭重塑提供了一种认识我们自己和我们父母的新方法,从而使戒毒者用一种新的角度看待现在和未来。过去发生的事情无法改变,但通过家庭重塑的过程,往往能使戒毒者对过往经验的期待所产生的思想及感受产生巨大转变,放下包袱,更有力量地走向明天。通过设立情境,发展演员阵容、雕塑、结束等过程,将个体在家庭中曾经的"情境"生动地展现出来,陪伴个体重新面对那些情境,使其学会用新的方式对待来自家庭的影响,从而达到改变的目标。在家庭重塑过程中,可能有三个层次的改变:层次一的改变会对人们的生活有所影响,包括与人接触、释放感受、以新的眼光看待经验、发掘未知、确认自动化反应、接纳过去、改变行为;层次二在主角身上有转化的效果,主要包括转化能量、提高觉察、整合资源、改变焦点、个别化;层次三的主要目标是让主角重新产生生命力。在这个层次上的任何变化都会带来副产品:自信,选择的意识,接触到更多的内心资源,以及进一步改变当事人与外部世界的关系,包括让关系更加密切、沟通更加有效等。

戒毒人员马某,男,31岁,入所前从事个体经营。沾染毒品后不知悔改并沾染赌博恶习,输光几十万家产并欠下巨额外债。经家人举报,被公安机关送入强制隔离戒毒所。入所后,马某对家庭对妻子充满怨怒之情,不与家人联系并拒绝探访。马某妻子无固定工作,在马某入所后,独自一人撑起整个家庭,不仅要照顾老人和幼子,更要想方设法偿还马某欠下的巨额债务。想起丈夫对自己的误解与冷漠,马某妻子决定起诉离婚。所内民警将萨提亚家庭治疗模式中的各种沟通姿态融合到家庭重塑中,组织马某构建自己吸毒前的家庭雕塑。在这一过程中,马某觉察到很多从未意识到的信息和丢失许久的来自家庭的温暖,对妻子的怨恨慢慢消融。在后来的戒治过程中,通过大队警察的综合教育,马某与妻子的关系改善了许多,对家人少了怨恨多了感恩,少了逃避多了责任,夫妻感情也愈来愈好。

第四节　萨提亚家庭治疗模式在戒毒工作中的应用

萨提亚家庭治疗模式由于理论简单、形式灵活被广泛运用于戒毒治疗当中。当前,各戒毒场所对萨提亚家庭治疗模式的实际应用,均取得了一定的研究成果,但主要还停留在个别实践方面,尚未形成系统完善的标准、程序和体系,有待资深的理论及实践专家进行进一步的总结及完善。

一、萨提亚家庭治疗模式在戒毒工作中的应用成果

萨提亚家庭治疗模式在戒毒工作的应用和实践中取得了良好的效果。

安徽南湖强制隔离戒毒所开展女性强制隔离戒毒康复期人员萨提亚家庭治疗模式应用研究,证实在3个月时间内,萨提亚家庭治疗模式提高了戒毒人员的心理健康水平,戒毒人员在强迫、抑郁、敌对三个方面均有显著的改善。四川眉山强制隔离戒毒所应用萨提亚家庭治疗模式提升戒毒人员自尊、改善其人际关系。广西女子强制隔离戒毒所将萨提亚家庭治疗模式应用于脱瘾训练中,均取得了良好的效果。此外,青岛市强制隔离戒毒所与青岛市心理成长研究所共同设立萨提亚心理成长戒毒科研项目,邀请著名萨提亚心理咨询师石卉博士主导项目并授课。课程初期,因长期吸毒造成的心理影响,多数戒毒人员处于迷茫、谨慎和怀疑状态,有的甚至有抵触情绪。随着课程的深入,通过雕塑、家庭图、性格色彩等萨提亚体验式咨询技术,将每个人的心理世界直观地呈现在戒毒人员面前,最终使他们内心深受震撼,参与意识逐步增强,进而对自己的成长历程以及原生家庭对自己的影响有了深刻的认识,直至接纳自我、欣赏自我,看到了自己的期待和渴望。内心的认识和改变也使他们的人际沟通变得和谐了,与家人的关系改善了,多了些对家人的温馨关怀和歉意。在半年后考核成绩比对中,体验组戒毒人员比对照组戒毒人员高出近40%,其中66%的戒毒人员已经成为队里的戒治骨干。实践证

明，青岛市强制隔离戒毒所探索研究的萨提亚心理成长戒毒模式作为一种着眼家庭、关注关系、重在自我完善成长的体验式咨询成长模式，能够有效促进戒毒人员人格成长、自我完善、重塑人生、摆脱毒瘾，是心疗戒毒的一种有效方法。

二、萨提亚家庭治疗模式在戒毒工作中应用的典型案例

（一）案例一

1. 成为心目中的自己

（1）案例背景

陈某，女，34岁，无业，离异，吸食冰毒，解除强制隔离戒毒不到一年后因复吸被二次强戒。入所后，陈某情绪极不稳定，有时因情绪低落内心压抑哭泣，有时因琐碎的小事会跟其他戒毒人员争吵。甚至出现幻听，情绪被幻听的内容控制。自述为童年痛苦经历，并且持续夜间失眠。

陈某觉得特别有挫败感。自己30多岁了，事业无成，婚姻也很失败，家庭关系中看不惯母亲的很多做法，母女关系僵化，认为自己走到吸毒的这一步跟家庭的教育有很大的关系，并抱怨父母在自己人生关键的时候没有拉自己一把，认为在这个家庭中得不到关心和理解，觉着活得没有价值，陷入自卑、自责的负性情绪中。加上戒毒失败，对未来感到迷茫、担忧。

（2）方案制定

在建立治疗关系基础上，与陈某达成三个目标：一是改善与母亲僵化的关系，进行平等的沟通。二是提升自我觉察意识。三是增强自我认同感，减少不良的沟通模式对未来生活的影响。

（3）实施情况

• 第一阶段：收集信息。

接纳陈某当下的状态，营造安全的氛围，真诚地倾听陈某的倾诉，发展相互信任的治疗关系。通过访谈了解到陈某的基本家庭情况：四口之家。童年时期父母常年在外做生意，姐弟两人生活由农村家中的老人帮忙照料。上学后父母两人回到本地，靠经营的一家饭店维持生活，姐弟两人也回到父母身边。

根据萨提亚的基本三人关系理论，在早期的三方互动情景中，“我”会时时受到来自于父亲和母亲的影响，从而忽略自我真实感受。随着年龄的增长，人们会将这一习惯延续下去，甚至在成年后也不能跳出早年

习得的应对模式，会继续沿用原生家庭的家庭规则。在功能良好的家庭规则下，家庭成员之间的互动也是良好的。反之，他们之间的互动一定冲突不断。

为了更详细了解陈某对父母和自己的认识及态度以及家庭成员彼此的关系，我们让其画出家庭成员基本的三人关系图，然后分别用至少三个形容词去描述他们（见图 14-3）。

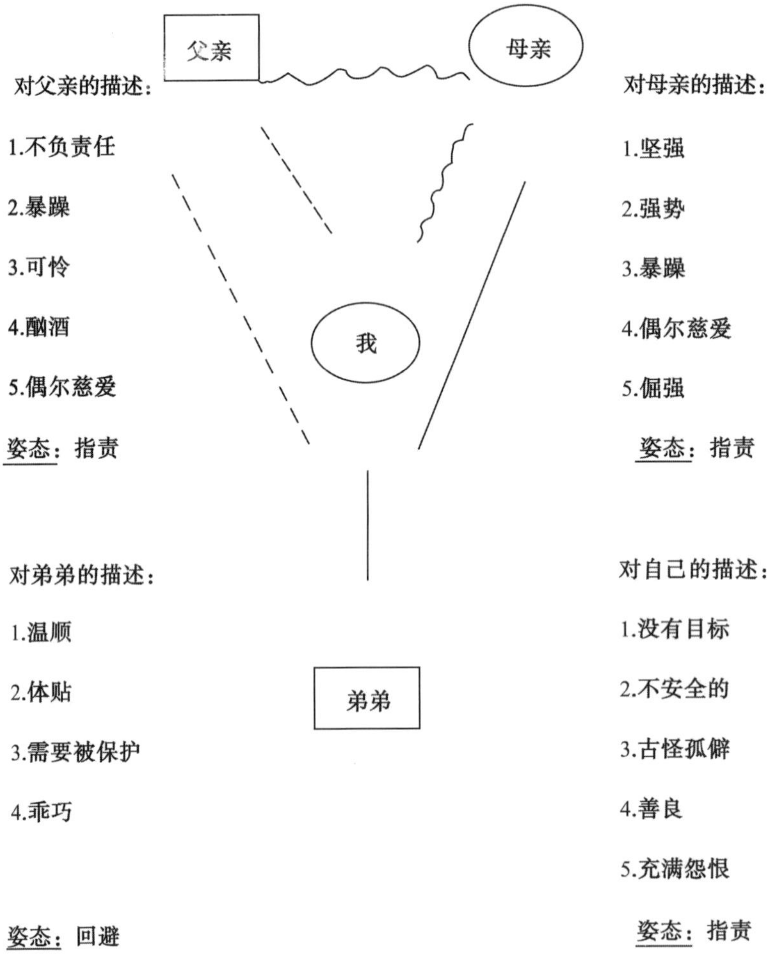

图 14-3　陈某原生家庭图

在萨提亚的家庭理念中，家庭是一个系统，家庭内部的人和事之间都是相互影响的，每个人对其他家庭成员都会产生或多或少的影响。下面通过表 14-1 来说明陈某家庭成员彼此互动的交互性体现。

表 14-1　　陈某家庭成员互动关系

家庭成员	家庭成员之间的互动关系
父亲和母亲	经常会为某些事情发生争执,双方表现都很强势,谁也不甘示弱,各说各的理。时间长了父亲常常出去喝酒“找快乐”,母亲自己在家里难过哭泣,甚至有轻生举动。两人长期处在纠结难过的互动关系中,无暇顾及陈某姐弟两人
父亲和女儿	对陈某从生活、感情上疏远,只有当心情好的时候,偶尔会过问一下陈某的学习情况,即便陈某生病难受时给父亲打电话,父亲也对其不闻不问。陈某内心对父亲特别憎恨,在陈某眼中父亲就是没有担当和责任的人
母亲和女儿	母亲忙于生意,因与丈夫关系不和,经常沉浸在痛苦的情绪当中。与女儿发生问题也常使用指责、超理智的沟通模式,会经常替女儿拿主意,做决定。直到现在,陈某对母亲的一些做法也非常不理解,对母亲充满怨恨
姐姐和弟弟	二人能和睦相处。陈某认为自己是姐姐,弟弟小,自己应该保护弟弟。对家庭中的问题弟弟不过问

通过进一步的深入访谈和对上述资料的分析整理,对其家庭规则进行简要的总结:陈某的父母沟通姿态都是属于指责型,都想制定家庭规则,掌控一切,其他家庭成员没有表达自己感受的权利和自由。陈某生活在一个非常专制的家庭中,这种家庭规则导致个体很早就习惯了隐藏自己的情绪,感到无助、缺乏亲密感,对自己缺少正确的认知,长期压抑着自己的负性情绪。父母共同在生意场上打拼,追求平等的社会家庭地位,互不相让,两人之间冲突不断,对陈某产生创伤性影响,造成了其心理机能恶化,在现实生活中较他人更易出现情绪混乱,缺乏安全感。父母关系的融洽程度对儿童早期自我意识的形成有重要的影响,陈某的父母在感情上缺乏相互依赖,导致了冲突不断。面对冲突,陈某觉得悲伤无助,甚至对自己采取极端行为,这也是陈某低自我价值感形成的重要原因。当陈某成年以后遇到类似的压力情境时,就会自然启动低自尊的应对模式,对家庭、社会问题缺少较强的危机应对能力。陈某对父母的关系最初是感到担忧难过,后来盼着父母离婚,说“那时候既没有安全感

又无能为力，不知道该怎么办”。陈某胳膊上数个疤痕印记也是那时候自己烫伤烙上的。

• 第二阶段：建立联结。

A. 冥想：在萨提亚模式中，冥想是促进转变的一种干预手段，不仅能让来访者安静下来，使大脑进入一种开放的状态，还使其意识和潜意识联结起来，使躯体和心理联结起来，使过去、现在、和未来联结起来，令其更有力量和智慧去作出选择和改变。治疗过程中对陈某运用特有的冥想词和背景音乐，让陈某去体验与她早年生活类似的心理路程，与父母产生联结，进入自己内在层面去觉察自己内心的期待和渴望。

冥想结束后，陈某哭泣着说过程中想了好多：“母亲在我出生时候难产，而且那时候天气特别冷，身上都冻紫了。”

“其实小时候母亲特别爱我，母亲手很巧，每年过年的时候都给自己织一件很漂亮的毛衣。”

“其实爸爸也很爱我。”

“在冥想结束的时候，我觉得事情过去就过去了，没有什么比一家人开开心心的更重要。”

“我觉得妈妈没有对不起我，是我对不起她。在我吸毒的这十几年，妈妈已经加倍地给了我许多。”

“我就觉得这些话憋在我心里好久了，我又不能在她面前说。”

“其实我心里很爱她，所以不知道如何表达对她的不满，慢慢地时间长了，在我心里就变质了，变成了一些负能量的东西。”

B. 原生家庭重塑：让四名参与者用肢体摆置出陈某原生家庭沟通姿态，将每名家庭成员的内心状态以人体雕塑的形式清晰地展示出来，让平时看不见的“家庭规则”外显；让陈某与每位家庭成员进行对话，帮助陈某与父母重新建立联结，走进父母的内心进行深度联结，以新的视角看待父母。

通过雕塑，陈某真实清晰地看到了自己童年经历对自己当前生活的影响，从而放下过去的阴影，更好地反思自己并活在当下，更有力地走向明天。

C. “天气预报”：在上述基础上，教陈某学习新的沟通模式，按照步骤进行：

感激、感恩。

抱怨，提出建议，促进改变。

讨论困惑、疑虑。

新的信息。

提出希望和期待。

安排任务：让陈某每周给母亲打 2 次电话，并记录下自己和母亲通话过程的感受，展示出对母亲的不满之处。咨询师从积极的角度，对这些“不满之处”重新赋义。

（4）治疗效果

整个过程中结合着陈某自身的努力，并通过鼓励，让陈某以开放性的眼光看待自己和家庭发展的过程，对生命的形式怀有欣赏和感恩，展现自我生命力，自我做出改变，初步达到了整合自己和自己的关系以及自己和父母关系目标。

①家庭关系得到缓和：陈某在遇到父母指责时，不再抱怨自己的想法不被理解，不再把自己对父母的期待强加在父母身上。她能意识到那是父母的选择，是父母的生存方式，会先去关注父母的想法，让父母感觉到被尊重体贴，进而能够与陈某继续交流，听取陈某的想法。即便父母满足不了陈某的需求，陈某也不会再像以前那样去抱怨、指责，这样沟通就不再是单向的了，以前不良的沟通模式得到转化。

②自我认同感得到增强：整个治疗过程中陈某的感受不只是用头脑，更是用整个身心去体验。治疗对陈某产生了强有力的冲击和震撼，进而促成转变的发生。陈某意识到自己是有价值的，学会了欣赏自己，有能力以真诚、勇敢的姿态去面对现在的强戒生活，以健康的心态面对过去的经历和未来的生活。

③身体疾病的消失：根据萨提亚的观点，表里不一致的人在生理上会有一定的表现。用心理学中的心理转换机制来解释，当一个人心理压力大到一定的限度时，身体会作出一定的反应去缓解这种心理压力，会用一定的生理疾病去代替心理压力，进而使个体在心理上获得一个相对较好的感觉。陈某长期的消极情绪得不到健康的排解，导致身体不适，出现头疼头晕、持续失眠。陈某在治疗过程中消极情绪得到排解，自我价值感在一定程度上有了提升，也为身体疾病的缓解提供了条件和环境。

(二)案例二

1.戒毒康复人员夫妻沟通团体辅导

(1)案例背景

戒毒康复人员对毒品的依赖和渴求受多种因素的影响,而家庭环境影响最大。因此,我们采用萨提亚团体辅导的方式,对康复人员夫妻开展团体咨询,促进康复人员与妻子之间的沟通,增强彼此的信任和理解,增进其亲密度,帮助康复人员保持操守。

本案例中有四名男性康复人员,吸食毒品均为冰毒,戒断两个月以上。丈夫戒毒,妻子陪住。其中,2组来自四川,1组来自新疆,1组来自山东。康复人员26岁1人,29岁3人;大专学历2人,初中学历2人。在团体辅导过程中,除一位妻子因客观原因中途请假离所外,其余三组家庭均按时完成本次团体活动,并各自有所收获。

(2)方案制定

①确定团体治疗目标:帮助成瘾家庭学习和体验有效的沟通方式,促进夫妻沟通,改善家庭关系,帮助康复人员预防复吸。

②团体计划:共计划组织7次团体治疗,每次1.5小时,两周之内完成。团体设计以萨提亚家庭治疗的相关理论和方法进行,每一次团体围绕一个主题开展,内容主要包括家谱图、应对姿态、"天气预报"、影响轮、共绘未来等。

③评估方法:团体治疗采用的评估方法是家庭环境量表的前后测量以及成员的现实表现。

(3)实施情况

• 第一次活动:团体成立。

先简单介绍自己,如自己的名字、来这个团体的目的是什么。从发言中发现,大家对团体的期待较为分散。咨询师通过分别引导,将团体期待进行了归纳:沟通不畅是导致家庭关系不和谐的主要原因,而家庭关系不和谐容易导致康复人员反复复吸。本次团体的目的是促进夫妻沟通,改善婚姻关系,有效防止复吸。为了让康复人员学会在团体中如何更好地感知他人,接下来组织康复人员进行了一个热身小游戏——"谁跟我一样?"游戏规则如下:所有人围成一个圈,由一名康复人员说出自己的一个爱好,有同样爱好的其他人同这名康复人员一起往中间跨一步。活动很好地活跃了团体气氛，进一步增进了相互之间的了解。在讨论团体规则环节，大家指定组长，由组长记录下大家讨论形成的团体规则。在为团体命名时，大家集思广益，最后定下“相濡以沫”为本次团体的名称。接下来请每个家庭为自己的小团体取一个名字，制定小团体目标。夫妻两人面对面进行讨论；讨论完毕后，分享给自己取名和制定目标时的感受。四组家庭都很投入，参与性高，最后每个人用一句话来总结和结束。成员纷纷表示，能专门有这个时间和机会与爱人一起学习提高，是一次不错的体验，会好好把握，一起努力，共同提高。

• 第二次活动：我的家谱图。

本次团体的目标是通过绘制自己的家谱图，呈现康复人员的家庭构成和家庭关系，引导康复人员从中发现原生家庭对自己的影响。

热身活动：游戏“让我来按你的肩”，并相互交流被对方按摩的感受。在咨询师的指导下，画出自己的家谱图。绘制完成后，逐人介绍自己的家谱图，并交流在绘制过程中的感受和想法。康复人员盛某分享绘图感受：“我总是跟我妈一个战线，跟我爸一说就吵。我吵不过他，他说了我就干脆不理。”咨询师：“你觉得婷婷（妻子）像你的哪个家庭成员？”盛某：“介于父母之间。”咨询师：“那你和婷婷谁说话多？”盛某：“婷婷说话多，现在她说什么就是什么，我无所谓，这是因为长期以来形成的性格。”

本次活动团体成员对自己家庭和自身的探索都很投入，但探索的程度有深有浅。在分享自己与家族中的谁的性格相似的环节，个别成员意识到自己与原生家庭的相似性，并影响到自己新生家庭的沟通模式。

• 第三次活动：应对姿态。

活动的主要目的是让康复人员认识和体验家庭中不一致的应对姿态，促进康复人员对沟通方式的探索。

用热身小游戏“我说大来，你做小”开场，引出不一致的应对方式，并分别演示这四种应对方式的雕塑，康复人员对这项内容进行讨论。为了进一步理解不一致的沟通方式，列举出四个事例，请康复人员辨别出分别是哪一种沟通方式，学员能准确分辨。接下来在家谱图上注明家庭成员的主要应对姿态。通过对自己家庭成员的逐一分析对应，康复人员发现每个人都有主要的应对姿态，但也会随着对象、情景的不一样调整、改变自己的应对姿态，而不是僵化、固着于一种应对姿态。沟通的双方总会寻找适当的、有效的方式与对方沟通。

由于不一致的沟通方式比较好认识和理解，每个人都能从中认识到自己和家人的沟通特点。在最后的分享环节，成员均表示这一技术对自己的认识和对家庭成员的沟通都很有帮助。

• 第四次活动：影响沟通的因素。

活动的主要目的是让康复人员了解并体验影响沟通的因素，探讨家庭沟通技术在日常生活中的运用。

每对夫妻做四个沟通练习：一是背对背进行沟通；二是一个站着、一个蹲着沟通；三是中间隔一张纸，彼此看不见对方进行沟通；四是膝盖碰膝盖并托着对方的手臂交流。在沟通技术运用讨论环节，妻子李某说："上课后我才发现，我一直在指责他，现在我才学会鼓励他。"妻子王某说："他吸毒做错了，所以我一直指责他，现在觉得不能因为吸毒就全部否定他。"她们的想法获得了康复人员的共鸣。

本次团体要求成员按照一定的程序，对自己沟通的想法和行为作出一些改变和新的尝试，引发成员心里"不习惯"、别扭的感受。咨询师鼓励他们允许和接受这种感受，从而促进成员对改变的尝试和思考。

• 第五次活动："天气预报"。

活动的目的是体验和练习"天气预报"沟通方式，创造出一个安全而信任的情境，使人们可以相互肯定，并放下防御和猜忌，进行直接、有效的沟通。要求每位成员按照"天气预报"的五个步骤写出最想向对方说的一件事。康复人员普遍感觉有难度，甚至感到心情沉重。在分享环节，有的成员感觉第一条最难，认为刚开始就感谢最不好办；有人觉得第二个困难，认为找到自己的错误是关键点，认识到自己的错误后，后面的都好办了；也有的成员觉得第三步最难，觉得否定别人最困难，否定了还要改变别人、想办法解决这个问题，是难上加难。在这一过程中，虽然表达的一方感到别扭、有难度，但是对方却感觉良好。

在团体中发现，在采用"天气预报"方式进行沟通时，虽然都存在困难，但是妻子普遍能主动接受这些改变和挑战，康复人员则表现出沉闷、畏难的情绪。

• 第六次活动：我的影响轮。

本次活动是通过写出对自己有重要影响的人、事、物的特点以及对自己的影响，帮助康复人员寻找、发现自身的资源。

康复人员反映影响轮比较容易画，在对18岁前的我和18岁之后的我进行划分和描述时，引起妻子们普遍的情绪波动。妻子们认为，18岁之前自己是正常的少女生活，18岁后的婚姻生活与丈夫的吸毒紧密联系在一起，感到伤心绝望，又无法摆脱。妻子18岁后的形容词以“无奈”“痛苦”“委屈”“压抑”为主，对康复人员的描述则主要有贪玩、走弯路、大起大落、无责任心和无耐心。在分享环节，妻子发泄愤懑、侃侃而谈，丈夫基本是小心翼翼、有所保留。

团体中成员之间的互动形成强大的动力：一是妻子的遭遇倾诉和情绪宣泄在成员中产生共鸣和认同；二是成瘾家庭通过互相了解和学习，为自身的困境提供了更多的思考和选择。

• 第七次活动：共绘未来。

本次是团体对这一期的活动进行总结，在热身活动“房间里面有什么”后展开。

每个家庭用一张A3的纸共同创作出期待的未来的画面。每个家庭的画面都出现自己的孩子、太阳等内容，为自己的画取名为“美好家园”“我们的目标”“幸福的一家”等。接下来咨询师说：“蓝图绘成了，那么接下来我们可以做些什么？在画的背面写下来，至少写五条。”康复人员进入思考状态，列出要做的内容。咨询师又说：“大家都有自己的方向和目标，在实现目标的过程中，如果遇到困难，可以借助的资源有哪些呢？也在画面的背后列出来。”分享环节是每个家庭总结发言。

接下来康复人员分享团体治疗中印象最深的部分。每位康复人员表达了对团体的建议和期待，表达了在团体中的感动和收获。

(4)案例思考

①效果评价：从家庭环境量表前后测对比发现，“情感表达”维度总分由27分上升至39分。绝大部分团体成员在此维度有1～4分的提升。

②总结与体会：全新体验。在团体总结和后期访谈中康复人员反馈，平时夫妻沟通一般都是围绕具体事务展开，很少像在团体中体验和思考沟通的问题。这次团体治疗对自己是挑战，也是全新的体验。拓宽选择。萨提亚家庭治疗的相关技术和家庭之间的互动学习，为成瘾家庭

重新面对自身的困境时提供了更多的思考和选择。进一步治疗的思考。在成瘾康复中，成瘾家庭需要长期辅以心理治疗，才能有效帮助其走出困境，走向健康生活。

三、萨提亚家庭治疗模式在戒毒工作中应用的思考与展望

（一）萨提亚家庭治疗模式戒毒存在的问题

1.中西方文化差异

虽然萨提亚家庭治疗模式能够在中国文化的背景下发挥作用，但是仍然存在一定的文化屏障。中国讲求高度集体主义，获取个人满足感可能会被认为是自私的，难以得到更多的支持。萨提亚家庭治疗模式强调个体主义、自尊、一致性、选择、自由和责任，而这些在中国的儒家集体主义文化中是缺失的。

在中国文化中，含蓄、委婉常常被认为是一种很好的表达方式，要求人们要隐藏自己的感受，而不是将其表达出来。戒毒人员在参加体验性活动时会感到局促不安，很多人感到难以表达欣赏和感激，尤其是对他们的家人。是由于受传统孝道思想的影响，戒毒人员在治疗过程中往往会拒绝表达自己对父母的内在情感，因为对父母的怨恨是有违孝道的。

2.家属配合困难

目前的中国社会，人们对戒毒及心理治疗的了解较少，对戒毒还有很大的误解，认为戒除毒瘾就是生理上戒除对毒品的依赖，而没有深刻认识心瘾难戒的道理。而且，人们往往认为戒毒是吸毒者一个人的事情，只要戒毒者本人努力就够了，而忽视了戒毒本身是一件集合医学、心理学、社会学等于一体的系统性工程，需要家属及社会的配合与支持。

家庭治疗必须有家庭成员的配合。通常情况下，家属作为毒品的受害者也存在矛盾心理，尤其是男性家庭成员如父亲或丈夫共同参与治疗的愿望很弱；经过耐心解释与沟通，母亲或妻子的参与意愿较强，能够共同接受治疗。而且，男性家庭成员即使勉强参与治疗，也常常会半途而废，造成个案流产。对于戒毒人员来说，由于场所安全的需要，更无法定时、长期邀请戒毒人员家属入所共同参与家庭治疗，因此治疗效果会大打折扣。

3. 对治疗师要求较高

萨提亚家庭治疗模式容易传授，却不容易实践，因为虽然很多技术技巧并不复杂，但要创造性地运用并取得应有的效果却很难。萨提亚模式认为，治疗师是促成来访者改变的重要工具，治疗师要合理运用自身，让自身成为工具。萨提亚模式提出治疗师须是身心一致的人，一方面其满足了自身的渴望，无须靠来访者来满足自己的渴望；另一方面，还要有超越技术层面的人格影响、人格关怀，这就对治疗师提出了很高的要求。

但在现实中，治疗师不可能完全满足所有的期待和渴望，即使是心理专家，仍会有未完成的期待和渴望，有自身的局限性。所以，萨提亚模式对治疗师的要求体现了从理想到现实的差距。

(二)萨提亚家庭治疗模式戒毒的发展方向

1. 遵从理念不拘形式，逐步达成文化融合

结合中华传统“孝”文化与萨提亚理论中的家庭观念，创造出与戒毒人员家庭新的联结点。

萨提亚家庭治疗模式与中国的生活特别贴近，因为中国历来重视家庭，《大学》中的“修身、齐家、治国、平天下”所强调的就是首先做到个人心智成长和家庭和谐，而后才有力量治理国家、维护天下太平。

萨提亚模式的一个主要目标是帮助人们改变他们对世界的感觉，从等级模式转变为成长模式。成长模式强调的价值观是平等、独立、独特、自我驾驭、多元、选择、求同存异，这在中国传统社会中是非常缺乏的。从这一点来说，成长模式提供了解决中国社会问题的办法。

中国的家庭成员之间的沟通更多地采用间接的方式而不习惯情感的直接表达。治疗师要尊重家庭的文化传统，不应为了达到治疗的目的而不顾他们的感受，一味地按治疗技术操作。治疗师引领家庭成员互动沟通的过程中，应允许他们采取他们感到安全的沟通方式。只要能保证信息传递的准确和通畅，不必拘泥于形式。

在跟戒毒人员讨论他们的原生家庭的时候，戒毒人员他们不愿意对治疗师说出自己在以前的创伤事件中的感受，不愿意承认自己对长辈怀有怨恨之心。但是，这并不代表他们没有感受，而极有可能是受到文化的束缚，不愿意在治疗师面前表达出来。治疗师可以采取灵活的方式，

允许他们在内心里悄悄地对自己讲这些感受，而不必一定要讲出来。这样不仅可以消除戒毒人员在这方面的阻抗，而且对于习惯内省的中国人来讲，这种方式或许可以能达到更深层次的治疗效果。

2. 建立家庭联合戒毒长效机制，真正做到常态化、持续化

众所周知，戒毒不是一蹴而就的，为了能真正成功地帮助戒毒人员摆脱毒品，不仅要帮助他们生理上戒毒，更需花大力气，不断引导他们提升心理健康水平，掌握各种技术，增强各项能力。这就需要建立健全戒毒所与家庭之间的联合帮戒机制，制定周密的家庭联合帮戒工作方案，形成一种更有效的联合帮戒模式，动员戒毒人员家庭协助参与戒毒工作，引进社会优质资源，真正使萨提亚家庭治疗模式戒毒工作常态化、规范化和可持续化，从而帮助戒毒人员顺利回归社会，迎接新的生活。

同时，要加强对戒毒人员回归社会后的后续指导和治疗。一是在社区康复工作中依托社区戒毒（康复）指导站，定期开展后续萨提亚团体辅导。二是通过亲情帮教 QQ 群、微信群等网络手段对戒毒人员进行远程心理辅导和戒毒教育。三是通过指导和引导戒毒人员积极参加社会机构组织的心理咨询辅导或培训，为回归社会后的戒毒人员提升自我价值、建立良好社会关系、融入正常的社会生活铺平道路。

第十五章　心理教练技术戒毒

心理教练技术由美国自由艺术学院的创始人添·高威(Tim Gallway)首先创立,由包剑英教授引进我国并不断发展壮大,形成了具有中国特色的心理教练理论与实践体系。

心理教练技术是以问话的方式引导被教练者关注未来,通过改善被教练者的心态和信念,激发被教练者的潜能,促进被教练者的发展。具体来说,教练技术实质上是教练与被教练者之间展开的一系列对话,它可以使被教练者发现盲点和问题,厘清思路,从而自己发现问题的答案,找到突破口。它可以给被教练者一种积极向上的动力,激发教练与被教练者共同朝向更好的目标发展,并使被教练者不断突破和提升自己,创造非凡的成果。它也可以扩展被教练者的潜能,令被教练者看到更多希望、更多可能、更多选择和更多机会,而不是把自己限制在一个有限的范围内茫然失望、故步自封。

第一节　心理教练戒毒概述

心理教练理论认为,每一个人都拥有无限的潜能。这个世界上,只有两种人:心被物转的人和心能转物的人。一个人的发展和进步,就是不断提升用心转物的历程。因此,心理教练把开发心理能量、提升用心转物能力作为一切教练活动的焦点和核心。心理教练的核心内容是教练以中立的身份,通过一系列有方向性、策略性的实施过程,洞察被教练者的心智模式,激发其内在潜能,使之全面认识自我,清晰目标方向,以最佳状态去创造成果。同时,还帮助被教练者不断突破思维定势,打破自我设限，实现新的超越。

心理教练戒毒可以使戒毒人员的脑、身、心达到和谐统一，由外在的形式上的戒毒变成内在的自觉的戒毒，从而促使戒毒人员沿着“要我戒毒—我要戒毒—我必戒毒”的方向转变；引导戒毒人员思考怎样才能过上他们心灵所需要的那种快乐的生活，使生命达到一个更高的境界，让人生产生无限的张力；最终使戒毒人员在理上顿悟、事上渐明、赏识自我，激发潜能、增长信念、成就自我，达到彻底戒毒的目的。

第二节　心理教练戒毒的理论基础

心理教练是一种心态训练的技术，其最大的特点和优势就是引导戒毒人员对自我负责，激发其潜能，增强其采取行动的内驱力。它是由国外引入、经过国内外实践充分检验的一种理论，对戒毒工作具有重要的指导价值。

一、心理教练戒毒的认知理论

心理教练戒毒是一种创新性戒毒方式方法，对于戒毒相关问题有自身的理解和考量，并且有科学的理论和方法支撑。其关于戒毒相关问题的基本信念集中体现在以下四个方面。

（一）如何看待吸毒问题

吸毒问题是一个客观状况，吸毒本身并不是问题，以怎样的状态面对戒毒才是问题。心理教练戒毒致力于调整戒毒人员面对戒毒问题时的状态，充分发挥人的主观能动性，挖掘其潜能，开展有效的戒毒潜能心力训练。

（二）如何改变传统戒毒模式

不要用制造问题的思维方式解决问题，用更高层次的思维方式来解决吸毒问题是一个更好的方法。解决吸毒问题的根本之道是改变戒毒人员的心智模式和思维模式，使其不再把戒毒问题当成问题。如果改变了以往传统戒毒模式，启用新的心智模式和思维方式进行戒毒，戒毒会变得相对更加容易，而且不容易出现反复。

（三）如何进行心理教练戒毒

一般而言，吸毒问题是在情绪不好、心理和身体状况不佳的情况下形成的一种瘾癖，而情绪来自过去的记忆，吸毒问题只是吸毒人员重播过去的记忆而已。心理教练戒毒就是不断地清除吸毒人员过去负性记忆，调整其情绪状态，剔除其原来那种不好的负性的画面，代之以一种崭新的、积极的、彩色的、阳光的、正性的图景和画面。通过这些，使戒毒人员在几十天的训练中逐步形成一个良好的习惯，成就一个崭新的人生。吸毒作为吸毒人员人生中的一个客观状况，是人生一个阶段的失败，戒毒只是戒毒人员人生经历的一部分。认清这个状况，是戒毒人员实现将来人生中更大价值和更有意义的基础和保障。

（四）如何让戒毒人员看到成功戒毒的希望

人们在高能量状态下很容易从吸毒问题中看到机会，而在低能量状态下则很容易被吸毒问题困扰。吸毒问题的出现就是潜意识给我们发出的信号——清理“过去记忆”的机会到了！心理教练戒毒会激发人们以惊喜的心情去探索和抓住问题背后的种种机会，使戒毒人员发现自己的潜能和力量，发现自己的独特优势和闪光点。

二、心理教练戒毒的目标理论

人都追求快乐，这是我们共同的目标。有的吸毒人员说：“我们吸毒就是为了快乐，如果戒掉了毒品，人生从此就没有快乐了。”如何理解生活中的苦与乐呢？

（一）苦从无明始

搞不清楚自己是怎么回事——应该做的不喜欢做，不应该做的忍不住要去做。就职场而言，有多少人不喜欢自己的工作还必须要去做？就学习而言，有多少学生不喜欢学习还必须去学？就习惯而言，有多少人明知是个坏习惯还是屈服习惯而行？就吸毒而言，有多少人明知吸毒有害还忍不住去吸？还有诸如脾气情绪、不良嗜好等，举不胜举。让人不由喟叹：众生皆苦！

（二）乐从自由出

乐从哪里来？乐从自由出：了知真心、驾驭妄心、内外不住、往来自由——对于应该做的，能带着内心的喜悦、力量和激情去做；对于不应该做的,能带着内心的安宁、定力和踏实不去做!做到真正是物随心转,而非心随物转;真正是以心制境,而非以境制心!其实,离苦得乐不仅是个体的人的根本追求,也是人类的根本追求。人类自诞生以来,就为了离苦得乐而奋斗不止!但随着生活的富足,是不是人们就更加快乐了呢?

(三)实现快乐之路

人类为达成快乐的目标,大致走了两条路:一条是科学技术的外求之路,一条是个人的内求之路。科学技术之路是通过征服自然、获得更多来达到离苦得乐的。内求之路刚好相反,是通过征服自己内心、放下更多来达到离苦得乐的。

儒家的"修齐治平"曾提出:欲征服天下,先征服内心!西方的一些心理学也曾提出:一些伟大的发现不是来自技术的突破,而是经由改变人的内在心智进而可以改变其生命的外在。

人类发展到今天,科技发挥了重要作用。然而,现代社会的人们,并没有感觉到高效的生产器械、快捷的交通工具让人们拥有了更多的闲暇时光,而是比以往更忙碌奔波了;丰富的饮食娱乐、多彩的文化教育也没有让人们拥有了更喜悦的生命享乐,而是比以往更迷茫混乱了。

21世纪最大的危机不是民族危机、恐怖危机、环境危机,而是心灵危机、精神危机。因此,我们必须清醒地认识到:以今天物质之丰富、科技之先进、文化之多元,不但不能支持人们达到内心的安宁、喜悦、和谐,反而使人们内心更加不安、焦虑、茫然。因此,要想离苦得乐,我们必须回归内在,向内心求解脱之道。以内心之丰富求人生之丰富,以内心之自由自在求人生之自由自在!

心理教练戒毒的最大目标就是把吸毒人员追求简单的生理的快乐,通过一系列的转换,变成征服内心的过程,使内心得到安宁、幸福,实现身、心、灵和谐一致的状态。

第二节　心理教练技术戒毒的作用和意义

心理教练戒毒在本质上有别于传统戒毒方式,是一种彻底改变旧的心智模式,帮助戒毒人员树立坚定戒毒信念的新型戒毒方法,是一种促进戒毒人员积极主动戒毒的有效方法。

一、协助戒毒人员发掘自身的潜力，提高自信水平

心理教练技术与传统心理咨询不同，传统心理咨询的目的在于帮助戒毒人员解决心理问题，而心理教练技术中则是协助戒毒人员发掘自身潜能，更好地树立戒毒信心，达成戒毒目标。心理教练的信念是“被教练者已经拥有所需的能力，包括发掘和运用这些能力的力量”。心理教练通过积极的、开放性的问题发问以及适当的回应，让被教练者跳出自己原有的固定思维模式，打开被教练者的思维；让其发现自己的盲点，从而充分挖掘出自己本来就具有的隐藏的潜能，善用自身的所有资源，实现自身素质和能力的提高。在这个过程中，戒毒人员不仅可以通过发掘自己的潜力、利用自己的力量来解决戒毒生活中遇到的问题，从而提高自信水平，还可以使戒毒人员以最佳的状态达成戒毒目标，成功戒除毒瘾。

对于戒毒人员来说，由于受到固有环境的限制，其在遇到问题和解决问题时，会受到固有思维模式的影响，可能会忽视自己本身具有的一些潜能，很多时候会有无力感，不知该如何解决遇到的问题，或者不相信凭借自己的力量可以解决这些问题。通过教练技术可以使得戒毒人员能够发现自己更多的潜能，而因为这种潜能又是其本身所固有的，从而使其感受到自身的力量。同时，在整个会谈过程中，心理教练只是作为戒毒人员的支持者、陪伴者、唤醒者，并不直接帮助戒毒人员来解决问题，而是通过启发式的发问协助戒毒人员自己来找到解决问题的方法。这样不仅有利于戒毒人员心理健康的维护，提高其自信水平，更有利于他们在戒毒过程和生活中发挥自己的潜力，以最佳心态达成目标，创造卓越的成果。

二、协助戒毒人员更好地选择目标，并有效达成目标

心理教练能够利用简单易懂的教练辅导工具帮助被教练者认清目标，起到目标导向、激励和调节的作用。目标是人们行为的出发点和归宿，只有确立了一定的目标，大脑才能发出符合目标的正确指令，指导人们去行动，事情最终才能获得成功。因此，建立以目标为导向的思维方式至关重要。由于戒毒人员所处的环境，使得戒毒人员很多时候做选择

定目标的时候都受到外界的影响，人云亦云，很难遵从内心的选择。由于不是戒毒者自己内心真正想要的，其在执行过程中就会缺乏动力，最后会很难达成目标。心理教练经过持续、有方向性的发问以及回应，让戒毒人员明确自己想要达成的目标，最终再通过逻辑层次制订计划，让其最有效地实现目标。而同样在整个过程中，心理教练只是通过发问来引导，并未直接给予戒毒人员以建议，使戒毒人员也就是被教练者感觉到选择的力量，从而使其提高自信水平，增强其达成目标的动力。

三、协助戒毒人员改变固有的心智模式，快速调整心态

态度决定行为，行为决定结果。所以，心理教练除了要询问戒毒人员所追求的目标以外，还要探寻其深层的态度或信念。

通常人们更习惯于在行为上去做调整，但如果不改变影响行为的更本源的态度或信念，行为的调整作用就很有限很短暂。很多时候是因为人们的一些固有观念，容易把对一件事情的惯常反应当作唯一的、最好的选择。尤其对大多数戒毒人员来说，由于他们没有接受良好教育，长期混迹于社会，更容易形成一种固有的观念。带着这些观念，当其找到一个方法后就不愿再思考还有没有更好的方式，就会形成一种固有的心智模式来看待问题、处理问题。而心理教练可以通过教练技术发问以及回应，让戒毒人员也就是被教练者区分想法和事实，协助戒毒人员找出自己心态的真相。当戒毒人员发现自己心态的真相之后，就会主动转变自己的心态，进而改变自己的行为。同时，在教练过程中，心理教练以戒毒人员的支持者、陪伴者、唤醒者的身份采取积极的发问和回应的技巧，对戒毒人员进行引导，让戒毒人员主动觉察自己的状态，协助戒毒人员自己发现心态的真相，进而自己主动迁善心态，可以使戒毒人员进一步发掘自己的潜能，更好地提升自身的素质和能力。

所以，反映真相、迁善心态可以帮助戒毒人员发现心态的真相，选择更有利于达成目标的心态，督促其追求戒毒目标的行动更持久，同时也可以帮助他们拓展信念，突破一些惯常反应去发现更多新的可能性，而在这种不断突破中戒毒人员又能不断地提高自信水平，维护心理健康。

四、协助戒毒人员制订计划，并落实到具体行动

有了目标后就要制订具体实施计划来实现目标。心理教练可以利

用逻辑层次来帮助被教练者制定达成目标的计划。逻辑层次是指个体或组织中各种因素所在的不同层次之间的等级关系。这些层次从高到低分别是目标、身份、信念价值观、能力、行为、环境。与之相关的问题由高到低可以是:①我的目标是什么(目标);②怎样的身份也就是说我具有什么样的特质有助于达成我的目标(身份);③在这个世界上我有什么坚定不移的想法,觉得什么东西是最重要的(信念和价值观);④为了达成目标我必须要具备什么能力(能力);⑤为了达成目标我需要做什么(行动);⑥在我身边有什么资源是有助于我达成目标的(环境)。在利用逻辑层次来制订计划时,心理教练根据这六个逻辑层次,通过积极的发问逐步协助戒毒人员自己完成计划的制订,协助戒毒人员找到自己的目标,以目标为导向找到支持目标达成的资源和支持系统,从而真正解决戒毒人员的困惑,发掘戒毒人员的潜能,提高戒毒人员的自身能力和素质。同时,在制订计划时,第五层次即行为层次可以细化达成目标的行为,使戒毒人员按照制定的行为来指导自己的行动,更好地达成自己的目标。

由于戒毒人员所处的环境的特殊性,会促使其形成一定的思维定势,容易在达成目标过程中为环境所局限。而逻辑层次从上到下的结构,能让戒毒人员更好地发掘自己的能力以及可以利用的资源,更好地达成自己的目标。同时,通过这样的训练,可以使戒毒人员提高自信水平,形成更好的心态。

五、在心理上给予戒毒人员更好的支持

在教练过程中,由于心理教练的角色定位一直是戒毒人员的支持者、陪伴者、唤醒者,因此可以和戒毒人员形成更好的亲密关系,在心理上给予戒毒人员更好的支持。而在整个教练过程中,由于心理教练只是起了一个协助的作用,无论是发掘潜力,还是寻找目标、制订计划,全部是由戒毒人员自己来完成的,这样可以极大地提高戒毒人员的自信心,更好地维护戒毒人员的心理健康。

总之,在戒毒人员戒治过程中,如果能将心理教练技术应用其中,能够更好地开发戒毒人员的潜能,就能改善戒毒人员心态,提高戒毒人员自信水平,维护戒毒人员心理健康。

第三节　心理教练技术戒毒的应用研究

心理教练技术戒毒把心理教练的理论创造性地应用到戒毒工作之中，是将激励理论、积极心理学理论和神经语言程序学在戒毒实践中的综合运用，其最大的优势在于能够开启一个人的心扉，激发人的潜能，顺应不同人的不同本性而为，把积极的心态、人生观和价值观移植到人的心中，形成新的心智模式，改变吸毒者的人生轨迹。

一、注意培养四种能力

（一）倾听

倾听是教练技术中很重要的技能。这里的倾听不单单是用耳朵去听，还要用心倾听，甚至在被教练者不说话的时候，都能直觉地感知对方想要说的事实和情感以及意图。在倾听过程中，教练一定不能用自己的想法和固有观念对被教练者的话进行评判，不要以自我为中心，要客观地接受对方谈话中的信息。有效倾听的重点是持开放的心态和良好的目光接触，也可以适当地运用身体语言来进一步鼓励戒毒人员，比如通过身体姿势、表情态度的变化，传达对被教练者的重视。

（二）提问

教练提问的目的在于让被教练者探索自己潜藏的内在原因，并借此挖掘自身潜能。教练要想从被教练者那边得到有价值的信息，就要以启发性作为问题的出发点，从不同角度开放式地向被教练者提出与目标、疑问有关的问题。教练强有力的发问，能使被教练者更好地集中注意力，充分思考挖掘其内心的真实想法。

（三）区分

通过教练帮助被教练者进行自我分析，可以提高被教练者的自我洞察力，反映真相，让被教练者看到更多的可能性，让其分辨信息、什么样的行为会对自己的目标有用。在这个过程中，教练可以从事实与演绎、目标与愿望、信念与行为等角度去区分。

（四）回应

教练要像镜子一样发挥着反射作用，及时指出被教练者的问题，发现被教练者当下的真实状态，促使他们去认识到自身需要学习和改善的地方。回应的方式多种多样、不尽相同，既可以是语言回应，也可以是沉默回应，也可以是行动回应。教练应将焦点放在被教练者身上，认识到被教练者自己才是解决问题的专家，教练只要反馈自己看到的、听到的就好，不要去告诉被教练者怎么做。

二、建立良好的辅导关系

研究者发现，心理教练和被教练者之间所建立的亲和关系是影响教练效果的关键因素。与任何深入的咨询关系一样，当来访者充分信任咨询者时，来访者会更加开放，把关注点更多放在内在探索和议题上而不是对咨询者的猜疑上，并更容易进入咨询者创造的某些情境设置之中。在心理教练辅导戒毒人员过程中，建立亲和关系同样是辅导工作的第一步，并决定了整个过程能否顺利进行和最终的辅导效果。心理教练应当学会使用以下方式和途径。

（一）“关掉”自己，学会倾听

倾听是任何咨询关系中最重要的技术。真正的倾听不仅要听戒毒人员说了什么，更重要的是要听戒毒人员话语背后的情感和意图。在这里心理教练要特别注意的是不评判、轻易不提建议，这也是和传统戒毒指导工作非常不同的一点。因为评判意味着心理教练并没有完全接纳戒毒人员，还是在以权威的身份去试图影响戒毒人员，这可能会破坏彼此间的亲和及信任关系，并导致辅导无效。

（二）语气语调

非语言沟通是人际沟通中信息传递的主要渠道。柔和、信任的语气，与辅导情境和阶段相匹配的语调，有助于戒毒人员放松并产生信任感。

（三）信任戒毒人员

心理教练自身对被教练者的态度会被教练者感受到。因此，教练自身的状态是教练过程中始终需要关注的。心理教练需要练习真正的理解和践行教练原则，发自内心地信任戒毒人员自己拥有解决问题的能力。只有这样，才能避免评判，激发戒毒人员潜力，提升戒毒人员的自我效能感水平。

(四)提出有力的问题

提问是教练技术最主要的方法。好的问题可以启发人们的思考,使人打开思路、获得更深层次和更广范围的视野。教练问题通常是开放式问题(确认信息和质询时可能会有少量的封闭式问题)。教练基于不同理论的逻辑框架进行提问,引领被教练者一步步澄清问题、走向行动。如 Whitmore 提出的 GROW 模型,教练可以围绕着目标(Goal)一现实(Reality)一可能的选择(Option)一行动(Wrap-up)四个环节提出问题。

举例来说,假如本书的读者读到这里,开始考虑要学习心理教练的工作方法,下面是一些提给读者的教练式问题:成为心理教练对你意味着什么?为什么学习教练式辅导技术对你那么重要?假如你真的成为一名心理教练,那时候的你和现在有什么不同?你会给你的被教练者带来怎样的改变?那时的你具备哪些能力?如果把这些能力应用于工作之中,又会给你带来哪些不同?

(五)发展未来导向、正向积极的思维模式

教练技术与传统心理咨询的一个显著差异,在于前者更加关注未来、关注目标达成、关注正向,而大多数心理咨询流派更多关注过去、关注原因,关注负面问题。有关自我效能和希望等认知过程的研究表明,未来导向的思维模式可以帮助人们确立清晰的目标,设想出必要的途径以达到目标,并可预测人们在工作、运动、健康等方面的成功。关于乐观的研究也证实,积极正向的思维模式,一般会引出与职业、健康相关的积极结果。

未来导向、正向积极是贯穿整个教练过程始终的思维模式和着眼点。心理教练如果在戒毒指导过程中应用这样的思维模式,比如,引导戒毒人员聚焦在每个事件和挑战的正面意义而不是自责或纠结问题为什么会发生,聚焦在自己的优势发展而不是缺点上,聚焦在未来达成目标的可能途径而不是阻碍目标达成的障碍上。这样一来,就可以帮助戒毒人员超越前行道路上多重阻碍、看到更多的可能性,提升戒毒人员的自我效能感、培养戒毒人员乐观的态度、赋予戒毒人员更高的内心能量水平。教练的目标之一,就是给人们赋能,从而激发出更多潜能。

(六)应用结构化的教练工具

教练技术经过多年的发展和实践,基于相关学科的研究研发出了很

多操作性强、效果显著的工具。如平衡轮、迪卡尔坐标、奇迹问题等。这些工具一般具有良好的结构性，相较于完整的专业教练流程来说，学习和操作这些工具更加容易。心理教练可以根据戒毒人员的常见问题，学习和掌握几个典型工具，从而提高辅导效果。

三、激发戒毒潜能

心理教练戒毒强调“以人为本”，针对戒毒人员的“信念”和“心态”，引导戒毒人员跳出自己的习惯性思维，融入系统思维的理念，使戒毒人员看到自己在一个大系统中的作用和影响力，从主观上愿意调整心态，主动承担责任，将焦点集中到自己身上，激发自己的内在戒毒潜能。

（一）心理教练激发戒毒潜能的基本技巧

心理教练的目的是技术性地推进戒毒人员调整自身状态、激发自身潜能、优化自我管理，最终实现自己解决问题的目标。心理教练的基本技巧主要体现在以下方面：

1. 立体式聆听

聆听是为了获取资料，了解真相，建立一种开放和信任的关系。心理教练关注的不是表面的答案、信息，而是戒毒人员没有讲出来的埋藏在心底的声音。立体式聆听就是运用所有的感官收集信息，从戒毒人员的言谈举止立体地洞察其信念的核心——心智模式，并有针对性地给予回应，让戒毒人员发现更多的可能性，增强行动的内驱力。

2. 启发性发问

发问是探索的开始。启发性的发问可以打开戒毒人员的心扉和思维，也会让对方感觉到一种支持，从而挖掘出许多不同的观点，找到解决问题的办法。发问是反映真相的很好的手段，教练在发问时要保持中立的心态，以启发性作为发问的出发点，并且多问开放性的问题，这样才能让对方看到自己的盲点，发现其潜能所在。

3. 360 度区分

区分的目的在于提高戒毒人员的自我洞察力，理清事实与演绎之间的关系、避免含混，看到更多的选择和可能性。同时让戒毒人员了解自己的心态、故有信念和处事模式，正确辨识哪些信息是有用的、哪些信息是“添乱”的，支持戒毒人员认知事物，接受使自己改变的观点。此环节要求教练要以一种客观、归零的态度来厘清真相，知道问题究竟在哪里，让戒毒人员更加清晰。

4. 建设性回应

回应是画龙点睛的一笔，通过回应可以让戒毒人员清楚自己的实力和弱点。教练不帮助戒毒人员解决具体问题，而是提供一面镜子反映戒毒人员的心态，引导戒毒人员洞悉自己，厘清面临问题的状态，并就其表现的有效性给予及时、直接、方向明确的回应，使其认清目标，调整策略，以最佳状态去创造解决问题的方法。

（二）心理教练激发戒毒潜能的步骤

1. 厘清目标——清晰目标

"厘"字含有挖掘和区分的意思。厘清目标就是先要清楚你做事的真正目的，否则你的行为方式将可能不是最有效的，甚至可能是南辕北辙的。心理教练经过持续、有方向性的发问，从而发挥指南针的作用，使戒毒人员感觉到选择的力量，可以让其最有效地把握目标、实现目标，从而达成戒毒的效果。

2. 反映真相——发掘心智模式

反映真相就是让戒毒人员知道自己目前的状态和位置。教练就是戒毒人员的一面镜子，能把其信念、行为和情绪等真实地反映出来。教练所做的就是帮助戒毒人员了解自己的位置，看清楚内心的干扰，找到自己的盲点，洞察现状与目标的差距。无论发现戒毒人员是什么样的心智模式，都鼓励其去面对，挖掘潜能，使其作出有效的选择。

3. 调整心态——创造心态张力

美国西点军校有一句名言："态度决定一切。"教练不干涉戒毒人员的具体工作内容，只是像催化剂一样帮助戒毒人员调整心态。经过前面的步骤，教练已经让戒毒人员内心这张"弓"向目标的方向拉开。创造心态张力就是教练把戒毒人员的心态从消极负面调整到积极正面，使其产生行动的意向和迫切感就像发射一张弓那样瞄准自己的目标和方向。

4. 计划行动——制订行动计划

当戒毒人员在镜子中看到自己的形象和想要的不同时，自然会作出相应的调整。教练会要求戒毒人员定出切实可行的计划，并看到自身的潜能以及新的可能性，挑战自己做得更好。当戒毒人员厘清目标、清楚现状、发现可能性并作出决定之后开始制订行动计划时，教练会像催化剂一样促使戒毒人员提高行动力，支持其在实践中不断学习提高，挑战并超越自己。

（三）心理教练激发戒毒潜能的策略

1. 坚定理想信念

理想信念是思想和行动的“总开关”“总闸门”。坚定正确的理想信念是戒毒人员战胜各种困难的精神支柱，是为实现目标不懈奋斗的动力源泉，也是个人成长进步的需要。心理教练戒毒把培养戒毒人员坚定的理想信念作为首要任务，引导戒毒人员在长期实践中不断学习、改造、提高，使他们树立远大的理想，学会从全局的角度看待问题，增强责任心和使命感，能充满干劲、坚忍不拔地投身于自己的戒治生活中，心情愉快地做好经手的每一件事情，脚踏实地、不懈努力、永不放弃。

2. 规划目标计划

重视目标的核心作用。心理教练鼓励戒毒人员规划好目标和计划，将目标和计划落实到每天的戒治生活中，引导他们不断清晰目标，明确与目标之间的差距，调试好心态，并激励其采取有效的行动。根据激励理论，期望越具体，激励作用越大；目标越具体，激励作用越大。引导戒毒人员将目标具体化，并且将这些目标置于每天的戒治安排中，可以细化到拟订一个行动计划、起草出实现目标的蓝图并且确定实现它们的时间表，助推戒毒人员走向成功。

3. 提高自信水平

自信是一种有能力或采用某种有效手段完成某项任务、解决某个问题的信念。它是心理健康的重要标志之一，也是一个人取得成功必须要具备的一项心理特质。自信是成功的基石，也是每个人成功的支点。增强自信分五步：了解自己—接受自己—肯定自己—喜欢自己—发展自己。心理教练着力培养戒毒人员的自信心，使戒毒人员学会把不可能抛开，相信世上没有绝对的不可能，只要自己努力任何事都不会难倒自己。

4. 激发成功欲望

欲望是一切成就的起点，也是成功的原动力。有强烈成功欲望的人凡事都会非常积极，一旦遇到机会就会毫不犹豫地立刻行动。即使行动遇到挫折，依然抱着积极乐观的想法，认为没有失败，只有成功的暂停。

这样的戒毒人员一般会坚持到底，直到成功。而每一次的成功又会增强戒毒人员的成功体验，使其坚信自己有作为戒毒成功者的潜质，以至于进一步加强自己追求成功的欲望。一个确定的欲望有着无穷的力量。心理教练引导戒毒人员知道自己想要的是什么、想成为什么人、想做什么事的强烈欲望，增强成功的原动力。

5.展开想象翅膀

爱因斯坦说："想象力远比知识更重要。"想象是开发潜能的重要手段、技巧和方法，它在我们生活中所起的作用远远比我们所了解的多得多。想象力是开动戒毒成功机制的第一把钥匙，它使那些常被认为不可能的东西变成现实。想象力本来是潜能的构成部分，又极大地开发了潜能。戒毒的成功不是始于实践，而是始于想象，始于戒毒人员成功的心理图像，始于通过运用心理图像来开动戒毒人员的成功机制。心理教练引导戒毒人员展开想象的翅膀，拓展思维，发展创新，适应未来社会的挑战。

6.种下成功心锚

心锚是一种能勾起回忆继而引发我们情绪的外界刺激。有些心锚可以引发我们愉快的情绪（正面心锚），有些却带来不快（负面心锚）。心理教练利用它来稳定戒毒人员的情绪，引导戒毒人员选择适合的情绪后，便在该种情绪最高涨时下锚；需要时便引发心锚，重拾所需情绪。戒毒人员都希望能发挥自己所拥有的一切潜能，实现自己的所有愿望。心理教练关键是要帮他们种下成功的心锚，使戒毒人员在任何时刻都可以得到它的力量，激发内心的潜力。

7.改善心智模式

心智模式是人们看问题的角度、表述问题的语法结构、思维定势和习惯以及核心价值观的综合表现，是素质的核心，就像电脑的"芯片"。如果有积极的心智模式，就会有积极的人生；如果有成功的心智模式，就有成功的事业。教练可以着重从以下方面入手：一是引导戒毒人员学会用积极的心态看待事物和处境，做到改变不了事情、就改变对事情的态度；二是要引导戒毒人员学会用积极的语法结构，树立正确的价值观；三是帮助戒毒人员改变消极的习惯和思维定势，树立"我一定能成功戒毒"的理念。

8. 坚持永不放弃

坚持永不放弃是一个人成功的最基本的前提。爱迪生说过:伟大人物最明显的标志就是他具有坚强的意志。这句话成为很多人鼓励自己的座右铭。爱迪生在发明电灯时历尽了无数挫折,而支持他完成这一伟大发明的就是坚持不懈、永不放弃的精神。英国首相丘吉尔用他一生的成功经验告诉人们:“成功根本没有什么秘诀可言,如果真是有的话,就是两个:第一个就是坚持到底,永不放弃;第二个就是当你想放弃的时候,回过头来看看第一个秘诀:坚持到底,永不放弃。”教练应培养戒毒人员坚韧不拔的毅力,使其做事能坚持下去,永不放弃。

第十六章　表达性艺术治疗戒毒

表达性艺术治疗是通过沙盘游戏、绘画、音乐、舞动、身体雕塑、情景剧、家庭系统排列以及即兴创作等形式来促进心灵成长和治愈的一项治疗技术，是一种通过源于情绪深处的艺术形式来发现自我的过程。

根据戒毒工作需要，越来越多的人将表达性艺术治疗应用到戒毒治疗领域，借助艺术的特殊表达形式，缓解戒毒人员在特殊时期出现的缄默、阻抗、怀疑、焦虑、抑郁等情绪反应，有效利用戒毒人员的动作、艺术作品、写作、声音等身体语言为戒毒治疗提供线索，更好地为戒毒工作服务，实现科学戒毒的目的。本章主要从箱庭、舞动、绘画、音乐四个方面介绍表达性艺术治疗在戒毒工作中的应用。

第一节　箱庭疗法在戒毒工作中的应用研究

一、箱庭疗法概述

箱庭疗法（Sand Play Therapy），又称“沙盘游戏疗法”或“箱庭治疗”，是通过在装有细沙的箱子里随意摆放组合玩具来再现多维的现实生活，是一种从人的心理层面促进人格变化的心理治疗方法。

箱庭疗法整合了荣格分析心理学理论和东方哲学文化之精髓，能够广泛地应用于多种心理疾病的治疗，如自闭症、多动症、情感障碍、遗尿症、抑郁、恐惧和焦虑、学习困难、阅读障碍和语言障碍、攻击性行为、强迫症、游戏成瘾等，并对人格发展、想象力、创造力、培养健康心理和个人成长等具有积极的促进作用。

箱庭疗法起源于欧洲，日本临床心理学家河合隼雄于1965年将这一技法介绍到日本，并将其译为“箱庭”。北京师范大学发展心理研究所张日昇教授于1998年将箱庭疗法引入中国。他将箱庭疗法与中国传统园林、盆景艺术相结合，沿用河合隼雄采用的“箱庭疗法”这一名称，在国内开展了富有开创意义的研究、应用以及推介工作。张日昇教授认为，箱庭疗法不是单纯的心理咨询技术或心理治疗技法，也不仅仅是深层心理学的临床应用，而是一门人生哲学。目前，箱庭疗法在戒毒工作中的探索应用比较普遍，有关人员做了大量的工作，收到了较好的效果。

二、箱庭疗法戒毒的具体内涵

（一）箱庭疗法戒毒的方法

让戒毒人员从玩具架上任意挑选玩具，然后将其摆放在盛有细沙的箱子里。之后，由指导老师和戒毒人员进行交流沟通，包括让戒毒人员介绍作品的名字，分享对这件作品的认识，通过箱庭疗法自己有什么感受，等等。通过这些过程让戒毒人员发生改变，达到戒毒目的。

（二）箱庭疗法需要的材料

沙箱内侧的尺寸为57cm×72cm×7cm，外侧涂深颜色或本木色，内侧涂蓝色，沙箱内铺一层细沙。必须要准备的玩具有人、动物、树木、花草、各种车船、飞行物、建筑物、桥、栏杆、石头、怪兽等。

（三）箱庭疗法戒毒的指示语

在进行箱庭疗法戒毒的工作中，指导语很重要。一般使用开放式、启发式语言，引导戒毒人员完成治疗。举例如下：“请用沙子和玩具在箱子里做个什么，做什么都可以。”如果有来访者问“可以动沙子吗？”“只放动物可以吗？”你可以这样回答“你想怎么样都可以”或“你按自己的想法去做就可以了”。无论怎样，必须给戒毒人员自由表现的机会。

（四）箱庭治疗戒毒的规则

(1)摆放玩具的顺序是由事先的抽签或猜拳决定的，尽量保证团体中的每个成员都有做“第一”的机会。

(2)每人每次只允许一次作业；完全相同的玩具可视情况而定，每人轮完一次再开始下一轮；在下一轮开始前要进行拍照记录。

(3)整个治疗过程都不允许成员之间说话，以免相互了解意图，但成员与治疗者之间可以有互动。

(4)不能将他人或自己已摆上的玩具拿走或放回玩具架,但允许移动自己或他人摆放的玩具并算作一次;移动完后在这一轮中不能再摆放任何玩具。

(5)制作过程中,团体成员可以选择在某一轮放弃,什么东西都不摆放。

(6)整个制作过程最后一轮中的最后一个人在摆完后还可以有一次修饰的机会,对整个作品进行一些调整,但不能再添加玩具。

(7)团体成员根据自愿原则参与治疗。

(五)箱庭治疗戒毒的记录和提问

有的戒毒人员会一边解释一边摆放,对于此都应予以记录。放玩具的顺序也要记录下来,完成以后,要拍成彩色照片并进行保存。轻微斜面摄影可以充分反映作品的内容,必要时可以画一下简图或速写。作品完成后,询问戒毒人员“这是什么?”“这个是什么意思?”但不应过多询问,以免让戒毒人员感到啰嗦,对以后治疗产生负面影响。

箱庭疗法在戒毒中必须坚持保密原则,拍摄照片或记录保存都需得到戒毒人员的同意。

三、箱庭疗法在戒毒工作中的应用

(一)箱庭疗法在聋哑等残障戒毒人员中的应用

近几年,戒毒收治对象中聋哑等残障人员数量不断增加,他们与正常人群在心理健康方面有着很大差异。残障吸毒人员常常具有双重异常心理特征:一是残障人群认知发展滞后,感性知识贫乏、肤浅,容易受到场所情境的约束,表现出思维的僵持、固着状态,思维灵活性较低;二是对社会认知较为片面,对他人的态度也易发生认知偏差,通常认为他人对残障持负面态度,并形成一些错误的思想观念;三是残障人群在社会交往中常常体会到失败、不被接纳以及因与众不同而产生的异质感,难以融入普通人的群体中,有着明显的社交回避现象,缺乏归属感,表现出较强烈的孤独感。这些心理行为严重影响他们的身心健康,给我们的管理、教育工作带来很大障碍。

例如:戒毒人员李某为一名聋哑学员,先后出现两次心理危机,在思想工作不奏效的情况下运用箱庭疗法达到了很好的治疗效果。实践证明:箱庭疗法丰富了李某的感知觉;模拟社会关系调节了李某的社会认知;以游戏的方式帮助李某宣泄了其内心的不良情绪,缓解了李某的焦虑、恐惧、不满,弥补了其在现实世界中的缺憾;箱庭疗法“自由、受保护”的空间激活了李某的心理治愈力,重构了其合理的认知体系和信念系统,从而使其获得身心健康。

(二)箱庭疗法在抑郁戒毒人员中的应用

戒毒人员闫某入所后心境低落、闷闷不乐、悲痛欲绝,对家中的老母亲和小儿子思忧过度,甚至发生在卫生间食大便、木僵以及幻觉、妄想等精神症状,语言咨询效果微乎其微。

闫某在贝克抑郁问卷(BDI)和抑郁自评量表(SDS)进行心理测试中,得分分别为 24 分(中度抑郁程度)和 57 分(重度抑郁状况)。结合闫某抑郁症状的临床表现程度较轻,并有一定的焦虑、强迫症状,故将其诊断为轻度抑郁症。经过评估后,决定对其进行以箱庭疗法为主、语言咨询为辅的治疗方法。通过 7 次箱庭治疗和 9 次面谈,渐渐地打开了闫某的心扉,闫某开始说笑并保持情绪稳定,能够正常参加各项戒治活动。最后一次咨询后,闫某抑郁自评量表(SDS)测试得分 32 分,达到正常水平,临床治愈。

(三)箱庭疗法在戒毒人员人际关系中的应用

人际关系是影响个体主观幸福感的主要因素之一,并可能进一步影响戒毒人员的戒治质量,所以如何正确处理戒毒人员与他人的关系问题是心理戒毒工作的重要课题。张日昇教授开发的团体箱庭在促进团体成员协作能力、增进团体整合、提高人际交往技巧、确立自我概念等方面具有非常显著的效果。在箱庭世界中,个体以虚拟而又注入真情实感的角色扮演方式展开人际关系,并在箱庭的帮助下调整社会认知系统,从人际交往的成功行为中习得社交适应行为。通过实践,戒毒学员在游戏中感悟人生,在和谐氛围中得到有效的沟通,明白人际关系中许多矛盾多由无效沟通或双方误会造成,只要真诚地面对别人,真诚地和别人交朋友,敞开心扉、宽厚待人,矛盾就会很快化解。

四、箱庭疗法在戒毒工作的应用思考

第一,箱庭疗法可以让戒毒人员进行意识和无意识的深层“对话”,

挖掘出深层次的心理根源，可以用于许多顽固性的心理问题或心理疾病的治疗。

第二，日常的工作中，戒毒人员心理防御机制较强，不利于戒毒工作的展开。箱庭疗法作为一种视觉投射的表现形式，从某种程度上可以将无形的东西在治疗过程中有形化。通过箱庭意象，可以更为清晰地洞察戒毒人员的内心世界。

第三，箱庭疗法可以加强与戒毒人员之间的交流沟通，促进双方共同成长。箱庭疗法不仅活化了戒毒人员潜意识的疗愈力量，而且还可以赋予其自我力量以达到本我的整合和转化，使其正能量得到强化。

箱庭疗法在戒毒工作中也存在一定的局限性，如其专业应用不够熟练、箱庭治疗体系不够完善、治疗经验不足等。箱庭疗法在戒毒工作中的应用还很不成熟，需要不断开发学习、创新研究、不断完善，以更好地为戒毒工作服务。

第二节　舞动治疗在戒毒工作中的应用研究

一、舞动治疗概述

舞动治疗是表达性艺术治疗的一种，其以动作的过程为媒介，以身心关系为核心，以身体动作为载体，从身体感受和象征意义方面表达内心，对自己的意识过程进行全新解读，在情绪、认知和身体感受三方面实现成功整合。

玛莉安·雀丝（Marian Chace）是舞蹈治疗的创始人，同时也是美国舞蹈治疗协会（American Dance Therapy Association，简称 ADTA）的灵魂人物。雀丝将舞蹈治疗应用到多个领域，训练了许多杰出的舞蹈治疗师，在这一领域作出了重要贡献。

舞动治疗认为人的身体和大脑是相互联系的，人的心理和情感往往通过身体反映出来。比如肌肉的紧张、动作的受限和变形可以直接积极或消极地影响人的态度和情绪。

舞动治疗通过有节奏的舞动帮助人们去除肌肉的紧张、减低焦虑、提高活力；通过自发性的动作，帮助人们认识自己、接受自我；通过创造性的动作，激励个人表现，启发人们尝试新的思维方式和行为。

舞动治疗与传统的心理治疗相比更加强调情绪和身体的相互连接和创造力，促进心理的健康。在身体层面，舞动治疗可以帮助人们加强肢体的协调能力，提高身体素质；在情感层面，舞动治疗帮助人们变得更愉悦和自信，提高认知能力和记忆力。

二、舞动治疗的内涵及优势

（一）舞动治疗的内涵

舞动治疗是促进个体情绪、情感、身体、心灵、认知、人际等多层次整合的心理治疗过程。与戏剧治疗、音乐治疗、美术治疗和诗歌治疗等同属于创造性表达艺术治疗的范畴，具有好学、好用的特点，能够直接突破人的意识阻抗、思维限制，有助于觉察、表达、转化压抑的伤痛、身体的记忆，获得身心的合一、弹性和喜悦。

舞动是舞蹈，又不仅仅是舞蹈，尽管没有规定的动作模式，不需要任何舞蹈基础，但能够让参与者学会用动作表达情绪，关注自我的表达、察觉与探索，强调“身随心动”，适合大部分人群。

国内外临床研究表明，舞动治疗被广泛应用于精神病学、康复医疗、特殊教育领域，在提高个人体态、自我意识、注意力和人际沟通能力方面具有非常明显的效果。

（二）舞动治疗的优势

舞动治疗与传统心理治疗技术不同，强调情绪和身体的互联性，能够激发人的创造力，促进心理健康水平的提升。美国舞动治疗的大师雀丝博士强调，舞蹈作为一种非语言沟通方式能满足人类最基本的需求，作为一种直接的表达方式可以触及内心需求。当传统的心理治疗难以用语言方式接近和治疗病人时，舞动治疗无疑是一种很好的选择，它不仅和传统心理治疗相辅相成、互补遗缺，而且能起到传统心理治疗所不能起到的独特效果，避免因药物治疗带来的副作用。

三、舞动疗法在戒毒工作中的应用

山东省女子强制隔离戒毒所创造性地将舞动治疗技术运用到心理

矫治工作中，帮助戒毒人员发现问题、增强自信、戒除心瘾，经过一年来的探索实践，舞动治疗技术在女性戒毒人员中的应用已初显成效。

（一）在女性戒毒人员中运用舞动治疗技术的可行性

经过不断的探索和实践，我们发现舞动治疗在女性戒毒人员中的应用有如下几点优势：

1.治疗方式易于接受

调查发现，女性戒毒人员普遍文化水平偏低，初中及以下文化程度占70%以上，认知能力、理解能力、明辨是非能力较低；吸毒年龄偏低，平均年龄在26岁左右，80%以上为35岁以下；生存环境复杂，长期出入歌厅、酒吧等娱乐场所，行为好动，不习惯被约束，不喜欢通过听课的方式接受知识。舞动治疗作为“身体工作”类治疗手段，更容易使女性戒毒人员接受和进入角色，使其卸掉心理防御，融入治疗当中。因此，舞动治疗比单纯的认知治疗更容易开展。

2.治疗作用比较明显

一是舞动治疗能够有效调节情绪。戒毒人员在社会上一般比较散漫、随意、任性妄为，不愿受别人管束，加之长期吸毒对大脑造成的较大损伤，导致其情绪和心态不稳定。入所后，面对两年失去自由的高墙生活和严格的纪律管束，她们往往难以适应。再加上吸毒导致的情绪调节障碍，使她们容易产生愤怒、抑郁等不良情绪。舞动治疗能够帮助戒毒人员释放潜在的焦虑、愤怒、抑郁、悲哀等不良情绪，使他们告别孤僻、减轻压力、缓解紧张、缓解慢性疼痛和焦虑情绪，从而更快地适应戒治生活。二是舞动治疗能够有效引导行为。女性吸毒人员往往存在不健康的生活方式，喜欢夜生活，性生活混乱，作息时间紊乱，缺乏自我控制能力，对于吸毒以外的事情不感兴趣，对家人、朋友冷漠无情。舞动治疗能够帮助戒毒人员建立积极正向的身体记忆，引导其逐步建立行为上的自觉和自控能力，形成有益于身心健康的生活方式，养成正向的、积极的思想观念、行为习惯。三是舞动治疗能够有效改善关系。吸毒人员大多无正当职业，由于吸毒要耗费大量金钱，长期吸毒会导致生活水平持续下降，容易产生自卑心理，自我评价偏低；不少吸毒人员与家人、亲属关系糟糕，入所戒毒后，家人或与其不再联系或对其不管不问，有的甚至与其断绝关系，这些都导致戒毒人员难以获得家庭和亲情支持。舞动治疗能够帮助戒毒人员平衡心智，改善与家人的关系，增强社会认知和人际沟通能力，提高戒除毒瘾和回归社会的信心。

3.有益于身体健康

一是改善身体机能。因长期吸食毒品，吸毒人员的大脑多巴胺分泌过量，造成了神经系统的损伤。舞动治疗能调节大脑皮质，恢复神经功能，改善循环和呼吸系统状况，有利于身体机能的不断恢复，达到强身健体的效果。二是促进身体素质提升。戒毒人员在入所前由于长期吸毒和不规律、不健康的生活方式，导致身体素质比较差，健康状况堪忧。舞动治疗能够引导戒毒人员经常做全身运动，促使其肢体更加协调、灵活，提高其身体素质，增强抵制毒品的能力。

（二）在女性戒毒人员中应用舞动治疗的实践

1.初步探索，进行资料及数据的分析积累

舞动治疗技术作为一门国内新兴的心理治疗技术，需要专业的理论支撑。项目组成员通过自学相关书籍，较系统地掌握了舞动治疗理论知识，并在戒毒人员中进行了系统、完整的资料收集和分析工作。一是从全所500多名戒毒人员中筛选150名康复期戒毒人员样本进行心理学测量，测试内容包括《明尼苏达多项人格测试（MMPI）》《自尊量表SES》《焦虑量表SAS》等。二是对测试结果进行科学分析。测量结果显示，女性戒毒人员在自尊感、情绪稳定性、身体协调性等方面低于常模。三是成立由成长规划师、舞动设计师、动作分析师、心理咨询师、康复训练师组成的"'心物同源'心理动力成长小组"，开展了"禅舞冬月""心物同源"等小组活动，引导戒毒人员以身体为媒介，以肢体动作为语言，提高自我探索、自我疗愈的能力。

2.引力引智，邀请社会专业力量参与研究

随着舞动治疗研究的不断深入，参与舞动治疗的戒毒人员越来越多。为克服专业力量不足的问题，山东省女子强制隔离戒毒所主动联系社会力量，进行了广泛的调研和考察，最终与专业心理咨询和治疗机构达成了合作意向。张力凡博士和成娟老师作为业内专家加入到本项目的研究中。张力凡是澳门城市大学心理学博士，师从申荷永教授，美国舞蹈动作治疗协会（ADTA）首批在华培训生，中国心理学会注册系统艺术治疗学组舞动治疗组创始成员，具有很强的理论研究能力。成娟老师是淄博创予心理机构的创始人，美国加州管理大学心理学硕士，中国心理干预协会舞动治疗委员会委员，拥有10余年团体舞动治疗实践经验，有很强的团体治疗掌控力。理论研究和团体治疗专家的共同加入，极大地增强了团体舞动治疗研究的科研力量，为下一步做好后续研究工作打下了坚实的基础。

3.精准发力，提取典型样本进行个案研究

在前期数据采集和分析的基础上，将150名康复期戒毒人员被试样本按个体特征分成几类：焦虑型、抑郁型、情绪失调型、身体协调较差型，每种类型确立一定数量的被试人员作为个案研究对象。经过10余次舞动治疗，各类型被试样本在其显著低水平方面均有明显提升，全类型被试样本在情绪稳定、自尊感、身体协调性等方面均有了较大提升，日常戒治考核指标有明显改善，有些被试样本的服药次数有明显下降，舞动治疗的效果得到初步验证。

四、舞动治疗的评价与展望

根据已有的舞动治疗的实践结果可以看出，舞动治疗对戒毒人员的戒断症状有作用。但舞动治疗在戒毒中的实践毕竟还刚刚开始，经验很少，还需要大量的探索才能发展成为一套完整的体系。在今后的工作中，首先要做好舞动治疗的理论科普，提升戒毒者对舞动治疗的应用信心。其次，舞动治疗作为一门独立的心理治疗技术，需要专业人员进行系统的学习和实践，并不断总结经验教训，尽快探索出一套适合女性和男性戒毒人员可复制、可操作、有实效的舞动治疗戒毒方案，并逐渐推广应用。

第三节　绘画治疗在戒毒工作中的应用研究

一、绘画治疗的界定

绘画治疗是运用绘画的符号表达功能，将无法言表的心理世界通过宣泄、表达认知并进行外化达到身心治疗的过程。绘画治疗具有易操作、易接受的特点，对许多心理问题甚至心理疾病有较好的治疗效果。

由于艺术本身是中立的，患者可以自由表达自己的愿望和问题，适应症比较广泛，有以下适应症：

(1)不能说话或不想说话的患者，如孤独症、失聪、迟钝、大脑损伤、妄想病患者。

(2)对言语治疗有阻抗的人，如对谈话疗法有抵触情绪或其他方法均无疗效的；

(3)怀疑自己口语能力的人；

(4)饮食障碍(如食欲减退、贪食症、暴饮暴食)、物质滥用(如酗酒、吸毒)、性虐待受害者、分裂样人格障碍、精神分裂症等患者。

二、绘画疗法的内涵

(一)对绘画疗法的界定

不同国家对绘画疗法有不同的界定，但大同小异。英国绘画艺术治疗协会认为绘画艺术是在咨询师的陪伴下，让来访者运用绘画材料进行自我表达和投射在一个安全的、受保护的、自由的、有动力的环境下，运用绘画材料唤醒自愈的力量，达到其自身的改变和成长。美国绘画艺术治疗协会认为绘画艺术是经历疾病、心理创伤或面临生存挑战以及寻求自我成长的个体在咨询师的陪伴下，通过绘画创作及对创作过程的思考，个体对自我与周围他人的认识有所增加，对各种症状、压力和创伤经历有所应对，对自我的认知能力有所提升的过程。加拿大绘画艺术治疗协会认为绘画艺术是通过非言语的方式来实现内心情绪表达和心理康复的治疗模式，它能够使来访者突破重重阻碍，用简单的绘画材料进行充分的自我表达的过程。

综合以上定义，我们可以发现绘画治疗包括如下三个必要条件：首先，让来访者通过绘画创作这种非言语的呈现方式来表达自己的内心世界和发泄自己的情绪；其次，通过来访者创作的绘画作品的中介作用来促进其与咨询师的交流；最后，通过绘画治疗让来访者产生自由联想来稳定和调节情感，进而达到减少其心理困惑的目的。

(二)绘画疗法的理论基础

绘画疗法的理论来源于投射理论以及大脑偏侧化理论。在古典精神分析理论中,心理投射被认为是一种减轻焦虑的压力及保卫自我以维持内在的人格结构的心理防御机制,此时的投射是个体将自己的过失或不为社会认可的欲念加诸他人,又称为否认投射。在分析心理学中,投射被认为是无意识主动表现自身的活动,是一种类似自由意志物在意识中的反映。投射的产物不仅以艺术的形式存在,梦境、幻觉、妄想等也都可以理解为心理投射。绘画天然就是表达自我的工具,是用非语言的象征性工具表达自我潜意识的内容。因此,其可以作为心理投射的一种技术,是一种有效的心理诊断和治疗的工具。

大脑左右两半球存在优势分工,一般把主管语言活动的左半球叫"优势半球",同语言活动、抽象思维、逻辑分析密切相关。而音乐、绘画、情绪等心理机能属右半球掌控。因此,在心理咨询中结合绘画疗法就可以发挥大脑两个半球的优势,因为咨询会话主要通过左半球的功能调节认知,绘画疗法则通过右半球的功能调节情绪。

(三)绘画疗法的目的与适应症

绘画疗法的目的是发展象征性的语言,触及人所不知的感受并创造性地将它们整合到人格里,直至发生治疗性的变化。咨询师的焦点不是集中于审美特性上,而是注重治疗过程,注重患者的知觉以及他们与咨询师分享这一过程的可能性。

绘画心理咨询师罗宾(Robin)认为,人们的思维大多数是视觉的,记忆则由于是语言的或者而被禁锢,这导致人们的创伤经验被压抑,用语言无法提取,从而难于治疗。还有许多情绪体验的内容本身就是前语言的,不能为人们的语言所描述。比如人们常常感到在描述自己的真实感受时语言往往苍白无力,情绪或思想上的阴暗面更容易通过艺术来表达。

已有的研究充分表明,无论来访者绘画技巧如何,都可以用绘画处理情绪冲突、心理创伤,还可以用绘画辅助干预精神分裂症等严重心理疾患。

(四)绘画疗法的形式

在实际治疗中,投射潜意识的绘画形式主要有三类。

第一类是自由绘画。在这种技术中,患者有最大的自由度表现其最渴望表现的内心世界,咨询师可考察出患者最主要的情结、被压抑最深的情绪、最迫切需要解决的事情。

第二类是规定了内容的绘画，如巴克（Buck）创造的HTP测验（House，Tree，Person），即用三张纸画家、树、人，以此来判定患者的智能，人格整合程度，对家庭、亲情的态度和看法及对待自我成长的看法，并通过绘画后的自由联想了解患者的心理。树木人格测验（Baum test）是以画树来判定患者的自我心理状态，通过画后与患者的交谈达到释放其压抑的情感、了解其从未被注意到的自我的作用，进而达到洞察其心理的作用。伯恩斯（Burns）的动态家族画可以反映家族成员的构成、关系及相互行为。

第三类介于二者之间，即给出一定的提示，但并不规定以什么内容作画，主要是患者对未完成的绘画进行添补。咨询师最终的分析也不是根据患者的绘画内容，而是根据患者在给定的图画上做了什么性质的改动。

三、绘画疗法在戒毒工作中的应用

（一）绘画疗法在戒毒工作中应用现状

戒毒人员在生理脱毒完成后就可以进入康复治疗阶段。由于其对情绪的识别和表达存在困难，常将情绪和躯体症状混淆。这种情况下，戒毒者在以言语为主的心理咨询中阻抗较大，影响咨询效果。绘画疗法能够越过语言将感情直接以图画的形象表达出来。在绘画过程中，来访者可以通过投射、移置、升华等方式将情绪和内心的冲突进行宣泄和释放。绘画疗法操作灵活、占用时间少，可以克服传统语言咨询对时间空间的要求，大幅降低心理干预的成本，在当前专业心理戒毒康复工作者缺乏的情况下有助于心理康复工作的展开，具有较好的应用价值。

（二）绘画疗法在戒毒工作的应用特点

戒毒人员由于其特殊生活经历，在咨询中心理防御较强，存在关系建立难、咨询深入难的问题。因此如何让戒毒人员放下防御是心理康复工作的一个难点。在心理戒毒康复工作中，急需一种能够克服时间空间限制，方便操作，又具有私密性，可以带给戒毒人员安全感的干预方法。绘画由于其操作的灵活性和丰富的表现力，作为心理测量和心理咨询的手段在戒毒领域的应用得到越来越多的重视，逐渐被更多的戒毒专家和学者接受。

四、绘画治疗的评价及展望

(一)评价

绘画治疗最大的优势在于它不受戒毒人员文化程度的限制,是一种以含蓄的、象征性的手法来表达内心体验的疗法。它弥补了戒毒人员由于文化程度不同造成的部分人员不善于表达或者无法正确表达自己真实心理感受的缺憾。

绘画治疗作为一种感受环境、接近自然的心理治疗方法,能够使戒毒人员在充分放松心理的同时,在咨询师的正确引导下形成正确的认知行为。采用绘画治疗能够让咨询师灵活运用不同的表现性方法与戒毒人员进行有效沟通,从而深度了解他们的心理状态,剖析并解除深层次困扰他们的心理根源,进而调动个体的自愈能力,促进其自信心的提高和恢复心理平衡。具体表现在以下几个方面:

首先,绘画治疗为戒毒人员提供了展现内心世界的新方法。人类进行的思维和心理活动大多数是依靠视觉的,因此通过直观的绘画更有利于我们认识和解决问题。在绘画治疗的过程中,戒毒人员可运用绘画进行随意的表达和思考,并通过绘画的内容与咨询师沟通,绘画成为其表现内心世界的有效途径。

其次,在进行绘画治疗的过程中,咨询师只是观看其绘画创作的整个过程,专注倾听来访者对绘画内容的解释,不会给出任何道德性、批判性的评价,为戒毒人员提供了一个自由和受保护的心理空间,有效降低了戒毒人员的心理防御和抵触情绪,使戒毒人员最大限度地获得安全感、受尊重感和受保护感。也正是这种感受很容易让戒毒人员敞开心扉,释放内心的压抑和苦恼,进而促使其进入更深层的潜意识层面,将其深深压抑于潜意识中的动机、情绪、价值观念等心理内容和不良的情绪情感不断外化到绘画作品中,让戒毒人员通过作品来直观面对自己所存在的问题,而不再是一味地逃避和不断压抑。

最后,绘画治疗为戒毒人员提供了一个重新审视和创造自我的平台。戒毒人员跨进戒毒所大门的同时也开始背负来自各方面的负性社会评价,从而产生巨大的心理压力。而绝大多数戒毒人员选择默认这种社会评价,否定自己、自暴自弃并且压抑自己的真实情感,使其更加远离现状。绘画治疗能够让戒毒人员无法表达的内容视觉化、具体化，从看得见的绘画作品呈现出来，以便对自己重新进行审视和思考。

综上可知，绘画治疗所具有的非言语、非评判、不受文化程度限制、易操作等特点，与戒毒所戒毒人员的特殊情况相吻合，这是其他心理咨询与治疗手段所不具备的独特优势。而它在实施过程中的自由性、自主性、保护性，有助于消除戒毒人员的心理防御和抵抗，并在最大程度上展现戒毒人员的真实心理。

(二)未来研究思考

首先，需要更科学的研究设计。由于绘画治疗常常与其他方法结合使用，因此难以单独评估分析其治疗效果。也正因如此，绘画治疗效果的可靠性常常受到质疑。

其次，需要加强治疗的可操作性。绘画疗法在戒毒人员心理健康水平的评定中应用较为广泛，在对情绪、社交、自尊的辅助治疗中也有较为显著的效果。但目前对于绘画形式、时间、次数、材料等的选择，并没有一个固定标准，也由此造成难以实现实验结果的可重复性。在未来的研究中，绘画治疗中的操作需要进一步标准化。

最后，评估方法需要进一步实现系统化和标准化。已有研究中绘画分析多由分析咨询师进行，且多停留在意象分析层面，这就很难避免咨询的主观性。在绘画治疗的评估中，未来可考虑采用多角度、多形式的评估视角和方法对绘画进行评估。

目前，绘画治疗在西方国家已经得到广泛应用，并成为心理咨询和治疗的重要技术之一，但在我国的应用范围还不是很广，在司法领域的应用面就更加有限，仍有许多尝试性工作需要开展。

第四节　音乐治疗在戒毒工作中的应用研究

一、音乐治疗概述

音乐治疗又称“音乐疗法”，是一门集音乐、医学、心理学为一体的新兴治疗方法。音乐治疗作为一门独立的学科和正式的研究领域，于 20 世纪中期在美国创立,但音乐治疗的起源却可以追溯到远古时代和人类活动的早期。早在原始社会,西方人就相信音乐可以影响精神和躯体健康,中国古代则有运用音乐来养生的思想,自唐代开始,音乐治疗已经广泛应用于临床。

虽说音乐治疗早就被人们认知,但对音乐治疗的定义一直未统一,不同的人对音乐治疗的理解也不同。美国音乐治疗学家布鲁西亚(Bruscia)认为,音乐治疗是一个系统的干预过程。在此过程中,咨询师利用音乐体验的各种形式,来帮助被帮助者达到健康的目的。日本田中多闻医生将音乐治疗定义为把音乐作为媒体使用的医学治疗方法,主角是音乐治疗医生。根据医生的处方,音乐家、护士、临床心理医生应作为整体的一员相互协作去完成治疗任务。我国音乐治疗研究者张鸿懿认为,音乐治疗以心理治疗的理论和方法为基础,运用音乐特有的生理、心理效应,使求治者在音乐治疗师的共同参与下,通过各种专门设计的音乐行为、音乐体验,达到消除患者心理障碍、恢复或增进心理健康的目的。

综上所述,虽没有统一的定义,但各家对其定义的认识有共同的部分:都承认音乐治疗与一般治疗的不同之处在于音乐治疗是以音乐为媒体来进行治疗,都肯定音乐治疗的目的是为了促进健康。而对音乐治疗的分歧在于:日本田中多闻医生认为音乐治疗是“医学治疗方法”,更倾向于把音乐治疗定位于医学治疗方法的一种;而我国张鸿懿认为音乐治疗的目的是“消除心理障碍,恢复或增进心理健康”,更倾向于认为音乐疗法是心理治疗的一种方法;布鲁西亚的定义则没有指明音乐治疗究竟是医学的还是心理的治疗方法,只说明音乐治疗是为了“帮助被帮助者达到健康的目的”。

二、音乐治疗内涵

(一)音乐治疗原则

1. 循序渐进原则

根据来访者心理特点,循序渐进地播放音乐,如引导悲伤情绪的音乐有轻度、中度和重度之分。选择音乐从轻度音乐开始,逐渐过渡到中度悲伤音乐。从播放音量角度来看,音量也要逐渐增大,让来访者逐渐适应。

2. 学习与启发原则

在进行音乐治疗时，对不懂音乐的来访者进行教育和引导，向来访者介绍有关音乐创作的背景和音乐家所要表达的意境。在治疗前先尝试让来访者听一段音乐，使其能用心体验音乐的意境。如果来访者听不懂音乐的意境，心理咨询师应帮助其理解音乐的含义。

3. 体验原则

在治疗中让患者根据音乐所营造的氛围，用心体验自己的情绪或感受。

（二）音乐治疗的分类

音乐治疗可分为接受式、即兴式、再创造式三种。其中接受式音乐治疗的方法包含了聆听、歌曲讨论、引导想象（Guided Imagery and Music，GIM）等诸多方法；再创造式音乐治疗则包含了歌曲创作、乐曲创作、音乐心理剧等；即兴音乐治疗则包含器乐即兴、口头即兴等方法。

因辅助设备的不同，音乐治疗可包括音乐色光疗法、音乐气息疗法、音乐电流疗法等，研究涉及声光治疗系统、大型音乐治疗仪、脑功能保健仪、音乐电康复仪、音乐电针等辅助设备的应用以及音乐体育疗法、音乐生物反馈疗法的开展。

（三）音乐治疗实施的形式

1. 听

利用声音和音乐情绪的各种形式，以及不同的聆听方式达到既定的目的，主要形式有：

（1）主动聆听法：集中注意力聆听，是音乐治疗积极的聆听方式。

（2）音乐同步聆听法：音乐与情感情绪同步一致，促进内省。

（3）音乐与想象聆听法：引导想象和非引导想象结合，在音乐背景的刺激下想象，引发联想，多用于音乐的精神分析。

（4）其他：GIM 音乐引导想象法；歌词讨论法；音乐肌肉放松训练法；音乐精神减压放松法；音乐催眠聆听法；等等。

2. 唱

增进表达性语言的训练，增强语言表达的呼吸与肌肉控制，刺激与提高使用声音的动机，增进词汇与认知能力，探索自己的身体乐器，提供美好的交互经验。

3.奏

创建关系、引导主动参与动机，帮助肢体动作能力，提供非语言的表达工具，培养与团体交互的能力，反映身体状态和活动量，培养休闲技能，表现创意。

除以上形式的划分外，还可按照音乐治疗的方式可将其分为主动参与式和被动感受式。前者的具体应用包含音乐舞蹈、音乐游戏、小型文艺演唱表演等，后者也有背景音乐、耳机单独播放以及音乐联合语言诱导等不同方式。亦可按参与音乐治疗人数分为个体治疗和团体治疗，在具体应用时包括一种形式的单独使用和多种形式的联合使用。

三、音乐治疗在戒毒工作中的应用研究

根据美国音乐治疗协会1999年对4000多名美国注册的音乐治疗师工作领域的统计显示，目前音乐治疗在艾滋病、虐待、监狱、戒毒、戒酒、情感障碍人群中的应用比较广泛。

音乐治疗在戒毒工作中应用性较强。运用音乐治疗的技术要根据戒毒人员自身的具体情况进行选择治疗方式。目前研究表明，相对于多次戒毒者，音乐治疗对于第一次接受戒毒治疗戒毒者的情绪有显著改善作用。经过分析，造成这种情况的原因之一可能是由于多次失败的戒毒经验往往使戒毒者在心理上表现为无自尊感、无能感、失败感，甚至对未来失去信心等。针对应用效果递减状况，可以采用主动的音乐治疗，使戒毒人员通过音乐的创作或配合音乐的肢体动作来表达情绪感受，建立戒毒信心。

在实际戒毒工作中，由于人力和治疗成本等多种原因，目前各地戒毒机构多选择集体治疗的方式。集体音乐治疗存在对治疗对象进行归类的问题。由于每个戒毒人员吸毒的原因各不相同，如有的是由于人格缺陷造成的，有的跟压力有关，因此在治疗过程中需要发挥音乐的多样性，对不同层次的人采取不同的治疗方式。在条件具备的情况下，可进行更深层次的音乐心理治疗，提高戒毒成功率。

总体来说，音乐治疗对戒毒人员个体治疗起到一定的积极作用，各地都有较多的成功个案，但相对于当前戒毒形势需要，还需要进一步加强和提高。

四、音乐治疗的评价和展望

音乐治疗是专业性较强的心理治疗方法之一，它集音乐、医学和心理学等多种学科的理论与实践为一体，对身心疾病的治疗具有广阔的应用前景。音乐治疗的作用在临床已被广泛证实，其应用领域逐渐扩大，同时也暴露出一系列的问题，比如实验程序缺乏规范性、特色研究水平偏低等问题。

到目前为止，全国已有近300家医疗单位开展了音乐治疗，初步形成了音乐家、心理学家、医学家和其他专业人员组成的音乐治疗队伍，形成了全国性学术团体。在专门教育机构、专业音像出版社和设备研制中心，一个覆盖全国的音乐治疗网络已经初步形成。这说明音乐治疗在我国日益得到重视，其应用也逐渐深入。

参考文献

一、中文著作

[1]丛扬洋:《找到意想不到的自己——萨提亚模式与自我成长》,武汉大学出版社 2015 年版。

[2]丁昌权等:《戒毒学基础教程》,北京师范大学出版社 2016 年版。

[3]杜新忠:《实用戒毒医学》,人民卫生出版社 2007 年版。

[4]韩大伟:《论犯罪动机》,中国政法大学 2010 年版。

[5]郝伟、赵敏、李锦:《成瘾医学理论与实践》,人民卫生出版社 2016 年版。

[6]黄希庭:《心理学导论》,人民教育出版社 2001 年版。

[7]贾东明:《毒品:成瘾与康复》,浙江大学出版社 2013 年版。

[8]《论语》,中华书局 2006 年版。

[9]逄振镐:《齐鲁文化研究》,齐鲁书社 2010 年版。

[10]色音:《民俗文化与宗教信仰》,知识产权出版社 2012 年版。

[11]施红辉、李荣文、蔡燕强:《毒品成瘾矫治概论》,科学出版社 2009 年版。

[12]汤洪源、闫鹏飞:《认知行为疗法在戒毒矫治中的应用案例》,2015 年汇编。

[13]仝晰纲、李梅训:《齐鲁文化通俗读本》,山东人民出版社 2011 年版。

[14]王光秀:《中国特色社会主义文化建设研究》,人民日报出版社 2017 年版。

[15]《王阳明全集》,浙江古籍出版社 2010 年版。

[16]王阳明撰，王晓昕译注：《传习录译注》，中华书局 2018 年版。

[17]徐书强：《音乐在戒毒工作中的实践应用案例》《司法行政案例库》。

[18]杨曾文：《当代佛教》，东方出版社 1993 年版。

[19]殷海光：《中国文化的展望》，中华书局 2016 年版。

[20]张日昇：《箱庭疗法》，人民教育出版社 2006 年版。

[21]张应杭：《中国传统文化概论》，浙江大学出版社 2005 年版。

[22]赵会春等：《心灵的回归之旅：箱庭疗法的理论与实践》，北京师范大学出版社 2014 年版。

二、译著

[1][美]大卫・R. 霍金斯：《意念力・激发你的潜在力量》，李楠译，光明日报出版社 2014 年版。

[2][美]斯蒂芬・G. 霍夫曼：《认知行为治疗——心理健康问题的应对之道》，王觅等译，电子工业出版社 2014 年版。

[3][美]维吉尼亚・萨提亚：《萨提亚家庭治疗模》，聂晶译，世界图书出版公司北京公司 2007 年版。

[4][加]约翰・贝曼：《当我遇见一个人：维吉尼亚・萨提亚演讲集》，邢雨竹译，世界图书出版公司北京公司 2016 年版。

[5][加]约翰・贝曼：《萨提亚转化式系统治疗》，钟谷兰等译，中国轻工业出版社 2016 年版。

三、论文

[1]陈云茹等：《基于病例的医患关系与医疗疗效相关性分析》，《医学与哲学》2015 年第 11 期。

[2]邓立伟、凌莉：《药物滥用治疗受治者动机研究进展》，《中国公共卫生》2017 年第 8 期。

[3]董秋峰：《教练技术在大学生职业规划教育中的应用研究》，《福建师范大学》2016 年第 3 期。

[4]方乐、张新卫：《动机性访谈的理论与实践》，《中国心理卫生协会第六届学术研讨会暨第二届全国心理咨询师大会论文集》，2011 年版。

[5]高英东:《美国文化与毒品泛滥》,《社会》2001 年第 2 期。

[6]韩威、邓宇:《教练技术在高校辅导员职业指导工作中的应用思考》,《理论前言》2014 年第 22 期。

[7]郝学敏:《心理健康课程和绘画辅导对女性戒毒人员述情障碍干预效果的比较》,山西医科大学硕士学位论文,2016 年。

[8]郝学敏等:《绘画疗法在戒毒人员心理康复中的临床应用》,《中国药物滥用防治杂志》2016 年第 3 期。

[9]郝学敏等:《绘画疗法在述情障碍女性戒毒人员心理康复中的辅导效果——基于戒毒人员视角的质性研究》,《中国药物滥用防治杂志》2016 年第 6 期。

[10]何建军、冯杏:《内观疗法对住院新型毒品依赖患者的疗效分析》,《当代医学》2014 年第 15 期。

[11]黄辛隐等:《基于内观疗法的毒品成瘾人员的依恋关系研究》,《苏州大学学报》2016 年第 3 期。

[12]冀勇:《日本多环节加大打击毒品犯罪》,《法制日报》2015 年 6 月 23 日。

[13]李爱娟:《浅析戒毒人员在内观戒治中的蜕变》,《法制与社会》2017 年第 31 期。

[14]李仁鸿等:《绘画治疗在海洛因依赖者心理康复中的临床应用》,《中国药物依赖性杂志》2004 年第 2 期。

[15]李一黎等:《英国禁毒戒毒法律制度及启示》,《中国司法》2012 年第 9 期。

[16]李子华:《大学生饮食浪费行为的心理学分析》,《安徽工业大学学报》2014 年第 5 期。

[17]梁化奎:《概念的张力和边界——“革命文化”“红色文化”“党史文化”辨析》,《前沿》2016 年第 11 期。

[18]刘素婷:《教练技术在大学生潜能开发中的应用》,《创新与创业教育》2013 年第 1 期。

[19]柳毅、邵文斌:《短程箱庭疗法在强制隔离戒毒中的运用》,全国戒毒工作论坛论文,2012 年。

[20]吕仁慧等:《箱庭疗法的评估进展及其发展趋势》,《中国临床心

理学杂志》2015 年第 6 期。

[21]马惠兰:《论民族历史文化教育的意义及其途径》,《西北第二民族学院学报》(哲学社会科学版)2006 年第 2 期。

[22]毛富强:《内观认知疗法应用研究进展》,《中国健康心理学杂志》2014 年第 2 期。

[23]裴艳、刘晓虹:《我国音乐治疗研究的发展现状》,《解放军护理杂志》2006 年第 4 期。

[24]彭鹏:《心是什么:心文化与心理学的视角——兼谈心理学的流变与中国文化心理学的可能》,《心理学探新》2010 年第 5 期。

[25]彭睿等:《中国内观疗法文献分析》,《中国健康心理学杂志》2016 年第 10 期。

[26]曲玉珠:《德国禁毒立法与戒毒方法概述》,《德国研究》1998 年第 3 期。

[27]任郑莲等:《箱庭疗法应用于抑郁症治疗的个案研究》,《中国特殊教育》2008 年第 4 期。

[28]史琼等:《音乐治疗的历史及展望》,《中国康复理论与实践》2007 年第 11 期。

[29]苏爱萍:《兼论社会主义先进文化的基本内涵与特征》,《理论学习——山东干部函授大学学报》2008 年第 10 期。

[30]王磊、胡梅生:《当代英国吸毒问题探析》,《德州学院学报》2010 年第 5 期。

[31]王姗姗等:《动机+认知行为团体治疗对女性苯丙胺类使用障碍者心理健康的疗效研究》,《中国临床心理学杂志》2016 年第 6 期。

[32]吴倩影、赵敏:《音乐治疗在物质成瘾领域中的应用》,《精神医学杂志》2017 年第 6 期。

[33]肖杨:《动机—技能—脱敏—心理能量模式预防戒毒人员复吸的干预效果评价》,华中科技大学硕士学位论文,2013 年。

[34]熊韦锐、于璐:《西方心理学对禅定的功效研究》,《心理科学进展》2010 年第 5 期。

[35]颜培红:《萨提亚模式的传承与发展》,《中小学心理健康教育》2014 年第 16 期。

[36]杨小英:《交换理论视域下 U-S 合作中的教师互动研究》,中央民族大学博士学位论文,2015 年。

[37]杨修宝:《习近平教育文化思想意涵论析》,《黑龙江教育学院学报》2018 年第 3 期。

[38]姚英滨、高军:《内观疗法对新型毒品依赖患者生活质量和复吸的影响》,《中国药物依赖性杂志》2013 年第 3 期。

[39]易春丽:《从绘画中看药物滥用者人际关系的损害》,《中国药物依赖性杂志》2007 年第 5 期。

[40]余青云等:《动机强化疗法对强制隔离戒毒人员戒毒动机的影响及效果》,《中国药物滥用防治杂志》2017 年第 1 期。

[41]张瀚元:《内观小组治疗对改变女性强制戒毒者自我和谐程度的作用探究》,南京大学硕士学位论文,2016 年。

[42]张友谊:《论齐鲁文化的基本精神(上)》,《理论学习》2016 年第6 期。

[43]张友谊:《论齐鲁文化的基本精神(下)》,《理论学习》2016 年第7 期。

[44]赵敏:《药物依赖心理治疗的基本技术——动机强化治疗的理论与技术》,《中国药物滥用防治杂志》2006 年第 6 期。

[45]郑雪:《刍议心理教练技术在维护大学生心理健康中的作用》,《学生管理》2015 年第 10 期。

[46]朱春鹰、程伟:《中国传统文化"心"之思想解读——身心灵全人健康模式文化探源》,《中华中医药学会第十六次医史文献分会学术年会暨新安医学论坛论文汇编》,2014 年。

后 记

本书由山东省戒毒管理局牵头编写。赵莉任主编，汤洪源、乔刚任副主编，负责本书框架设计、调查研究、人员调配、组织审核等工作，并作为各个阶段的主要负责同志。本书从开始策划到正式完稿，历经近3年时间，28人参与撰写、审核、修改和校对，前后5次修订。汤洪源起草了本书整体框架。承担本书撰写任务的主要人员有：蔡淑香、徐伟、李秀芸、刘勇刚、郝庆福、陈磊、吴广、张涛、侯宗山、王新江、李英、卢康、张倩、艾青、汤洪源、梁东波。第一章“文疗戒毒与心疗戒毒渊源”由蔡淑香编写；第二章“文化戒毒与心理戒毒概述”由徐伟、李秀芸编写；第三章“国外文化戒毒与心理戒毒概述”由刘勇刚编写；第四章“齐鲁文化戒毒研究”由郝庆福编写；第五章“民族文化戒毒研究”由陈磊编写；第六章“法治文化戒毒研究”由吴广编写；第七章“社会主义先进文化戒毒研究”由张涛编写；第八章“阳明心学戒毒研究”由侯宗山编写；第九章“认知行为疗法戒毒研究”由王新江编写；第十章“动机强化治疗戒毒研究”由李英编写；第十一章“内观疗法戒毒研究”由卢康编写；第十二章“正念疗法戒毒研究”、第十三章“团体心理咨询戒毒研究”由张倩编写；第十四章“萨提亚家庭治疗模式戒毒研究”、第十五章“心理教练戒毒研究”由汤洪源、艾青编写；第十六章“表达性艺术治疗戒毒研究”由汤洪源、梁东波带领山东师范大学心理学院曲影、李驰宇、沈琪、杨鸣宵四名研究生编写。山东大学徐钦政、王绍蕊、周婉丽三位研究生对本书进行了初步校对并提出了很好的意见建议。汤洪源、孙华英、郝庆福、张涛、侯宗山对本书进行了第四、第五次综合修改和校对，付出了更多的心血和汗水。参加本书编撰的人员，大多是来自戒毒工作一线的警察，他们加班加点，克服重重困难，大多利用业余时间完成写作，这种深怀爱心、爱岗敬业、无私奉献的精神值得尊敬。在此表示衷心感谢并致以崇高敬意！

司法部预防犯罪研究所研究员、戒毒工作研究室主任苏利根据目前我国戒毒形势和实际工作需要，提出了表达性艺术治疗对当前戒毒工作的重要性，因此增加了第十六章“表达性艺术治疗戒毒研究”相关内容，使心理戒毒更加全面、实用、专业、有效。泰山管理学院白立新教授对本书进行了全面、认真、详细的审核修改，对文化戒毒序位提出了很好的意见建议，带领他的学生为本书相关章节增加了框架结构图，让读者更容易看懂其中的逻辑结构。山东师范大学心理学院郭庆科教授，对本书进行了全面通稿，并提出了具体的修改意见。在书稿最后修订阶段，山东社会科学院法学所所长谢桂山对书稿进行了系统整理，提出了意见建议。四位专家站在国际国内戒毒最前沿，从更高的视角对本书提出了建设性修改意见，从而提升了本书专业水平。正是由于他们的专业指导和辛勤付出才得以让本书最后定稿，在此表示衷心感谢和崇高敬意！

在本书出版之际，感谢负责矫治案例的戒毒警察和戒毒人员，他们非常支持和理解我们的工作，愿意将他们的故事分享给大家，使更多的人因他们的经验而得到启发和帮助，这也是难能可贵的。在此，对那些获得新生的戒毒人员和让他们重新燃起希望、播撒爱的种子的戒毒警察们表示由衷的感谢。

吸毒是噩梦，戒毒是重生。本书编撰团队感恩所有为戒毒人员付出努力和心血的人，感恩因爱而来的一切美好。我们也会在感恩、感谢、感激、感动中不断前行。

本书参考借鉴了许多专家学者的著述和观点，但在列举引用参考文献时难免有所疏漏，在此表示衷心感谢并致以深深的歉意。因水平有限，本书疏漏与不足之处良多，恳请专家学者和读者不吝赐教，给予批评指正。

编　者

2019 年 10 月